沟通技巧

所谓情商高就是会说话

胡元斌◎编著

民主与建设出版社
·北京·

图书在版编目（ＣＩＰ）数据

沟通技巧 / 胡元斌编著 . -- 北京 : 民主与建设出

版社 , 2020.4（2024.1重印）

（沟通技巧）

ISBN 978-7-5139-2945-5

Ⅰ . ① 沟… Ⅱ . ① 胡… Ⅲ . ① 心理交往－通俗读物

Ⅳ . ① C912.11-49

中国版本图书馆 CIP 数据核字 (2020) 第 033538 号

沟通技巧

GOU TONG JI QIAO

编　　著	胡元斌
责任编辑	刘树民
封面设计	三石工作室
出版发行	民主与建设出版社有限责任公司
电　　话	（010）59417747　59419778
社　　址	北京市海淀区西三环中路 10 号望海楼 E 座 7 层
邮　　编	100142
印　　刷	三河市天润建兴印务有限公司
版　　次	2020 年 6 月第 1 版
印　　次	2024 年 1 月第 6 次印刷
开　　本	850 毫米 × 1168 毫米　　1/32
印　　张	25
字　　数	605 千字
书　　号	ISBN 978-7-5139-2945-5
定　　价	168.00 元（全五册）

注：如有印、装质量问题，请与出版社联系。

前　言

沟通是一门艺术，更是一门学问。善于沟通的人，让人如沐春风，听他说话是一种享受，而不善于沟通的人，出口说话就会被冷落。一个人的事业是否兴旺，与他的沟通能力和人际交往有很大关系。

著名政治家富兰克林说："说话和事业的进行有很大的关系，你出言不慎，跟别人争辩，那么，你将不可能获得别人的同情、别人的合作、别人的帮助。"这话说得一点不错。

人生的困扰，说到底，十之八九，问题都出在人际关系。而人际关系的困扰，说到底，都是因为沟通出了问题。

沟通是人们分享信息、思想和情感的各种过程。人生活在一个沟通的社会里，无时无刻不在交流思想和情感、理想与期望，欢乐和痛苦，交流着一切可以交流的东西。这种交流沟通让人的才能得以发挥，也使人际关系得到巩固。

语言是我们与人沟通的工具，是一种表达自己的技巧。一个人会说话就讨人喜欢，人际交往也不会有阻碍，事业上自然也能顺风顺水；反之，不会说话的人只会到处得罪人，四处树敌，导致人生路上坎坎坷坷，举步维艰。

在人际交往日益频繁和竞争日趋激烈的现代社会，怎样说话、说话能力如何显得极其重要。一个缺乏表达技巧和沟通艺术的人，无论在什么环境下都难以得到人们的赏识。这就要求我们提高说话能力，提升沟通技巧。

一个人的沟通能力是与知识存储和个人涵养成正比的。知识渊博的人，具有审时度势的能力，说起话来谈资丰富、妙言成趣，能够调动人们的情绪，成为人注目的焦点，这类人往往事业容易成功；而知识匮乏的人，一般都目光短浅，语言贫乏，说话少言寡味，很难引起人们的注意，做事的成功率也就大大降低了。

本书通过生动典型的事例和精练活泼的语言，详细叙述了沟通的技巧、回话的艺术以及在不同场合、不同情境该说什么话，不该说什么话等内容，帮助我们培养说话情商，避免表达失误，掌握高效说话的基本原则和方法，为我们成为职场达人，创造人生辉煌提供了丰富的研习教材和实战经验，适合不同层次的职场人士学习和收藏。如果你有志成为一个沟通高手，用心阅读本书，定会让你脱胎换骨，魅力无限。

目录

第一章
高情商的人会说话

　　一个情商高的人，必然是一个会说话的人。一个会说话的人知道什么样的话能说，什么样的声音让人听着舒服，什么样的语言讨人欢心；会说话的人，还懂得认真倾听别人的语言，了解他人的心声，知道怎样把话说到对方的心坎里；会说话的人，知道用恰当的语言，为以后的相遇埋下伏笔，为再次相逢留下一点念想。

　　说话是一门学问，需要我们努力地去学习、去领悟，只有学会了说话的技巧，成为懂说话的高情商之人，我们的事业才会锦上添花，我们的人生才能顺风顺水。

说话时需要注意的问题

说话在当今这个社会，无疑已经成为一个重要的课题，如何说话，如何说好听的话，如何说让人喜欢的话，如何让说话成为一门艺术，不同的社会经历都要求我们要有一副好口才。而会说话往往还要知道什么话该说，什么话不该说，说话又要注意哪些问题呢？

注意分寸

说话时要认清自己的身份。任何人，在任何场合说话，都有自己的特定身份。这种身份，也就是自己当时在场的"角色地位"。

举例说，在自己家里，对子女来说你是位父亲，对老人来说你又成了儿子。对于小孩子，你可以这样说："在用杯子前一定要先看清里面是不是干净，懂吗？"但是，同样这句话，对老人去说显然就不合适了。

说话中要适当考虑措辞

说话不是写文章，不可能字斟句酌地来进行推敲，但也绝不是想怎样说就怎样说。尤其是在一些比较重要的交往中，实际上人们在将一句话说出口之前，主观上还是经过一番考虑的。

举例说，在进行公务性的谈话中，当需要提醒对方交货不太准点时，使用"脱期"这个词，显然就要比使用"违约"一词来得好。因为，"脱期"虽然也属违约，但他把问题限制在一个时间的概念里；如果采用"违约"这样的说法，对方就会由此猜测是否你想中止合同，事情就较为严重了。所以，说话中适当考虑措辞也是很重要的。

说话要尽量客观

有些人，在说话的时候有动不动夸大其词的不良习惯，这样，无论听者或是被说到的人，就难免会对他产生一种鄙夷心理，认为这人说话有点不着边际。

比如，明明是一对男女青年在正常的说话，他却把别人说成是在"喊喊喳喳没个正经"；明明别人是在争论问题，他又说成是"碰在一起就争争吵吵闹个没完"。像这样信口开河的说话习惯，把握不好，是很有可能会生出事端来的。

说话要具有善意

这里所说的善意，也就是与人为善。我们与别人说话的目的，在许多情况下是希望让对方了解自己的思想和感情，因此，只要这个目的能够达到，就没有必要特意挑一些过头的、刺耳的话来说。

交谈的目的是沟通

交谈，就是互相交流思想，而不是一方发表演说。只有这样，才能达到理想的谈话效果，从而沟通思想，交流信息，增加了解，增进友谊。怎样才能很好地交谈呢？

首先，必须有平等的谈话态度。即使自己对某一问题掌握了权威的材料，或者有精辟的见解，也不能以居高临下、不容置疑的口吻说话。那样只会给人留下自以为是、高人一等的印象，而无助于解决实际问题。

其次，在交谈中，要注意给别人说话的机会。现实生活中，有人健谈，口若悬河；有人木讷，期期艾艾。这种差别是存在的。但既然是"交谈"，就不能一个人唱独角戏，只管自己说得痛快，让别人插不上嘴。相反，当自己谈了对某一问题的看法时，就要有意识地"打住话头"，请对方谈谈有什么想法。这既是为了深入讨论问题，也是对对方的尊重。

最后，为了使"交谈"能顺利进行，双方都应该有谈话的热情。不但要听，而且要讲。要坦率陈述自己的看法。不要把自己置于"听众"的位置，更不要一味"嗯嗯嗯"地敷衍，唯唯诺诺。这不仅是缺少能力，也是缺少教养的表现。

参与别人谈话的注意事项

交谈不同于会谈，一般来说，气氛比较轻松，场面比较随便，但即使这样，你如果要参与别人的交谈，必须要遵守一定的礼仪规定。

首先，要了解别人的谈话主题，只有在对别人没有妨碍的情况下，才可考虑加入交谈，但也必须先和别人打个招呼，而不应贸然插入，更不能一声不响地站在一边旁听。

其次，不能喧宾夺主。要以原来交谈者为主角，让他们畅所欲言，只有在得到示意情况下，方可谈谈自己看法。

再者，原交谈者可能是事先约定的，他们的谈话可能是有预定目的的，因此，后来的参与者一般不应随意提出新的话题，更不能以自己为中心，干扰原来的谈话气氛。

最后，当原交谈者提出新的话题，而与参与者无关时，参与者应适时退出交谈。

打断别人谈话时应注意礼貌

首先，当第三者要找交谈者中的某一人处理急事时，可先向交谈双方打个招呼："很对不起，打断你们一下"；当他们停止交谈时，即用尽可能简明的语言说明来意，一旦事物处理完毕，立即离开现场。在离开时，应再次表示歉意。

其次，交谈过程中，一方想补充另一方的谈话，或者联想到与谈话有关的情况，想即刻作点说明，这时，可以对谈话者说："我插一句"，或者"请允许我补充一点"。然后，说出自己的意见。这样的插话不宜太多，以免扰乱对方的思路；但适当有一点，可以活跃谈话气氛。

最后，要注意在一般情况下，是不宜打断对方谈话的。但如交谈的双方关系比较熟悉，或者所谈问题特别重要，也可以先表示一下态度，待对方说完后再作详细阐述。但不管分歧多大，决不能恶语伤人和出言不逊。即使发生了争吵，也不能斥责、讥讽或辱骂对方，最后还要友好地道别。

注意说话语言的逻辑性

在人际交往中，口头语言是一种重要的交际工具。现实生活中常常有人由于缺乏必要的语法修辞知识，又不注意逻辑思维的训练，说话时前言不搭后语，条理不清，逻辑混乱，因此缺乏说服和论证力量。这种词不达意的言语，不但使对方听着吃力，影响良好的人际关系的建立，而且会阻碍交往的进程和深度，连本人也会因此感到烦恼。欲要纠正这个毛病，应努力做到：

首先，要做到多学习，勤实践，讲实效。除了看一些必要的语法修辞和逻辑方面的书籍外，报纸杂志上的好文章也在学习之列。多看多读能培养语感，加强对语言的自发控制；另外，平时应注重语言实践，多听、多说、多练，这样能够提高语言的敏感度、清晰度，增加语言材料的丰富性，逻辑性，旁征博引，增强语言的说服力和论证力。

其次，要有准备的发表自己的看法。说话前，特别是在叙述一件复杂的事，或者阐述某个观点，或者驳斥某种论调前，最好先在脑子里打一遍"草稿"，先思考，后表达，分层次，讲条理，就会使言语的逻辑力量大大提高。而对那些可长可短的话题，要力求短，对可有可无的铺垫活语，则尽量不说。言简意赅，反而能发人深省。

再者，要知道语言的逻辑性，来自缜密的思考。这就需要把握问题的前因后果、重点主次，对问题有独到的见解，观点鲜明，中心突出，层次清楚，并摆事实，讲道理，论后果，使人心悦诚服。

最后，需要你克服紧张、焦虑、恐惧情绪，保持一个良好的心境。这样才能在谈话时态度沉着，仪表从容，不慌不忙，镇定自若地阐述自己的看法。如此才会使你的语言自然亲切，流利透彻，使人在不知不觉中接受你的观点。

总之，要提高自己口头表达的逻辑性，应注重在实践中锻炼。在谈话过程中发现漏洞，可及时采取措施加以补救。

如何应对敏感的话题

在人际交往中，人们常常遇到自己不想"公开"或"不能"公开而别人又偏偏愿意打听的事。当你遇到这类敏感的话题时，即使心中不快，也不要显出尴尬或愠怒。而应沉着、冷静、巧妙应变。以下就谈谈几种常用的应变方法。

首先，委婉含蓄地回答。著名思想家培根曾经说过："含蓄往往比口若悬河更可贵。"当你遇到敏感的话题时，委婉含蓄地回答，既能释疑，又显得得体。

其次，巧妙地转移话题。当你遇到敏感的话题时，如果不想正面回答，可以绕开这个问题而谈与其有关的问题。某公司的董事长，在会议席上，每当被提出难以作答的询问时，他总是先承认"这的确是个难题"，继而说："但在此之前，有更多的问题需要考虑。"如此借题发挥，暗示新的问题，会让大家遗忘在此之前已被提出的问题。

最后，机智、幽默地解释。在社交场合，特别是在外交活动中，有时你所掌握的事实属于保密范围，不能披露，正面回答又不能讲实情。这就需要随机应变，巧解疑团。

总之，人际交往中的敏感话题是多种多样的，其应对方法也必然是多种多样的。

嘴上功夫，改变你一生

嘴上功夫看似雕虫小技，却能可能因此扭转一生。说话从来就是一门艺术。过分直接会显得生硬，让人无所适从；过分直言会令对方难堪，让人无法接受。讲话，当然需要有一定的技巧，其中最关键的是要真实可信，有的放矢，同时又需委婉曲折，见机行事。

在现实生活中，求人办事时一定少不了提问。而提问的艺术对于了解对方、获取信息、促进交流，有很重要的意义。一个善于提问的人，不仅能掌握会话的进展，控制会话的方向，并且能够打开对方的心扉，拨动对方的心弦。而想要把握住这份说话的度，就必须要我们做到以下几点。

不该问的不要问

在提问时，一定要把握好适可而止。问答是双方活动，必须让对方乐于回答。在问话之后，一定要察言观色，从对方的表情当中获取信息反馈。

对方低头不语或答非所问，可能是表示他不感兴趣或不能回答，就要换个提法再问；对方面露难色或有疲劳厌倦感，就不能穷追不舍，应该适时而止。通常不要冒昧地问宾客的工资收入、家庭财产、个人履历等问题。

下面我们来看一下，有哪些话题是不宜问的：

一是别人的隐私不应问。在与人交际中，为了避免引起对方的不快，一定要避免提问对方的隐私。比如说："你什么时候出生的？""你一个月的工资多少？""你为什么还不结婚？""你是不是在外面有份兼职？"……等等。

打听这些个人隐私的问题会引起对方的反感，还有可能会导致"战争"爆发。

在你准备向对方提问某个问题时，最好先在脑中想一遍，看这个问题是否会涉及对方的隐私问题。假如涉及了，就应该尽可能地去避免他，这样对方不仅会乐意接受你，还会因你在应酬中得体的问话与轻松的交谈而对你产生好印象，同时也会为以后的交往打下坚实的基础。

二是对方不明白的问题：假如你不确定对方是否能够充分地回答你的问题，那么还是不问为佳。比如，你问一位医生："去年发生在本市的肝炎病例是多少？"很可能这个问题对方就答不上来，因为一般的医生都不会费神地记住这些数字。要是对方回答说"不清楚"，就会使答者失去面子，问者自己也会感到没趣。

三是不要问同行的营业情况：同行相忌，一般人都有这样的心理，在激烈竞争的社会里，往往人都不愿意把自己的营业情况或秘密告诉一个可能的竞争对手。即使你问到这方面的问题，也只会自讨没趣。

四是有些问题不宜刨根问底：比方说，你问对方住在哪，对方回答说："在北京"或说"在香港"，那你就不宜问下去。倘若对方高兴让你知道，他一定会主动地说出，而且还会说："欢迎光临"之类的话。不然别人就是不想让你知道，你也就不必多问。此外，在问其他类似问题时，也要注意掌握问话尺度，应当适可而止。

五是在交际中，不该问的，即使你想问也不要问：凡对方不知道或不愿意别人知道的事情都应避免提到。要时刻记住，问话的目的是引起双方的兴趣，不是使任何一方感到没趣。

问话的方式

生活中，怎么巧妙提出问话的方式呢？下面这则小故事形象而生动地说明了正确而艺术地运用提问方式的重要性：

一位信徒问牧师："我在祈祷的时候可以抽烟吗？"

牧师拒绝道："不可以！"

另一位信徒问："我在抽烟的时候可以祈祷吗？"

牧师回答说："可以"！

这则小故事至少可以给我们两条启示：提问时，首先要考虑提什么问题；其次是如何表述问题。另外，还有至关重要的一点就是什么时候提出问题。只有把这三点有机地结合起来，提问时才能问得恰到好处，最终达到满意的效果。

同时，还要注意以下几方面，以便更好地掌握问话的尺度和技巧：首先，一定要因人而问。生活中的人们有男女老幼之分，有千差万别的个性，有各个相异的知识水平和互不相同的生活环境等，因此不可"千人一问"。所谓"因人而问"，主要在于：

首先，对象不同，提问的内容也就要不同。如果是一对挚友，那就可以相互询问："你工资多少？谈恋爱了吗？"二是即便是同一内容，但是不同的对象，也要有不同的问法。有的时候，所谓"太不艺术"，指的便是提问不看对象。要想让别人打开话匣子，就要"量体裁衣"，因人而问。

其次，注意问话时机。提问的时机也很重要，就像亚里士多德说过的："思想使人说出当时当地可能说的和应当说的话。"说话的时机，是由说话的时境提供的。构成说话时境的四个要素就是说话主体所感知的自然环境、社会环境、心理环境和语言环境。

孔子在《论语·季氏篇》里说："言未及之而言谓之躁，言及之而不言谓之隐，不见颜色而言谓之瞽。"一个人在不该说这话时却说了，这叫作急躁；一个人在该说时却不说，这叫作隐瞒；一个人不看对方脸色便贸然开口，这叫作闭着眼乱说。孔子讲的，就是根据时境把握说话时机的问题。

通常来讲，当对方很忙或正在处理急事时，不要提出一些与此无关的问题；当对方伤心或失意时，不要提出一些太复杂、太生硬，或会引起对方不快的问题；当对方遭遇困难或麻烦，需要自己一个人冷静思考时，那就最好不要提出任何问题。

再次，提出的问题必须是具体精细的。抽象的问题时常引出笼统的回答，而具体的提问或许会如愿以偿。

最后，提出的问题必须是先后有序的。在提问时，一定要讲究逻辑顺序，不要一下子就把人"将"死了。

如果由小到大，由表及里，由易入难，由具体到抽象，以此为序，从对方熟悉的、直观的、易于回答的问题问起，并且注意前后问题之间的内在逻辑联系，既有利于对方做出问答，提问的人又可登堂入室，探骊得珠，获取预期的效果。

否则的话，第一炮就"卡壳"，那么提问就难以继续了。所以掌握提问的艺术也是必需的。

从一般的角度来讲，艺术的提问方法分别有以下几种：

开门见山的提问法。所谓开门见山提问法的意思，也就是指在与对方的交谈中，有不明白的问题或想了解某一问题时，就直截了当地向对方提问，而不是绕圈子。例如："你对这件物品感兴趣吗？"开门见山法具有言简意明的特色，当然，也不能什么场合都使用。当对方对某些问题有所避讳时，就不宜直问。

委婉含蓄提问法。我们在上面提到过，当对方对某些问题有所忌讳时，不宜直问，那么，遇到这种情况该怎样提问才算恰当呢？智者会采用委婉、曲折的问法，迂回含蓄地提出问题。这就是我们所指的"委婉含蓄提问法。"

诱问导入提问法。诱问导入意思就是指有目的地诱问、引导，使对方不知不觉地落入自己所预设的"陷阱"。

限制选择提问法。限制选择提问法，我们还可以把他称为"二者择一法。"他是一种故意将对方的选择范围限制在两个选择之间的提问方式。

比如，你想邀约顾客，并想让他按你设想的时间赴约，于是，你在即将结束交谈时说："既然这样，那么，我们是明天晚上见，还是后天晚上见？"

这里"明天晚上见，还是后天晚上见？"就是"限制选择法。"在限制选择的提问中，倘若能够使所提的问题明确而具体，就会达到更加理想的效果。

例如，在某国家，有些人喜欢在咖啡中加鸡蛋，所以咖啡店在卖咖啡时总要问："加不加鸡蛋？"后来，相关人员建议咖啡店把问话改动一下，变为"加一个鸡蛋还是两个？"结果，咖啡店鸡蛋销售大增，利润增大。

在这里，前后两句都是二者择一的提问法，但是提问的效果却不一样。前者的提问，给顾客留下的选择余地比较大，而后者舍去了加不加鸡蛋这个大前提，直奔加几个鸡蛋的具体问题，这就进一步缩小了对方的选择范围，从而比较有利于己方的经营。

笑容是你善意的语言

古代的中国人敏于世故，非常聪明。他们有一句格言是：笑迎天下客！

密歇根大学的心理学家詹姆斯·麦克奈尔教授谈及他对笑的见解：有笑容的人在管理、教育、推销上会更有功效，更可以培养快乐的下一代。笑容比皱眉更能传达你的心意。

微笑是疲倦者的温床，失望者的信心，悲哀者的阳光，又是大自然解除患难的良方。

微笑胜于言表

在一次大型的宴会上，有这样一位女宾客，她不久前继承了一大笔遗产，她急于要使自己给他人留一个良好的印象。她浪费了很多金钱买貂皮、钻石、珍珠，但她的表情却显得尖酸刻薄和自私，足以拒人千里之外。

这位女士没有搞懂一个简单的事实：每个男人都认为一个女人的动人微笑，比她身上所穿的衣服是否华丽更为重要。

钢铁大王安德鲁·卡内基的高级助手查尔斯·史考伯说，他的微笑价值百万美金。

他大概也是在暗示这一真理。因为查尔斯·史考伯的性格、他的魅力、他那善于讨人喜欢的能力，几乎完全是他卓有成就的原因。而其人格中一种最可爱的因素，就是那人见人爱的微笑。

微笑胜于言论，对人微笑就是向人表明："我喜欢你""你让我快乐""我喜欢见你"。如此，别人当然就会喜欢你。

那么，我们是否必须一见到人就张嘴笑呢？哪怕是一种造假的微笑？当然不是！要知道微笑不能用来欺骗他人，一旦做作的微笑被人识破，人们就会从内心里开始反感，还不如面无表情的好。我们所说的微笑是一种真诚的，发自于内心的微笑。

纽约一家大百货商店的人事部主管对人说："他宁愿招用一个小学未毕业但能保持微笑的女孩，而决不会聘用一位整天板着冷漠面孔的哲学博士。"

微笑助你成功

美国一家大型橡胶公司的董事长说，根据他的观察，一个人除非对自己的事业很感兴趣，否则很难取得成功。这位实业界的领袖，对那句单靠十年寒窗就可功成名就的古语，并不表示十分的赞同。"我认识一些人，"他说，"因为他们创业的时候充满激情，他们成功了。后来，我看到这些人变成了工作的奴隶。他们一点兴致也没有了，因此就失败了。"

你见到别人的时候，一定要表现出很愉快的神情，如果你也期望他们很愉快地见到你的话。你的笑容就是你表达好意的信差。

人际关系大师戴尔·卡耐基曾鼓励成千上万的商界人士，一天中每一小时对每一个人微笑。这样的结果如何呢？

下面是纽约证券交易所会员莱拉给戴尔·卡耐基的一封信。他的情形并非独一无二，事实上，他是好几百个人中的典型例子。

他在信中说：我结婚已经十八年了，在这期间，从我起床到我出门去上班，我很少对我太太微笑，或对她说上几句话，我是百老汇里最沉默寡语的人。

听了卡耐基先生的培训课，我想试上微笑一个星期看看。因此，第二天早晨，一起床，我便对镜子中的自己说："莱拉，你要微笑，现在就要开始。"

我坐下吃早餐的时候，我向太太招呼说："亲爱的，早上好。"

我说话的时候面带微笑。

你曾经对我说过，她可能大吃一惊。可是你对她的反应，估量得还是太保守了，她被弄糊涂了，表情显得惊讶不已。我告诉她，这种情形将会和家常便饭一样。从那以后我天天这么做，我已经坚持有两个月了。

在这两个月中，我在家庭中所得到的快乐比

去年一年中拥有的总和还要多。现在我去上班的时候，我会对办公楼中开电梯的小姐说一声"早上好"，并报以真诚的微笑；我对看大门的也微笑；我在地铁小店里换钱的时候对他们微笑；我站在交易所地板上的时候，我微笑着看那些从没见过我微笑的人。我就这样改变了自己人生的态度。

令人意想不到的是，我不久便发现他们都反过来对我微笑。对那些向我抱怨诉苦的人，我以和悦的神色相待，我面带微笑地倾听。我觉得调解问题容易得多了，我觉得微笑每天都带给我许许多多的惊喜与收获。

我与另一位经纪人合用一间办公室，他的一位职员是一个可爱的青年人，他对我所做的改变非常高兴，所以他让我告诉他我对于人际关系的处世哲学。在与他倾心交谈后，他也向我吐露了心声。他对我说，当我初来的时候，他以为我是个脾气很大的人，近来他改变了看法。他说我微笑的时候，很慈祥。

我也改掉了批评别人的习惯，对别人的努力加以欣赏称赞。我不再一味地讲我要什么，而更多的是看别人的观点是什么。这些事真实地改变了我的人生，我现在的确是一个更快乐的人，一个充实的人，一个更富有的人。

相信吗？这封信出自一位饱经沧桑、老练世故的股票经纪人之手。他在纽约证券交易所以买卖证券为生，自己立有自己的交易账户，要知道这是一种很难成功的行当，一百人里面几乎要有九十九个失败。

机敏的你该怎么去做呢？有一个办法：强迫自己微笑。如果你独处，可自己吹口哨，或哼哼调子，唱唱歌。做出快乐的样子，那就能使你快乐。

哈佛大学教授詹姆斯曾说过："行动似乎是紧随感觉而行。但实际上，行动与感觉是并行的。我们能使直接受意志支配的行动形成规律，也能间接地使不直接受意志支配的行动产生制约律。"

因此，如果我们真的把欢乐丢失掉了，就要重新寻找欢乐的途径，每天欢乐地起、坐、行、走和说话，好像欢乐就在那里等着我们一样。世上人人都在找寻快乐，但只有一个方法真正有效，那就是控制你的思想。快乐与环境无关，而是依靠内心的感觉。

微笑让世界充满爱和希望

无论你身在何处，你在做什么事，你如何去想是你快乐与否的决定因素。我们会看到：两个人在同一地方，做同一事情，彼此有同样多的金钱与声望，而一个人痛苦，另一个却会快乐。原因何在？答案是：心境不同。

"事情本身并无感情，"莎士比亚说，"是人的思想决定了一切。"林肯也曾说，"多数人的快乐同他们想要得到的相差无几。"一点不错，戴尔曾看到了这项真理的一个生动例证：

　　有一天他正在纽约的长岛车站走上阶梯的时候，看到前面有三四十个拄着拐杖上阶梯的残疾儿童，有一个男孩还需靠人抱上去，在这一过程中他们开心地大笑，似乎在做一项十分有趣的活动。这一切使他惊奇不已。

　　戴尔对他们的一位管理人表达了自己的敬意。"是的，"他说，"当一个儿童明白他将要终身残疾时，他最初会很害怕，但之后，他就会接受自己的命运，也就还会同正常的儿童一样快乐。"

　　随后，戴尔也向那些儿童由衷地表示了自己的敬意，他说："这些儿童给我上了一课，我相信我永远不会忘记的。"

富兰克林·贝特格，当年棒球队二垒，现在是美国最成功的保险商之一。他说，他早就发现人们永远欢迎微笑的人。所以，在走进一个人的办公室以前，他总愿意酝酿片刻，想想他必须感激的许多事，展现一个真实迷人的微笑，然后，他会面带微笑地走进去。

他一直认为这种简单的方法，对于他迅速地销售出保险并且获得的巨大成功有很大的关系。

谈到做生意，弗莱奇在他为迭戈公司制作的广告语中也给我们指明了实用的经营之道：

圣诞节一笑值千金；他不花什么，但创造很多成果；他不会让给予者贫穷，又丰富了接受的人；他发生于一刹那之间，而对他的记忆将会永存；没有人富得不需要他，虽穷却可以因他而致富；他在家中制造快乐，在市场上产生收益，这是朋友间的口号；他是疲倦者的温床，失望者的信心，悲哀者的阳光，又是大自然解除患难的妙方；但他无处可买，无处可求，不能借，不能偷，因为在你把他给予别人之前，他是对谁都无用的东西。

在圣诞节购买的最后一刻的忙碌中，我们的售货员累得连一个微笑都无力给你，我们能请你留下一个笑容吗？因为不能给予笑容的人，最需要笑容了！

因此，想要给他人留下一个好印象，让他人喜欢你，就要切记两个字：微笑。

细读下面哈巴德的一点明智的建议吧，但不要忘记，仅仅阅读对你无济于事，除非你真正实行。

每次外出的时候，你整理一下自己的表情，头抬得高高的，勇气饱满；在阳光中欢畅呼吸；对朋友微笑，每次握手都使出力量，不要担心被误会，不要浪费一分钟去想那些烦心事。

要在你心中确定你喜欢做什么，然后，目标明确坚定，向你的目的地行进。心里想着你喜欢做的伟大事情，你会在不知不觉中抓住为满足你欲望所必需的机会，正如珊瑚虫由潮流中取得所需要的原质一样。

在脑中想象你希望成为的那个有能力、诚恳、精干的人，你要相信你所保持的思想，会时时刻刻地改变你，使你成为那种人……思想是决定性的。

保持一个积极的心态，勇敢、诚实、快乐。思想正确就等于是在创造未来。所有的事都是由希望而来，每一个忠诚的祈求，都会实现出来。我们心中关注的是什么，我们就变成什么。迅速扯掉愁苦的面容，把头高高昂起，我们就是明天的胜利者。

说话前要经过思考

语言在人们的日常生活当中起着十分重要的作用，但可惜的是很多人都还没有意识到这一点。一般人认为，语言只不过是一种用于与他人进行沟通和交流的工具，根本没有什么技巧可言。

其实，这是人们对语言的一种误解，语言的重要性是不言而喻的：说话得当，它可以作为一种克敌制胜的法宝；反之，自己很有可能会被自己所说过的话拖累。

语言的重要性

所谓"说出去的话，有如泼出去的水"，不可能再收回。所以我们在说出每一句话之前，都必须要认真经过大脑的思考，适当的说话技巧往往可以帮助我们少走很多的弯路。

在一片茂密的原始森林中居住着一只狐狸，一天，狐狸在林中觅食，突然发现了不远处有一只野兔。狐狸暗自高兴，慢慢地朝着野兔靠拢，心想着今天晚上终于可以饱餐一顿了。

正当他专心致志地想着怎样将野兔纳入腹中的时候，一只老虎从林中闯了出来并按住了狐狸，狐狸极度恐慌，在它的奋力挣扎之下，终于挣脱了老虎的爪子，于是奋力蹦跑，老虎眼看着到嘴里的食物又挣脱了出去，于是也极力追赶。

双方就这样僵持着，狐狸在前面蹦跑，老虎在后面紧追，后来，狐狸躲在柴草内，终于摆脱了老虎的追赶。

令狐狸感到沮丧的是，尽管它逃过一劫，但是它的后背被老虎扯下了一大块皮肉！更糟糕的是，狐狸刚从柴草丛中出来，从它的侧面突然又来了一个猎人，狐狸心想这下肯定完蛋了。

但是令狐狸万分惊喜的是，猎人见到伤痕累累的狐狸之后，非但没有朝它开枪，反而把它送回了家。对于猎人的这一举动，狐狸非常感动，于是便诚恳地留下猎人在它家里住了几天。

猎人临走前，狐狸又诚恳地说："由于我受伤，所以这几天没有认真的招待你，让你受委屈了。如果您感觉我有什么不好的地方，我真诚地希望您能够提出来，我也好改正。"

猎人回答狐狸说道："其实你已经做得很好了，这里的饭菜很可口，酒也很香，但是我受不了你身上的臊臭味，希望你以后多洗澡。"听完猎人的回答，狐狸顿时满脸通红，但是猎人没有察觉到狐狸的难堪，心安理得地离开了。

猎人仍然经常在这座茂密的森林里以打猎为生，一年后的一天，猎人在山上打猎时踩到一块很滑的石头，从山坡上滚了下来，伤势很重。周围一片幽静，根本没有人的踪迹，正在猎人处于绝望之际，从不远处跑来了一只狐狸。

猎人以为这只狐狸把他当成了猎物，正准备闭眼等死，却突然听见了狐狸的询问声："你受伤了，恩人！"

猎人以疑惑的眼光看着眼前的这只狐狸，他缓慢地说道："哦，我记起来了，你就是我一年前救过的那只狐狸，现在怎样了，一切可好？"

狐狸缓慢地回答道："谢谢您的关心，身上的伤口是好了，可是您留给我的那句话会令我伤心难过一辈子。"

猎人不知所措，问道："我的那句话？"

狐狸回答道："您大概忘记了吧，您在即将离开我家里的时候，说我身上的臊臭味令你难受，难道您不知道这种气味是我们狐狸与生俱来的吗？难道你们人类说话的时候专门揭人家短处的吗？"

猎人回想起来，终于意识到了自己的错误，于是他充满歉意地对狐狸说道："对不起，以后我一定注意自己的说话方式。"

狐狸看了看猎人身上的伤口说道："看在您真诚认错的份上，我送您回家吧，记住下次不要再这样说话了。"

在我们的生活当中，很多人说话就是喜欢直言直语而根本不顾及对方的感受，这种人是会得罪很多人的，也不可能交到很多真心的朋友。

请你记住，我们在指出别人的缺点的时候，一定要尽力避免直言直语，有时候婉转言语往往可以收到比直言直语更好的效果。

学会先思后说

说话是一门学问，我们要学会先思后说。不仅如此，一些不必要的词汇字语尽量少用甚至不用。在与人交谈之中，千万要谨记不要老把"我"字挂在嘴边。

如果仔细观察，我们会发现在我们身边很多人在与人交谈过程中总喜欢将"我"字挂在嘴边，其实，这对与人交往是不利的。

一个总喜欢将我字挂在嘴边的人，会给听者留下很自私很狭隘，很没有团队协作精神之感。

所以，在与人交谈的过程当中，尽力避免出现"我"字是十分重要的。如果一个销售员在推销产品的过程中总出现"我"字，那么他肯定不是一个优秀的推销员，也不可能成为一个优秀的推销员。

在与别人交谈之时将"我"字变成"我们"最少可以收到两个方面的效果，一是会显得说话者很有涵养、很谦虚、对对方很尊重。二是对方心里听到这样的词心里会很舒服，愿意继续与你交谈。

某市一家大型中外合资企业发出招聘信息后，一天之内收到简历应聘者高达几百人，但是企业只需要一人，于是在应聘者之间展开了激烈的角逐。在经过第一、第二轮的刷选下，企业管理人员留下了两个人进入第三轮。

第三轮面试由公司董事长亲自主持，他给这两位应聘者出了一道这样的题："设想这样一种情形：某一天，你们两人相约一起开车去进行森林探险活动，但不幸的是车子在中途抛锚。这里荒原几百里没有人烟，不可能寻求得到他人的帮助，你们两人只有四样东西可以选择，这四样东西为：刀、帐篷、水和绳子。在这种情况之下，请你们两人从这四样东西中选择适合你们的东西。"

第一位面试者答道："我选择刀、帐篷、水，绳子。"

董事长问他道："你觉得刀在这种情况下最重要吗？"

这位面试者回答道："正是在这种情况下，我才最需要安全感，有刀握在手里，万一别人想谋害我时也可以自救啊。"

第二位面试者回答道："在这种情况下，我们两人都离不开水、帐篷、刀、绳子。"

董事长听到这位面试者的回答后，微笑着说道："说说你的看法。"

这位面试者接着解释说："刀是路上必不可少的物品，当我们遇到不好走的路时，可以用刀开路；虽然帐篷只有一顶，只够一个人睡，但是只要我们两个人协商好，我们每个人仍然可以睡上好几个小时；尽管带的水很少，只够一个人用，但是如果我们尽力节省点用，仍然是可以渡过危机的。"

这位面试者刚刚回答完，董事长就走到他的身边对他说道："恭喜你，你已经被录取了。"

这就是经常将"我"字挂在嘴边的人的后果，一个以自我为中心的人，往往有着强烈的表现欲望。他们无论什么事情抢着去做，但是一旦做不好之时，便会将责任全部推到别人的头上。这种人令人生厌，是没有人愿意与这样的人为伍的。

尽管"我"和"我们"之间只有一字之差，但是效果却是天壤之别。其中最大的差别就在于听者的感受，人们一听到"我们"这个词，就会倍感亲切，有着被人尊重的感觉；但是一旦听到"我"字，就会从心底对你产生反感，从而对你提高防范心。

一个聪明而又善于与人交谈的人在与任何人说话时，都会把"我们"挂在嘴上，从而在社交上获得一次又一次开绿灯的机会。

拒绝的语言要有艺术

在人际交往中，总会遇到一些为难的事情，有人邀请你，可邀请的因由或地点你却认为不该到场；有人向你馈赠礼品，而接受的代价却是丧失原则；还有时人之所求实在无能为力。

当我们想拒绝别人时，心里总是想："不，不行，不能这样做，不能答应！"等等。可是，嘴上却含糊不清地说："这个好吧，可是这种口不应心的做法，一方面是怕得罪人；

另一方面，过于直率地拒绝每一个问题，永远说"不"，也不利于待人接物。要"推辞"得尽如人意必须先怀着一颗与人为善的诚心，应当把握几条"推辞"的原则：

诚恳、灵活

如果对方的邀请或馈赠是出于诚意，而在权衡利弊之后，你决定不接受，那你就应当诚恳地向对方解释不能接受的理由，以免对方由于你的拒绝而抱怨或误解。或者视对方情况采取一点灵活的方式也未尝不可。

寻找恰当的借口

有时要拒绝对方的某一要求而又不便说明原因，也不便向对方多说什么道理，你不妨寻找某个恰当的借口，以正当的、不至于被对方责怪的理由来回避对方的要求，从而使对方放弃努力。

因此，借口要符合客观实际，最起码要能自圆其说，令人相信；表达时态度应诚恳，不能装腔作势，忸怩作态。

转移对方的注意力

心理学的研究表明：当人的注意力专一时，如果另有一种新的刺激参与，那么人的注意力就很容易转移到这种新的刺激上去。

在社交中碰到对方提出自己一时难以答复的问题或难以满足的要求时，我们不妨用"转移注意力"的办法，把对方吸引到另一件你可以办到的事情上去，既能使自己摆脱困境，又能满足对方，使其不因你没能解决那个难以解决的问题而怪你。

我们既有求人的时候，也有被人求的时候，所以，也就免不了被人所求而力所不及。这就要求我们必须"推辞"有术。下面是几种经常用到的方法：

一是用沉默表示"不"。当别人问："你喜欢某某明星吗？"你心里并不喜欢，这时，你可以不表态，或者一笑置之，别人即会明白。一位不大熟识的朋友邀请你参加晚会，送来请帖，你可以不予回复。他本身表明，你不愿参加这样的活动。

二是用拖延表示"不"。一位女友想和你约会。她在电话里问你："今天晚上8点钟去跳舞，好吗？"你可以回答："明天再约吧，到时候我给你去电话。"你的同事约你星期天去钓鱼，你不想去，可以这样回答："其实我是个钓鱼迷，可自从成了家，星期天就被妻子没收啦！"

三是用推脱表示"不"。一位客人请求你替他换个房间，你可以说："对不起，这得值班经理决定，他现在不在。"有人想找你谈话，你看看表："对不起，我还要参加一个会，改天行吗？"

四是用回避表示"不"。你和朋友去看了一部拙劣的电影，出影院后，朋友问："你觉得这部片子怎么样？"你可以回答："我更喜欢抒情点的片子。"

五是用反诘表示"不"。你和别人一起谈论国家大事。

当对方问："你是否认为物价增长过快？"你可以回答："那么你认为增长太慢了吗？"你的恋人问："你喜欢我吗？"你可以回答："你认为我喜欢你吗？"

六是用客气表示"不"。当别人送礼品给你，而你又不能接受的情况下，你可以客气地回绝。一是说客气话；二是表示受宠若惊，不敢领受；三是强调对方留着他会有更多的用途等。

七是用外交辞令说"不"。外交官们在遇到他们不想回答或不愿回答的问题时，总是用一句话来搪塞："无可奉告。"生活中，当我们暂时无法说"是与不是"时，也可用这句话。还有一些话可以用作搪塞："天知道。""事实会告诉你的。""这个嘛难说。"等等。

当我们羞于说"不"的时候，请恰当地运用上述方法吧。但是，在处理重大事务时，来不得半点含糊，应当明确地说"不"。

切忌不要口出狂言

日常生活里，会说话是我们的优势，但是也要学会怎么去说，口无遮拦的说话，只会适得其反，同时会让自己陷入危机当中。

2002赛季的NBA刚开打不久，对新加盟火箭队的中国姚明嗤之以鼻的原NBA球星巴克利在TNT电视台的"NBA内部秀"节目上滔滔不绝，并口出狂言地说，如果姚明能够在本年度的任何一场常规赛上得到19分，他就会去"亲吻"同事，也就是当年火箭队夺冠的功臣肯尼·史密斯的屁股。

这句话经过若干次"误传"后，到姚明的耳朵时就成了"如果姚明得到19分，巴克利就会亲吻姚明的屁股"。姚明听了后就笑着说："那好，我就拿18分算了。"

结果火箭队在客场挑战湖人队时，姚明攻下了20分，在为自己赢得尊重的同时，也把巴克利逼入"绝境"。

而肯尼·史密斯在得知姚明得了20分后欣喜若狂，表示一定要让巴克利履行诺言。

巴克利要非常难堪地去应付他的"赌债"，尽管巴克利"履约"时的对象只是替身"驴屁股"，但这一幕对巴克利来说实属"恐怖"。

不日，镜头聚焦、强光灯灯光闪耀，在周围发出的一阵狂笑声中，巴克利一脸难堪地蹲下身去，无奈地、痛苦地朝"肯尼·史密斯"的屁股啃去……

上述场面并非无稽虚构，而是全世界从NBA球星到球迷无人不知、无人不晓的"吻屁股佳话"。然而人们在这则评、传"吻屁股"故事之余，感想更多的并不是"吻屁股"本身，而是妄尊自大、口出狂言之祸！

"满招损，谦受益"，这是再浅显不过的道理。然而有许多自以为有点资历的人总是在这个道理上犯错。

只要有众人的地方，他们就会产生一种莫名的鹤立鸡群感，优越得没治；他们总是不失时宜地张着"大嘴"卖弄自己的所谓本事；他们不因为自己缺乏内敛或丢人现眼而感到羞耻，反以为能博得一些和他同样缺乏内敛的人的浅薄喝彩而沾沾自喜。

更要命的是，他们说话不分轻重，经常忽略了说话应该给自己留些余地的道理，只要嘴巴一张，便是狂言乱飞，甚至不惜以贬低他人的手段，来托高自己伶牙俐齿的"嘴功"。而恰恰正是这种所谓的"嘴功"，在关键时刻最易掉链子，暴露出力不从心的低能，以至误事误人也误己。

而比误事误人也误己更为糟糕的是因为口出狂言而误国误民！为什么这么说呢？

因为这种人大多属于个人英雄主义者，满以为以自己有点过人之处就能拯救一个国家、一个民族，结果在毫无把握的前提下盲动，最终断送了大好江山。

中国近代历史上的大军阀袁世凯就是一个典型。在清政府和民主革命两大阵营中，他实际上是一个十足的摇摆派，却以"把中国带向富裕"的"宣誓"骗取了代总统的美誉，在政史上风光了一把，结果呢？

由于他的腐败无能，引发了军阀割据，历经沧桑的中华民族再一次被他带到了崩溃的边缘。

人们应该很清楚《三国演义》中蜀军失街亭事件，那正是好大喜功的马谡口出狂言所致。

马谡系谋士马良之弟。自幼熟读兵书，但摄入得多，消化得少；由于能够得到刘备的信任和诸葛亮的赏识，又养成了自高自大、动辄口出狂言的脾气。

建兴六年，诸葛亮出师北伐，想到了咽喉之地街亭必须派重兵留守，便问："谁敢引兵去守街亭？"

言未毕，马谡毫不犹豫地抢言："某愿往。"可见其心性浮躁，好大喜功。

当孔明指出街亭要地易攻难守时，马谡却不屑地说："某自幼熟读兵书，颇知兵法。岂一街亭不能守耶？"其狂妄自大，骄傲轻敌的思想已昭然若揭。

当诸葛亮委婉地指出对手非同小可，难以胜之时，马谡更是口出狂言，不仅把对手贬得一钱不值，还以全家性命为担保立军令状，狂妄得已经失去了理智。

结果呢？他还是因为自己指挥无方，又犯下调度错误致使蜀军溃败而被问斩。

毫无疑问，马谡是有一点墨水就急急忙忙往外倒、唯恐路人不知的庸才。庸才只有不知其庸，反以为智的时候才会变成狂人。

现实生活中，像马谡这样的狂人又有几多？这个数字没人去统计，也没有人能统计得出来。但我倒是常见有"庸不可耐"者在我面前口出狂言。

比如甲君："有事你言语，在×地，没有哥们儿办不到的事！"

比如乙君："丫牛什么牛？我只要一个电话，想卸掉他哪支胳膊就卸掉他哪支胳膊！"

又比如丙君："别跟我提什么风险，我××的字典里永远没有失败二字！"

不得不承认，这几位仁兄都不同程度地享受过浮华，可是如今，那些原属于他们的浮华已散尽，个个无不落得个英雄气短、满目迷茫地寻找着"从头再来"的启门之道。悲哉！

不知道是否因为物欲文明的催生所致，如今社会上各类职业当中都有敢动辄口出狂言的人。比如有不知荣耻而狂的；有狗仗人势而狂的；有商业炒作而狂的；有不甘冷寂而狂的；还有被酒"烧"狂的等等，不一而足！以下，我例数较有代表性的四种。

不知荣耻而狂者这种人大抵是当今自诩"另类"一族：有点叛逆又有点刁钻，一张嘴得理不饶人，不得理也不饶人。

比如，某"美女作家"在某大城市签售她的一部"肢体小说"，在接受记者采访时说："我没有什么喜欢的作家，因为我感到他们写的内容没有特别打动人的东西。我不想和前辈作家一样，我需要另辟蹊径的写作方法。"

当被问到是否看过鲁迅的作品时，该"作家"竟然说鲁迅小说"不怎么样"，即使是他的杂文，也"掺杂了很多政治因素"，所以"不想回答"，如此轻慢的狂言，你说她知耻还是不知耻？

狗仗人势而狂者世界上最凶狠的是有权势的人，而比有权势的人更凶狠的是他们豢养的狗。不管是公什么狗，大抵都会仗着人势而欺人。

比如，已经路人皆知的北方某城市一位贵妇的一辆价值129万、车号N个8的宝马车停于路边被卖葱农妇的拖拉机刮了一下，贵妇大怒：

"信不信我撞死你！"

"撞死你不就是十万块钱吗？"

雌威发过，一头钻进车内，那"神奇"的宝马果真"马"似的向前撞去。农妇当场毙命，看客们倒下一片，现场狼藉、一片呻吟！

那位贵妇有如此之胆，能出如此狂言，靠的是什么势？是钱势？是权势？还是什么势都不是？不得而知！

商业炒作而狂者有这种嗜好的人大抵利欲熏心所致。诸君请见文坛：哲学家连着数年不玩哲学而去写玩读者心跳的《自传》，教育家请长假去当文化"枪手"者屡见不鲜，究其因，有出版商给钱，有媒体造势，何乐而不为？

被酒"烧"狂者这种人大多属于日子过得并不太开心的一族。他们满肚子都是怨气。

尽管平常靠理智控制着，只是适度地发些怨言，但更多的怨气并没有得到尽情地宣泄，而这些怨气愈积愈多，愈加愈深，就会有酿成事端的危险。

酒就是酿成事端的祸源之一。他们喝酒是为了消愁，这一消愁酒就喝高，酒一喝高话就来，话一来，就管不住那张狂言频出的嘴了。结果就是被自己的嘴给坑害了。

口出狂言一祸、二误，个人也未能从中获得真正的"利好"——实乃无一可取！为什么迄今为止还有那么多人狂言依旧呢？这个问题真该值得深思了。

第二章

把握说话的技巧

　　情商高的人，一定懂得说话的技巧。他们说话时能处处为他人设身处地着想；交谈时能把握分寸，不让他人尴尬。甚至在一些特定的情境中，还能够读懂他人的内心语言，做到化解他人的尴尬于无形，挽回他人的自尊。而这样的人，无疑在社会上是极受欢迎的，相信，只要你能处处为人所想，解他人之需，那么你也一定会得到丰厚的回报。

　　助人者，人会助你，这是一个颠扑不破的真理，它会让我们在未来的生活与事业中，达到更好的共赢，彼此一同走向成功的彼岸。

让自己的声音讨人喜欢

一个人的声音是有神而无形的文字，动听的声音也是美丽的画卷。

在写作方式中，有种方式叫"未见其人，先闻其声"，往往很多人物的出场都是由声音开始的，由此可见声音对于一个人的对外形象也是至关重要的。

声音是一个人的个性特征

电话中我们往往能从对方的第一句话就能判断出他是谁，同样，声音对语言有着强大的辅助作用。用对了字眼不仅能打动人心，同时更能带出行动，而行动的结果便是展现出另一种人生。

对一个正常人来讲，其发音有12至20个音阶。当然，那些职业演员和歌唱家要更高一些，有的可达到36个音阶。但不幸的是，有些人的声音可能只有5个音阶，他们发出来的声音让人听起来就像一根弦在拨动，十分单调，令听者感到头脑发胀。

由此可见，一个人发出的声音是否能吸引住你谈话的对象，这对你的交往是否成功非常关键，在商务交往中更是如此。当你与他人讲话时，你所发出的每一个声音应首先给他人留下良好的印象，力求让人更好地了解你，更加充分地展示自己的征服力。

　　艾米莉是一家广告公司的资深业务经理，她最关心和留意客户的销售问题，并总是乐于帮助他人解决难题，但她的声音却让人听来讨厌，那尖叫的声音就像一个小女孩发出的叫声。

　　她的老板私下说，我很想提升她，但她的声音又尖又孩子气，让人感到她说的话缺乏认真。我不得不找一个声音听来成熟果断的人来担任此职。

　　显然，艾米莉就是因为自己说话的音调不合适而失去了提升的机会。另外，生活中，即使有些人有着天使的面孔，但如果她的声音不够悦耳也是不讨别人的喜欢的。

　　事实上，一个人的声音不是一成不变的，通过一些技巧训练，可以克服你平时的一些怪癖和不良习惯，从而改善你说话时的语调、发音、音量、节奏、速度等。

　　为了更加准确地知道自己的声音，你可以将录音机放在电话旁边，听听你每天打电话时的声音。请家人或朋友对你的声音作出一个真实的评述。将你在停顿或静默时反复使用的语气词记下来，在今后的谈话中尽量避免使用。

　　你还可以在图书馆找到一些有关的书籍，针对自己的特点进行训练。或者找一些语言磁带和录像带进行训练。进修一门公共言谈或演讲的课程。

总之，让我们变得更加成功的许多优异的东西不是与生俱来的，而是需要后天通过自身改变原有的东西。声音就是这样，你试着改变一下，也许你会看到一个意想不到的结果。

让你的声音富有感染力

一个人有美丽的外貌那不足为奇，因为那是父母给的。但一个人如果拥有美丽悦耳的声音，那才是最动人的。

芳是某公司的业务员，其说话的嗓音"珠圆玉润"，不仅为公司获得了大笔订单，而且赢得一位优秀男孩的爱情。足见美丽的声音是有一种直达人心的魅力。

心理学研究表明，一个人对外界事物的感知和印象80%靠视觉，其余20%中有14%靠听觉。可见听觉在对人的印象中的重要性，这还是在面对面的情况下；如果接听电话，由于双方不在现场，交际的效果完全靠声音来完成，那声音的重要性更不用说了。

想必你有这样的经验：打电话到某公司，接听小姐的嗓音如果是轻柔圆润的，你的情绪也许会一下子轻松愉快起来，很乐意跟这家公司合作，而如果小姐的嗓音是干枯平淡的，你的心里会不自觉地一沉，情绪受到影响不说，对这个公司的感觉和信任度也有可能会受到影响。

那么，如何才能使自己的声音富有感染力呢？

语言是一个人与别人沟通的工具，声音的大小与语言的威慑是两回事。不要以为大喊大叫就一定能说服和压制他人。声音过大只能迫使他人不愿听你讲话，从而讨厌你说话的声音。

与音调一样，我们每个人说话的声音大小也有其范围，试着发出各种音量大小不同的声音，并仔细听听，找到一种最为合适的声音。

在任何场合大声说话，会使对方产生压迫感，心情紧张，神经容易疲劳，导致注意力不集中，降低交际效果。如果大声到"喧哗"的地步，引起不相干人的注意就更不明智了，这违反了交际场合"不要让自己引人注目"的原则。一般在交际场合的音量以对方听见为宜，电话中还要略低一些。

在语言交流中，讲话的快慢将不同程度地影响你向他人传递信息。速度太快如同音调过高一样，给人以紧张和焦虑之感。结果你说话太快，以至于某些词语模糊不清，他人就无法听懂你所说的内容。音速最好是不急不慢，让别人感觉到你在与他谈心，他自然也感到精神放松，交谈也越来越愉快。

研究表明，当人们把音高控制在其音域的中低部位时，他们的声音将取得最佳效果。

不论面对什么人，都要从心底里把对方看成是与你平等的，并对他怀有爱、尊敬、体贴、关怀等等的诚挚感情，如果没有这种感情而只有技巧，一时可能取悦于人，终不能长久，而且自己也很累。如果内心有了感情，再加上熟练的技巧，这样做才自然流畅，悦人又悦己。

学会控制你的声音

控制声音，需要保持语调与内容的一致性。语调是与人讲话时最直接、最直观的东西。在利用语言沟通的方式中，语调是非常重要的。

在与别人说话的时候，无论谈论什么样的话题都应保持说话的语调与所谈及的内容相配合，因此，可以从以下几个方面加以注意：

一是注重说话的语调。语调能反映出你说话时的内心世界，你的情感和态度。当你生气、惊愕、怀疑、激动时，你表现出的语调也一定不自然。从你的语调中，人们可以感到你是一个令人信服、幽默、可亲可近的人，还是一个呆板保守、具有挑衅性、好阿谀奉承或阴险狡猾的人。你的语调同样也能反映出你是一个优柔寡断、自卑、充满敌意的人，还是一个诚实、自信、坦率以及尊重他人的人。

二是注意发音。我们所说出的每一个词、每一句话都是由一个个最基本的语音单位组成，然后加上适当的重音和调整。只有清晰地发出每一个音节，才能清楚明白地表达出自己的思想。

不要让发出的声音尖得刺耳：我们每个人的音域范围可塑性很大，有的高亢，有的低沉，有的单纯，有的浑厚。说话时，你必须善于控制自己的态度。

有时，当我们想使自己的话题引起他人兴趣时，便会提高自己的音调。有时，为了获得一种特殊的表达效果，又会故意降低音调。但大多数情况下，应该在自身音调的上下限之间找到一种恰当的平衡。

三是不要用鼻音说话。当你用鼻腔说话时，发出的声音让听者十分难受。在日常生活中，我们经常听到"姆……哼……嗯……"的发音，这就是鼻音。

如果你使用鼻腔说话，第一次见面时绝对不可能引人倾慕。你让人听起来似在抱怨、毫无生气、十分消极。有些人将"哼嗯"这种鼻音视为一种时髦的说话方式，但如果你想让自己所说的话更具吸引力和说服力，如果你期望自己的语言更加富有魅力，就尽量少用或不用鼻音说话。

充满热情与活力、响亮而生机勃勃的声音给人以充满活力与生命力之感。当你向某人传递信息、劝说他人时，这一点有着重大的影响力。当你讲话时，你的情绪、表情同你说话的内容一样，会带动和感染你的听众。

四是注意说话的节奏。节奏，即说话时由于不断发音与停顿而形成的强、弱有序和周期性的变化。在日常生活中，大多数人根本不考虑说话的节奏。而说话时不断改变节奏以避免单调乏味是相当重要的。

每一种语言都有其自己独特的重音和语速。法语不同于德语，英语不同于西班牙语，汉语又不同于英语。人们容易认为，诗歌与散文的节奏有很大差别，其实两者的相对区别则在于一种规则与不规则的重读上。

诗歌具有规则的可把握的重音，散文的形式则是不规则的。人们处于一种压力之下时，他们便不由自主地使用一种比散文更自由的节奏讲话。

说话时拥有好听的声音，会让人不反感，会让人"如沐春风"。好听的声音，抚慰人心，使人愿意去倾听。无论在何时何地，拥有一副好的声音，无疑都能使得自己大受欢迎。

一开口，就要说对的话

交谈要恰到好处，就是说既要不卑不亢，又要热诚谦虚、温文尔雅和富有感情，这样的谈吐才能给人留下深刻印象。

不亢就是谈话时不盛气凌人，不自以为是，如果你是一个很有学识的人，也不要轻视别人，要用心接受别人的意见。更何况"智者千虑，必有一失；愚者千虑，必有一得"，别人的意见不见得全不可取，而自己的意见不见得全都可取。如果你随时以高人一等的口吻或专家的姿态出现，好像处处要教训别人，这样只会使别人反感。

当然，反过来交谈时有自卑感也是要不得的。一个对自己失去信心的人，是难以得到别人的重视和信任的。比如在交谈中，你处处都表现得畏缩怯弱，说什么都不懂，或者是"驴唇不对马嘴"，显出一副未经世面幼稚无知的样子，这也是很糟糕的。

自卑与谦虚，两者是大有分别的。谦虚在谈话中最受人欢迎，又不失自己的身份，更不等于幼稚无知。"虚怀若谷"或"不耻下问"，这就是交谈中的谦虚的态度。

明白地说，就是不自大自满，碰到自己在交谈中不了解的话题，不妨请对方作简单的解释。这种做法是聪明的，因为这样既可避免误解别人的谈话，又可表示出赏识、尊重对方，这样，自然使对方也觉得你很可爱了。

交谈时诚恳、亲切，是很受别人重视的。如果你碰到一个油腔滑调、说话飘浮不实的人，你一定会觉得异常不快，敬而远之，甚至会从内心上引起反感。自己的心情如此，别人的心情也是一样，因此，在社交的谈话中也须警惕注意。

与人谈话，称呼是必不可少的。在社交中，人们对称呼是否恰当十分敏感。所以，称呼往往影响到交际的效果。

此外，应酬中的称呼还要合乎常规，也要照顾到被称呼者的个人习惯，同时，还要注意入乡随俗。而根据场合，又可以分为工作中的称呼和生活中的称呼两种，在具体实践中各有不同。

在日常生活中，称呼应当亲切、自然、准确、合理。

"妈妈""爸爸""祖父""叔父"等，都是我们对亲属的常规称呼，而在面对外人的应酬活动中，我们要根据不同情况采取谦称或敬称。

对本人的亲属，应采取谦称，如"家父""家姐""舍弟""小儿""小婿"等；对他人的亲属，应采用敬称，如

"令堂""尊兄""贤妹""令爱""令郎"等。

对任何朋友、熟人，都可以人称代词"你""您"相称。对文艺、教育界人士，以及有成就者，均可称为"老师"；而对德高望重的年长者、资深者，可称之为"×老"或"×公"，以示尊敬。

另外，"小李""大张""老赵"也是不算失礼的称呼办法，若要显得更亲近，更随意，还可以采用"大爷""大妈""伯伯""大婶"等称呼。

在工作岗位上，人们彼此之间的称呼是有其特殊性的，应当庄重、正式、规范。

在工作中，最常用的称呼方法，就是以交往对象的职务相称，以强调其特殊身份及自己的敬意。比如"总经理""王处长"等。

对于具有职称者，尤其是具有高级、中级职称者，可以在工作中直接以其职称相称，如"教授""陈主任"等。而以头衔作为称呼，则能增加被称呼者的权威性，更加有助于增强现场的学术气氛，如"陈博士""社会学硕士郑浩"等。

对待司机、服务生，如果你用一个适当的称呼，往往可以得到更周到的服务。我曾听有些人称出租车司机为"司机老大"，觉得格外亲切。对服务生、跑堂的，你可以称他"伙计"，如果你称呼他"老兄""朋友"之类，你会得到更满意的款待。

上面所讲的，目的都是用客气的称呼使彼此感到愉快。

在有些场合，如果你适当地喊出对方的名字，也会使人感到亲切愉快。

使用称呼还要注意主次关系及年龄特点。如果对多人称呼，应以先长后幼、先上后下、先疏后亲的顺序为宜。如在宴请宾客时，一般以先董事长及夫人，后随员的顺序为宜。

在一般接待中要按女士们、先生们、朋友们的顺序称呼。使用称呼时还要考虑心理因素。如有的三十多岁的人还没有结婚，就称为"老张""老李"，会引起他的不快。对没有结婚的女人称"太太""夫人"，她一定很反感，但对已婚的年轻女人称"小姐"，她一定会很高兴。

最重要的是，不论我们如何称呼他人，这其中最为关键的是要表达这样的意思：你很重要，你很好，我对你很重视。

有些人胆子非常小，不敢主动向对方问好。其实，这并不是一件难事。你为何不抛弃自己胆怯的心理，大胆地跟他说："我一直想跟你说话，但是我很怕接近你。"此语单刀直入，会令对方无法拒绝你。这不仅让你能开始以下的谈话，而且还是种最有效率的沟通方式，省了一堆繁文缛节。

可以说，初次见面的第一句话，说好说坏，关系重大。总的原则是：亲热、贴心、消除陌生感。常见的有这么三种方式：

一是攀认式。赤壁之战中，鲁肃见诸葛亮的第一句话是"我，子瑜友也。"子瑜，就是诸葛亮的哥哥诸葛瑾，他是鲁肃的挚友。短短的一句话就定下了鲁肃跟诸葛亮之间的交情。

其实，任何两个人，只要彼此留意，就不难发现双方有着这样或那样的"亲""友"关系。例如"你是复旦大学毕业生，我曾在复旦进修过两年。说起来，我们还是校友呢！""您是体育界老前辈了，我爱人可是个体育迷，咱们也算得上是'近亲'啊！""你是湖南的，我是湖北的，两地近在咫尺。今天能碰巧遇见，也算很有缘！"

二是敬慕式。对初次见面者表示敬重、仰慕，这是热情有礼的表现。用这种方式必须注意：要掌握分寸，恰到好处，不能乱吹捧，不说："久闻大名，如雷贯耳"一类的过头话。表示敬慕的内容应因时因地而异。例如"您的大作我读过多遍了，受益匪浅。想不到今天竟能在这里一睹作者风采！""今天是教师节，在这光辉的节日里，我能见到您这颇有名望的教师，不胜荣幸！"

三是问候式。"您好"是向对方问候致意的常用语。如能因对象、时间的不同而使用不同的问候语，效果则更好。

对德高望重的长者，宜说："您老人家好"，以示敬意；对年龄跟自己相仿者，称"老×（姓），你好"，显得亲切；对方是医生、教师，说："李医师，你好""王老师，您好"，有尊重意味；节日期间，说："节日好""新年好"，给人以祝贺节日之感；早晨说："您早""早上好"则比"您好"更得体。

建立和谐谈话的诀窍

交谈双方一见面，先适当的寒暄一阵子是十分必要的。如果是熟悉的朋友和同学，交谈时可以先说说分别后的一些情况，然后再转入到"正题"。

如果是初次见面，则一定要各自先作一下简要的介绍，待气氛融洽后，再"言归正传"。如若一见面就单刀直入，往往会使对方感到突兀，一开始就影响了谈话气氛。那么，该如何建立起交流的通道呢？

真诚是人与人之间交流的"法宝"

开诚相见、坦率谈论的态度，能使双方备感亲切、自然，易于接受各自的观点和看法。如果虚情假意、阳奉阴违，就会造成"话不投机半句多"的尴尬局面。

所以，交谈中一定要注意不要装腔作势、言不由衷，更不要在对方面前吹嘘自己或玩弄是非，这些都是有碍创造和谐谈话气氛的有害因素。

有些青年为人腼腆，总怕和生疏的人会面时无言相对，实际上这是不必要的担心。因为在社交场合，大多数影响谈话气氛的不是出于那些讲话太少的人，而是出于那些讲话太多的人。即使自己不能谈笑风生，只要做到有问必答，回答问题合情合理就可以了。

当然，交谈中注重语言的精炼准确，并不是说总是拼命想着自己下一句要说什么，过多的咬文嚼字，不但不能听清对方在说什么，也会失去自己控制谈话的能力，显得紧张和语塞，出现相反的谈话效果。

很多青年在交谈中有一些不好的习惯，如：喋喋不休、尖酸刻薄、一言不发、漫不经心等。殊不知，交谈的双方各自代表一个人的身份、修养和所受的教育程度。

各种职业、各个阶层的人各有其说话的特色和格调，但就礼仪的角度而言，至少粗鲁、肮脏的词语以及不文明的举止应避免，尽可能地克服一些不良习惯。

对于青年来说，还要避免"行话""隐语"，这些话最好不说，因为所谓的"行话"，一是不见经传，二又道不出其所以然，如果在场的尚有听不懂的第三者，则易造成误会和隔阂。

以上所述都是创造和谐谈话气氛的要诀，只要留心自己的讲话，并注意对方的反应，交谈一定会成功的。

好的话题让交流更顺利

初次的会面如果能让对方回味无穷，自然就盼望有第二次的见面，这就是人际交往的最高境界。然而怎样才能做到这一点呢？最重要的就是善于制造余韵无穷的谈话，让对方在离去后仍旧不断咀嚼这次谈话。

一般说，谈话的话题应该视对方的情形而定，再好的话题，若不能符合对方的需要，就无法引起对方的兴趣。最好是想办法引出两人都感兴趣的话题，才能聊得投机，然后再设法慢慢地把话题引进自己所要谈论的范围内。

要让谈话留有余韵，必须使用优美的言词，假如为了加强印象，故意讲些粗鲁的话，则反而会增加对方的不愉快，弄巧成拙。所以为了使对方对你产生好感，必须言语和善，讲话前先斟酌思量，不要脱口说出伤人的话，破坏周围的人际关系。

擅长谈话技巧的人，能够利用言语使对方产生好感。要想做到这一点，就必须避免只晓得说些不着边际的琐事。眼界要放得远些，谈话内容不妨从共同感兴趣的话题着手，注意速度的平顺流畅，使对方不由自主地受到吸引。

对有些人来说，谈话的艺术就在于毫无艺术可言，犹如穿衣，宽松舒适即可，这种情形用于朋友闲谈可以，而在更为高雅一点的氛围内，交谈就不能不假思索，毫无章法。若想成功地进行交谈，必须调整自己，以求和对方达成默契，不要对他人的言辞表达过分挑剔，否则交谈会不欢而散。

在交流中烘托谈话时的气氛

创造了融洽的谈话气氛，我们还要学会在语言交流中去烘托谈话的气氛。交谈中，欢悦的场面是非常受人们欢迎的，而能够制造欢乐气氛的人则更受欢迎。以下几种说话技巧可帮助你成为社交场上的活跃人物。

一是夸张般的赞美。在与朋友或同事交往过程中，不免介绍、寒暄一番，这是个极好的活跃的机会。借此发表一番

"外交辞令"，把每个人的才能、成就、天赋、地位、特长等做一种夸张式的炫耀与渲染，这可使朋友们感到自己在别人心目中占据的地位。

特别是利用这种方式将他推荐给第三者，谁也不会去计较真实性，但你却张扬了朋友们最喜欢被张扬的内容，这种把人抬得极高，但又没有虚伪、奉承之感的介绍，会立即将气氛炒得异常活跃。

二是引发共鸣感。在与朋友、同事交往过程中，最忌讳的就是一个人唱独角戏，大家当听众。成功的社交应是大家一块儿发表言论。各自都表现出最佳的才能，展现出最精彩的表演。

要想达到此种目的，就必须寻找能引起大家广泛共鸣的内容。有共同的感受，彼此间才可各抒己见，仁者见仁，智者见智，气氛才会活跃起来。

因此，如果你是社交活动的主持人，一定要把活动的内容同参加者的好恶、最关心的话题、最拿手的好戏等因素联系起来，以免出现冷场局面。

三是充满魅力的恶作剧。在搞恶作剧时，善意地、有分寸地取笑朋友并不是坏事，双方自由自在地嬉戏，超脱习惯、道德、远离规则的界限，享受不受束缚的"自由"和解脱规律的"轻松"，会让人感受到这是一件极为惬意的快乐之事。

恶作剧往往出人意料，他源自幽默，导致欢笑。人们在捧腹大笑之余，会非常感谢那个聪明的、直爽的制造者。

四是提出荒谬的问题，并给予巧妙地回答。社交活动中，一本正经的人会给人一种古板、单调、乏味的感觉。对交谈中不时穿插一些朋友们意想不到的貌似荒谬的话题不屑一顾，不仅会破坏交谈气氛、人际关系，而且会被人认为缺乏幽默感，从而避而远之。

要想使气氛活跃，就要学会提出引人发笑的荒谬问题并能巧妙应答，这种做法有助于良好社交气氛的形成。人们格外关注你的所作所为，精力集中、全神贯注，待你抖开"包袱"之后，人们见是一场虚惊，便会放心地付之一笑，从而使氛围变得轻松。

五是适当贬低自己。这种战术最为高明，自我贬低、自我解嘲往往是老练而自信的人所采取的方式。贬抑会收到欲扬先抑、欲擒先纵的效果。众人将在哄笑声中重新把你抬得很高。自我贬抑既可以活跃气氛，又能博取别人的好感，使自己更具亲和力。

六是寓庄重于诙谐。社交中需要庄重，但自始至终保持庄重气氛就会显得紧张，用幽默、诙谐的语言，同样可以表达较重要的内容。社交高手们一定精通于此。

学会在气氛紧张时转移话题

学会了以上掌握气氛的方式，还需要我们学会在气氛紧张时不露痕迹地转移话题。

有一个小孩站在一家玩具店前大声叫嚷："我

要这个！我要这个！"

小孩的母亲见到这种情况，便指着天上说："明明，你看，有飞碟。"

孩子立刻停止哭闹抬头张望，好像已经忘记刚才自己哭闹要求的东西，不久就被母亲牵着乖乖地消失在人群中。

这就是不露痕迹转移话题的绝好方法。

例如，《三国演义》中有一个"煮酒论英雄"的故事：

曹操邀请刘备在花园饮酒。曹操以手指刘备，又指自己，说："当今天下英雄，唯使君与操耳！"

刘备一听，大吃一惊，一不小心，把手中拿的筷子掉到了地上。此时正值大雨将至，雷声隆隆。刘备急中生智，立即从容地说："一震之威，乃至如此。"

曹操并未觉察，笑了笑，说："大丈夫也怕雷声吗？"

刘备说："圣人迅雷风烈必变，安得不惧？"

刘备巧妙地将曹操的注意力引到雷声上，从而巧妙避开了曹操的猜疑。

在气氛紧张时巧妙地转移话题，是一种转移他人注意力的技巧，如上述，表面上看，它只是哄小孩的把戏，事实上，在你心里紧张的情况下使用，往往能收到意想不到的效果，像上述那位经营者，他能把对立的气氛一瞬间扭转过来，的确是将这一技巧应用得非常巧妙。

而刘备为了不让曹操察觉自己的雄心壮志，机智地以雷声掩饰惊慌，引开曹操的注意力。在气氛紧张时巧妙地更换话题，这就需要很高的智慧，也需要很好的口才，而且要巧妙、自然，才能既平且准，取得最终的成功。

善于倾听比说话更重要

要想使他人对你表示出极大的崇敬，首先要让对方畅所欲言，还要学会仔细恭听别人的说话。因为你的恭听不但能够受人敬慕，更是鼓励别人说话的最好办法。

倾听别人说话的重要性

倾听是一种美德，倾听能让你化解干戈，倾听能深入心灵，倾听能够使别人对你产生敬慕，倾听是人人都能运用的策略。

当初蒙娄初受柯立芝总统之命，去往墨西哥

任新任公使。但是对一个才上任的新官而言，这确实是一项苦差事，曾经有位美国知名人士评点说："墨西哥是美国最疼痛的一根手指头，到那儿做公使，是再麻烦不过的事了。"

蒙娄初重任在身，他觉得此行最关键的时刻，就是他在第一次和墨西哥总统卡尔士会面的时刻。他能不能让自己和美国得到胜利的结果呢？他能不能在墨西哥总统心里留下一个美好的印象？这都不得不依赖蒙娄初事先拟定的策略了。

会见的第二天，墨西哥总统卡尔士对一位朋友说："新任美国公使真是一位能言善辩的人啊！"

蒙娄初是怎么跟墨西哥总统进行沟通的呢？他又使用了一些什么样的策略才使墨西哥总统卡尔士对他留下了如此美好的印象呢？原来，在他和墨西哥总统进行会谈的时候，他压根儿不提公使应当提到的官方性的那些严重事件，只是顺便夸了夸当地厨师的手艺，还多吃了一些面包和菜品。

随后，他请卡尔士总统讲一讲墨西哥的现状，以及墨西哥内阁对国家的发展有什么新的举措、总统自己现在有没有什么正在计划的事宜？还有卡尔士总统对未来的形势有什么样的看法等等。

蒙娄初使用了人人都可运用的策略。他说这些话的目的，只是为了让卡尔士总统感到轻松和愉快。蒙娄初鼓励卡尔士总统，发表自己的见解，让他率先开口说话，自己则一心一意地倾听着。在这个过程中，他流露出对于对方的兴趣表现出的崇敬之意，从而提高了对方的自尊心和自信心。

当我们翻阅那些成功者的传记或自传时，我们可以发现，有许许多多的成功者都是倾听策略的受益者。每一个成功者在他成功的过程里，都必定有着恭听别人说话这一策略的功劳。因此，学会恭听别人说话也是非常重要的。

约翰·海是美国的一位著名政治家，他不但能够做精彩的演讲，同时也是一位极佳的听众。他在恭听别人谈话的时候，总是做出一副明显地对对方表现出崇敬的样子，非常专注。

任何跟他谈过话的人，只要一起坐上半个小时，他们就会感受到自己已经被约翰·海给征服了，同时，无意之中也受到他的鼓励，不知不觉地向前走了。

一切领导人物，都是注重而且善于运用聆听艺术的。这些领导人物不但会对别人的发言表示出浓厚的兴趣，还会把这种感觉真切地表露出来。

可是在这个熙熙攘攘的社会里，虽有很多人明白这种策略的重要地位，有时也还会遇到发展的良机，然而他们还是在疏忽之中没有善加利用而失去了机会。

善听比健谈更重要

许多到各地去拜访过名人们的年轻人都有过这样的感觉，那些大人物对自己并没有好感，大人物认为他们是有着错误观念或是粗心大意的人，他们不了解为什么会有这种感觉。

其实，真正的原因在于他们自身，他们没有人能够静静地聆听被访问者的谈话，只是不断考虑自己接下来应当说什么话，报以他们并不能专心地听对方到底说了些什么。很多大人物都曾表示说，他们认为一个善听的人要比一个健谈的人更能让人满意，所以听讲的才能要比健谈的才能更为重要。

常发牢骚的人，甚至最不容易讨好的人，在一个有耐心、具有同情心的听者面前都常常会软化而屈服下来。这样的听者，在被人家鸡蛋里挑骨头骂得狗血淋头的时候，都会保持沉默。举例说明：

纽约电话公司发现，该公司碰上了一个对接线员口吐恶言的最凶恶的用户。他怒火中烧，威胁要把电话连根拔起，拒绝缴付某些费用，说那些费用是无中生有的。他写信给报社，到公共服务委员会做了无数次的申诉，也告了电话公司好几状。

最后，电话公司最干练的"调解员"之一，被派去会见那位惹是生非的用户。这位"调解员"静静地听着，让那位暴怒的用户痛快地把他的不满全部吐出来。电话公司的"调解员"耐心地听着，不断地说"是的"，同情他的不满。

"他滔滔不绝地说着，而我倾听着，几乎有三个小时。"这位"调解员"把他的经验在卡耐基班上叙述出来。"然后，我又继续倾听下去。我见过他四次，在第四次会面结束之前，我已经成为一名他要成立的一个组织的会员，他把他叫作'电话用户保障协会'。我现在仍然是这个组织的会员，而就我所知，除了那位老兄之外，我今天是世界上这个组织的唯一会员。

"我倾听着，对他的这几次见面中所发表的每一个论点抱着同情的态度。他从来没见过一个电话公司的人跟他这样谈话，于是他变得友善起来。在第一次会面的时候，我甚至没有提出我去找他的原因，第二次和第三次也没有。但是第四次的时候，这件事就完全解决了，他把所有的账单付了，而且撤销了对公共服务委员会的申诉。"

无疑的，那位老兄自认是一位神圣的主持正义者，维护大众的权利，免得受到剥削。但事实上，他所要的是一种重要人物的感觉，他先以口出恶言和发牢骚的方式，得到这种重要人物的感觉。但当他从一位电话公司的代表那儿得到了这种感觉后，那无中有生的牢骚就化为乌有了。

如何做一名合格的倾听者

辛格曼·弗洛伊德要算是近代最伟大的倾听大师了。一位曾遇到过弗洛伊德的人，描述着他倾听别人时的态度："那简直太令我震惊了，我永远都不会忘记他。他的那种特质，我从没有在别人身上看到过，我也从没有见过这么专注的人，有这么敏锐的灵魂洞察和凝视事情的能力。他的眼光是那么谦逊和温和，他的声音低柔，姿势很少。但是他对我的那份专注，他表现出的喜欢我说话的态度，即使我说得不好，还是一样，这些真的是非比寻常。你真的无法想象，别人像这样听你说话所代表的意义是什么。"

如果你要知道如何使别人躲闪你，在背后笑你，甚至轻视你，这里有一个方法：决不要听人家讲三句话以上，不断地谈论你自己。如果你知道别人所说的是什么，就不要等他说完。他不如你聪明，为什么要浪费你的时间倾听他的闲聊？但这样做的结果，只能是使自己处于不利的地位。

只谈论自己的人，所想到的也只有自己。而"只想到自己的人"，哥伦比亚大学校长尼可拉·斯巴特勒博士说，"是不可救药的未受教育者。""他没有受过教育，"斯巴特勒说，"不论他读过多少年的书。"

因此，如果你想成为一名优秀的沟通专家，就请做一个注意听话的人。正如查尔斯·诺山李所说的："要令人觉得有趣，就要对别人感兴趣。"提出别人喜欢回答的问题，鼓励他谈谈他自己和他的成就。

请记住，跟你谈话的人，对他自己、他的需求和他的问题，更感兴趣千百倍。他对自己颈部的疖痛，比对非洲的四十次地震更感兴趣。当你下次开始跟别人交谈的时候，别忘了这点。

因此，如果你要别人喜欢你的话，请记住这条规则："做一个好的听者。鼓励他人谈论他们自己。"听的意义一旦为你所重视，听的技巧一旦为你所掌握，你就会变得更加善于合作，更加幽默风趣。你专心致志和富于思考的听讲习惯，也会受到人们的喜爱和尊敬。那么，怎样做一名出色的听众呢？

一是要有积极主动的参与精神和强烈的交流愿望。积极地倾听绝不仅仅是用耳朵，而是用整个身心；不仅仅是声音的吸收，而是为了理解；不能把交流上的所有责任统统推卸给讲话人。应该在交谈中时刻保持着认真的态度、专注的精神、动人的情感和入神的姿态。

二是要养成良好的听讲习惯。我们应对任何话题都感兴趣，专心注意讲话的内容。出色的听众会努力创造一种舒适、轻松的谈话环境，以一种耐心的表情和姿态，聚精会神地倾听，积极地思索谈话中的主要观点；他会机敏地发现讲话的基本纲要，确定其论据，认识论据与论点关系，并能够运用讲话人引用的材料，仔细地证实他所预想问题的准确性。

三是切忌感情用事。不要因为讲话人的品格、观点、代表的团体或者穿戴与自己格格不入就对其讲话反感、不满。

感情用事往往会产生先入为主和固执己见的毛病，听众应具有公正无私、心平气和的听讲态度，这样做有利于建立相互理解、彼此善待的环境。况且，只有认真地听人家把话讲完，人家才会有主动合作的态度和酬答的愿望。

四是注意观察和体会讲话人的非语言信息。讲话中的非语言信息常常透露出讲话人的内在情感。比如，音调、音量、音质等。支支吾吾的讲话会使人觉得他心有余悸、忧心忡忡或缺乏自信。

五是注意讲话人词汇的运用和选择。出色的听众同样会把讲话人的语言表达视为流露下意识态度的信号。比如，频繁地使用"我"，往往表现出本人自我意识很强，内心不安，甚至可能对听众怀有敌对情绪；而不常用人称代词又会表现本人不愿意吐露内心的真实感情。

有些人常常用像"糟透了""可怕极了""最棒的""愚蠢透顶"等一类定性词来夸大自己感情或者用来评价人和事。一个因循守旧的人往往在讲话时重复使用同一个句子或词汇，与此相反，灵活运用语言则能显露出讲话人的坦率和自信。

六是适当提问或插话。通过一些简短的插话和提问，暗示对方确实对他的话感兴趣，或启发对方，引出你感兴趣的话题。

七是适度做出反应。当对方讲到要点时，要点头表示赞同。点一点头，这实质就是在发出一种信号，让对方知道你在听他的讲话，对方这时当然会认真他讲下去。

当然，只是在听到节骨眼上时点点头就行了，不必频频点头。交谈时适度地点点头，是对对方的语言性应酬，如果频频颔首，也会使对方疲劳。

八是边听边想。听比说快，听话者在听话过程中总有时间空着等待。在这些时间空隙里，应该回味讲话人的观点、定义、论据等，把讲话人的观点和自己的观点做比较，预想好自己将要阐述的观点的理由，设想可能有的介乎自己与说话者之间的第三种观点，等等。

结束交谈的语言艺术

在元朝，学者陶宗仪对写文章有个"三段论"的说法，即"凤头、猪肚、豹尾"，而交谈与写文章差不多，也需要有个"引子""正文"和"收尾"。只要把这三个部分处理好了，就能得到一次满意的交谈。否则，就有可能使交谈陷入拖沓、无味，甚至不知说什么的窘境。

当然，同作为口语活动的演说相比，交谈的结束语并不需要像演说那样追求"艺术效果"，讲究那么多的"楔子""噱头""幽默""出人意料"或"戛然而止"的形式和"技巧"。

交谈毕竟是一种有目的的社会交往活动，特别是年轻人，在社会交往中不仅应该有朝气、有才干，而且应该善言谈、懂礼仪。下面就"结束交谈艺术"的常用方式作了一简要地介绍，以供初入社会而不善言谈的人们作为参考。

是征询式收尾

在人际交谈中，征询式的收尾往往给人以谦逊大度、仔细周到和成熟稳重的印象。

征询式收尾就是指当一次交谈行将完毕时，主谈者可根据自己的"谈话使命"综合"交谈情况"以及目的与交谈后的吻合情况，说出向对方征求意见、看法、说明、要求，或建设性的建议、忠告、劝诫等等。

当你与员工交谈工作结尾时，你应说："您还有别的什么要求和意见吗？""您生活中还有什么困难和要求吗？如果有，只要我们能做得到，我们将尽力帮助解决……"

从谈者，也应同样征询对方："除了工作之外，您对我还有什么别的意见和看法吗？现在如果一时想不起来，您日后尽管提出来，我是不会计较别人对我提意见的方式的……"

如果是同恋人、同学、战友和同龄人之间的交谈，双方都应根据谈话的目的、内容、气氛而说出相应的"结束语"来收尾："张丽，随着我们交往的增多，了解的深入，你一定发现了我身上的一些坏毛病，你觉得我最糟糕的'毛病'是什么？希望你能直接提出来。""英子，我不懂得'恋爱艺术'，我只想问你一句话"我很乐意做你永远的伴侣，不知你是怎么想的？"

征询式的收尾，都会令对方听了有一种心悦诚服、倍感亲切、心心相印的感觉，从而取得关系融洽、有利于事业进展的良好效果。

是关照式收尾

所谓关照式收尾，就是当交谈双方谈了自己的思想、意见、看法或流露了某些内心意向之后，觉得谈话中的有些话和问题是带有范围性、保密性、对象性和重点性的，当交谈即将结束时，就关照对方不要将其中的某些话说出去，或关照哪些问题是重要时就应该说。

"曹新同志，刚才我讲的一些话，可能还有些不太成熟，在我们觉得不必让他人知道的时候，请你不要传出去，以免引起不必要的麻烦……""小刚，我要讲的都讲了，都是心里话，有关丽丽的事你千万别同她的朋友去讲，不然会出事情的。"

这种关照性收尾，有一种提起注意、防患于未然和强调重点的作用，能使交谈的双方增进了解和增强"使命感""责任感"。

归纳式收尾

归纳式收尾，一般是使用在上下级之间非正式性的交谈，或同志间、亲朋间工作性的交谈中。

主谈者："小张，我今天谈的主要问题，一是关于共青团发展工作的经验，我们得好好总结一下；二是咱们团委如何对新形势下出现的一些问题作出正确的估计和怎样引导、转化。这两件事，我事先同您打个招呼，让我们都考虑一下……"

"王力，听了你的情况介绍后，我觉得问题的重点是第一点，我们是做人的工作的，如能把人心统一起来，那便抓住了一切，其他问题也就好解决了……"

从谈者："老陈，听了您所讲的几个问题，有些东西我还是不太明白，如对待杨军这个人，你们的态度到底是同意还是不同意调入？如不同意调入，他妻子的探亲假应怎样处理；如同意调入，又怎么解决他们的住房问题？""徐东同志，对你所谈的几个问题，除第一点作保留外，其余四点完全同意……我可以告辞了吗？"

亲戚朋友之间则可以这样进行："大哥，我刚才所谈的三件事，你一定得一件件去落实好，我在等待着你成功的喜讯……再见！""玉兰，你对我的爱，我深深地理解和感谢。

但是，在决定我们的关系之前，我必须提醒你：首先，我是军人，军人就难免会流血、伤残和牺牲；其次，军人的生活方式，和现代社会上的一些人的生活方式还是有着一定差别的；最后，恋爱期间和婚后生活有时往往是两种情形、两个世界，……这些，都要请你考虑清楚。"

很明显，交谈中的归纳式收尾，由于条理清晰，中心突出，重心再现，便能使双方交谈的目的和内容，双方的思想和意见得以清楚交流，收到言简意赅、重点突出、明快爽朗的交谈效果。

邀请式收尾

所谓邀请式收尾，他的基本特征就是运用社交手段向对方发出礼节性邀请或正式邀请。他的效用前者是体现了"套式"所需的礼仪，后者是一种友谊富有生命力的表示。

比如正式邀请："李刚同志，今天我们就先谈到这里。哪天你有空到我们家来吃个便饭，那时我们再作长谈吧。再见！"

以上这两种邀请式收尾语，在社交中是非常常用的。"套式"邀请也是一种礼节；正式邀请更是一种友好和友谊的表示。运用这种结束语，无疑是符合社交礼仪的。

道谢式收尾

在交谈艺术中，道谢式收尾具有较强的礼节性，他的基本特征是用讲"客气话"作为交谈的结束语和告别话。道谢话在日常生活中应用是非常广泛的，他无论是上下级间、同事间、亲朋间，以至熟人、左邻右舍以及陌生人之间都是适宜的。

比如在一次交谈中，当交谈就要结束时，从谈者可用："听君一席话，胜读十年书。""你对我学习上的帮助、生活上的关怀，使我感激不已。""真正的、牢固的友谊，是在心怀坦白的论争中建立起来的。我衷心感谢你同志式的帮助……"

假如是小辈对长者，下属对上级的请教式交谈或汇报式交谈，可用："陈大爷，您还有其他嘱咐吗？您像慈父一样关心我们的成长，让我感激不已。因为时间不早了，我要走了，陈大爷晚安，再见！""黄师傅，您对我技术上的悉心指导，使我懂得了自己的责任，我一定按您的指教去做。谢谢您了，再见！"

如果是同学、战友、恋人间的欢聚、约会性交谈，使用的收尾语可活泼些、深情些，如："小红，我们心中虽然还有很多话要说，但时间快到了，我必须得走了，留着下次我们再畅谈吧。再见！""再见吧，杨阳，别送了，送君千里终有一别……"

祝愿式收尾

祝愿式收尾的特点是，不仅具有较强的礼节性和情趣性，而且还具有极大的鼓动力，如再加上适当的口语修辞，他的效果非常好。

如："我把千言万语并作一句：祝愿你在新的工作岗位上以辉煌的成就向人们宣告，你是属于伟大时代的骄子！""再见吧，路上保重。祝你顺风扬帆，一帆风顺！""一个伟大的男子就应该具有不凡的气概。只有经得起磨难，才能砥砺出刚强的锋芒……让我们都成为这样的男子吧！再见！""时间不等人，生活就是拼搏、斗争！抓紧时间干，就是等于延长生命！我祝愿你是这样一个人。再见！"

在人际交往中，有很多种结束交谈的语词和方法，只要我们能够驾驭情境，正确审视对象，选择得当的话语，这样的交谈结束语，无疑不仅会是得体的、有趣的，而且也会是有力的、感人的。

第三章

真心话帮你赢得人心

　　人都有一颗真心，但是却总是被隐藏着，不会让人轻易地知道，因为那是每个人内心中最真实的秘密，最真挚的感情流露。而如果你能够听懂人内心的话，知道去如何才能撬动人心，那么你一定会走向成功，无往而不利。

　　一个拥有高情商的人，无疑是一个能够用真心语言打动人心的人。那么如何打动人心，这就现需要我们自己先付出真心，付出真诚，从心底去关心他人，会善意的谅解他人。这样，我们的语言才能够散发出无与伦比的魅力，从而打动自己，打动别人，赢得人心。

将心比心，才能赢得人心

说话讲究的就是一种技巧，一般来说，在你和要说服的对象较量时，彼此都会产生一种防范心理，尤其是在危急关头。这时候，要想使说服成功，你就要注意消除对方的防范心理。如何消除防范心理呢？

用有感情的话打动人

从潜意识来说，防范心理的产生是一种自卫，也就是当人们把对方当作假想敌时产生的一种自卫心理，那么消除防范心理的最有效方法就是反复给予暗示，表示自己是朋友而不是敌人。这种暗示可以采用种种方法来进行：嘘寒问暖，给予关心，表示愿给帮助等等。

有这样两个故事：

在古代有两名将军率兵作战，都战败丢了失城池而归。面对皇帝和大臣的责询，一位将军说："敌军强大，装备精良，因而我们才累战累败。"

另一位将军说："尽管敌军强大，装备精良，但我军将士都英勇顽强，累败累战。"

结果前者被斩，后者受奖。

另一个故事讲的是算命先生给某大帅解梦。

大帅梦见自己所有的牙齿都掉光了，于是招来算命先生甲解梦。甲说："大帅啊，您很不幸啊，每次有一颗牙齿掉落，就意味着您就会失去一个最亲的人。"大帅听了怒斥甲并重打五十大板。

大帅又招来算命先生乙，乙在听完大帅的梦后说："尊敬的大帅阁下，您真幸福呀！这是个大吉的梦啊！他意味着您会比您所有的亲人都要长寿。"大帅听后大喜而奖励给了乙100个银元。

同样一件事，话说的是同一个意思，只是说话技巧和表达方式不一样，换来的结果相反，这给我们启示：善言往往改变结局。

真正以心换心，以情激情地"巧言""善言"了，还会有做不成的事吗？

八十年代初，引滦入津工程正在加紧进行。担负隧道施工任务的部队因炸药供应不上，面临停工和延误工期的危险。部队领导心急如焚，派李连长带车到东北某化工厂求援，李连长昼夜兼程千余里赶到该厂供销科，可是得到的答复只有一句话，

"眼下没货。"

找厂长，厂长很忙，没时间听他解释，他就跟进跟出，有机会就讲几句。但厂长不为所动，冷冷地说："眼下没货，我也无能为力。"厂长给他倒了茶，劝他另想办法。

李连长并不死心，他喝了口茶："这水真甜哪！可天津人就苦啦，喝的是从海河槽里，各洼淀中集的苦水，不用放茶就是黄的。"他瞥见厂长戴的是天津产的手表，就接着说："您戴的也是天津表，听说现在全国每10块表中就有一块是天津的，每10台拖拉机中就有一台是天津的。您是办企业的行家，最懂得水与工业的关系。造1辆自行车要用1吨水，造1吨碱要160吨水，造1吨纸要200吨水……引滦入津，解燃眉之急啊！没有炸药，工程就得停工延期……"

厂长一听，心中受到感动，就问，"你是天津人？"

"不，我是河南人。也许通水那天，我喝不上那滦河水！"

厂长彻底折服了。他抓过电话下达命令："全厂加班3天！"3天后，李连长带着一卡车炸药返程了。

人是有理智的，也是有感情的。既有现实的需要，也渴望真诚和情感的交流。正如管子说的，"善人者，人亦善之。"人们最愿意与有感情，富爱心的人交往，当然也最愿意与他们合作，谈生意。

当然，这还归功于口才的"魔力"，没有一个好口才是说不动对方的，人与人之间有了良好的感情作为前提，难办的事，尴尬的事也会变得好办，顺利了。

说真心话得人心

现代社会，尤其在商业交往中，无论对朋友，对顾客，说话时都要懂得其中的技巧，拥有一颗温暖热诚的心，以心换心，你就有了朋友，你就赢得了信赖，你就拥有了成功。

有一个这样的例子：

"小姐！你过来！你过来！"一位顾客高声喊，指着面前的杯子，满脸怒气地说，"看看！你们的牛奶是坏的，把我一杯红茶都糟蹋了！"

"真对不起！"服务小姐赔着不是，"我立刻给您换一杯。"新红茶很快就准备好了，跟前一杯一样，碟边放着新鲜的柠檬和牛奶。小姐轻轻放在顾客面前，又轻声地说："我是不是能建议您，如果放柠檬，就不要加牛奶，因为有时候柠檬酸会造成牛奶结块。"那位顾客的脸，一下子红了，匆匆喝完茶，走出去。

有人笑问服务小姐："明明是他的错。你为什么不直说他呢？他那么粗鲁地叫你，你为什么不还以颜色？"

"正因为他粗鲁，所以要用婉转的方式对待；正因为道理一说就明白，所以用不着大声！"小姐说，"理不直的人，常用气势来压人。理直的人要用和气来交朋友！"

相反，如果你不理解对方，或者说话不尊重对方，就会得到反面的效果。

一位拳击手，平日长于拳术，却讷于语言，甚至因此而影响了他的知名度，有一次，他参赛时膝盖受伤，观众大失所望，对他的印象更加不佳了。当时他没有拖延时间，立即要求停止比赛。

他说："膝盖的伤还不至于到不能比赛的程度，但为了不影响观众看比赛的兴致，还是要求停赛为好。"

在这之前，他并不是一个很得人缘的人，却由于他对这件事的解释，使大家对他有了极佳的印象。他为了顾全大局面请求停赛的确是恰当的言辞，由此而深深地感动了大家。

可见，说话技巧的另一方面还表现在打动人心上，这位拳击手以叩人心扉的一句话挽回了观众对自己的不良印象，真是一字千金，一鸣惊人。

以情动人，以理服人

这是说话的两个方面，二者有机统一，互相交融，可以使说话取得良好的效果。

情动于衷而形于言，写文章如此，说话也不例外。说话中要以情动人，必须注意以下几个方面：

首先，要真诚。说话者应该具有真诚的态度，取得听话者的好感，融洽感情，消除隔膜，缩短距离。真诚是说话最有效的营养素。心诚则灵，诚才能以心换心，心心相印。如果你对人持一种不信任态度，说话时必然闪烁其词，或故弄玄虚，或忸怩作态，或夸张失实，或遮遮掩掩，其结果往往会给对方留下浮夸虚假的印象，不利于相互理解和感情上的沟通，使你的说话黯然失色。

当然，我们说话时要坦率真诚，并不等于可以百无禁忌，对别人不愿谈及的事，应该尽量避免提及。正如莫罗阿所说，真诚不在于说出自己全部的思想，而在于在表达的时刻，永远表达仅仅自己当时之所想。

其次，要尊重。尊重是人的一种精神需要。尊重对方能启发对方产生自尊自爱的感情。如果你没有架子，平易近人，使对方感到你是他的知己，是他的良师益友，那么你们之间的心理距离将会大大缩短。相反，如果你高高在上，目空一切，自以为高人一等，指手画脚，其效果只会令人不服。因此，要使你的讲话使对方接受，就必须尊重对方。

最后，同情和理解。心理学研究表明，人们是有一种偏向于"相信知己"的心理倾向，特别是当一个人处于矛盾之中，或遇到某些困难而又一时无法解决时，他非常需要别人的同情和理解。

此时此刻，强烈的同情心及满怀深情的言语，将使对方不由自主地向你打开心扉诉说一切。理解可以激起心灵的火花，产生善良和容忍，产生信任和动力。

托尔斯泰曾说："用语言表达出来的真理，是人们生活中的巨大力量。"因此，说话时要动之以情，晓之以理。要使听话者对你的说话内容感兴趣，并且乐意接受，使他们信服，最终要有充分的理由，要摆事实，讲道理。

多说关心话，才能打动人

每个人的一生都会面对许许多多的陌生人。对于我们的亲人、朋友付出关心并不难，然而，要对陌生人付出关心，就不是一件简单的事情了。但是，关心对方才能赢得对方，才能打破沟通的障碍。

"魔术之王"塞斯顿，他前后周游世界共40年，一再创造出各种幻象，令观众如痴如醉、惊奇不已，受到数千万人的欢迎，获得了巨大的成功。

他说不是他的魔术知识高人一筹，他认为关于魔术的书已经有几百种，而且有几十个人知道的魔术同他一样多。但他却有其他人所没有的独到的优点：

他在舞台上能够展现自己的个性，有打动观众的独特风格。他是一位表演天才，了解人类的天性，他的每个手势、每种声调、每一次提起眼眉，都是提前演习好了的，而他的每一个动作也都配合得天衣无缝；更为重要的是，塞斯顿真心关心观众的感受，能够为观众付出所有的热情。

相反，有些技艺高超的魔术师认为观众是一群笨蛋，能够被自己骗得团团转。但塞斯顿却完全不那样认为，他每次上台时，都会对自己说："感谢这些人看我的表演，是他们使我过上了舒适的生活。我一定要尽力为他们演出最好的节目。"塞斯顿就是这样一位用关心赢得观众喜爱的艺术家。

有人说："要想自己成为幸福的人，就应当对别人关怀备至、体贴入微、赤诚相见。"著名心理学家阿德勒在《生活的意义》一书中说："对别人漠不关心的人，他的一生困难最多，对别人的损害也最大。

而所有人类的失败，都是由这些人造成的。"实际上，如果你能够真心实意地关心别人，那么你的生活将顺利很多，别人对你的帮助也将使你大为受益。

在生活中，大多数人往往苦叹不知如何与陌生人消除彼此的隔阂，进而使双方熟悉，开始交往。每个人都想博得他人的关心与认可，但是却忽略了对别人的关心与认可，结果也没人关心自己。因为，人与人之间的关系是相互的，你敬我一尺，我就敬你一丈，你不关心别人，别人也不会关心你。

假如你只想让别人注意自己，让别人对你感兴趣的想法，你就永远也不会有许多真挚而诚恳的朋友。如果你试着用心去关心别人，那么即便是陌生人也会成为朋友，即使你现在什么都没有，也会因为你的努力的变得非常富有。

美琳凯公司是美国乃至全世界都比较有名的化妆品公司，距今约有50年的历史。如今，美琳凯公司的规模发展得更加庞大，他拥有的员工人数多达20余万，年销售利润非常可观。

一般来说，一个企业的寿命不会超过半个世纪。然而，美琳凯公司走过风风雨雨的这么多年后，仍然如一支独秀般地稳稳屹立在竞争激烈的商界中，不能不让人惊叹他长盛不衰的生命力。随着公司的日益闻名，总裁美琳·凯得到了"化妆品皇后"的美称。

美琳·凯之所以能够获得成功，有很多方面的原因，关心员工的成长便是原因之一。

有一位推销员虽然擅长言谈，但因经验不足而在两次大型展销会上都没有卖出商品，感到很不自在。在第三次展销会上，她仅卖出了几十美元的东西，同样让她感到难堪。

尽管这样，美琳·凯仍然表扬了她："很好，比前两次强多了！"听了上司诚恳的夸奖后，这位推销员感到异常欣慰。后来，她经过不断努力最终成为一名推销能手。

要使别人喜欢你或者培养真正的友情，得到别人的帮助，生活更加愉快，那么就请从改变自身开始：真诚地关心别人，爱护别人。

庆功宴上，一位士兵斟酒时不小心把酒泼在了一位将军的头上。这位将军早已秃顶，受惊后猛然站了起来。顿时，气氛变得十分紧张，所有的人都在静观事态的发展。

这位将军并没有气恼，而是拍拍那位士兵的肩膀说："老弟，谢谢你的好意。不过我秃顶已经多年，不知道这种治疗方法是否管用。"

气氛骤然缓解，所有的人都大笑了起来，那位士兵的表情中少了一分害怕，多了几分敬意。

可见，在我们的日常生活里，多说关心话是多么重要，关心别人的同时别人也会反馈给你一定的好感与善意。只有懂得关心别人，才能得到别人的关心。

多说关心话，在我们自己看来也就一句口头语而已，可是对于受关心的人来，他有时候可以成为一盏明灯，照亮黑暗。有时候甚至会是救命的良药，温暖心灵。

有一个小伙子，在外地打工，可是干了两个月，老板却不发工资。而小伙的家里最近出了点事，正等着他寄钱回去。在这种急迫的情况下。小伙子决定铤而走险。他带着一把小刀，准备堵在老板回家的途中，逼迫他给钱。当他情绪的不安徘徊在路边之时，路边一个摆摊卖的大娘，却主动和他聊起天来。

"小伙子，是外地的吧？出来多久了？"

"有些日子了。"小伙子声音有些低沉和嘶哑，显示出他现在的情绪有些不稳定。

"不容易吧，小伙子？看你现在的样子，是有什么心事么，跟大娘讲讲，说不定还能给你点主意呢！"

小伙子本来不愿意说，可是看到大娘那副真心关心自己的模样，也是忍不住把自己的事情说了一遍。

大娘听完后劝道："小伙子，你要真的走了这一步，就是犯罪了，那么再也回不了头，你何不先去试试向老板说明情况呢？不去试试，怎么知道他会不给钱呢？如果实在要不来，还可以采取一些其他方式啊。你这样的冲动行为只会伤人伤己啊！"

小伙子听了大娘的一番话，也渐渐理智下来。第二天他便找到了工地老板说明了自己紧迫的情况，老板并没有为难他，给他顺利的结了账。

上面的故事很好地说明了，关心一个人，可以让一个人心里温暖，可以让他理智回归。当他感到世间还有真情，他就会冷静下来，去正视自己的错误，去思考究竟该如何做。

关心一个人不会让你少点什么，也不会让你失去什么，他反而会给你带来亲情，带来友情，带来爱情，带来陌生人的善意。所以，学会去说关心别人的话，也是在增进自己的人际关系，他会让自己成为一个处处受欢迎的人。

真诚的话，才会深入人心

社会生活实际上是建立在真诚的基础上的，真诚既是一个人的立身之本，也是一个集体、民族、国家的生存之基。诚实的人，才能心智清明，择善而从。"失信不立"是亘古不变的人生哲理。

中国有一句俗语"精诚所至，金石为开"，可以为这句话作注。这句话劝告人们，要以真诚待人，表里如一，不可虚伪。如果表面一套，心里一套，阳奉阴违，终究会露出马脚。因此，我们有必要明白那些话才能够深入人心。

真诚的话感动人

有一个戏剧《诸葛亮吊孝》，诸葛亮用真诚的语言感动了东吴上下，化解了恩怨，巩固了孙刘两家联合抗曹的统一阵线。

三国时期，孙权和刘备为了联合抗击曹操，是又联合又斗争的一对盟友。孙权的经理人周瑜和刘备的经理人诸葛亮也是又联合又斗争。在联合抗曹取得一定的胜利后，为了荆州的问题两家对闹起了别扭。

诸葛亮定计"三气周瑜"，结果使周瑜一命而亡。东吴上下对诸葛亮是恨之入骨。决心要杀死诸葛亮为周瑜报仇。孙刘两家的盟友关系也遭受严峻考验。

为了不使两家分裂并结成仇恨，诸葛亮要亲自到柴桑口为周瑜吊孝。刘备一方的君臣坚持劝阻，认为诸葛亮一去必然要被东吴杀害，结果将是有去无回。

诸葛亮分析，周瑜死了之后，鲁肃就会执掌东吴的大权。鲁肃是个深明大义的人，不会做出鲁莽的事情；东吴要在江东站稳脚跟，也必须和刘备联合。孙权、鲁肃都不会拿他们的江山开玩笑。同时也需要通过这次吊孝化解双方的怨恨。加上由赵子龙这位智勇双全的将军随身保护，即使出现点意外，也将是有惊无伤的。诸葛亮说服众人，过江去了东吴。

到达柴桑之后，鲁肃果然非常礼貌地接待了他。诸葛亮到了灵堂，读完祭文就伏地痛哭。情真意切，流泪不止。一口一个"周都督"，一嘴一个"周贤弟"，一边诉说两人联合抗曹的谋略，一边长叹周瑜一死没有了共同谋划之人。似乎这个世界上只有周瑜是他诸葛亮唯一的知音了。

令所有在场的人都非常感动。就连周瑜的夫人小乔也动摇了。

人们对周瑜是不是诸葛亮气死的都产生了疑问。甚至认为周瑜之死是他自己心眼太窄造成的。

诸葛亮为什么能取得这样的效果？那就是他真诚的态度。所以，我们在商场上，说话的态度一定要认真诚恳。只有认真诚恳，才能使人可信，只有使人相信，才能达到预期的效果。

因此说，真诚是古人推崇的一种人格境界，他要求人们真实无妄，诚实无欺。真诚是一种个人修养，也是一种道德行为。只有内心诚实，才能善待父母、善待朋友，进而维护更高层次的社会关系。

就像《庄子》在这句话的下文所说，无论是"哭"是"怒"还是"亲"，都不能勉强做出样子给别人看，真情实感要发自内心，这样才能打动人。

而在语言技巧方面，就更是讲究说话真诚了，真诚的语言，更能打动人。并且言语得体完全都是出于真诚，如果话说得恰到好处，不含虚假成分，难道能说不真实吗？

然而真诚还有他另外一面，那就是避免过于客套，过分地粉饰雕琢，失去心理的纯真自然。绕弯过多，礼仪过分，反而给人"见外"的感觉，显得不够坦诚。

真诚的谦逊深入人心

在与人交际的时候，谦逊礼让是完全必要的，然而不分对象、不分场合，一味地"请""对不起"，未免有虚伪的嫌疑。比如说故人相聚，还过分客套，搞得别人难为情，这就不能说是真诚了。

这里缺少点什么呢？缺少直率和坦诚！许多情况下，我们需要直抒胸臆的言语艺术，是怎么样，就怎么说，还事物以真面目。直言不讳，是待人接物很重要的语言技巧……

当然，在现实生活中，说起真诚，也许当你看到这两个字后，就会马上发出感慨"我对别人真诚了，也没有看到别人对我多真诚。"不要太在乎别人对你的反映。越是在乎的多，做人办事就会觉得束手束脚。

我们只需要记住一条：自己问心无愧就好了。而且"路遥知马力，日久见人心"，时间久了，大家自然就会在心里形成一个印象：这个人很真诚，让他办事放心。

日本有一位十分有名气的政治家他的名字叫田中义一，他极其善于利用人们的亲近心理，营造温馨的交际环境，来取得预期的交际效果。

有一次，他到北海道进行政治游览，有位穿着考究看来很像当地知名人士的男子走出欢迎行列向他表示问候。

田中义一急忙走上前去，紧紧握住那人的双手，十分热情地说道："啊，您辛苦了。令尊还好吗？"那个男子感动得一时说不出话来。田中义一的政治游览，也因此大获成功。

事后，田中义一的随从对主人的亲密举动十分不解，忍不住问道："那人是谁？"田中义一的回答出人意料："我怎么知道，但谁都有父亲吧！"

田中义一的交际成功，无疑在他选择了一个比较好的交际切入点，真诚地与这位男子迅速建立了亲情意识，使男子觉得他是一个值得信赖、真诚而又和蔼可亲的人，从而在心理上对田中义一产生了认同感。

善意的幽默，缓和气氛

幽默是人类特有的东西，他是一种锋利的武器，他能引人发笑，也能中伤他人。若要使幽默发挥效用，那就必须首先考虑：你所笑谑的对象是谁？这种幽默会对他产生什么样的影响？

有一位来自俄亥俄州的叫作白兰特的客人，曾去谒见林肯总统，可他在见总统的时候却陷入了尴尬之中。

因为在他和总统会谈之时，总统府外面恰好来了一队士兵，他们也正在等着总统训话。于是林肯邀请白兰特一起外出接见士兵，同时一边走一边和他密谈。

然而就在他们刚走到走廊上时，士兵们齐声欢呼起来。一个副官走上前来，命令白兰特退后几步，白兰特感到非常尴尬。

林肯总统就对他说："白兰特先生，你得原谅他们，也许他们分辨不出谁是总统了。"

在白兰特尴尬难堪之际，林肯及时用他的幽默解决了这个难题。

事实上，人们都知道幽默的价值是什么？幽默的价值就是在于能够让人发笑，能够使人愉快，能够使对方产生好感，就跟林肯所作的一样。

许多领袖都惯于利用这一手法，他们经常因为能够引人发笑而受人好评，幽默实际上已经成为领袖们认同的驾驭别人的主要方式之一了。

但是，如果幽默没有选对对象，那同样也可以伤害一个人，甚至败坏一件事，这是众所周知的。我们嬉笑，大多是因为有某事、某物，或是某人引起我们发笑，其中对人的时候要多一些。

譬如：当小孩子看到大人摔倒了，他会大笑不止；大人物的漫画被我们看到，我们会乐不可支。诸如此类，只要是笑，一定会有引发他的东西。当我们感到可笑的时候，无形中就提高了对方的自我，让他赢得了我们的笑声，让他也拥有自得的快感。

有些人并不了解幽默的价值，这应该是他们一生中重大的遗憾，所以他们常常因为无意的嘲讽，而遭受他人讨厌。事实上，最有效攻击他人的方法，即是拿他作为笑料，讽刺他，嘲笑他。

机智的人往往借用他来嘲弄曾经陷害过他们的人，也借此制服反对他们的人，不过，这种幽默并不是善意的，所以也不太容易获得他人好感。

我们要善用幽默，就必得谨慎用词，千万不要因为戏谑别人而使他们的心理受到伤害，那只会让你后悔莫及。只有善意的幽默才能让人感到愉悦和轻松，他不但能够维持人与人之间的良好关系，还能使紧张的气氛缓和下来。

在我们与人交谈的过程当中，适当的使用幽默语言往往可以收到意想不到的效果。在幽默面前，即便是铁石心肠毫无人性可言之人也会逐渐被感染，变得具有人性。

我国著名大师张大千想回一趟四川老家。临行前，他的学生之一糜耕云请来了许多在当时红遍全国的风云人物，设宴为张大千先生送行。

宴会刚开始的时候，张大千站了起来，端起酒杯向梅兰芳先生敬酒，他说："梅兰芳，你是君子一个，我只不过是一个小人，所以请允许我先敬你一杯。"

梅兰芳笑着问道："怎么说？"

张大千先生笑着说："俗语说得好：君子动口不动手。现在你只是动口喝酒，那你当然是君子；而我现在动手给你敬酒，我当然就是小人了。"

听完张大千先生幽默的回答之后，全场哄堂大笑，于是宴会在一片欢乐的氛围当中开始了。张大千的风趣、幽默也赢得了广大宾客的敬重。

无论是在与人交谈之时还是在一些公共场合，经常性的使用一些幽默的语言往往可以收到良好的效果。

　　在马来西亚一些城市里的交通标语就很富有幽默感："您在驾驶汽车的时候，如果时速在３０公里以内，您就可以游览到本市的美丽景色；如果超过６０公里，那么请您到法庭做客；如果超过了80公里，那么您将光顾本市设备最好的急救医院；要是超过了100公里，那就祝君安息吧！"在每一个交通路口上张贴这种风趣、幽默的交通标语，往往比直接劝诫广大司机更有效。

　　但是，幽默并不是在任何场合都适合的，我们在与人交谈过程中，应当掌握幽默的时机，在不当的场合讲幽默，有可能反而会带来负面影响。

　　除此之外，在讲幽默话之前还应根据不同的对象来加以区分，如果对方是陌生人，千万不要轻易使用幽默语言，否则有可能会使对方对你产生不好的印象。

　　在熟人、同乡、同学、亲戚、老同事、老部下之间，经常以一些幽默的语言来开一些玩笑，不仅可以产生一种融洽的氛围，而且可以增进彼此之间的感情。

　　如果对方是女性，特别是妙龄少女，最好不要在她们面前说幽默话，即便要说，也要有一个明确的态度来加以暗示，否则你很有可能会成为她们所厌恶的对象。

真诚的安慰，抚慰人心

人生的道路不平坦，逆境常多于顺境。不幸的事，人人难免。身处逆境，面对不幸，不仅当事者本人需要坚强，也迫切需要别人的安慰。安慰别人也需要说话技巧，是为人处世的一种美德。当至亲好友遭到不幸时，及时送上真诚的安慰，更是你应尽的责任。

当朋友遇到不幸，有些人往往不能作出恰当得体的反应。我们常常说些朋友根本不想听的话，或者朋友需要时我们却避而远之；或者虽然前去看望却总是避开敏感话题。那么，当朋友身遭不幸时，怎样才能使言辞恰当得体呢？

你要避谈自己

当你看望身遭不幸的朋友时，请牢牢记住，你是去提供帮助表示关心的，因此要多多注意别人的感情，而不要以自己为中心，不要借朋友的不幸，引述你自己的类似经历。你可以说："我也碰到过这种事。"

或者说："我能理解你现在的心情。"但你不应该说："我母亲去世时，我整整一个星期都没有吃饭。"对待磨难，每个人都有自己的方式，因此，不要把你自己的处事态度强加给感情并非与你一样外露的朋友。

不要轻易怜悯

安慰他人时应该语气低沉但又不乏力量，尽量不当面说"可怜""造孽"等词语。怜悯的话语，只会令人更加悲伤，而且把"可怜""造孽"等词挂在嘴边，仿佛在欣赏和咀嚼对方的痛苦。

对于有强烈事业心和自尊心的人，无论是真正的男子汉还是女强人乃至有志气的少年，不管其处境多么不幸，怜悯都是一种变相的侮辱，只会刺伤他们的自尊心，激起他们的反感。

对于老幼病残者，单纯的怜悯也只能促使他们沉溺于悲痛和绝望的深渊而无法自拔，更谈不上振作精神，坚强起来，向不合理、不公平的待遇和不幸的命运抗争。

不同场合下的安慰技巧

一是身患重病者探望身患重病的不幸者，不必过多谈论病情。有关的医疗知识，医生已有交代和说明，无须你再多言。如果对方本来就背着重病的精神包袱，你频频提及，势必会加重对方的精神压力。你应该多谈谈病人关心和感兴趣的事，转移对方的注意力，减轻精神负担。

如能尽量多谈点与对方有关的喜事、好消息，使他精神愉快，心宽体胖，更有利于早日康复。医生送去治疗身体的药剂，亲友送去温暖人心的情感，都是治疗重病必不可少的良药。

二是受人歧视者。对于因生理缺陷或因出身门第受人歧视的不幸者，劝慰时应多讲些有类似情况的名人模范事迹，鼓励他不向命运屈服，抵制宿命论的思想影响，使他坚信只要充分发挥主观能动作用，就能争取人生的幸福，实现人生的价值。

三是事业受挫者。对于胸怀奇志而又在事业上屡遭挫折和失败的不幸者，最需要的是对其强烈事业心的充分理解和支持。对于他们，理解应多于抚慰，鼓励应多于同情，怜悯是变相的侮辱，敬慕才是志同道合。

不必劝慰对方忘掉忧愁、痛苦，更休想说服对方随波逐流，放弃他的理想、追求。最好的安慰就是帮助对方总结经验教训，分析面临的诸多利弊，克服灰心丧气的情绪，树立必胜的信念，共同探讨到达事业顶峰的光明之路。

四是失去亲友者。当人们失去亲人时，心情悲痛，最需要别人的抚慰。安慰丧亲的不幸者，不要急于劝阻对方的恸哭。强烈的悲痛如巨石积压在心头，愈久愈重，不吐不快，让其发泄、释放出来，反而如释重负，有利于较快恢复心理平衡的状态。

吊丧时可适当提些问题，引出死者家属的话头，让他们倾诉。那么如何问呢？问问死者临终时的情况，有无遗言；问问死者生前治疗的情况；假如是交通事故、工伤等意外死亡，则可问问事故的详情，问问家庭经济有无困难，问问死者后事的安排等等。

如果时间允许，还可进行回顾性交谈，即和死者家属一起回顾死者生前的好品行。

你应当注意倾听对方的回忆、哭诉，并多谈谈死者生前的优点和贡献，以及人们对他的敬仰和怀念；说说他生前热爱事业、忠于祖国的好品格；说说他踏实工作、任劳任怨的好态度；说说他乐于助人、厚道朴实的好作风；说说他勤俭持家、关心子女的好品德等等。

安慰人的禁忌

安慰人的方法也是有所要禁忌的，而不当的安慰，是会适得其反的。所以，这就需要我们掌握安慰别人的策略和尺度。

要想使安慰产生好的效果，没有副作用，掌握安慰别人的策略和尺度，注意分寸和方法，是不容忽视的，否则，便会事与愿违。

那么，在实际生活中，哪些安慰的话语不妥呢？

一是揭人短的安慰不要有。例如，有一位学生数学成绩不理想，身旁的同桌就直截了当地说："你难过什么，你的物理可能会比这更差，忘了它，去做物理吧，后天要考试了。"说者原意是要他忘却，但这种揭伤疤的不适方式刺痛了对方的心，安慰反而成了触发更大忧虑的源泉。

二是为人添愁的安慰不要有。一位中年人在单位体检时发现肺部有阴影，医生嘱咐他去复查。当他把这个情况告诉周围同事时，有的说："我们小区里有一个人，开始也是这种情况，后来查出是绝症，你要正确对待啊，别忙工作了，快去确诊吧！"这种过于实在的安慰，纵然有关切之心，但如此类比，被安慰者反而更加忧虑了。

三是增人懊悔的安慰不要有。有个人不慎遗失钱包，里面有四百多元钱，公司里的同事开玩笑说："还好，你仅仅丢掉了半只戒指。"这种把懊悔象征化的说法，别人听了只会心中大为不快。

四是促人忆旧的安慰不要有。一个文学爱好者写了几篇小说，这一次又退了回来，女友劝慰说："这次比以前铅印的退稿函好多了，以后再努力吧。"这样，便勾起他产生失败带来的沮丧情绪，觉得自己不是这块料。劝慰不能同过去的不幸联系起来。

五是令人更忧的安慰不要有。单位里一位中年妇女的抽屉被撬了，正好前几天有人也发生了类似的事情，有个女友就信口开河："过二要过三，当心家里被盗！"这位女友的本意是要她提高警惕，但这种没有根据的假设，弄得这位妇女离家时提心吊胆，惶惶不可终日。

安慰的话如果得体，不仅别人听了觉得温暖，而且自己的灵魂也会得到净化。所以在安慰别人时也要看准时机。

第四章

职场说话有诀窍

职场如战场，在职场上想要生存得更好，情商不高、不会说话，可以说是寸步难行。那么如何让自己成为一个职场强者，左右逢源、战无不胜呢？

这就需要我们有一张会说话的口，能够把每一句话都说到点子上，说到人的心坎里。只有在职场上学会了去如何说，才能够让我们最终成为一个同事们喜欢，领导欣赏，朋友遍天下，走遍哪里都不怕的事业型强者。

做一个让下属喜欢的领导

领导者同下属谈话是一门语言艺术。这门艺术主要依靠上下属双方之间，进行相互的语言交流，从而增进理解，沟通思想，交流观点，增强共识，使双方对思想和工作的语言交换，达到一种新的境界。

同下属谈话的语言艺术，首先需要领导者在同下属谈话时，其语言要具备说理性。因为谈话是人们运用语言表达，依据事实，分清是非，统一思想认识，交流各种情感的一种形式。而在谈话过程中，其语言的说理性是必需的。如果缺乏说理性，也就失去了谈话的意义和价值。

领导者同下属谈话，要具备说理性，还由于说理的本身就是一种艺术。在这里有些人可能提出，说理怎么可以当作一种艺术来说呢？

这种提问不足为怪，因为人们常常把艺术理解为"有声、有形、有像"的东西，似乎只与形象思维有关，而与抽象思维无缘。

其实，这种认识是片面的。因为，在谈话中，领导者需要创造一种感情充沛、能打动心灵、陶冶性情的语言环境，形成饱含特定意蕴和哲理的气氛，使双方在和谐、亲切、平等、协调的心理平衡中，引起谈话对象的思索，给谈话对象以启迪。

还因为，说理这种语言的形式，由抽象的逻辑思维的"证明真理"，与具体的形象思维的"显示真理"，组合而成两种不同的思维形式。

二者合理地组合在一起，就形成了一种特定的艺术形式。在谈话过程中，谈话者不仅需要动之以情，用形象思维的情、美来打动对方，而且需要晓之以理，使理性起到"画龙点睛"的作用，以收到谈话的最佳效果。

谈话中的说理性大体应该把握住以下几点：

说理与情感的合理交融

人生需要各种爱的温暖，就如同沙漠向往绿洲，春草渴求甘露。说理这种谈话、教育的形式，由于对象是活生生、富有情感的人，因此就需要懂得人、理解人、尊重人，在此基础上进行理性的教育。情理必须恰当地结合在一起，不能偏废，不能对立。

一位教育工作者曾说过，成功的教育应是"三分含情，七分叙理"，还有的理论宣传工作者倡导"含笑谈真理"，这都是经验之谈。在说理的过程中既不能停留在"动之以情"上，也不能局限于"晓之以理"，而要情、理有机地结合，做到情中有理，理中含情，情理交融，以理为主。这样才能使谈话更具魅力。

说理要与人们的合理利益相结合

领导者与下属谈话，不能唱高调、说空话，而应当从对象的实际出发，考虑对象的合法利益和合理要求。当然，对无理要求不能迁就，要做思想工作，要恰当地批评教育。

但是，人家的实际困难该解决的应予考虑；就是要下属以大局为重，牺牲某些个人利益时，也要讲明情况，提高认识，并对这种精神给予鼓励，而不宜简单行事。

在这种情况下，尤其需要领导者以身作则，率先垂范，否则，自己不愿放弃个人利益，却去教训他人，别人是不会信服的。

谈话的语言要有丰富的情感色彩

在同下属谈话的过程中，领导者的语言要有丰富的感情色彩。西方的某些修辞学家提出过"零度风格"。这种"零度风格"就是纯然客观，不动感情，不表现出说话人的喜怒哀乐，仿佛也不理睬听众。

这种风格的提出，显然是荒谬的，我们是不能接受的，实际上也是难以实现的。

因为谈话本身就是因思想和感情的激荡而产生的行为，这种行为通过语言的表述，或明或隐，或直或曲，终究要表达出内心世界的爱与憎、喜与悲、苦与乐。

假使有人硬持所谓的"零度风格"，将自己的语言与感情分离，把自己隐藏在感情的背后，把谈话的对象置于局外，不予理睬，不动声色，漠然视之，讲起话来空洞抽象，似乎不偏不倚，让人听到的只是一些罗列着的、干巴巴的音节和单词，没有一点生机和人的气息，这种谈话方式，对于说话者和谈话对象来说，不仅是可笑的，而且是痛苦的。

谈话的一个重要作用是思想教育，而在思想教育的过程中，情感的培养与思想教育的成功有重要关系。

在现实生活中我们也常说"通情才能达理"。我们在谈话中，要使谈话对象能够自愿地接受思想教育的内容，情感的激发是非常重要的，他可以调动谈话对象积极的思想意识。

在谈话的过程中，情感所占有的地位是不可忽视的，但是那种丰富的、炽烈的、火一样的情感来自哪里呢？古语云："人禀七情，应物斯感。"任何人的情感都是在丰富多彩的现实生活中，在长期的社会实践之中产生和发展的。

领导者是相对于被领导者存在的，任何领导者的情感都是在与被领导者及社会的接触之中形成、丰富的，而不是天生就有的或者脱离实际的。因此，谈话中语言情感的表达不是随意的，而是有一定要求的。

首先，情感的表达要真实。在谈话的过程中，需要领导者真实地表达情感。真实的感情首先来源于感情的真实，只有感情的真实，才能有真实的感情，才能真实自然，才能对被领导者产生较大的感染力。

谈话者如果缺乏真情实感，不讲真话，不能与下属交心，达到知心，就不能引起听者的情感共鸣。听者也不会给你讲真话，反而对你存有戒心。

其次，情感的表达要恰如其分。罗马的文艺理论家郎加纳斯说："那些巨大的激烈情感，如果没有理智的控制，而任其为自己的盲目、轻率的冲动所操纵，那就会像一只没有了压舱石，而漂流不定的船那样陷入危险。他们是每每需要刺激的，但是有时也需要抑制。"

谈话中，领导者自始至终需要保持清醒的头脑和高度的理智，注意适当地控制自己的情感，不能以感情代替理智、代替政策，也要注意不被对方的不良情感所左右，并对这种不良情感及时加以引导，使其重新被纳入理智控制之下。

说话是一门艺术，不要有攻击性，不要有杀伤力，不令己能，不扬人恶，自然能化敌为友。

如何让人甘心为你做事

我们通常都希望别人能遵照自己的意愿去做某件工作，但是，要让别人乐意照着你的意愿去做，你就必须让他明白，他对你有多么重要，这样，他便会觉得这件事对他也有多么重要。

卡耐基告诉我们，在处理人际关系时，给人一个超乎事实的美名，就像用"灰姑娘"故事里的仙棒，点在他身上，这将会使他从头至尾焕然一新。

假如一个好工人变成了一个粗制滥造的工人，你会怎么做？你可以解雇他，但这并不能解决任何问题；你可以责骂那个工人，但这通常只会引起怨怒。

　　亨利·韩克是印第安纳州洛威一家卡车经销商的服务经理。他公司有一个工人，工作每况愈下。但亨利·韩克没有对他怒吼或威胁，而是把他叫到办公室里来，跟他坦诚地谈一谈。

　　他说："比尔，你是个很棒的技工。你在这条线上工作也有好几年了，你修的车子也很令顾客满意。其实，有很多人都赞美你的技术好。

　　可是最近，你完成一件工作所需的时间却加长了，而且你的质量也比不上以前的水准。你以前真是个杰出的技工，我想你一定知道，我对这种情况不太满意。也许我们可以一起来想个办法改进这个问题。"

　　比尔回答说，他并不知道他没有尽好他的职责，并向他的上司保证，他所接的工作并未超出他的专长之外，他以后一定会改进他。

　　他做了没有？你可以肯定他做了。他曾经是一个快速优秀的技工，由于韩克先生给他的工作以美誉，他一定会为尊重自己的荣誉而努力工作。

纽约布鲁克林的一位四年级老师鲁丝·霍普斯金太太，当她看过班上的学生名册后，在学期的第一天，对新学期的兴奋和快乐中却染上忧虑的色彩：今年，在她班上有一个全校最顽皮的"坏孩子"汤姆。

汤姆三年级的老师，不断地向同事或校长抱怨，只要有任何人愿意听，就会不停地说汤姆的坏事。他不只是恶作剧而已，跟男生打架，逗女生，对老师无礼，在班上扰乱秩序，而且情况好像愈来愈糟。

他唯一能让人放心的是，他很快就能学会学校的功课，而且非常熟练。

霍普斯金太太决定立刻面对"汤姆问题"。当她见到她的新学生时，她这样说道："罗丝，你穿的衣服很漂亮。爱丽西亚，我听说你画画很不错。"

当她念到汤姆时，她直视着汤姆，对他说："汤姆，我知道你是个天生的领导人才，今年我要靠你帮我把这班变成四年级最好的一班。"

在开始几天她一直强调这点，夸奖汤姆所做的一切，并评论他的行为正代表着他是一位很好的学生。有了值得奋斗的美名，即使一个九岁大的男孩也不会令她失望。而他真的做到了这些。

世界著名的心理学家史京纳以他的试验证明，在学习方面，一只有良好行为就得到奖励的动物，要比一只因行为不良就受到处罚的动物学得快得多，而且更能够记住他所学的。

进一步研究显示，人类也有同样的情形。我们用批评的方式，并不能够使别人产生永久的改变，反而常常会引起愤恨。

另一位伟大的心理学家席莱说："我们极希望获得别人的赞扬，同样的，我们也极为害怕别人的指责。"

批评所引起的愤恨，常常会降低员工、家人以及朋友的士气和情感，而所指责的状况仍然没有获得改善。

　　俄克拉荷马州恩尼德市的江士顿，是一家工程公司的安全协调员。他的职责之一是监督在工地工作的员工戴上安全帽。

　　他说以前他一碰到没有戴安全帽的人，就官腔官调地告诉他们，要他们必须遵守公司的规定。员工虽然接受了他的纠正，却满肚子不高兴，常常在他离开以后，又把安全帽拿下来。

　　他决定采取另一种方式。下一次他发现有人不戴安全帽的时候，他就问他们是不是安全帽戴起来不舒服，或者有什么不适合的地方。

　　然后，他以令人愉快的声调提醒他们，戴安全帽的目的是在保护他们不受到伤害，建议他们工作的时候一定要戴安全帽。

结果是遵守规定戴安全帽的人愈来愈多，而且没有造成愤恨或情绪上的不满。

卡耐基告诫，一位优秀的沟通专家，应该把下列大纲记在心中，当需要去改变人的态度或举止时：要诚恳，别答应你无法兑现的事忘掉自己的利益，专心为别人的利益着想；要确切地知道你希望别人做什么；替别人设想。问你自己，别人真正要的是什么；估量一下别人若照你的建议去做，利益何在；把这些利益与他的需要配合一下；当你提出你的要求时，要让别人感觉，他将会因此而获益；

在劝服别人为你做事之时，也要注意说服他人的禁忌，施行劝导说服，是为了起到激励斗志、抚慰创伤、协调关系、导向引路的作用，就其本质而言，他是一种与人为善的美好情操，也是社会成员应该履行的道德义务。

然而，为什么有的人怀着一片诚意，苦口婆心地进行说服，到头来不仅得不到对方的感激，反而受到周围舆论的讥讽和指责呢？其根本原因是犯了劝导说服的几个大忌。

一是忌激化矛盾：大量的说服事例表明，因说服而使矛盾更加激化的情况，主要有两类：第一类是强化了对方本来就不该有的消极情绪，从而火上浇油，扩大了事态。第二类是"惹火烧身"。因说服方法不当，激怒了对方，使对方把全部的不满和怨恨情绪都转移到了你身上，你成了他的对立面和"出气筒"。

经验告诉我们：要成为一个有修养的说服者，就要有涵养、有博大的胸怀和宽厚仁义的气质。遇到上述情况决不可为了顾全自己的面子而反唇相讥，以牙还牙，使玉帛变干戈。

二是忌急于求成：人们常说，善弈棋者，每每举一而反三。做别人的思想工作也好比下棋，也要珍视这"三步棋"的做法，要耐心细致，再三斟酌。如果条件不具备就急于求成，不瞻前顾后，总想一劳永逸，其结果往往是事倍功半，"成"效甚微，甚至把矛盾激化。

三是忌官腔官调：要克服官腔官调，最主要的是应该增强普通人的意识，以普通人的姿态出现在人们面前，彻底改变那种高高在上、唯我独尊、主观武断的官僚作风和指手画脚、发号施令的作风。还必须注意坚持实事求是的态度，慎用套话，加强语言表达能力的培养。

四是忌空洞说教：要避免空洞说教，尤其要从以下三个方面下功夫：道理要应节合拍；思想观点要明确；语言要朴实新颖。

五是忌不分场合：如果不分场合，信口开河，不管人前人后，指名道姓地施行对人说服，效果往往不佳；搞不好还会出现与说服者的良好动机截然相反的说服结果。

称赞领导有哪些诀窍

赞誉之词人人都渴求，人人都需要。称赞领导也有方法和技巧，如果称赞领导不恰当，反而会弄巧成拙，只落下一个"溜须拍马"的坏印象。

称赞一个人，当然是因为他有出色的表现，但每个人在哪一方面出色却各有不同。有的人是专业技术水平高，工作成绩突出；而有的人则在社交方面有特长，有与客户打交道的能力。因此，身为企业主管或行政部门的领导，在称赞领导时应针对不同的情况，给予不同方式的称赞。

赞美领导的优点

对于领导，我们除了要表示尊敬外，还要适当地给予赞美。这种赞美不同于溜须拍马，而是发自内心的真诚赞美。

《论语》上说："人告之以过则喜。"事实上，这恐怕只有孔子这样的大圣人才有如此雅量，一般情况下，普通人都不可能做到这一点。

大家常说"良药苦口，忠言逆耳"，这是很有道理的，真正能听得进逆耳忠言的人的确不多，就跟人们不愿意喝中药一样。所以在同领导说话时应当灵活，不妨适当说些恭维话。

或许，大家都以为恭维人乃是小人所为，大丈夫光明磊落，行正身直。事实上，我们都应该清楚一个道理，那就是枪炮或毒药可以杀死无辜的百姓，是因为他们被坏人利用了，而不是他们本身有什么不好。

正如鸦片会使人丧命，是因为贩毒者利用了他，而在药店里，鸦片则又可成为很好的麻醉剂和镇静剂，可以用他来解除病人的痛苦。

明白了这个道理，我们就应该承认，恭维作为一种说话的方式，我们有权使用，而且如果我们用得恰当，会取得意想不到的效果。

恭维话并不是随便恭维，要注意对象和内容。任何人都在心底有一种希望，年轻人的希望是他自己，长辈则把希望寄托在年轻人身上。

年轻人当然希望自己前途无量，宏图大展，所以恭维时便须点出几条，证明他是有潜力的。而长辈自知年老力衰，一切都已成为过去，所谓"好汉不提当年勇"，他们只希望后辈人能超过自己，创出更好的前程。

所以，对长辈恭维时，不妨将着眼点放到他们的晚辈人身上，并将长辈与其晚辈比较，指出后辈的长处。这样的做法，不但不会引起老人的反感，相反他会很高兴。

对于不同职业不同文化程度的人，恭维也应有所区别。对待商人，如果恭维他才高八斗学富五车显然不行；而对文化人说他如何财源广进，财运亨通更是不妥；对于官吏，你若说他生财有道，他定以为你是骂他贪污受贿，搜刮百姓。

因此要注意区别，同时也还要注意掌握好恭维的分寸。恭维赞扬不等于奉承，欣赏不等于献媚。赞扬与欣赏领导的某个特点，意味着肯定这个特点。只要是优点、是长处，对别人没有害处，你可毫无顾忌地表示你的赞美之情。

领导也需要从他人的评价中，了解自己的成就以及在别人心目中的地位，当受到称赞时，他的自尊心会得到满足，并对称赞者产生好感。

但是，也要掌握分寸，如果在他面前故意显示自己，则不免有做作之嫌。领导会因此认为你是一个自大狂，恃才傲慢，盛气凌人，而在心理上觉得难以相处，彼此间缺乏一种默契。

在语言上帮助领导树立权威

中国人酷爱面子，视权威为珍宝，有"人活一张脸，树活一层皮"的说法。而在中国官场上，领导者则尤爱面子，很在乎下属对自己的态度，往往以此作为考验下属对自己尊重不尊重、会不会来事的一个重要"指标"。因此，在语言上适当地维护一下领导的权威也是很必要的。

从历史上看，因为不识时务、不看领导的脸色行事而触了霉头的人并不在少数，也有一些忠心耿耿的人因冲撞了领导而备受冷落。

面子和权威之所以如此重要，根本原因在于他们与领导的能力、水平、权威性密切挂钩。得罪领导与得罪同事不一样，轻者会被领导批评或者大骂一番；遇上素质不高、心胸狭窄的人可能会打击报复，暗地里给你穿小鞋，甚至会一辈子压制一个人的发展。

现实中一些人有意无意地给领导丢面子、损害领导的权威，常常刺伤领导的自尊心，因而经常遭到穿小鞋、受冷落的报复。从与领导相处的角度讲，不谨言慎行，一旦冲撞了领导，就会影响你的进步和发展。

维护领导权威时需注意的事项

一是领导理亏时，给他留个台阶下。常言道：只要不是什么大原则性问题，得让人处且让人，退一步海阔天空。对领导更应这样。

领导并不总是正确的，但领导又都希望自己正确。所以没有必要凡事都与领导争个孰是孰非，得让人处且让人，给领导个台阶下，维护领导的面子。

二是领导有错时，不要当众纠正。如果错误不明显无关大碍、其他人也没发现，不妨"装聋作哑"。如果领导的错误明显，确有纠正的必要，最好寻找一种能使领导意识到而不让其他人发现的方式纠正，让人感觉领导自己发现了错误而不是下属指出的，如一个眼神、一个手势甚至一声咳嗽都可能解决问题。

三是不冲撞领导的喜好和忌讳。喜好和忌讳是多年养成的心理和习惯，有些人就不尊重领导的这些方面。一位处长经常躲在厕所抽烟，经了解得知，这位处长手下有四个女下属，她们一致反对处长在办公室抽烟，结果处长无处藏身，只好躲到厕所里过把烟瘾。他的心里当然不舒服，不到一年，四个女下属换走了三个。

四是恰到好处给领导争面子。会来事的下属并不是消极地给领导保留面子，而是在一些关键时候、"露脸"的时刻给领导争面子，给领导锦上添花，多增光彩，取得领导的赏识。

捧人也要有创意

领导身边一定不乏赞美之词，如果此时你还拿那些陈词滥调或不着边际的赞美去"捧"，不仅会让领导厌烦，说不定还会适得其反，因此，如果你不低估领导的智力的话，就需要有创意地去捧。

有本书说到，一位将军听到别人称赞他美丽的胡须便大为高兴，但对于有关他作战方式的赞誉却不放在心上，这种心理是每个人都有的。

大概不少人赞美过这位将军的英勇善战及富于谋略的军事才干，但是他作为一个军人，不论在这方面怎样赞美他，也只是赞歌中的同一支曲子，不会使他产生自豪感。

然而，如果你对他军事才能以外的地方加以赞赏，等于在赞词中增加了新的条目，他便会感到无比的满足。可见，在恭维他人时，捧出新鲜的意味来是多么的重要。

变通处理领导出的错

领导并非圣人，也有出错的时候。这时作为下属的你就需要变通地替领导打圆场，这样不仅领导有面子，而且对你还将另眼相看。

对于领导的错误生硬地扳正或否认，都是不圆熟的做法，借力使力把错误说"圆"方见应变的急智。

第六，用请教的方式提建议。如何在不得罪领导的情况下提出建议，而且建议又能被领导接受。这不仅取决于建议内容本身的合理性，还往往取决于下属提出建议的方式。

提建议也是有方式方法的，就是要时刻注意领导的心理感受和变化轨迹，就是要求下属在提出建议的时候首先要获得领导的心理认同。

许多的经验表明，以请教的方式提出建议更易让领导接受。请教，是一种低姿态。他的潜在含义是，尊重领导的权威，承认领导的优越性。这表明，下属在提出意见之前，已仔细地研究和推敲了领导的方案和计划，是以认真、科学的态度来对待领导的思想的。

因而，下属的建议应该是在尊重领导自己的观点基础之上的，很可能是对领导观点的有益补充。这种印象无疑会使领导感到情绪放松，从而降低对你建议的某种敌意。

也许我们每个人都有这样的体会的：当你上高年级的时候，你会遇到一些低年级的小弟弟、小妹妹向你请教各种问题，充满敬仰地要求你谈谈自己的学习方法，等等。

这时，无论你多么不高兴，多么忙，你都会带着一丝骄傲解答他们每一个稚嫩的问题，并从他们的目光中得到某种心理满足。

如果我们能静下心来仔细分析这样的经历，我们会发现，成就感是多么早又是多么牢固地根植于我们每个人的心灵深处。别人向我们求教，这就表明自己在某些方面是具有优越性的，如果说我们受到了崇拜，这大概有点儿过分，但说我们至少受到了重视、具备了一定的影响力，却是一点儿也不假。

会请教，让领导喜欢你

在被别人请教时我们心中涌起的愉悦感和自豪感往往是并不能为我们自己所清醒意识到的，但他却主宰着我们的情感，甚至是我们的理智。

每一个健康的、心智正常的人都会对这种感受乐此不疲，即使是领导也不例外。而需要做到这些，就要我们掌握以下的以下方法。

请教的姿态

在请教领导时，不仅仅是形式上的，更有内容上的意义。这样你可以亲自聆听领导在这方面的想法，这种想法在很多时候是他真实意志的浮现，而他却并未在公开场合予以说明，而且很有可能是下属在考虑问题时所忽略了的重要方面，这样，在未提出自己意见之前，首先请教一下领导的想法，可以使你做到进退自如。

一旦发现自己的想法还欠深入，考虑得不是很周到，你还有机会立刻止口，回去后再把自己的建议完善一下。如果你的建议仅仅是源于未能领会领导的意图，那么，你的建议不仅是毫无意义、分文不值，而且还暴露了你自己的弱点，这对你绝非是什么幸事。

向领导请教，这是对领导才识的一种认同，这种认同不仅满足了领导的愉悦感和自豪感，从中还可以找到你们之间的共同点，这种共同点是你们心理上的互相接受的开始，也是你们方案达成一致的契机！

心理学研究表明，"认同"是人与人之间相互理解的有效方法，也是说服他人的有效手段，如果你试图改变某人的个人爱好或想法，你越是使自己等同于他，你就越具有说服力。因此，一个优秀的推销员总是使自己的声调、音量、节奏与顾客相符合。

正如心理学家哈斯所说的那样："一个造酒厂的老板，可以告诉你一种啤酒为什么比另一种要好，但你的朋友，无论是知识渊博的，还是学识疏浅的，却可能对你选择哪一种啤酒具有更大的影响。"所以说影响力是说服的前提。

有经验的人，他们常常事先会了解一些对方的情况，并善于利用这点已知情况，作为"根据地""立足点"，然后，在与对方接触中，首先求同，随着共同的东西的增多，双方也就越熟悉，越能感受到心理上的亲近，从而消除疑虑和戒心，使对方更容易相信和接受你的观点和建议。

下属在提出建议之前，不妨先请教一下自己的领导，这种方式就是要寻找谈话的共同点，建立彼此相容的心理基础。如果你提的是补充性建议，那就要首先从明确肯定领导的大框架开始，提出你的修正意见，做一些枝节性或局部性的改动和补充，以使领导的方案或观点更为完善，更有说服力，更能有效地执行。

如果你提出的是反对性意见呢？有人会说，这到哪里去找共同点呢？其实不然，共同点是不仅仅局限于方案的内容本身的，还在于培养共同的心理感受，使对方愿意接受你。

而且，可以说，越是你准备提出反对，你就越可能招致敌意，因而越需要寻找共同点来减轻这种敌意，获得对方的心理认同。

此时，虽然你可能不赞成你的领导的观点，但你一定要表示尊重，表明你对他的理性的思考。

站在领导的角度考虑问题

你应设身处地地从领导的立场出发来考虑问题，并以充分的事实材料和精当的理论分析作依据，在请教中谈出自己的看法，在聆听中对其加以剖析，只要你有理有据，领导一定会心悦诚服地放弃自己的立场，仔细倾听你的建议和看法。在这种情况下，领导是很容易被说服，采纳你的意见和建议的。

通过请教的方式提出你的建议，不仅不会得罪领导，而且能增强领导对自己的信任。人与人之间只有在基于信任的基础上时，才会合作得更好。

怎样才能把话说好呢？以下几点内容，可供人们参考：

一是婉转说话，把能力体现出来。当今社会是一个充满竞争的社会，没有竞争，就没有机遇和成功，可是，竞争需要以能力为前提，如果自己的确有能力，就可以将工作成绩、技能、才干和潜力摆在上级面前，以此来表现自己，让上司对自己有个充分的认识。

但是，在表现自己的同时，还要注意言词，即使业绩突出，能力强，在言语上也要显得低调一些，绝不能将骄傲的情绪表现出来，否则，上司会认为你是个好大喜功、骄傲自满、目中无人的员工，这对自身发展没有任何好处。

二是自谦的话要常说。谈话是一门很深刻的学问，尤其是与上司说话更不可小视。与上级交谈时，是引起上司注意的最好时机。这时候，只要能把话说得更谦卑，就能赢得上司的好感。

每个领导都喜欢谦虚谨慎的员工，此时，你完全可以虚心地向领导请教一些工作上的问题，同时，还可以发表一下自己对工作的认识，还可以与领导一同探讨公司的发展前景与发展方向，假如能说出谦恭且具有远见卓识的话，领导势必会对你刮目相看。

如果专业能力很强，谈话时就要说得详细一点，可以主动介绍或者谈一些与自身专业相关的东西；如自己是多才多艺的人，当上级问到你的兴趣爱好时就要主动介绍，碰到多才多艺的上级时，还可以"拜师学艺"，这样，上级一定会高兴。

除此之外，在言谈中，还可以表现出自己的忠诚与服从，在交谈上力求热情、亲切，及时给上司提出建议或意见。大凡有上进心的上司，都喜欢下属能给自己提出意见，也很愿意倾听下属申述的理由和想法，这样，既能表现下属的能力，又可使上司感到有面子。

说服上司的语言诀窍

与上司说话，不难有礼，难在得体。大多数人对于上司都是非常尊重的。因此，他们在对上级上司说话时，都是很讲文明礼貌的。可以说，做到这一点不论对哪一个人来说都是很容易的。

但是，对于他们在上司面前说出的话是否得体，是否把握了分寸，是否恰到好处，这就不是任何人都能轻易做得到的了。

那么怎样才能把握与上司说话的分寸呢？具体地说，应注意以下几点：

主动和上司谈心、打招呼

作为下属，积极主动地与上司交谈，渐渐地消除彼此间可能存在的隔阂，与上级关系相处得正常、融洽。

当然，这与"巴结"上司不能相提并论，因为工作上的讨论及打招呼是不可缺少的，这不但能祛除对上司的恐惧感，而且也能使自己的人际关系圆满，工作顺利。

不媚不俗、不卑不亢

对上司要做到有礼貌、谦逊。但是，绝不要采取"低三下四"的态度，绝大多数有见识的上司，对那种一味奉承、随声附和的人，是不会予以重视的。在保持独立人格的前提下，你应采取不卑不亢的态度。在必要的场合，你也不必害怕表示自己的不同观点，只要你是从工作出发，摆事实、讲道理，上司一般是会予以考虑的。

尽量适应上司的语言习惯

应该了解上司的性格、爱好、语言习惯，如有些人性格爽快、干脆，有些人沉默寡言。尤其上司都有一种统治欲和控制欲，任何敢于侵犯其权威地位的行为都会受到报复，还有的上司是有奇特怪病和变态心理的人，你必须适应这一点。

上司一天到晚要考虑的问题很多，你应当根据自己的问题重要与否，选择适当时机与上司对话。假如你是为个人琐事，就不要在他正埋头处理事务时去打扰他。如果你不知上司何时有空，不妨先给他写张纸条，写上问题的要点，然后请求与他交谈。或写上你要求面谈的时间、地点，请他先约定，这样，上司便可以安排时间了。

对谈话内容事先做好充分准备

在谈话时，要尽量将自己所要说话的内容，简练、扼要、明确地向上司汇报。如果有些问题是需要请示的，自己心中应有两个以上的方案，而且能向上级分析各方案的利弊，这样有利于上司做决断。

为此，事先应当周密准备，弄清每个细节，随时可以回答，如果上司同意某一方案，你应尽快将其整理成文字再呈上，以免日后上司又改了主意，造成不必要的麻烦。要先替上司考虑提出问题的可行性。有些人明知客观上不存在解决问题的条件，却一定要去找上司，结果造成了不欢而散的结局。这是非常不可取的。

跟上司说话要讲究分寸与上级的关系，于公于私均有很大益处。在公事上，出于双方的宾主关系中掺杂了一定程度的友谊，在合作上便较为默契，减少了许多不必要的误会，增加了工作效率。

在私事上，上司对下属的了解程度愈高，便愈能获得安全感，就像一切在他掌握之中，调动自如。下属遇到私事请求某种照顾，上司也容易体恤和给予帮助。这是因为下属给上司较大的透明度，使上司放心之故。

在职场混饭吃的人最忌与上司斗气，尽管作为下属的百分之百正确，上司明摆着是偏袒其他人，但如果认真地斗起来，下属只能像一只斗败的公鸡，铩羽而归。

所以，做下属的必须设法与上司处好关系，这处好关系的主要武器便是说话有分寸，切不可信口开河，贸然出言，否则一语失身，悔之晚也！

唐代的魏征一向为唐太宗所重用，唐太宗却也因为面子的事儿欲杀掉魏征！

有一次上朝，魏征当着朝臣之面犯颜直谏某事，顶得唐太宗面红耳赤，大丢脸面。

但唐太宗还算是一个开明有为的皇帝，考虑到自己曾叫大臣"事有得失，毋惜尽言"所以当堂不好发作。

但罢朝之后，却是怒气冲冲地嚷道："总有一天我要杀死这个乡巴佬。"

长孙皇后问他要杀谁，太宗说："魏征常常当庭羞辱我。"

皇后闻言心中大惊，因为唐太宗就是有过不听大臣劝谏而杀人的事，而且她知道太宗的脾气，于是急中生智，用当即恭贺皇上有这样的忠谏之臣的办法使唐太宗突然醒悟，才免了魏征死罪。

不过，在魏征死后，唐太宗仍派人去推倒了他的墓碑，这大概是心中之怒长期郁结不得消散之故吧！

试想，如果唐太宗并没有这么英明，并没有这么大的胸怀和气量；如果皇后没有想出一个好办法替魏征说情，魏征的脑袋早就搬家了。这其中的经验与教训不能不为下属三思，引以为戒。

俗话说："伴君如伴虎。"作为一个下属，我们的言行的确应该慎之又慎，分寸适度。常言说"官大一级压死人。"无论大大小小的上司，面子观念都极强，对自己的威信十分重视，对下属说的话十分在意。与上级上司进行交谈，常常会遇到一些难以处理的问题。

比如，在上级上司问到你某个问题时，如果要回答的话，并不敢保证你回答的准确无误，如果不回答，你又怕降低你在上级上司心目中的地位。这样一来，回答不是，不回答也不是，处在这种两难的境地之中，你又该怎么办呢？

这就需要有一些应变技巧了。虽然我们主张对上司不要一味地采取"叩头"的政策，但毕竟不同于一般同事。况且一般同事之间也应该注意分寸，不能太无所顾忌。对于上司，应该更为注意，平时说话交谈之中，汇报情况的时候，都要多加小心。

不恰当的话不要说

有一些令上司不快的话，要引起注意。比如：对上司说："您辛苦了！"这句话，本来应该是上司对于下属表示慰问或犒劳时说的，如今反过来倒由下级对上级说，作用似乎不大妙。

"我想这事很难办！"上司分配工作任务下来，下属却说："不好办""很困难"这样直接地让上司下不来台，一方面显得自己在推卸责任，另一方面也显得上司没远见，让上司脸面上过不去。

话语中有不恰当用词的也不应对上司说，比如：

"您的做法真让我感动！"

"经理决策果断，我很感动！"

"感动"一词是上司对下司的用词，例如："你们工作认真负责，我很感动！"

晚辈对长辈或下属对上司用"感动"一词，就不太恰当了。尊重上司，应该说"佩服"。例如："经理，我们都很佩服您的果断！"这样就比较恰当。

对上司的问题回答说："随便，都可以！"来回复上司时，上司会认为他的下属感情冷漠，不懂礼节，对说这句话的人，自然就看低了。

对上司说："这事你不知道！""那事我知道！"或"这事你不懂！"这样说，不但会对上司，就连对熟悉的朋友也会造成无意的伤害。

对上司说这样的话，尤其不敬。

不轻易说："太晚了！"这句话的意思是嫌上司动作太慢，以至于误事了。在上司听来，肯定认为你是在责备他。

对上司说："不行是不是？没关系！"这话明摆着是对上司的不尊重，缺少敬意。退一步来说，也是说话不讲方式方法，说出不恰当的话。

接受上司交代的任务时说"好啊""可以啊"，在语言含义上带有批准、首肯的意味，常用在上司通过对下属的审核意见时所说。正确的说法应是"是""知道"表示"承受命令"的意味，用在下属承领上司的命令时说比较合适。

和上司说话应该小心谨慎，顾全大体。但顾虑过多则不足取，容易遭人误解。应该善于察言观色，以落落大方的态度去应对，习惯成自然，对这类情况就可以应付自如了。要克服胆小怕事的心态，越是谨慎小心，反而容易出错，更容易被上司误认为你没有魄力，谨小慎微，不值得重用。

做错了事如何补救？不小心说错了话如何补救？在上司面前说错了话，一旦觉察到了，就应该就此打住，马上道歉。不要因为害怕而回避，应该面对事实，尽量避免伤害对方的人格和面子，不必要的辩解只会越辩越糟。

向上司汇报工作时要勤勉，作为上司，判断下属是否尊重他的一个重要的因素就是下属是否经常向他请示汇报工作。

心胸宽广的上司对于下属懒于或因忽视而很少向其汇报工作也许不太计较，甚至会好心地认为也许是下属工作太忙，没有时间汇报；也许是认为本来就是他们职责内的事，没必要汇报；或者是这段时间自己心情不好，他们不敢来汇报等等。

但对于怀疑型的上司来说，如果出现这种情况，他就会做出各种猜测：下属是否在这段时间内偷懒，没有完成工作；下属是不是根本就没把他这个上司放在眼里，等等。

对于这种上司，下属应该勤于汇报工作，哪怕你只是完成了整个工作的一小部分。如果不经常请示汇报工作，还会埋没你的成绩。

经常请示汇报工作，让上司知道你干了什么、效果如何，这样还可以显示出你对他的尊重。如果遇到困难和麻烦，上司还可在人力、物力上支持你，比你闷着头干要强上千百倍。

上司提问时要避免说蠢话，你没能耐在上司面前做个八面玲珑的大红人也就罢了，偏偏还要不当心说蠢话，蠢话出口之后，却又立即反应过来，恨不得时空倒流几十秒，好赶在蠢话出笼之前，狠狠咬住自己的舌头……

谁都难免说蠢话，蠢话的内容也都差不多。不过，要是你一蠢再蠢，不会总结经验，那就真的无可救药啦！说了蠢话，意识到了，可以反过来用提问的方式把问题推给上司。

你的薪水够用吗，一位做市场助理的刘小姐，说过她的亲身体会：

> "我毕业时，这家公司对应届毕业生开出税前5500元的月薪，这在当时算是高的。可加薪幅度实在太小，一晃两年过去了，还是长进不多。吃穿用行再加房租，简直没多少可以存下来，买房子更是遥遥无期。"

> "那次，老板和我们几个市场部的员工吃午饭，随口问你们觉得薪水还够用吗？那几个人都微笑着不说话，我怕冷场，只好开口，可一开口就是真话：我不敢说不够用……"

老板"居心"何在？身处市场、公关这种花钱的部门，有些老板会担心你花钱大手大脚。他吃午饭时看似不经意的一问，却是在"考验"你的理财观。如果能把自己的财理得头头是道，花公司的钱应该也会有分寸。

刘小姐有多"蠢"？大家都笑而不答，为什么刘小姐要那么自觉"出头"？有些老板喜欢听手下说薪水不够，因为他以为抓住你的"软肋"施以小恩小惠，你就会服服帖帖。

但另一些老板就会想开去："不对嘛，一个小姑娘，开销这么大？花自己的钱都这样，花公司的钱不就更……"聪明的答法是：这种问题，你一回答，他就认真了，索性捣糨糊："老板，你想听够，还是不够？"暗示他，你要我认真答，还是不认真答？

如果是前者，那么这个场合不合适。如果只有你和老板，可以老实讲，但是也不要太直，学会耍点小花招："老板，您来问我，是代表税务官呢，还是代表公司？税务官来，您肯定有好几套财务报表，我也有好几套，你要听哪一套？"老板会觉得你的思路不太好哦！

说出了蠢话，还可补救。如果老板已经对你产生"花钱大手大脚"的印象，就在提交费用报告单时，让他知道你谈判的过程："供货商本来报多少，我了解市场一般价位是多少，后来谈到多少……"

偶尔为之，只要让他觉得你花钱精明即可，太着痕迹，反倒让人起疑。

第五章
不说令人讨厌的话

在当今时代，会说话无疑是我们的一个优势，这也是一个人走向成功的保证。但是在说话的时候，我们也要时刻注意哪些话不能说，因为有些时候，错误的语言带来的后果，会比做错事来得更加可怕。

所以，作为一个高情商的人，就必须要时刻注意自己说话的问题，要牢记得罪人的话少说，甚至不要说。在开口前最好是先思虑一番，在用话语拒绝别人时，更是应该学会委婉的方式，切忌出口狂言，这样，你才不会因为说错话而去悔恨一生。

学会委婉地指责别人

说话时要为对方着想，就得设身处地地考虑对方的各种问题。过去的"将心比心"，现在的"换位思考"，其实就是开导我们要多从对方的角度看问题，想事情。

要理解对方的想法，尽量满足对方的需求，特别是对方在失意、挫折、伤痛的时候，千万不能熟视无睹，甚至幸灾乐祸，而是多关怀、多帮助。

卡耐基认为，不论你用什么方式指责别人，如用一个眼神，一种说话的声调，一个手势等等，或者你告诉他错了，你以为他会同意你吗？绝不会！

因为你直接打击了他的智慧、判断力、荣耀和自尊心，这反而会使他想着反击你，决不会使他改变主意。即使你搬出所有柏拉图或康德的逻辑，也改变不了他的己见，因为你伤了他的感情。

因此，永远不要这样开场："好，我证明给你看。"这句话大错特错，这等于是说："我比你更聪明。我要告诉你一些事，使你改变看法。"

那是一种挑战。那样会揭起战端，在你尚未开始之前，对方已经准备迎战了。即使在最温和的情况下，要改变别人的主意都不容易。为什么要采取更激烈的方式使他更不容易呢？为什么要使你自己的困难更加增多呢？如果你要证明什么，不要让任何人看出来。这就需要运用技巧，使对方察觉不出来。

"必须用若无实有的方式教导别人，提醒他不知道的事情好像是他忘记的。"三百多年以前意大利天文学家伽利略说："你不可能教会一个人任何事情，你只能帮助他自己学会这件事情。"正如英国十九世纪政治家查士德·裴尔爵士对他的儿子所说的："如果可能的话，要比别人聪明，却不要告诉人家你比他聪明。"

苏格拉底在雅典一再地告诫门徒："我只知道一件事，就是我一无所知。"我们不能奢望比苏格拉底更高明，因此我们不再告诉别人他们错了。应该慎重地看待别人的错误，这么做会大有收获。

如果有人说了一句你认为错误的话，你如果这么说不是更好吗："是这样的！我倒另有一种想法，但也许不对。我常常会弄错，如果我弄错了，我很愿意被纠正过来。我们来看看问题的所在吧。"

用这种句子"我也许不对。我常常会弄错，我们来看看问题的所在。"确实会得到神奇的效果。无论什么场合，没有人会反对你说："我也许不对。我们来看看问题的所在。"

卡耐基课程教学班上一位学员哈尔德·伦克是道奇汽车在蒙大拿州比林斯的代理商，他就运用了这个办法。他说销售汽车这个行业压力很大，因此他在处理顾客的抱怨时，常常冷酷无情，于是造成了冲突，使生意减少，还产生了种种不愉快。

他在班上说："当了解这种情形并没有好处后，我就尝试另一种方法。我会这样说，我们确实犯了不少错误，真是不好意思。关于你的车子，我们可能也有错，请你告诉我。"这个办法很能够使顾客解除武装，而等到他气消了之后，他通常就会更讲道理，事情就容易解决了。

很多顾客还因为我这种谅解的态度而向我致谢，其中两位还介绍他们的朋友来买新车子。在这种竞争激烈的商场上，我们需要更多这一类的顾客。我相信对顾客所有的意见表示尊重，并且以灵活礼貌的方式加以处理，就会有助于胜利。"

你承认自己也许会弄错，就绝不会惹上困扰。这样做，不但会避免所有的争执，而且可以使对方跟你一样的宽宏大度，承认他也可能弄错。

当我们错的时候，也许会对自己承认。而如果对方处理得很巧妙而且和善可亲，我们也会对别人承认，甚至以自己的坦白率直而自豪。但如果有人想把难以下咽的事实硬塞进我们的食道，其结果是可想而知的。

卡耐基简述了他与其侄女之间的相处经历：

> 他的侄女约瑟芬·卡耐基，离开堪萨斯市的老家，到纽约担任卡耐基的秘书时只有十九岁，高中毕业已经三年，但做事经验几乎等于零。而现在，

她已是西半球最完美的秘书之一。

在刚刚开始工作的时候，她的身上还存在许多不足。有一天，卡耐基正想开始批评她，但马上又对自己说："等一等，戴尔·卡耐基。你的年纪比约瑟芬大了一倍，你的生活经验几乎是她的一万倍。你怎么可能希望她有与你一样的观点，你的判断力，你的冲劲——虽然这些都是很平凡的。还有，你十九岁时又在干什么呢？还记得你那些愚蠢的错误和举动吗？"

经过诚实而公正地把这些事情仔细想过一遍之后，卡耐基获得结论，约瑟芬十九岁时的行为比他当年好多了，而且他很惭愧地承认，他并没有经常称赞约瑟芬。

从那次以后，当卡耐基想指出约瑟芬的错误时，总是说："约瑟芬，你犯了一个错误，但上帝知道，我所犯的许多错误比你更糟糕。你当然不能天生就万事精通，成功只有从经验中才能获得，而且你比我年轻时强多了。我自己曾做过那么多的愚蠢傻事，所以我根本不想批评你或任何人。但难道你不认为，如果你这样做的话，不是比较聪明一点吗？"

假如一个人一开始就谦虚地承认，他也可能犯错误，并不是无懈可击的，那么别人再听他评断自己的过失，也许就不会难以入耳了。

一个人即使尚未改正他的错误，但只要他承认自己的错误，就能帮助另一个人改变他的行为。这句话是马里兰州提蒙尼姆的克劳伦斯·周哈辛最近才说的，因为他看到了他十五岁的儿子正在试着抽烟。

"当然，我不希望大卫抽烟，可是他妈妈和我都抽烟，我们一直都给他做了不好的榜样。我解释给大卫听，我跟他一样大时就开始抽烟，而尼古丁战胜了我，使我现在几乎不可能不抽了。我也提醒他，我现在咳嗽咳得多么厉害。"

"我并没有劝他戒烟，或恐吓警告他抽烟的害处。我只是告诉他，我如何迷上抽烟和他对我的影响。"那次谈话的结果，不仅使他的儿子停止了对吸烟的尝试，而且，由于家人的支持，他也成功地戒了烟。

卡耐基总结道：要改变一个人又不致伤害感情，或引起憎恨，就要遵守这样的规则："在批评他人之前，先改变你自己的错误。"卡耐基指出，用"建议"，而不用下"命令"，不但能维持对方的自尊，而且能使他乐于改正错误，并与你合作。

卡耐基曾很荣幸地和美国最著名的传记作家伊达·塔贝尔小姐一起吃饭，他告诉她正在写有关"如何做人处世"这本重要的书。

她告诉卡耐基，在她为欧文·扬写传记的时候，访问了与扬先生在同一间办公室工作了三年的一个人。这人宣称，在那段时间内，他从未听见过欧文·扬向任何人下过一次直接命令。他总是建议，而不是命令。

例如，欧文·扬从来不说"做这个或做那个，"或是"不要做这个，不要做那个。"他总是说，"你可以考虑这个，"或"你认为，这样做可以吗？"他在口授一封信之后，经常说，"你认为这封信如何？"

在检查某位助手所写的信时，他总是说："也许我们把这句话改成这样，会比较好一点。"他总是给人自己动手的机会；他从不告诉他的助手如何做事；他让他们自己去做，让他们从自己的错误中学习成功的经验。

像这种方法，能够使人们易于改正他的错误，而且维持了人们的自尊，使他自以为自己很重要，使他希望和你合作，而不反抗你。

巧妙暗示他人的错误

你是否想劝某人改掉一些坏习惯呢？卡耐基认为这很好，他非常赞成。但为何不从你自己开始呢？从一个纯粹自私的观点来说，这比有意改进别人获益更多，而且所冒的风险也少很多。

白朗宁说："如果一个人先从自己的内心开始奋斗，他就是个有价值的人。"要革除你自己所有的缺点，也许必须到圣诞节才办得到。那时候你就可以在假期里好好休息一番，再利用元旦规劝和批评别人。

卡耐基强调，要先把自己修炼得十全十美，然后才能规劝别人。"不要抱怨邻人屋顶上的雪，当你自己门口脏兮兮的时候。"

卡耐基回忆说："当我还年轻的时候，极想表现一番。我写了一封信给作家里察哈丁·戴维斯，他一度在美国文坛上红得发紫。我当时正着手写一篇有关作家们的杂志文章；我请戴维斯告诉我他的写作方式。在这之前几星期，我曾收到一封来信，信末写着：'口述信，未读过。'

"我觉得棒极了。我觉得写那封信的人，一定很了不起、很忙碌、很重要。我一点也不忙碌；但是我急于向里察哈丁·戴维斯表现一番，因此我就在短笺的结尾，以这些字句作为结语：'口述信，未读过。'

"他根本就不看我的信，只把信退还给我，并在尾端草草地写下：'你的礼貌真是没有礼貌。'没错，我是做错了，也许我是咎由自取。但身为一个凡人，我不以为然。我不以为然的感受是如此深刻。当我在十年之后得知里察哈丁·戴维斯的死讯时，我的心中仍然想着他那次对我的伤害。"

卡耐基告诫道："如果你我明天要造成一种历经数十年、直到死亡才能消失的反感，只要轻轻吐出一句恶毒的评语就得了，不论你多么肯定自己那样做是理所当然。"

所以，卡耐基认为，跟别人相处的时候，我们要记住，和我们来往的不是逻辑的人物，和我们来往的是充满感情的人物，是充满偏见、骄傲和虚荣的人物。

刻薄的批评，使得敏感的汤玛斯·哈代，英国文学丰富的最佳作家之一，永远放弃了小说写作；批评使得英国诗人汤玛斯·查特登走向自杀。

班杰明·富兰克林年轻的时候手腕不够，后来跟人相处变得如此圆滑，如此干练，结果被任命为美国驻法大使。他成功的秘密是："我不说任何人的坏话，"他说，"……我只说我所知道的每一个人的长处。"

当面指责别人，只会造成对方顽强的反抗；而巧妙地暗示对方注意自己的错误，则会受到爱戴。

查乐斯·史考伯有一次经过他的一家钢铁厂，当时是中午。他看到几个工人正在抽烟，而在他们头顶上正好有一大招牌，上面写着"禁止吸烟"。

史考伯没有指着那块牌子责问，"你们不识字吗？"他的做法是，他朝那些人走过去，递给每人一根雪茄，说，"诸位，如果你们能到外面去抽这些雪茄，那我真是感激不尽。"

工人们立刻知道自己违犯了一项规则，因为他对这件事不说一句话，反而给他们每人一件小礼物，并使他们自觉很重要。

很多人在开始批评之前，都先真诚地赞美对方，然后一定接句"但是"，再开始批评。例如，要改变一个孩子读书不专心的态度，我们可能会这么说："约翰，我们真以你为荣，你这学期成绩进步了。'但是'假如你代数再努力点的话，就更好了。"

在这个例子里，约翰可能在听到"但是"之前，感觉很高兴。马上，他会怀疑这个赞许的可信度。对他而言，这个赞许只是要批评他失败的一条设计好的引线而已。可信度遭到曲解，我们也许就无法实现我们要改变他学习态度的目标。

这个问题只要把"但是"改变"而且"，就能轻易地解决了。"我们真以你为荣，约翰，你这学期成绩进步了，而且只要你下学期继续用功，你的代数成绩就会比别人高了。"

这样，约翰会接受这种赞许，因为没有什么失败的推论在后面跟着，我们已经间接地让他知道我们要他改的行为，更有希望的是，他会尽力地去达成我们的期望。

对那些对直接的批评会非常愤怒的人，间接地让他们去面对自己的错误，会有非常神奇的效果。

罗得岛温沙克的玛姬·杰各在卡耐基课程中提到，她使一群懒惰的建筑工人，在帮她加盖房子之后把周围清理干净。

最初几天，杰各太太下班回家之后，发现满院子都是锯木屑子。她没有去跟工人们抗议，因为他们工程做得很好。所以等工人走了之后，她与孩子们把这些碎木块捡起来，并整整齐齐的堆放在屋角。

次日早晨，她把领班叫到旁边说："我很高兴昨天晚上草地上这么干净，又没有冒犯到邻居。"从那天起，工人每天都把木屑捡起来推好在一边，领班也每天都来，看看草地的状况。

要改变一个人而不伤感情，不引起憎恨，请按照下列准则去做："间接地提醒他人注意他自己的错误。"

卡耐基透彻地研究了人的本性，这是与人相处的基础。既了解自己，也了解别人，我们才能友好地与他人生活在一起。

在指责时维护他人自尊

我们在生活中都是顾及自己的脸面的。因此，一句或两句体谅的话，对他人的态度表示一种宽容都可以减少对别人的伤害，保住他的面子。

几年以前，通用电器公司面临一项需要慎重处理的工作：免除查尔斯·史坦恩梅兹担任的某一部门的主管。史坦恩梅兹在电器方面有超过别人的天才，但担任计算部门主管却遭到彻底的失败。

不过，公司却不敢冒犯他，因为公司绝对少不了他。而他本人又十分敏感。于是他们给了他一个新头衔，让他担任"通用电器公司顾问工程师"。工作还是和以前一样，只是换了一项新头衔，并让其他人担任部门主管。

对这一调动，史坦恩梅兹十分高兴。通用公司的高级人员也很高兴。他们已温和地调动了这位最暴躁的大牌明星职员的工作，而且他们的做法并没有引起一场大风暴，因为他们让他保住了面子。

让他有面子！这是多么极端重要呀，而我们却很少有人想到这一点！我们残酷地抹杀他人的感觉，又自以为是；我们在其他人面前批评一位小孩或员工，找差错，发出威胁，甚至不去考虑是否伤害到别人的自尊。

然而，一两分钟的思考，一名或两句体谅的话，对他人的态度作宽容地了解，都可以减少对别人的伤害。下一次，我们在辞退一个佣人或员工时，应该记住这一点。

传奇性的法国飞行先锋和作家安托安娜·德·圣苏荷依写过："我没有权利去做或说任何事以贬抑一个人的自尊。重要的并不是我觉得他怎么样，而是人觉得他自己如何，伤害人的自尊是一种罪行。"

远在1909年，风度优雅的布洛亲王就觉得这么做极有必要。

布洛亲王当时是德国的总理大臣，而德国皇帝则是威廉二世，他是德国的最后一位皇帝，他傲慢而自大，他建立了一支陆军和海军，并夸口可征服全世界。

接着，一件令人惊异的事情发生了。这位德

国皇帝说了一些狂言和一些令人难以置信的话，震撼了整个欧洲大陆，引起了全世界各地一连串的风潮。更为糟糕的是，这位德国皇帝竟然公开这些愚蠢自大、荒谬无理的话，他在英国做客时，就这么说，同时不允许伦敦的《每日电讯报》刊登他所说的话。

例如，他宣称他是和英国友好的唯一德国人。他说，他建立一支海军对抗日本的威胁；他说，他独自一人挽救了英国，使英国免于臣服苏俄和法国之下；他说，由于他的策划，使得英国罗伯特爵士得以在南非打败波尔人；等等。

在一百多年的和平时期中，从没有一位欧洲君主说过如此令人惊异的话。整个欧洲大陆立即愤怒起来，英国尤其愤怒，德国政治家惊恐万分。

在这种狼狈的情况下，德国皇帝自己也慌张了，并向身为帝国总理大臣的布洛亲王建议，由他来承担一切的责难，希望布洛亲王宣布这全是他的责任，是他建议君王说出这些令人难以相信的话。

"但是，陛下，"布洛亲王说，"这对我来说，几乎不可能。全德国和英国，没有人会相信我有能力建议陛下说出这些话。"

布洛话一说出口，就明白犯了大错，皇帝大为恼火。"你认为我是一个蠢人，"他叫起来，"只会做些你自己不会犯的错事!"

布洛知道他应该先恭维几句,然后再提出批评;但既然已经太迟了,他只好采取次一步的最佳方法:即在批评之后,再予称赞。这种称赞经常会产生意想不到的效果。

"我绝没有这种意思,"他尊敬地回答,"陛下在许多方面皆胜我许多,而且最重要的是自然科学方面。在陛下解释晴雨计,或是无线电报,或是伦琴射线的时候,我经常是注意倾听,内心十分佩服,并觉得十分惭愧,对自然科学的每一门皆茫然无知,对物理学或化学毫无概念,甚至连解释最简单的自然现象的能力也没有。

但是,"布洛亲王继续说,"为了补偿这方面的缺点,我学习了某些历史知识,以及一些可能在政治上,特别是外交上有帮助的学识。"

皇帝脸上露出微笑。布洛亲王赞扬他,并使自己显得谦卑,这已值得皇帝原谅一切。"我不是经常告诉你,"他热诚地宣称,"我们两人互补长短,就可闻名于世吗?我们应该团结在一起,我们应该如此!"

他和布洛亲王握手,他十分激动地握紧双拳说:"如果任何人对我说布洛亲王的坏话,我就一拳头打在他的鼻子上。"

如果光是说几句贬抑自己而赞扬对方的话，就能使一位傲慢孤僻的德国皇帝变成一位坚固的友人，那你就可想象得到，在我们日常事务中，谦卑和赞扬对你我的帮助将有多大。如果运用得当，他们在做人处世中将可制造真正的奇迹。

战国时代，有一个叫中山的小国。

有一次，中山国君设宴款待国内的名士。当时正巧羊肉汤不够了，无法让场的人都喝上。没有喝到羊肉汤的司马子期感到很失面子，便怀恨在心，到楚国劝楚王攻打中山国。中山很快被攻破，国王逃到了国外。

当他逃走时，发现有两个人拿着戈跟在他的后面，便问："你们来干什么？"两人回答："从前有一个人曾因得到您赐予的一点食物而免于饿死，我们就是他的儿子。我们的父亲临死前嘱咐，不管中山以后出什么事，我们必须竭尽全力，甚至不惜以死报效国王。"

中山国君听，感叹地说：仇怨不在乎深浅，而在于是否伤了别人的心。我因为一杯羊肉汤而亡国，却由于一点食物而得到两位勇士。

人的自尊心比金钱还重要。一个人如果失去了少许金钱，尚可忍受，一旦自尊心受到损害，就无法预测他将会干出什么事来。有时候，本无存心伤人之意，却可能因为一句无意的话伤害别人，甚至可能为自己树立一个敌人。言行的谨慎看来是很有重要的。

因此，在交际中，如果不是为了某种特殊需要，一般应尽量避免触及对方的敏感区，避免使对方当众出丑，必要时可委婉地暗示对方的错处或隐私，给他造成一种心理压力。但不可过分，只需点到为止。

争辩永远没有赢家

卡耐基认为，十之八九，争论的结果会使双方比以前更相信自己是绝对正确的，你赢不了争论。要是输了，当然你就输了。如果你赢了，还是输了。

为什么？如果你的胜利，使对方的论点被攻击得千疮百孔，证明他一无是处，那又怎么样？你会觉得洋洋自得。但他呢？你使他自惭。你伤了他的自尊，他会怨恨你的胜利。而且"一个人即使口服，但心里并不服。"

正如睿智的班杰明·富兰克林所说的："如果你老是争辩、反驳，也许偶尔能获胜；但那是空洞的胜利，因为你永远得不到对方的好感。"

因此，你自己要衡量一下：你宁愿要那样一种字面上的、表面上的胜利，还是别人对你的好感？你在争论中可能有理，但要想改变别人的主意，你就错得使你一切都徒劳。

美国威尔逊总统任内的财政部部长威廉·麦肯铎，将多年政治生涯获致的经验，归结为一句话："靠辩论不可能使无知的人服气。"

卡耐基进一步说明，据他本人的经验，不论对方聪明才智如何，你也不可能靠辩论改变任何人的想法。

在《点点滴滴》一书中的一篇文章，提出了怎样使不同的意见不成为争论焦点的建议：

一是欢迎不同的意见记住这一句话："当两个人意见总是不同的时候，其中之一就不需要了。"如果有些地方你没有想到，而有人提出来的话，你就应该衷心感谢。不同的意见是你避免重大错误的最好机会。

二是不要相信你直觉的印象。当有人提出不同意见的时候，你第一个自然的反应是自卫。你要慎重，保持平静，并且小心你的直觉反应。这可能是你最差劲的地方，而不是最好的地方。

三是控制你的脾气记住，你可以根据一个人在什么情况下发脾气的情形来测定这个人的度量和成就究竟有多大。

四是先听为上让你的反对者有说话的机会。让他们把话说完，不要抗拒、防护或争辩。否则的话，只会增加彼此沟通的障碍。努力建立了解的桥梁，不要再加深误解。

五是寻找同意的地方在你听完了反对者的话以后，首先去想你同意的意见。

六是要诚实承认你的错误，并且老实地说出来，为你的错误道歉。这样可以有助于解除反对者的武装和减少他们的防卫。

七是同意仔细考虑反对者的意见同意出于真心。你的反对者提出的意见可能是对的，在这时，同意考虑他们的意见是比较明智的做法。如果等到反对者对你说："我们早就要告诉你了，可是你就是不听。"那你就难堪了。

八是为反对者关心你的事情而真诚地感谢他们任何肯花时间表达不同意见的人，必然和你一样对同一件事情感到关心。把他们当作要帮助你的人，或许就可以把你的反对者转变为你的朋友。

不轻易说得罪人的话

说话能给自己带来幸福似乎不是件很容易办到的事，但说话招惹祸端却很容易。因此，明智的人对人总是唯唯诺诺，可以不开口便三缄其口。

说话的各种忌讳

比方你对一个朋友谈起了有隐私的事情，而这些秘密对方又唯恐人知，你的说话偏在无意中说着他的隐私。言者无心，听者有意，你的朋友会认为你是有意戳穿他的隐私，从而对你产生厌烦的感觉，这是说话的第一忌。

朋友做一件别有用心的事，他的用心极力掩蔽，不希望他人知道，倘若被他人知道，就会对他十分不利。如果你与他的关系特别熟悉，对他的用心知之甚深，他虽不能断定你一定明白，最终还是对你十分妒忌，十分疑惑。你处此困难境地，既无法对他表明不知道，也无法表明决不泄漏，你将何以自处呢？唯一的办法就是你假作痴聋，绝口不提，这是说话的第二忌。

朋友图谋企图，你恰巧参与其事。作为决策者，从好的一方面说，你是他的心腹；从坏的一方面说，你是他的心腹之患。你虽然谨守秘密，从不提及此事，可是不料被他人猜中，泄露出去，那么你是无法辩白泄露的嫌疑。在毫无办法时，你只有多亲近他，表白自己的真心，同时设法查出泄露的人，这是说话的第三忌。

别人对你不是非常了解，没有十分的信任，而你偏力求讨好，对他说极深切的话。即使采用了你的话，实行结果也并不理想，他一定疑心你是有意捉弄他，使他上当。即使得到了一个很好的结果，对方对你也未必有好感，以为你是偶然看到，实行又不是你的力量，不能算你的功劳。因此还是不说话的好，这是说话的第四忌。

你知道对方的罪过，过错全在于他自己，所以不惜直言相劝。他本觉内疚，唯恐他人知晓，而你却去揭穿他，自然会令其非常羞惭，这时对方会由惭愧转向愤恨，由愤恨而与你发生冲突。因此，你还是不说为妙，即使劝告，也应以婉转的方式，这是说话的第五忌。

假如你的上司获取了成功，其中也有你的功劳，你的上司会唯恐好名誉被你抢去，内心自会惴惴不安。你了解上司这种心理，就应该到处宣扬，逢人便说，极力表示这是上司的领导有方，是上司的远见，一点也不要透露自己的能力，这是说话的第六忌。

对于某件事，对方正是箭在弦上，骑虎难下，而你认为不应该做，令其必须中止；别人不希望做的事，你认为应该做，而强迫他必须去做。如果你有这样的表现，都是在强人所难，与人情不符。你认为一件事该做或不该做，在道义上应该进言相劝，使朋友自己觉悟，自己去行动，自己去中止，这才是上策。万一他不愿接受你的劝告，你也只好相机而动，适可而止。遇事强求，徒伤感情，这是说话的第七忌。

有一个关于国画大师张大千的例子，他说他有一次因为说错话，差点落得杀身之祸。

有一次他应邀到一位军阀家里做客，早就听说大帅养了一只名犬，大帅非常爱犬，而早就想看那只名犬的张大千，一见到大帅就兴奋地说："我早就想到您家来拜望了！"

以为张大千是心仪自己，大帅得意地点头：

"不客气！"

岂知张大千居然接着说："我是为了来看你这只狗！"

事后张大千说，自己才讲完心就凉了半截，匆匆忙告退出来，直摸自己的脖子："幸亏大帅当天情绪好，否则脑袋就搬家了！"

说话要讲究智慧

说话艺术是一个人道德修养和学术水平最主要的体现，要想说服对方，使对方按照自己的计划来行事，除了说话的技巧之外，还需要讲究智慧。讲究智慧的一个最基本的前提是必须要防止出现以下几个问题：

一是说话有杂音。有些人原本说话是挺好听的，但是一旦在他的言语之间参上了一些杂音之后，便会使对方觉得很难听。比如，有些人说话的时候鼻子总是一哼一哼地响着，或者喉咙里好像老是不畅通似的轻轻地咳着。这些微笑的毛病尽管在他自己看起来是没有多大的问题，但是听者听起来却极不舒服，会对双方进一步的交流产生不利影响。

二是老喜欢用套语。在与人交谈的时候，有些人常常喜欢用一些烦琐的套语，比如，一些人对于"自然啦"或"当然啦"等一类的词语情有独钟，在每一句话当中都不忘加入这几句话语；而有些人则对"坦白地说""老实说"等一类的词语念念不忘，也总喜欢在说话中用到这些词语。

还有的人经常喜欢说"你说是不是"或"你觉得怎么样"等一类的词语，像这一类的毛病，你自己在说话的时候可能察觉不出来，但是也会在听者心里产生一种极不舒服的感觉。其实要克服这类小毛病也并不难，只要请你的朋友时刻提醒你注意，一般过不了多久这些毛病就自然消除了。

三是在说话中总喜欢用到同一个词。有些人对于某一些词情有独钟。无论在什么场合，不管它适应不适应，只要在自己谈话当中能够加入这个词，那么就必然可以见到这个词的身影。

比如，有些人喜欢用"伟大"这个词，那么不消说，在他的谈话中绝对随处可见到"伟大"的身影："你真太伟大了"，"这盆花太伟大了"等等之类的句子到处都是。如果在谈话中用到同样的一个词语过多，就会给别人一种华而不实的印象。因此，我们要尽可能地避免在谈话中经常用到同样的一个词。

四是过分的使用夸张的手法。在谈话的过程当中，适当地运用夸张手法是有必要的，它可以活跃谈话的氛围，但是如果夸张手法运用过度，那么就有可能起到相反的效果。

五是谚语太多。同夸张手法一样，在谈话中适当地引用谚语也是有必要的，它可以体现出说话者的幽默感和控制说话的能力。但是谚语如果太多，往往会给对方造成油腔滑调、哗众取宠的感觉，不仅不能说服对方，反而会使对方心里对说话者产生反感。

六是说话太琐碎。有些人在与人谈话的时候喜欢想到什么就说什么，没有任何主次之分，在说者自己看来这是自己所经历过的真实往事，值得一听，但是在听者看来，这样杂乱无章的乱讲没有丝毫头绪可循，就会完全丧失继续听下去的耐性。

七是在与人谈话的过程中滥用流行的字句。有些人往往喜欢在自己的谈话中强行加入一些最近流行的词语以体现出自己的"时髦"，如果运用合理，当然可以起到很好的效果，但是如果随便在什么东西上都加上一个流行的词语，就会使人莫名其妙。

除此以外，谈话中的声调、手势、面部表现等也可以使得我们谈话能够顺利地进行，如果声调、手势、面部表现等运用得当，同时能够尽力克服以上的几点，那么我们的话语就可以充满智慧，我们说话的艺术魅力也可以得以进一步的提高。

说话有尺度，让你事事顺心

急事，慢慢地说；大事，清楚地说；小事，幽默地说；没发生的事，不要胡说；没把握的事，谨慎地说；做不到的事，别乱说；伤害人的事，不能说；开心的事，看场合说；别人的事，小心地说；自己的事，想想再说；伤心的事，不要见人就说；讨厌的事，对事不对人地说；现在的事，做了再说；未来的事，未来再说。

这段精致的小文一直在提醒我们小心说话，而且要"说好话"，话说出口之前先思考一下，不要莽莽撞撞地脱口而出。这就要求我们说话一定要掌握好尺度、交往讲分寸，办事讲策略，行为有节制，别人就很容易接纳你，帮助你，尊重你，满足你的愿望。

反之，不懂分寸，说话冒失，举止失体，不识深浅，就会让人讨厌，时时难过，事事难为，以至于处处碰壁。所以，我们说话要讲究尺度。

说话要有尺度，尺度拿捏得好，很普通的一句话，也会平添几许分量，话少又精到，给人感觉深思熟虑。而说话的尺度决上定与你谈话的对象、话题和语境等诸多因素的需要。换句话说，要言之有度。

　　汪晗和李江是一对情侣。有一天，他们约了同学一块去逛街，刚好约的同学也是一对情侣。

　　在商场里，汪晗在一件非常华丽的裙子前面，忍不住停下了脚步。一旁的女友就说："喜欢就买下来嘛！"

　　可是平常一直很节俭的李江却说："嗯，是挺漂亮，但是价格也漂亮，等咱有钱了再来吧！"

　　骨子里很要强的汪晗就很不服气："要买就现在买，不买就永远不要买了，你对我的爱还比不上这件衣服吗？"

　　本来四个人很开心地在一起，一句话让接下来的逛街显得很没意思。也让作为男朋友的李江在颜面很过不去。

　　从上面的例子里我们可以看出，汪晗的这句话说得有点过分了，且不说是对彼此之间感情的否定，更是对男友精神上的一种伤害。

　　所以说话，要懂得什么时候说什么话。说了，还要为自己说过的话负责。一个人如果不是真材实料，如果没有真知灼见，从他嘴里吐出来的话也许能一时吸引他人，却不能一世蒙蔽他人。

　　有度的反面就是"失度"，什么叫作"失度"呢？一般说来，对人出言不逊，或当着众人之面揭人短处，或该说的没说，不该说的却都说了，这些都是"失度"的表现。

　　如何把握说话的分寸，把话说到正好的火候上，这是令许多人挠头的事，有这样一篇妙趣横生的短文，幽默地道出了说话的尺度。

　　孔子在《论语》中说过这么一段话，他说："陪君子说话容易有三种失误；还没有轮到自己说话却抢先说了，这叫急躁；轮到自己说了却不说，这叫阴影；不察言观色、不分场合而的说话，这叫盲人。"

　　孔子早在两千多年前说的这段话，寓意极为深邃，至今还是我们现实生活中所能遇到的。孔子的圣明和远见，给人们提出了经典的做人做事的名言，而我们现实生活中的人又有多少能做得到呢？

其实，话是开"心"的钥匙，话是人生生存的窗口，话是工作、事业、生活的润滑剂，同时话也是阻碍人生发展的绊脚石，也可能成为心灵创伤的添加剂。

如果能够把握好说话的时机，人们就可以通过语言这一艺术，达到人与人之间的相互沟通、相互和谐、相互理解、相互支持这一目的。

生活中不是事事如意、永远随心所愿。我们无法左右天气，却可以改变自己的心情；注意说话的方式、场合与尺度，不要让爱你的人受伤，永远心存感激与付出，日子自然很美好。所以，你一定要学会把握尺度。

古人有云："待人而留有余，不尽之恩礼，则可以维系无厌之人心；御事而留有余，不尽之才智，则可以提防不测之事变。"俗话说："建功立业者，多虚圆之士；偾事失机者，必执拗之人。"

由此可见，不管是古代还是现代，不管是与人交往还是做事，都深深蕴含着分寸的玄机。说话的尺度就像一匹宝马，驾驭好了可以日行千里，帮你冲锋陷阵；驾驭不好，他会让你摔跟头，甚至伤害到别人。

俗话说"好言一句三冬暖，话不投机半句多。"这说明，针对不同的对象、不同的情况，选择合适的表达方式，注意说话的分寸，就能达到良好的交际效果。

那么如何把话说得恰到好处，这的确是有讲究的，因此说，说话且不可信口开河，说话要有分寸。其实说话也是一种艺术，说是社会上最快、最直接、效果最佳的语言传播形式，人们的工作、学习、生活等相互间的沟通都离不开他。

卡耐基说："好口才是社交的需要，是事业的需要，是生存的需要。他不仅是一门学问，还是你赢得事业成功常变常新的资本。"只要把握好说话的分寸，你就掌握了开启成功之门的钥匙。

能说话不等于会说话，会说话不等于懂分寸。只有把握说话的分寸、力度，才能把话说到人的心坎儿上，才能达到"一语惊起千层浪"的效果！那么，怎样说话话才能恰到好处呢？

其实做到这些也并不是件难事，只要做到有心，把握好说话的时机和分寸，你说的话就有人喜欢听，让人听的顺耳，也就达到你说话的效果了。同时还要做到，说话要选对象、选场合，不同的对象，不同的场合，说话的内容、口气是不一样的。

对领导、长辈、同事、朋友、熟人、陌生人等说话，说话的形式、说话的语气、说话的内容都是有区别的。无论是选择什么样的对象说话，无论是说什么内容的话，最基本的要求要调整好自己的心态。

说话要有尺度，就是在说话方面要看情况说话，该说的话应该说，不该说的说就不说。把说话比作尺子一样来形容说话做人的道理，也就是要求说话要准确。那么，怎样才能把握好面对不同人群、不同场合的说话尺度和分寸呢?现介绍三种说话方法吧!

一是以关心代替责骂。没有人希望被别人责骂，哪怕他也意识到自己做错了事。也许责骂会让一个人变得"听后"，但是他并没有从心里面认识到自己错误，只不过是怕你而已。相反，我们每一个人都希望自己被关心。

比如隔壁邻居小孩抢了笔者孩子的玩具，还把孩子打得鼻青脸肿了。笔者看到后，先把两个孩子分开，然后一边给对方小孩擦拭伤口，一边说："我家孩子把你打成这样，一定很疼吧!"

那个小孩感到很吃惊，因为如果换做他的爸爸妈妈，肯定免不了挨骂的。他就说："其实，是我不对，他比我还疼。"这个小孩嘟哝着嘴说。

其实，任何责骂都不会让一个小孩自觉地认识到自己错误吧，这就是关心的力量!

二是以提示代替直言不讳。每个人都喜欢听好话，而不是批评。如果我们能够在指出一个人错误的时候，以提示的方式进行，而不是直言不讳，就会起到意想不到的效果。

比如，你的妻子辛辛苦苦为你做了饭菜，可是菜太咸了。一般人会这么说："今天的菜太咸了。"

这句话貌似挺中性的，没有指责，也没有赞许。可是，这句话也把妻子辛苦的付出抛到了九霄云外。如果能够用提示的方式来说，那就不一样了："亲爱的，今天的菜都挺好吃的，如果这道菜再清淡一点就好了。"

同样是说一道菜太咸，不同的说话方式，听者的感受有天壤之别，可见说话的效果有多大啊！

三是以建议方式进行批评。很多人一直有个误区，认为对别人犯的错，就要狠狠地批评他，这样他才会长记性。事实上，他长的仅仅是记性，而不是经验。从某种程度看，他真正记在心里的也许不是这个错误，而是被你骂时的恐惧。

我们如果能够用建议去代替批评，不但听的人会坦然接受，还会避免再次犯错误。

总之，说话是一门艺术。说话时拿捏得很好，说出的话既动听，又有效果。也许我们不像别人那样，说话能够很好地拿捏尺度，但是起码我们要知道，什么样的话会带来消极的影响，什么样的话会让人愿意听，什么样的话是我们会说的。因此，我们在说话前一定要好好想想，想清楚了才说啊！

沟通技巧

回话的艺术

胡元斌◎编著

民主与建设出版社
·北京·

图书在版编目（ＣＩＰ）数据

沟通技巧 / 胡元斌编著 . -- 北京 : 民主与建设出

版社 , 2020.4（2024 . 1 重印）

（沟通技巧）

ISBN 978-7-5139-2945-5

Ⅰ . ①沟… Ⅱ . ①胡… Ⅲ . ①心理交往 — 通俗读物

Ⅳ . ① C912.11-49

中国版本图书馆 CIP 数据核字 (2020) 第 033538 号

沟通技巧
GOU TONG JI QIAO

编　　著	胡元斌
责任编辑	刘树民
封面设计	三石工作室
出版发行	民主与建设出版社有限责任公司
电　　话	（010）59417747　59419778
社　　址	北京市海淀区西三环中路 10 号望海楼 E 座 7 层
邮　　编	100142
印　　刷	三河市天润建兴印务有限公司
版　　次	2020 年 6 月第 1 版
印　　次	2024 年 1 月第 6 次印刷
开　　本	850 毫米 ×1168 毫米　　1/32
印　　张	25
字　　数	605 千字
书　　号	ISBN 978-7-5139-2945-5
定　　价	168.00 元（全五册）

注：如有印、装质量问题，请与出版社联系。

前　言

沟通是一门艺术，更是一门学问。善于沟通的人，让人如沐春风，听他说话是一种享受，而不善于沟通的人，出口说话就会被冷落。一个人的事业是否兴旺，与他的沟通能力和人际交往有很大关系。

著名政治家富兰克林说："说话和事业的进行有很大的关系，你出言不慎，跟别人争辩，那么，你将不可能获得别人的同情、别人的合作、别人的帮助。"这话说得一点不错。

人生的困扰，说到底，十之八九，问题都出在人际关系。而人际关系的困扰，说到底，都是因为沟通出了问题。

沟通是人们分享信息、思想和情感的各种过程。人生活在一个沟通的社会里，无时无刻不在交流思想和情感、理想与期望，欢乐和痛苦，交流着一切可以交流的东西。这种交流沟通让人的才能得以发挥，也使人际关系得到巩固。

语言是我们与人沟通的工具，是一种表达自己的技巧。一个人会说话就讨人喜欢，人际交往也不会有阻碍，事业上自然也能顺风顺水；反之，不会说话的人只会到处得罪人，四处树敌，导致人生路上坎坎坷坷，举步维艰。

在人际交往日益频繁和竞争日趋激烈的现代社会，怎样说话、说话能力如何显得极其重要。一个缺乏表达技巧和沟通艺术的人，无论在什么环境下都难以得到人们的赏识。这就要求我们提高说话能力，提升沟通技巧。

一个人的沟通能力是与知识存储和个人涵养成正比的。知识渊博的人，具有审时度势的能力，说起话来谈资丰富、妙言成趣，能够调动人们的情绪，成为人注目的焦点，这类人往往事业容易成功；而知识匮乏的人，一般都目光短浅，语言贫乏，说话少言寡味，很难引起人们的注意，做事的成功率也就大大降低了。

本书通过生动典型的事例和精练活泼的语言，详细叙述了沟通的技巧、回话的艺术以及在不同场合、不同情境该说什么话，不该说什么话等内容，帮助我们培养说话情商，避免表达失误，掌握高效说话的基本原则和方法，为我们成为职场达人，创造人生辉煌提供了丰富的研习教材和实战经验，适合不同层次的职场人士学习和收藏。如果你有志成为一个沟通高手，用心阅读本书，定会让你脱胎换骨，魅力无限。

目录

第一章
回话的基本技巧

　　沟通是人生很重要的一课，说话谁都会，但如何把话说得富有艺术，如何跟他人进行很好的沟通，建立良好的人际关系，就不是每个人都能做好。回话是沟通的一个方面，想更好地与人沟通，就得学习一点回话的技巧。熟练运用回话技巧，对于我们为人处世，建功立业都有极大的好处。

观察之后再回话

在我们的日常生活中，想要成为一个受欢迎的人，会说话是一项必要的条件。但是仅仅做到会说话还远远不够。相对于会说，一个善于回话的人，才更让人喜欢。会说者未必得人心，但是一个善于回话者，却往往能够深入人心。

在各种各样的谈判桌上，我们都会自觉或不自觉地借助于面部表情、眼神以及身体动作和姿势等身体语言来传递信息。

通常，在人际交往和谈判的过程中，一些无声的身体语言所进行的信息沟通约占了一半以上。当然，在一般谈判场合，无声的身体语言是很少能够独立担当起沟通功能的，往往是起着配合、辅助和加强言语的效果。完全离开了口头言语的身体语言并不比哑语高明多少，其传播的范围是非常小的，也难以表达一些抽象的谈判议题。

令人奇怪的是，一旦口头语言与身体语言结合起来之后，语言却只是起了方向性或规定性的作用，而身体语言才准确地反映出话语的真正思想和感情，担当起绝大部分的传播职能。相同的一句话，可以反话反说，也可以反话正说；可以回答得郑重其事，也可以是有口无心，甚至是冷嘲热讽，这除了取决于语调之外，主要是取决于面部表情、身体动作等无声的身体语言。

在谈判中，有经验的谈判家善于从对手的身体语言中捕捉到许多他们所需要的信息。以下几点需要我们加以注意。

眉毛的动作语言

眉毛一般是配合眼的动作来表达其含义的，但单凭眉毛也能反映出人的许多情绪。比如：表示赞同、兴奋、激动的情绪时，眉毛迅速地上下跳动；当困窘、不愉快、不赞成或者是表示关注、思索时，往往皱眉；处于愤怒、不满或气恼时，眉角下拉或倒竖，即通常所说的"剑眉倒竖"；处于惊恐或惊喜时，眉毛上扬，即人们所谓的"喜上眉梢"；表示有兴趣、询问或者疑问时，眉毛就会上挑。

眼睛的动作语言

一个名人关于眼睛说过这样的一段话"人的眼睛和舌头所说的话一样多，不需要词典，却能够从眼睛的语言中了解整个世界，这是他的好处。"目光接触，是人际交往间最能传神的身体语言。眼睛的动作语言传达出的信息主要有：

（1）眼睛闪烁不定，是一种反常的举动，常被视为用作掩饰的一种手段或性格上的不诚实。

（2）与人交谈时，视线接触对方脸部的时间正常情况下应占全部谈话时间的百分之三十到百分之六十，超过了这一平均值，可以认为对谈话者本人比谈话内容更感兴趣；低于此平均值，则表示对谈话内容和谈话者本人均不怎么感兴趣。

（3）瞳孔的变化是意志所不能控制的。人们处于高兴、喜欢、肯定等情绪时，瞳孔必然放大，眼睛很有神；处于痛苦、厌恶、否定等情绪时，瞳孔就会缩小，眼睛必然无光。据说，古时候的珠宝商人已注意到这种现象，他们能窥视顾客的瞳孔变化而知道对方是否对货物有兴趣，从而决定是抬价还是降价。因此，有人在某些场合，为了掩饰自己的内心活动，往往戴上一副有色眼镜。

（4）在一秒钟之内连续眨眼几次，这是思维活跃、对某事物感兴趣的表现，有时也可理解为个性怯懦或羞涩、不敢正眼直视的表现；瞪大眼睛看着对方是对对方有很大兴趣的表示。

嘴巴的动作语言

嘴巴不只是说话的工具，也是呼吸和摄取食物的器官之一。嘴巴的吃、咬、吮、舐等多种动作形式，决定了它丰富的表现力，往往反映出人的心理状态。

如果嘴唇常不自觉地张着，呈现出倦怠疏懒的模样，说明他可能对自己所处的环境感到厌烦；如果紧抿嘴唇，且避免接触他人的目光，可能表明他心中有某种秘密，此时不想透露；撅起嘴是不满意和准备攻击对方的表示；紧紧地抿住嘴唇，往往表现出意志坚决；不满和固执时，往往嘴角下拉；遭到失败时，咬嘴唇是一种自我惩罚的动作，有时也表示自我解嘲和内疚的心情；注意倾听对方谈话时，嘴角会稍稍向后拉或向上拉。

四肢的动作语言

上肢和下肢统称为四肢，通过对四肢的动作分析，我们可以判断出对方的心理活动或心理状态，也可以借此把自己的意思传达给对方。

握拳是表现向对方挑战或自我紧张的情绪，以拳击掌是向对方发出表示攻击的信号；用手指或铅笔敲打桌面，或在纸上乱涂乱画，表示对对方的话题不感兴趣、不赞同或不耐烦；手臂交叉放在胸前，同时两腿交叠，表示不愿与人接触；微微抬头，手臂放于椅子上或腿上，两腿交于前，双目不时观看对方，表示有兴趣来往；摇动足部，或用脚尖拍打地板，或抖动腿部，都表示焦躁、不安、不耐烦或为了消除某种紧张感；足踝交叉而坐，代表在心理上往往会压制自己的表面情绪；张开腿而坐，表明此人自信，并有可能接受对方的倾向。

腰和腹部的动作语言

人的腰部在身体上起的作用也很重要，腰部位置的"高"或"低"与一个人的心理状态和精神状态有很大关系。同样，腹部位于人体的中央部位，他的动作带有非常丰富的表情与含义。

凸出腹部，表现出自己的心理优势，自信与满足感；抱腹蜷缩，表现出不安、消沉、沮丧等情绪支配下的防卫心理；露出腹部，表示胸有成竹，开放自己的势力范围，对对方不存戒备之心；重新系一下皮带，是在无意识中振作精神、迎接挑战的信号；反之，放松皮带则反映出放弃努力以及斗志开始松懈，有时也意味着紧张气氛中的暂时放松；腹部起伏不定，表现出兴奋或愤怒；极度起伏，意味着即将爆发的兴奋与激动状态而导致呼吸的困难；腰板挺直，颈部和背部保持直线状态，则说明此人情绪高昂、很有自信且自制力比较强；轻拍自己的腹部，表示自己有风度、雅量，同时也反映出经过一段时间的较量之后的得意心情。

当然，在对身体语言进行判断和分析时，需要非常细心，因为身体语言所表达的意义随个人性格和文化背景的不同而不同，故而必须根据某个特定的个人在特定的场合下来领会其内涵意义。

在谈判过程中，对方也可能会利用某些动作、姿态来误导你，但如果从其连续一贯的动作进行观察，或是与他前后所做的动作以及当时他讲的话的内容、语气、语音、语调等相联系，就可以从中发现问题，懂得并学会运用身体语言，有助于我们在谈判中更好地针对对方解读他们的意思，准确掌握对方的意图并做出正确的判断和回答。

通过对手无意中显示出来的态度及姿态，了解他的心理，有时能捕捉到比语言表露更真实、更微妙的思想。

当然，对对方的了解，不能只停留在静观默察上，还应主动侦察，采用一定的侦察对策，去激发对方的情绪，才能够迅速准确地把握对方的思想脉络和动态，从而顺其思路进行引导，这样的会谈易于成功。

针对不同的对象回话还应考虑以下几个方面：

性别差异。男性需要采取较强有力的劝说语言；女性则可以温和一些。

年龄差异。对年轻人应采用煽动的语言；对中年人应讲明利害，供他们斟酌；对老年人应以商量的口吻，尽量表示尊重的态度。

　　地域差异。生活在不同地域的人，所采用的劝说方式也应有所差别。如对我国北方人，可采用粗犷的态度；对南方人，则应细腻一些。

　　职业差异。要运用与对方所掌握的专业知识关联较紧密的语言与之交谈，对方对你的信任感就会大大增强。

　　性格差异。若对方性格豪爽，便可单刀直入；若对方性格迟缓，则要"慢工出细活"；若对方生性多疑，切忌处处表白，应不动声色，使其疑惑自消等等。

　　文化程度差异。一般来说，对文化程度低的人所采用的方法应简单明确，多使用一些具体数字和例子；对于文化程度高的人，则可采用抽象说理方法。

　　兴趣爱好差异。凡是有兴趣爱好的人，当你谈起有关他的爱好这方面的事情时，对方都会兴致盎然。同时，无形中对你也会产生好感，为你们的交谈打下良好的基础。

用精当的语言回话

　　说话是门艺术，懂得说话艺术的人知道，轻话不可重说，会造成分化效果的话不说，会伤人自尊的话不说。如果一定要"说清楚、讲明白"，仍必须谨记"话不可说绝"的原则，留给对方一点余地。

清朝乾隆皇帝酷爱下棋。一天，他率大军出征边关。路过聚贤镇，见一宅院门楣上高悬"棋界大王"的金匾，心中不悦，遂令停辇传宅主回话。一七旬老翁到辇前跪下启奏：因喜对弈，村镇未逢敌手，故村民以匾相赠，望万岁海涵。

乾隆听罢，对老翁说："愿同朕对弈吗？"

"小老儿岂敢同万岁对弈。"

乾隆说："下棋本是益智之事，朕不怪就是。"于是，乾隆入宅同老者对弈起来。只十几步，乾隆就占了上风，不一会儿便把老者杀得片甲不留。乾隆冷笑责道："朕念你寿高，摘掉匾牌，不许再称棋王。"

老者伏地叩头请罪。乾隆剿灭入侵之敌，班师回朝，又路经聚贤镇，见老者的牌匾重新油漆、书写，金光闪闪，气得七窍生烟，便传旨缚老者来问罪，老者坦然跪在辇前。

乾隆道："大胆刁民，牌匾为何重新油画！"

老者说："启禀万岁，小老儿自知欺君之罪，当灭九族。只是前次与万岁对弈并未施展本事，因此失误，所以专候万岁凯旋回朝，小老儿冒死相请，再赌输赢。"乾隆虽心中不高兴，但又想老者不服，必有绝技，不如再对弈，他若下输了，再治罪不迟。于是，乾隆又与老者人宅对弈。

不过，这次是老者12岁的孙子与乾隆对弈，乾隆本想施绝技，置小孩于死地。没想到小孩出手不凡，只十几步就把乾隆杀得捉襟见肘。老者怕孙子把皇帝"将"成死棋，不好下台。恰好这时一阵风把几片落花吹到棋盘上，老者乘拾花之机偷掉孙儿的一个棋子。聪明的孩子领悟爷爷的用心，故意走出破绽，让皇帝吃了二子，最后走成和棋。

乾隆连声称赞小孩的棋艺，当他得知小孩从师其祖父之时，便道："前次对弈，为何输棋呢？"

老者启禀"因万岁亲自出征，应每战必捷。小老儿宁可败棋，也要祝万岁棋(旗)开得胜，马到成功呵！"乾隆暗叹"聚贤镇果然名不虚传！"山野之民，竟如此通晓大义。于是令人取来文房四宝，御笔亲书"棋界圣手"四个大字，以示奖赏。

弈棋虽为益智，却首先是较智。老者的一番恭维，既让乾隆暗悟"棋界大王"的厉害，又不伤及皇帝的体面。世事如棋，可知此老者历世的功力之深。

人们在交流思想、介绍情况、陈述观点、发表见解时，为了使对方能够很快了解自己的说话意图，领会要领，往往使用高度概括、十分凝练的语言，提纲挈领地把问题的本质特征表达出来，以达到一语中的、以少胜多的效果。不少领袖人物都具有这种能力，他们善于高屋建瓴地把握形势，抓住问题的症结，且能用准确精当的语言加以概括表达，其作用和影响非同一般。

美国第十六任总统林肯，在一次乘船视察途中与同船的船员们握手时，有一位工人却缩着手，面对总统腼腆地说："总统，我的手太脏了，不便与你握。"林肯听后笑道："把手伸过来吧，你的手是为联邦加煤弄黑的。"短短一句回话，听似极为平常，却高度概括，得其要领，充满感情。

事实上，不管世事多么复杂，不管产生多么深奥的思想，说到底，就是那么一点或几点经过概括和抽象了的认识。而这些要求，是精华，是核心，是本质，只要能够抓住，就能提纲挈领，一通百通，产生"片言以居要，一目能传神"的效果。

简洁的语言一般都很通俗明快，如果追求辞藻的华丽、句式的工整，则必然显得拖沓冗长。

要使自己的语言简洁洗练，实在不是一件容易的事。从"两句三年得，一吟双泪流""吟安一个字，捻断数茎须"等名句中，我们似乎揣测到古人追求语言简洁精当的用心何等良苦。如何使自己的语言"少而准""简而丰"，重要的是要培养自己分析问题的能力，要学会透过事物的表面现象，把握事物的本质特征，并善于综合概括。

在这个基础上形成的交流语言，才能准确、精辟，有力度，有魅力。同时还应尽可能多地掌握一些词汇。福楼拜曾告诫人们：任何事物都只有一个名词来称呼，只有一个动词标志他的动作，只有一个形容词来形容他。如果讲话者词汇贫乏，说话时即使搜肠刮肚，也绝不会有精彩的谈吐。

此外，会"删繁就简"也是培养说话简洁明快的一种有效方法，需要一提的是，简洁绝非为简而简，以简代精。简洁要从实际效果出发，简得适当，恰到好处。否则，硬是掐头去尾，只能捉襟见肘，挂一漏万，得不偿失。应予承认，任何事物都具有两重性。简短的语言有时很难将复杂的思想感情清晰地表达出来。

聆听后再回话

聆听的意义

（1）聆听是交谈的重要组成部分，交谈作为两个人或两个人以上才能发生的一种行为，不可能大家同时在说，必然是有听有说，说是为了听，也是因为有人听；听是因为有人说，也是为了听后说，这就构成了交谈。以上所言是聆听的首要意义。

（2）聆听是搞好人际关系的需要。这是因为聆听是褒奖对方谈话的一种方式，你越能用心倾心对方的谈话，就等于告诉对方"你是一个值得我倾听你讲话的人"，这样在无形之中就能满足对方的自尊心，加深彼此的感情。此外聆听也是一个人及时了解别人的需要、期望和性格的好办法，通常所说给人留下深刻的第一印象，其中就包括一个人是否认真倾听别人谈话这个因素在内。当周围的人意识到你能耐心倾听他们的意见时，自然会向你靠近。这样你就可以与许多人在进行思想交流，建立较广泛的人际关系。

（3）聆听又是捕捉信息、处理信息、反馈信息的需要。谈话是在传递信息，聆听别人谈话是在接受信息。一个好的聆听者，应该善于从一大堆谈话中捕捉有益的信息。并以参与谈话的方式作出积极的反应，这就是信息反馈。而说话者才能根据你的反馈信息确定是继续、是改变、还是停止他的谈话。

一位业绩优异的房地产经纪认为，他成功的原因在于不但能细心聆听顾客讲的话，而且能听出那些没讲出来的话。当他讲出一栋房屋的价格时，顾客说："哪怕豪宅也没有什么了不起。"可是说的声音有点犹豫，笑容也有点勉强，那经纪便知道顾客心目中想买的房子和他所能负担得起的价位显然有差距。

"在你决定之前"，经纪熟练地说："不妨多看几栋房子。"结果当然皆大欢喜。那顾客买到了符合他预算的房子，生意成交。

不幸的是，我们大多数人甚至不知道如何倾听别人说话。掌握倾听的艺术是受人欢迎的秘诀之一。当别人有问题来找我们时，我们常说得太多。我们总是试着提出太多建议，其实大多数的时候最需要的也许只是沉默，同时把耐心、宽容和爱传达给对方。

聆听的方法

学会聆听，是准确回应的前提条件。而聆听的方法有以下几种：

（1）耐心地听：即让对方把话说完，尽量控制自己，不要打断对方。即便是对方所言偏离了主题、对你无所裨益或者你不爱听，但出于尊重，就要给人家说话的时间，让对方充分表达自己的思想，无拘无束地把话说完，自己绝不能表现出任何不耐烦的神色和举动。这种尊重人、甘当听者的耐心地听既是个人在谈话中应具备的品质，也是在社交中体现的度量。

（2）虚心地听：人们交谈的目的，是为了沟通信息、交流思想、联络感情，而不是智力测验、辩论或演讲比赛，大可不必去争话、抢答，所以在听人讲话时应持虚心的态度，尽可能避免听话时"先入为主"，或对别人的讲话急于下结论，或立即接过话茬给以反驳，这些偏激作法都不可取。

（3）细心地听"听话听声，锣鼓听音"，在聆听别人讲话时，应能细心地观察和体会讲话人的"话外音""弦外音"和其他非言语信息，注意讲话人词汇的运用和选择，细细品味讲话人的微妙情感和难言之隐，弄清讲话人的真正意图。这种察言观色，提高敏感的细心地听对秘书尤为重要，没有这种细心，秘书就难以领会领导的真正意图。

聆听时，我们还得尽量克服障碍，排除干扰。这些障碍可能来自环境，比如房内的喧闹，他人说话声，怪声和异味，室温过高或过低，坐的椅子不舒服，或者视觉上的干扰。还可能是电话铃声或者客人来访。

有一类障碍与干扰来自说话者。也许是他或她穿着很古怪，打扮得很糟，有扰人的怪癖，脸部表情或体态语言令人迷惑不解，或者是，他或她嗓音很粗，风格上毫无吸引人之处，等等。

聆听的障碍

聆听的障碍通常表现在以下几个方面：

（1）抓不住要点：有些人聆听别人讲话时抓不住要点，常常产生迷惑或导致无效的收听。最好是听说话者的说话"要"点，也就是那些你认为说话者传达给你信息的主题或中心思想。

不可能每个人都记得对方说的所有内容。若能专注要点，则可以有效地收听说话者所传达的信息。能了解中心思想的听者，比那些花时间对所有可能事实加以分类的听者，更能记得住事实。

（2）情绪过敏：你曾否有过这种经验：因听到说话者满怀忧伤的言语，而不想听他再说下去？

我们必须压抑那些使你心潮起伏的字句的意义，而替代以新的意义。如果你的情绪能不受字句干扰，你就更能了解说话者所用的字眼的意思了。

例如，当你听到"可笑"一词，你就会觉得有点"发怒"；不过，你应该先弄清楚说话者的意思再做反应才是。因为这样可使你"倾听"信息，而不仅仅是"耳闻"字句而已。

（3）先入为主，以偏概全：有很多人常常主观地认为某一个话题是无聊的或困难的，因而封闭自己的心智不愿去听。这样就犯了一个大忌"以管窥天"，只因为我们不喜欢听其中的一部分，而拒绝听整个信息。如果我们仓促地评估一个信息并决定我们是不是需要他，那就可能不再听下去，而去想高尔夫球或周末度假计划的事了。

（4）讨厌外表而忽视内容：我们有时候必须去听我们所讨厌的人说话。如果我们开始批评说话者的外表，很快地我们就不想听了。事实上，我们都会因对说话者的反感而忽视了他说话的内容。

例如，当一位演说者开口说话时，有些人就会说："看看那家伙站的样子！难道没有人告诉他不要经常绕圈子走来走去？更差劲的是，他双臂交叉胸前，他的话真枯燥！像这种人一定说不出什么好内容来。"于是，这些听众都将停止听这位演说者说话，并认为自己这样做是对的。

排除聆听的干扰因素

一位好的听众应该这样想："我曾经听过比这更好的演说，但这位演说者的确有我所需要的新知。我应该专心听他说些什么，不必太在乎他的演讲态度。"

请记住，信息的内容要比一个人的外表重要好多倍，如果我们有这种想法，我们就会成为一个好听众，我们也因此而负起沟通中的一半责任了！

可见，潜在的干扰很多，内部的和外部的都有。你要是不能排除他们，也得想办法把他们减小到最低程度，你可以通过注意力聚焦来实现这一点，具体做法有：

一是做深呼吸，这有助于避免去打断人家，同时还使你的大脑供氧充足；二是有意识地促使自己去听，不管是谁在说话，对那些特别有价值和有趣味的东西都要给予关注。千万不要听都没有听就一概抹杀；三是在心里复述说话人的话，这可以防止你的思想开小差，你的注意力也可以从一些无关紧要的事情转移到说话人那方面去；四是保持视线接触，目动耳随，这是自然的生理现象。对于你在用眼睛去看的东西，你也差不多会用耳朵去听。这些方法都将助你排除掉干扰，向对方表示你在听。

在这方面，你可以想一下别人是怎样听你说话的。想一想，在别人听你说话的时候，你在对方身上积极寻求的是哪些反应？也许，大多数人都会想到以下四项内容：

第一，视线接触。在我们交谈的时候，这是关注的表示，反过来，当你对你的听众说话的时候，你若不把眼睛对着他们，你就会觉得像是跟一堵墙在说话。

第二，言语性反应。听者口中不断说出

"嗯""呀""哦"，以示对他们感兴趣。

第三，其他仪态上的暗示，比如微笑、点头、身体前倾、直接面对说话人以及露出欣赏的表情。事实上，这些仪表都会告诉对方，"我真的对你所说的感兴趣。"说话人喜欢看到的正是这一点。

最后示意是使用自己的表达去表述说话人的观点，比如"如果我的理解没错的话，你的意思是说……"或者"换句话说，最大的问题是……"

聆听的箴言

当我们了解了聆听的重要性以及如何做到善于聆听后，下面这些有关聆听的一些箴言，对提高我们回话的水平，并成为一个好听众会有很大的启发和参考作用。

（1）好好地听别人说话，你可以得到最新资料，躲开许多是非，可以增加你回答时说话的自信与分量，你的人缘将因此大为改善。

（2）采取开明的态度，除了决心之外，我们应当对新的信息与新的潮流采取开明的态度。正如好的医生会善用他的听诊器搜集病人体内的各种情况，我们也应该重视不同意见，使自己能做进一步的思考。我们应该经常地检讨我们的"听觉过滤器"，正确地过滤信息。然后进行针对性回复，做到不错答，不乱答。

（3）他们眼睛看着你，但耳朵却并没有听你讲些什么。事实上，他们已经逃离交谈的过程。如果你也有同样的习惯就得特别当心，因为如果被对方发现你心不在焉，即使他继续和你交谈，心中也必然充满厌恶之情。

（4）有些人是抱着优越感或批判的态度听人说话，这无法让人坦诚相对，说出他们的心里话。热诚的倾听则完全不同，他可以降低当事人的戒心，坦诚地讨论以找出解决之道。

（5）当别人和你说话的时候，他必然希望你比较注意他存在的立姿和站姿，你应该身体微向前倾，同时目光注视着他。你不是光用耳朵，而是用整个身体去听对方说话。

（6）在交谈的过程当中，对方的话有可能偏离主题。这时你千万不可等闲视之，因为他显示了当事人心里的真正想法。如果你懂得将话锋转入新的主题，他将非常感谢。

（7）不要理会情绪化的字眼，直接探索对方的真意。如果你太在意，就很容易错失对方的主要意旨，不能听完对方说话。

（8）如果听不清楚，千万别犹豫，请对方再讲一遍。当你接受指令的时候一定要问清楚，问清楚指令的内容既是帮自己，也是在帮对方。

（9）不要对自己不想听的话充耳不闻。对自己不想听的话充耳不闻，最终将使你的信誉受到很大伤害。

（10）聆听别人说话时应该全程集中你的注意力。如此才能与对方交流的过程中，给予正确的回应。

回话前要看清对象

要做到精准回话不是一件容易的事，这就需要我们时时处处做有心人。在听别人说话时，细细品味人家说话的艺术，在看书时要注意欣赏书中人物的语言。还要涉猎一些"说话艺术"方面的书籍，不断地积累经验和知识，学会看清对象回话。

怎样做到看清对象回话呢？重要的是了解对象。对家人、对亲朋好友，你很熟悉，回话时自然会注意到不同的特点。而对初次相识的人，则需"慎言"。性别、年龄很好看出来，身份、职业、文化修养等则必须通过对方的言谈话语去了解。

因此，与陌生人见面，不要急于交流，而要先倾听对方的话语，如果对方彬彬有礼，你也应该文雅、和气、谦逊；如果对方说话很直，不会拐弯抹角，你也应该坦诚、实在，想到什么回答什么；如果对方情绪低落，不爱说也不想听，你就应该少说或者干脆不要说。总之，要在了解对象的基础上，做到合适的回答，有礼貌的回话。

乾隆皇帝风流儒雅，经常外出巡游。或察吏治，或观民情，或纵览山水。有一次他沿卫河乘船南巡，动不动就靠岸详察。船到达山东境内一个小镇时。他又心血来潮，想了解一下民间疾苦。于是就命人叫来一个农夫，亲自询问当地农事、年景，又特意问及地方官吏贤明与否。

农夫小心应对，一副恐惧模样再加上浓重的乡音，使乾隆皇帝兴致更高，开怀之下，他指了指自己的随行大员们，对农夫说："你去认识一下我的这些大臣，看看他们忠与不忠，称职与否？"因为是奉旨查询，所以这些大臣也不敢怠慢，依次把自己的姓名、官职告诉农夫。其中有的人因害怕农夫把民间舆论据实上报或回答不周而触怒皇上，心里紧张异常，两条腿突突直抖。

农夫也明白自己的处境，不称谁的心，自己也会引来祸殃，而无端的赞誉之辞，自己又实在不愿讲。他在这些大臣面前端详了一回，灵机一动，转身对乾隆报说："恭贺皇上，满朝文武都是忠臣啊。"

乾隆奇怪地问："你这样讲有什么根据吗？"农夫一脸严肃，恭恭敬敬地回答："我们这里看戏时，净角扮演的奸臣，像曹操、秦桧一流，都是大白脸。而您这满朝文武却没有一个这模样的，所以他们都是忠臣啊。"乾隆哈哈大笑，赏了农夫又继续他的"体察"了。

乾隆皇帝南巡，向农夫了解民间疾苦和吏治情况，可谓开明之举。然而，要一个农夫奉旨查询随行大臣的忠与不忠，称职与否，则近乎开玩笑了。

一个小小的老百姓对京城官员有多少了解呢？至多是道听途说而已，而且此举是把农夫推向了风口浪尖的危险境地，因为无论说谁不忠或不称职，都可能遭来杀身乃至灭族之祸。因此，他机智地把现实生活中的官员转换成戏台上的官员，然后再用戏台上奸臣的脸谱大白脸来衡量现实生活中的官员，没有发现一个是不忠不廉不称职的奸臣——当然是不可能发现的了！这不是在演戏，却又的的确确是在演戏！

这位农夫，根据场中的对象，巧妙借着角色转换的言语策略，回复了皇帝的难题。不仅保全了自己，还得到了赏赐，可谓是会看人说话的典型。

与不同类型人的交谈我们就要学会不同的回话技巧。

不同的人所关注和喜欢的东西也会不同，面对不同的人，我们要学会说不同的场面话，只有投其所好，场面话才能引起对方的兴趣，谈话才能持续下去。

有这样一个故事：

有一个年轻的渔夫，一天，收网的时候，发现网里有一个旧瓶子。他把瓶塞打开，突然一阵浓烈的烟雾喷出来，很快变成一个比山还大的巨魔。

这时，巨魔突然笑着说"哈哈！年轻人，你

把我救出来，本来我应该感谢你的，可是，你做得太迟了，倘若你早几年把我救出来，你就可以得到一座金山啦！唉，又让我等了500年，我太不耐烦了，我已经许了恶愿，要把救我出来的那个人一口吃掉！"

那年轻人吃了一惊，但立即镇定地说："哟，这么小的一个瓶子，怎么能把你盛下呀，你一定在说谎，你再回到瓶子里让我看看吧。"

那巨魔听后，竟大笑说："哈哈、哈哈，我不会上当的！《天方夜谭》早把这个古老的故事说过了，我如果再钻入瓶子里，你把塞子塞上，我不就完蛋了么？"

"你看过《天方夜谭》？真是一个博学多才之士呀！你看过苏格拉底的哲学著作吗？"

"哼！这500年来，我躲进瓶子里，穷读天下的经典著作，苦苦修行，莫说是西方的巨著，连中国的《大学》《中庸》《论语》《孟子》我都念得熟透了。"

"啊，那么《史记》你也颇有研究吧？墨子的著作也有涉猎吧？"

"别说了，经史子集无一不通！"

"不过，我想你一定没有见过《红楼梦》的手抄本，这是一部难得一见的版本呢！"

"哼！你这个小子太小觑我了，这本书的收藏者正是我呀！让我拿出来给你开开眼界吧！"

刚说完，只见巨魔立即又化作一阵浓烟，徐徐进入瓶子里。这时候，年轻的渔夫不再迟疑，连忙用瓶塞堵住了瓶子。

每个人都有可能是他兴趣所在领域的专家，激发对方的兴趣，你不仅会获得新知，有时加以利用，还能够逢凶化吉。年轻的渔夫就是利用这一点降服了巨魔。

与对方能够畅谈的原则，就是能够顺着对方的喜好，投其所好地进行回复。不同的人需要用不同的方法来回话。在进行社交活动时，我们有必要先了解一下对方的类型，这样回话起来便比较容易。

应付死板僵化的人，你要花费些功夫，仔细观察，注意他的一举一动，从他的言行中，寻找出他所真正关心的事来进行回应。只要能够使他与自己互动或产生一些反应，那么事情也就好办了。接下去，你要好好利用此话题，让他充分表达自己的意见。

对待傲慢无礼这一类型的人，回话应该简洁有力。而且尽量小心，以免掉进他的圈套里。对待沉默寡言的人，最好采取直截了当的方式，让他明白表示"是"或"不是"，"行"或"不行"。

遇到深藏不露的这种人时，你只有把预先准备好的资料拿给他看，让他根据你提供的资料，作出最后决断。遇到草率决断这种人，最好把谈话分成若干段，说完一段之后，马上作出回应征求他的同意。没问题了，再继续进行下去，如此才不致发生错误，也可免除不必要的麻烦。

对付顽固不通的人，你不妨及时抱定"早散早脱身"的想法，随便敷衍几句，不必耗时费力自讨没趣。

对于反应迟缓的人，你最好耐住性子，拿出耐心，尽可能配合他的情况去做出回应。

当我们不得不与自私自利的人接触、交涉时，只有暂时按捺住自己的厌恶之情，姑且顺水推舟，投其所好。当他发现自己所强调的利益被肯定了，自然就会表示满意，如此，交涉就会很快获取成功了。

对待有些话比较少的人，该说多少就说多少最好。即使对方反应迟钝也没什么关系，这种不太随和的人说话也是有一句是一句。所以反而更容易成为那种忠实的朋友。

对待优柔寡断的人要积极的回应和引导。这种人遇事没有主见，往往消极被动，难以做出决定；面对这种就要牢牢掌握主动权，不断向他做出积极性的建议，多多运用肯定性用语，当然不能忘记在回应的过程中还要强调你是从他的立场来考虑的。这样直到就促使他做出决定，或在不知不觉中替他做出决定。

对待知识渊博的人要多注意聆听对方说话。知识渊博的人是最容易面对的，也是最易使我们受益的人。面对这种人应该不要放弃机会而多注意聆听对方说话，这样可以吸收各种有用的知识及资料。客气而小心地听着，同时，还应给以自然真诚的赞许回应。这种人往往宽宏、明智，要说服他们只要抓住要点，不需要太多的话，也不需用太多的心思。

对待那些缺乏安全感的人，要有耐心。有些人就是急不得，如果他没有充分了解每一件事，你就不能指望他做出前进的决定。对于这种人，必须来个"因材施教"，对他千万不能急躁、焦虑或向他施加压力，应该努力配合他的步调，脚踏实地地去证明、引导，慢慢就会水到渠成。

对待性急的人，要简洁明了。首先要精神饱满，清楚、准确又有效地回答对方的问题，回答如果太拖泥带水，这种人可能就会失去耐心，听不完就走。所以对这种类型的人，说话应注意简洁、抓住要点，避免扯一些闲话。

回话时要注意的场合

中国人有句俗语说得好：沉默是金。他的本意是适当的保持沉默对自己有利，而并不是说要一味不语，什么话都不要说。在与人交往的时候，我们应当掌握好时机，在该当由自己说话的场合就千万不要保持沉默，否则会收到适得其反的效果。

在我们的日常生活当中，碰到同事吵架的时候可以保持沉默，待双方的怒火逐渐平息下来而陷入互不理睬的僵局之时，再继续保持沉默就有点不明智了，这时候你所应当做的就是尽力劝说双方，争取让他们和好。只有掌握了说话的时机，在适当的场合说适当的话，才能让你在纷繁复杂的事务中游刃有余。

懂得在适当的场合说恰当的话，并不是每一个人都能够做到的，这需要一定的智慧和技巧。

从前，有个人在世的时候烧杀抢掠无恶不作，引起了广大群众极大的愤慨。待到他死后，一些看不惯他生前行为的小鬼便将他抬到了阎王面前，并对阎王说："这个人在人世间作恶多端，干尽了坏事，请求您将他处以极刑。"

听完小鬼的叙述，阎王也对他产生了反感，于是便决定将他用亿万斤柴火烧煮，直到将他煮成肉酱为止。听到阎王的命令后，牛头鬼上来押解。

那人害怕了，便企图通过收买牛头鬼来减轻自己所应遭受的惩罚。但是一时之间也想不出什么很好的办法，但是他见到牛头鬼身上所穿的裤子时，灵感立刻上来了。

于是他私下里探头问牛头鬼："我可怜的牛头鬼，您主管牢狱，手中握有如此大的权力，却为何还穿着这么破烂的豹皮裤子啊。"

牛头鬼低头看了看自己所穿的裤子，的确显得很破烂，他无奈地回答说："我们阴间可不像你们阳间什么东西都有，我们这的东西都要通过阳间人的焚化才能够获得，你们阳间最近没有人焚化过豹皮，我们这当然没有。"

那人一见到牛头鬼上当了，心里暗自欢喜，但还是谦恭地对牛头鬼说道："这种豹皮在我舅舅家里可多着呢，如果你能在煮我的时候减少些柴火保住我这条命，只要我重新回到阳间，我一定为你焚化一百张豹皮。"

牛头鬼大喜，于是便答应了这个人的请求。在将这个人放生后，牛头鬼为了能够使他实现曾经许下的诺言，亲自送了他一程，待他即将返回阳间之时，牛头鬼再次叮嘱他一定要记得焚烧那些豹皮。那人以为自己终于回到了阳间，再也不用受到牛头鬼控制了，便在心里产生了想戏弄牛头鬼的想法。于是他大声地念起了一首诗，诗曰："牛头狱主要知闻，权在阎王不在君，减扣官柴犹自可，更求枉法豹子皮。"

听完这首诗后，牛头鬼大怒，立刻将他重新投入了曾经煮过他的锅里，并加添更多的柴火煮了起来，这个人的结果可想而知了。

有时候，我们一片好意想要劝解别人改正某些缺点，但是如果时机不对，别人不但不领情，反而会对我们产生怨恨心里。正因为如此，我们在说话的时候一定要懂得说话的技巧，在适当的时机说适当的话。

在中国清朝年间，有一次乾隆皇帝与爱臣纪晓岚在避暑山庄看到了一尊弥勒佛像，忽然乾隆起了想为难一下纪晓岚的念头，于是指着佛像问道：

"他为什么对朕笑？"

纪晓岚回答道："皇上是文殊菩萨转世，是当世活佛，佛见佛故笑。"

实际上弥勒佛笑口常开，对任何人都一样。乾隆如此问，意存刁难纪晓岚。纪晓岚歪问歪答，机智地回答乾隆的难题。不料乾隆突然又问：

"他为什么对你笑？"

纪晓岚答道："佛笑臣成不了佛。"

语言的确是一门艺术，也是一门学问，可以使你的人生完全改观；可以使你魅力倍增。

解缙陪伴明太祖朱元璋在金水河钓鱼，不料一上午一无所获，朱元璋深感失望，即命解缙"以诗记之"。

这可是个风险极大的事。没钓到鱼乃是件地地道道的憾事，如果直录其事激怒皇上，岂不是脑袋不保？但既然皇上有令，如果不录，岂不是有意抗旨？不过这难不倒解缙，只见他稍加思索，便念出了一首漂亮的小诗："数尺纶丝入水中，金钩抛去永无踪，凡鱼不敢朝天子，万岁君王只钓龙。"明太祖听了开怀大笑。

请注意这首小诗，前两句的确是"遵旨而行"的实写，后两句则是巧妙的劝慰。钓不到鱼，那是因为皇上至尊至贵，"凡鱼"不敢上钩。于是就这么一"劝"，皇上乐开了花。

试想，如果解缙没有出色的想象力和应变力，不善于用语言将其准确迅速地表达出来，是不可能取得既直陈其事又劝慰皇上并且保全自己性命这样"一箭三雕"的效果的

看场合回话，有时候不仅可以化灾解难，还能起到缓和现场气氛，促进彼此感情的作用。

在引滦工地一支铁道兵部队的指挥所里，工作环境恶劣，劳动艰苦。一位记者与指挥所的领导共进午餐，他"不满"地提醒领导："你们指挥所的蚊子真多，把我的腿都咬烂了！"谁都明白，这时大家都在发扬不怕苦的精神，克服一切困难，说这

话不过是口头上发发牢骚而已。这时，如果领导者再一本正经地进行"艰苦奋斗"的说教，必定大倒胃口。

这位领导巧用置换，出口不凡："那我有什么办法？他们在我的地盘上，却不在我的编制里！"一句话引得食堂里的人哄然大笑起来。

这句谐趣的语言充满了乐观主义精神，利用了另一个场合的词汇"编制"，借用人事部正式场合谈工作的语言，而使之艺术化。同时也正是因为这句妙趣横生的回话，使得现场本来有些压抑的气氛，一下子活跃起来。

应付恶意侵犯的回话技巧

生活中，你可能会遇到一些人，对你恶意冒犯、存心挑衅。在这个时候，如果只是一味地针锋相对并不是最理想的解决办法，你要视情况的不同采取多种说话的技巧，以避免事态的恶性发展。

当别人对你"揭短"时

每个人都或多或少有自己的秘密所在，难免被一些心怀恶意的人揭短。这时，你要采取一定回话技巧，来应付这种恶意为难的时刻。

首先，你要做到安之若素，不要羞怯万分，也不要狼狈不堪。要保持泰然自若的风度，暂时把别人"揭短"的事搁在一边，用言谈举止表示对于对方"揭短"行径的轻蔑态度。比如，与别人说笑，或以冷漠的举止和眼光表示自己的厌恶。

其次，你千万不要以牙还牙。有人被别人揭短后，就马上还以颜色，如法炮制地揭起对方的短来，结果变成了互相揭短，以致丢人现眼，还给旁人留下了心胸狭隘的印象。

最后，你要以君子之心度小人之腹。尽量不要怀疑他人别有用心。因为在社交中，有时候你所感觉的恶意冒犯，也许是对方脱口而出或即兴联想的玩笑，没想到会碰巧击中你的痛处。即使对方真的是居心叵测，你用君子的待人之道对待他，他也就没有发挥的余地了。

总之，别人对你揭短时，你千万不要大发雷霆、反言相讥。你可以一笑置之，可以坦诚相待，这样那些恶意揭短的人也就没有了借题发挥的机会。

当别人当众羞辱你时

被别人羞辱是一件令人恼火的事情，他意味着尊严受到侵犯，感情受到损伤。面对突如其来的羞辱，最重要的一点就是注意避免发火动怒。尽管羞辱人的语言是恶毒的、残酷的，但你不可以被他的一句羞辱而气愤得失去理智。应付这种无聊羞辱的基本对策是保持冷静镇定，这样你才能稳操胜券。

曾经有一位不速之客突然闯入洛克菲勒的办公室，大声咆哮道："洛克菲勒，你真是个混蛋！我恨你！"接着那位客人肆意谩骂他达几分钟之久。

办公室里的所有职员都感到无比气愤，以为洛克菲勒一定会拾起墨水瓶向这个无礼的人掷去，或是吩咐保安将他赶出去。然而，出乎意料的是，洛克菲勒并没有这样做。他停下手中的工作，和善地注视着这位攻击者。那人愈暴躁，他就显得越和善。

那个无理之徒被弄得莫名其妙，渐渐地平息下来。因为一个人发怒时，却遭不到反击，是坚持不了多久的。本来这个不速之客是准备好了来此与洛克菲勒争吵的，并想好了洛克菲勒要怎样回击他，他再用想好的话去反驳。然而，洛克菲勒就是不开口，所以他也不知道该怎么办了。

最后，他又在洛克菲勒的桌子上敲了几下，仍然得不到回应，只好索然无味地离开了。而洛克菲勒呢？就像根本没发生任何事情一样，重新拿起笔，继续进行他的工作了。不理睬他人对自己的无礼攻击，便是给他的最严厉的迎头痛击。

应付羞辱也要视具体对象和情况区别对待。假如是上司当着你同事的面训斥你，这时，你就应该冷静地回应他说："我们待会儿再谈这个问题，好吗？"同样，如果羞辱来自你的同事，你也千万不要报以刻薄的挖苦或讽刺，而应向对方说明，你觉得感情受到了伤害，明确地告诉对方今后不要这样做了，否则，你就难以再信赖他了。

如果有人故意出你的丑，让你难堪，你完全可以打破僵局，使这种窘迫的场面马上结束。你可以回答说："你似乎有些心烦意乱，我是否有什么地方惹你不高兴了？你能告诉我吗？"这样一来，对方也就哑口无言了。

当你遇到并不过分的讥笑时

坎普是美国早期的政界名人，当他首次在众议院发表演说时，因为刚从伊利诺伊州赶来，衣着打扮未免有些土里土气。

现场听众中有一个言辞犀利、善于讥讽的议员，在他演说中途，插嘴说道："这位从伊利刚来的新客人，衣袋里一定还藏着满满的燕麦呢？"这句话说得在场的听众全都大笑起来。假如换了别人，一定会感到万分难堪，甚至还会恼羞成怒。但坎普先生怎么回应呢？

他深知那位议员对他的讽刺嘲笑并不过分，因为自己确实显得很土，所以他很坦白地回答说："没错，我不但衣袋里装满了燕麦，并且头脑里还藏着许多种子哩！我们住在西部乡间的人，多半是土头土脑的。不过我们所藏的燕麦和种子，又常常能够长出很好的幼苗来。"

这短短的几句锐利的驳斥，使坎普的大名轰动了全美国，有人给他起了个外号，叫作"伊利诺伊州的种子议员"。

面对别人的怒火时

当一个人无法达到自己的目的时，也许会大吵大叫，或者用威胁与责备的方式来达到自己的目的。你如何处理这种情况呢？一般的做法是，你可以回击他们对你的描述，比如说："你说我不帮你？你怎么能这么说？那一次……"

另一种做法是，当他们面对你发泄怒火时，你要先弄懂他们的想法。你可以回答说："请告诉我是怎么回事？我做了什么了？告诉我，我怎么做才能让你感觉好些？"你还要努力争取他们的同意，希望他们不要因你而烦恼。你可以回答说："如果我让你感到不高兴，我可以改……"

总之，在面对别人的怒火时，试着解释说明，以和缓的态度进行劝服，才会起到作用。

第二章
职场的回话艺术

　　职场人每天要面临的一个工作就是回答问题。这些问题可能来自上司、同事，也可能是下属、客户。回话是职场中感情沟通的重要环节，一个失败的问答不但会让你魅力减分，甚至还会带来工作的损失。因此，提高职场回话能力，是关乎职场人士的前途和命运的大事，万万不可掉以轻心。

职场中面试的回答技巧

在进行职场的面试之时，往往会遇到各种各样的问题，而如何面对这些问题，回答这些问题，则必须要学会看人说话，懂话回话。以下就是求职需要特别注意的几点：

普通问题

所谓普通问题，是指在一般求职面试场上往往问得较为频繁，回答者只需根据自己的特点给予回答即可的问题。这类型问题是相对于那些让求职者觉得为难的问题而言的，虽然说他们普通，但也得讲究技巧，才会使你的回答更突出，给面试官更加深刻的印象。

（1）直言相告法：这种技巧，一般运用在实问实答、内容弹性很小的问题上，有如：专业方面、家庭背景、学历、业余爱好等等。直言是指说话直截了当，把自己与问题有关的事实坦率而明确地告诉面试官。

请看这样一段面试对答："大学时，你学的是什么专业？"

"我学的是计算机专业。这是一个新的、具有很大发展前景的专业，我对他非常感兴趣。"

这段答话可谓非常坦率，求职者把他的学业情况及自己的看法如实地告诉了面试官。由此，面试官可根据这一信息了解求职者的专业方向。

（2）实例证明法：在回答问题时，往往不能笼统的敷衍了事，一般不用概述的方式，最好能用具体的事实例子来说明自己的观点。这个"具体"有两个要求：一是从个人本身所具有的相应的内涵出发，切不可弄虚作假；二是详细地用例子去说服别人。

问：你在大学时有没有进行过勤工俭学活动？

答：有。在大学时，我在课余期间参加过不少勤工俭学方活动，如在××广告公司做兼职员工，当过家庭教师，其中，当家教的时间为最长。我的专业是美术。我辅导了五个中学生，他们都考上了不同等次的艺术院校，另外在广告公司做兼职，也巩固了我的专业。通过勤工俭学，一方面减轻了家庭的经济负担，更重要的是巩固了专业，积累了不少的工作经验。

众多招聘单位都希望求职者有一定的工作经验。这个问题，实质上是面试官想从你的回答中了解你是否有一定的工作经验。假如对答时只是简单地回答"有"或"无"，就无法达到面试官本来的目的，无法给人满意的回答。"有"就答出具体例子，"无"也应说出相应的原因。如上一段回答，就包含了两个方面：一是求职者读书期间所从事过的实践活动；二是求职者本人对此项活动的体会。因此，这段对话可给面试官一个满意的答案。

（3）个性显示法：个性显示法，主要是靠坦率的语言。在面试场上，由于求职者的戒备心，使大多数人吞吞吐吐，不敢将心中的真实情感流露出来。这个"个性显示法"在某种场合时，可缩短求职者与面试官相互之间的距离。

"坦率"对于一些求职者可能是一个较高的要求，但应注意，这里所要求显示个性的坦率，并非无话不说，那些有伤大雅、会破坏自己的形象、有损招聘单位利益的话就无须"坦率"了。

如对环境的认识，舒缓心理的紧张，对某种事物的恰当评价等就可用此法，如："老实说，我很想得到这份工作"，"说实在的，现在我是很紧张的"，"坦率地说，××科是我众多科目中成绩最不佳的一科，主要是因为太乏味，我花了很多时间都提不起兴趣"这些都是坦率的语言。

面试中棘手问题

在求职面试过程中，最令求职者感到困难的是一些难题和怪题，这类问题一般从以下几个方面提出：

一是与求职者有关的：你的优缺点是什么？你有没有自信心？你有没有工作经验？你的学业情况如何？你的求职动机、工作意向是什么？等等。二是与工作单位有关的：你如何看待本本公司？你将对本公司有什么贡献？如何看待×××部门这一职位？你要求的待遇是多少？如果公司的公事与你的私事有所冲突，你将如何处理。

这些困难要求求职者在回答时要注意技巧和方法，主要有：

（1）巧转话题，化弊为利：在求职过程中，当面试官向求职者提出一些问题而又不能不回答，但直说或说出后将对自己不利时，就应该换个角度，巧换话题或巧换答案。面试官一般不会问求职者一些"刁"的问题，但有些提问也会使你难于开口，以此来测试你的应变能力。以下这个例子可为一些面试者提供借鉴：

例如，当被问到这么一个问题："你最大的缺点是什么？"你会怎样回答？这对一般人来说，是个普遍存在但又不便回答的问题，所以，接触到这类问题时，求职者应避实就虚，不必把自己的缺点和盘托出，因为出这一难题的面试官，他的本意大多不是想看求职者是否诚实，只是想借此考考求职者的应变能力。

所以，对于这一类问题，求职者无须坦诚地揭露自己真正或想象中的失败，相反，只要简单地说出自己的缺点便可。技巧较高的人，他更懂得利用这一点来表现自己，巧转话题，化缺点为优点。如有些人是这样回答的："我宿舍的同学老是抱怨我工作得太晚才回宿舍"；"我这个人总是很心急，一有事就搁不下。"这两种回答，其实是求职者懂得抓住这种机会，化不足为长处，从另一个角度看，这两种回答恰恰表现了求职者另一方面的优点。

（2）虚实并用，以实补虚：在面试场上，面试官所问的问题，往往是虚发，一方面他想了解你的理解能力，另一方面，因为这些是些难度较大的问题，为了不让求职者难堪，他常会虚问问题，而在心目中却希望求职者以实来回答。

例如：问：你认为你对我们会有什么价值呢？对于这一

道题，回答者可以从以下这几个方面作实在的回答：一是求职者凭自己所具有的知识、技能能做些什么工作；二是求职者凭自己所具有的经验能为公司做些什么。

如下面的回答：大学时，我主修的是计算机，成绩优秀，实际操作能力强，我不但有理论知识，还有实际经验，读书期间，我参加勤工俭学活动，在××公司做过兼职公关人员，在××公司做过推销员，还为学校拉过广告，已有一定经验和一些熟悉的客户，所以，我觉得，自己若有幸能来贵公司，不但可为贵公司从事技术工作，还可以推销产品，产销双结合。

回答者用了实在的内容作答，比较好。假如是以虚对虚，那只能给面试官留下遗憾，无法真正了解求职者。

（3）另辟蹊径，曲言婉答：对考试官提的有些问题，如果用确确切切的语言回答，只能使自己走上死胡同，又使对方难以接受，所以，在某个时候，就得另辟蹊径，避开正面话题，由远及近，由彼及此，最后才回到问题上去。

请看这样一例：

问：我们招聘的人，要有两年以上的工作经验。

答：对于贵公司这种录用人的条件，我是很理解的。富有经验的人工作上手得快些，但是，有经验的人可能在其从事的工作中养成一些不易改的坏习惯，而产生一些不良的后果。我作为一名新手，可塑性强，适应能力较强，随时准备按贵公司的需要去塑造自己，以更适应工作。至于工作经验，我也不是没有，大学时，我在不影响学习的基础上，进行勤工俭学，从中获得了不少经验及技艺，虽然这些不是在专职工作中得来，但毕竟也是一种经验的积累。

很多公司在招聘时提及这些条件，一般都是可硬可软的，并非一成不变的。假如求职者被这一条件所吓倒，退避开来，也就面临着求职的失败。面对这种问题，要知难而进，不要反唇相讥，或者无言以对，或者一怒之下拂袖而去，应沉着想办法应付，从另一个途径上去说服面试官。以上这份作答，就显得很巧妙，求职者不但能说明"有经验的不一定好"，而且能进一步介绍自己的情况可让面试官从原问题退出，进入到求职者的设计中去。

面试中对答口才十忌

中国有句谚语："祸从口出，故君子慎言之"。日本有句谚语："说话多，品格低"。而西方的谚语则是："沉默是金，雄辩为银"。以上几句谚语，都在告诫人勿多言。

然而，随着时代的变迁，在社交上，语言的应用更为重要。因此，在我们的日常生活中，利用说话的机会也越来越多。而语言的应用，除了警惕自己不可信口开河之外，也要鼓励多用。如果能充分应用在面试，相信必定有相当的收益。现在介绍说话时应注意事项：

（1）不可乱用语气词：通俗语、比喻或警句，若使用不当，往往会伤及对方的情感；而其中有些庸俗、卑鄙的话语，如果说出来则有损自己的人格。

也不要随便乱用无意义的感叹词。如："阿……""噢……""嘿……""哇……"等，一般人对如此说话的人都不会有好印象。形容词也须谨慎使用，最好使用常用而高尚的形容词，过于深奥，也往往令听者摸不着头绪。

此外，最好避免经常使用如"最高""最大"等的形容词，因为乱用的结果，"最高"变成不是"最高"，而"最大"也变成不是"最大"了。因而改变了这些形容词原来的意义。

（2）不可乱用专门术语：专门性术语应根据对象使用，须知有时则完全不适宜使用。譬如：除非谈生意不要用商业术语；对不懂音乐的人，不要谈音乐术语；对不懂运动的人，避免说运动的专用名词，否则会让对方感觉是在侮辱自己。总之，对话最重要的是把自己的意思充分表达出来，让对方了解，而不是卖弄，这点务必注意。

（3）不可做作与无礼：客套话除了对长辈以外，同辈之间要注意适当地使用才符合礼貌。且应自然而顺畅地使用，切忌做作，否则反而无礼，甚至有阿谀、谄媚之嫌。

还有一点要注意的是，除非必要，否则应避免掺杂英语等外国语，尤其当对方并不懂外语时，更不该如此。不然，对方会产生被捉弄的感觉，而且也是非常不礼貌的行为。

（4）不要夸夸其谈：不要把客套话和奉承话混为一谈，把应该说的与不应该说的混淆起来。其实，这些都是程度上的差别问题。因为喜欢说奉承话的人，往往就是爱说人闲话的人。所以，面试时说奉承话，难免会被看成轻薄的人。

不管你有多少话题，口才多好，如果完全不顾对方而兀自滔滔不绝的饶舌，是最要不得的，应该力求避免。交谈时最重要的是双方意见的交换与沟通，如此，才不失交谈的目的与意义。不要把面试视为舞台上演出的机会，也不要自顾自地口若悬河。话太多会被认为没修养；相反的，话太少也不见得就是好，但饶舌却是绝对应该避免的。

（5）不要长篇大论：有些人好发议论，无论事情大小，他都要把前因、后果啰啰嗦嗦议论一番。这种人往往为议论而议论，多数无法在社会上与人共处。大凡一个头脑清醒、又有思想的人不会胡乱发表评论。

因为，一个有信心的人，也无须通过议论来证明自己的知识渊博。有信心者，对自己本来就有强烈的自信心，旁人一眼就可看得出来；相反地，即使你的口才再好，话说得再有条理，如果很肤浅，很快就会露出马脚，被人所识破。所以，凡事喜欢议论的人，在面试时要特别注意这点。

（6）切忌自我吹嘘：人往往会自我陶醉，当此种情形不表露于外时，可成为自信心，也是成功的原动力。如果说出来，就成为说大话了。信心一旦变成了自我陶醉的大话，就会惹人嫌。

有些人在交谈时喜欢把自己所知的一切傲慢地加以吹嘘，如果面试人员较其懂得更多时，反而会贻笑大方了。自我陶醉者，实足为人所厌恶。总之，不知而假装知，甚至喜欢吹嘘，只有自取失败。

（7）不要恶语伤人：有常识的人参加面试应该知道，与面试人员谈话，应找出合适的话题，同时就此话题做正当的交谈即可。但，人有时难免会说出不该说的话，以致伤害对方的感情。

如果说话另有目的，那是另当别论；如果说出对己无利，且会伤及对方感情的言语，则是十分不智之举。所以，此点必须十分注意，要尽量把话说得得体，以博得面试人员的好印象。有人说："重视对方感情者，亦为对方所喜爱"。从这句话可知，尊重面试官员的感情是很重要的。

（8）忌讽刺挖苦：除非双方关系非常亲密，否则，面试时最好避免以讥讽或嘲笑的口吻说话。也许你觉得用讽刺性的话语，可使谈话的气氛更为轻松活跃，但讽刺性的话语，往往会带来反效果或伤及对方感情。你必须懂得，讽刺的最后结果，往往只有使自己吃亏。

（9）忌奉承过多：虽然多数人不会因听了奉承话而不高兴，但奉承得过分，就变得肉麻，令人生厌。所以，除了礼貌上和客套话外，对会损及对方感情的、不受欢迎的奉承话语最好避免使用。

（10）忌中途打岔：交谈中最忌讳对方的话未说完，就中途打岔。除非你确实有此必要，否则应加以避免。应该冷静地等待对方话告一段落，然后才平静地把自己的要点予以表明。此时，绝对不能为了想要对方的回答，而有不客气的态度，必须尽量让对方保持对你的良好印象。

如何回复上司的话

当你进入职场之时，第一件事就是面试，而面试时最好不要谈来公司"学东西"，因为这是空话，也的确会让人觉得你是急不可耐地在寻找"学习"的机会。老板乐得拿你当廉价劳动力使——反正你年轻，又没家累，还想"学东西"，那就由得你多"学"好了！

一位张先生说："现在我最后悔的，就是在面试的时候对老板讲了那句蠢话：希望公司多给我机会，我很年轻，想多学东西……"

张先生进了公司，才发现工作量之大，不是常人能忍受的！前任也是实在撑不下去，才走的。

张先生每天最早到办公室，最晚一个走，常常忙得忘了吃午饭和晚饭，因为根本不觉得饿。最不爽的是，他发现自己忙，是因为工作分配不公平，自己每天累死累活，可同一个工作里，有两个同事上班却经常闲得发呆。

实在忍不住，张先生找了个机会跟老板要求调整工作量，谁知老板一句话把张先生噎住了："你不是来学东西的嘛？"

老板"居心"何在？可能老板觉得这么分配工作，的确是合理的。也许要连续走掉三四个员工，而且原因都惊人的一致，老板才会意识到是自己出了问题。就算当初张先生不说"来学习"，老板还是会把这么多工作压给他的。

张先生有多"蠢"？聪明的答法是：学会一进公司，就和老板谈："我想知道您对我的工作期望。"

这本是老板的职责，但很多老板没这个概念，那你就得帮他建立概念：一边听他讲工作要求，一边摸工作量。如果觉得太多，当场提出："这些要求，我能做到的，当然没问题；不能做到的，也不能骗您。我最大的担心，就是时间安排可能有问题……"如果工作范围有变化，也应该主动找老板，做这道"功课"。

事前不明就里，闷头接下，等事情做得七七八八了，再来叫苦连天，不要说老板，连同事脸色也不会好看："你做不了，早点提出来啊！公司里那么多人，又不是只有你会干活，还真当自己能者多劳啊？"

有一次，老板问卢先生有没有同学想跳槽过来，"要业务强点的，又在现单位待得不大好的……"

卢先生没多想，就老实说："真的很强的，倒是有一两个。但是人家现在一个月薪水一万多，怎么肯过来？"

老板看了卢先生一眼，挥挥手："那么就算了，你出去吧！"

如果老板的确是真想招人，你就得一本正经和他谈：什么职位，什么要求，职位描述怎么样，对业绩期望如何……问得越细，老板越会心花怒放："这人考虑周全，简直不亚于我嘛！"末了再问一句："老板你急不急？急的话我明天就答复你，不急的话，再等个两三天……"

过两天，再去找他："老板，我给同学打了一圈电话，没说是我们公司要招人，有两个有点兴趣。"然后把情况一五一十告诉他，如果老板问起薪水，就直说："一个月薪八千，一个是六千，不过要加销售提成……老板你有兴趣没有，有的话就让他们发简历过来？"只需讲出事实，不要加任何评论。

张小姐自打毕业工作后，加班是家常便饭。大学读的是新闻系，同学散在媒体里，他们不用朝九晚五，小日子自是比张小姐滋润。

那天和老板一起吃饭，他像是不经意地问张小姐："你那些同学，上班是不是都很清闲的？"张小姐脱口而出："对的对的，他们都很清闲的，我一个在《××晚报》的同学，一星期只要上两天班！"

老板脸色微微一变，甩了句让张小姐立即有点胃痛的话："哦，那么看来公司把你'掐'死了嘛！"

老板"居心"何在？其实他是"点"了张小姐一下。平时扯扯各自的老板、薪水、工作量，没关系，但既然选择了这个行业，就得意识到，大家走的路不一样了，不要得陇望蜀。

张小姐有多"蠢"？这个回答还算坦率，老板就算一时觉得不爽讽刺一下，也不会往心里去。如果一本正经说"虽然我比他们忙，但是很充实"，显得虚伪也就罢了，你说他会信吗？

聪明的回答方法是：很简短地说，"对的，他们近段时间比较闲"，结束。

老板问什么，就答什么，别自作聪明地邀功："啊呀，我比他们忙多了……"你忙不忙，老板会不知道？

有许多上司都喜欢讲些让下属摸不清真意的话语。这类上司的话总是话中有话，做下属的如果不仔细揣摩就很难了解上司的真实意图，这无疑会阻碍上下级之间的沟通和交流，令下属更难讨得上司的欣赏和认可。

这些话中有话的上司的确很难令下属与之相处，他们常常会令下属摸不着头脑，不知所措。话中有话的上司对下属的行为有时点头认可，不见得是真正的认可，有时上司说"不"，也可能含有好几种意思。

由此，如果仅仅按照表面的意思去解释这种上司所讲的话，就可能无法体会到他的真意。一般来讲，人的话语中都含有字面意思之外的暗示。随时间、地点和说话者身份的不同，同样的话会有不同的隐喻。而这种话中有话的上司尤其令人难解其话中的真正含义。

比如，话中有话的上司说："好冷啊！"

这句话不见得只是为了告诉你天气的状况，也许还有"一起去喝一杯如何"的意思或是请你"打开空调"的意思。

如果这时候下属说："根据天气预报，明天天气晴，气温会升高。"这样就没有什么意思了，上司会感到很扫兴，本来想去喝一杯的兴致就没有了。这样一来做下属的就失去了一次与上司友好交流的机会，同时，还会给上司留下"不解人情世故"的印象。

因此，与这种上司相处的时候，下属一定要明了上司话中的含义，也就是要抓住他的真意。如果下属就某件事需要请上司出面，上司听你说完后，说："我不必去了吧。"

这时候，你是说一句"哦，是这样，我知道了"，而退下去呢？还是再做一下劝说工作，要他答应到时去呢？这就要看你对上司这句"我不必去了吧"的话的真实含义是如何理解的了。

从这句话中可以听出，如果他真的不想去，他一般会断然地说"我不去"。可他却在这句话中用了"不必"和语气词"吧"，明显地含有半推半就的意味，这就要你再说服一下，以显出他身份的尊贵和达到他本来并不想去而是下属非要他去不可的效果。

除了听上司说话的语气之外，判断他每句话的真意还可看他说话时的表情。如果上司在说这句话时表现出一种不耐烦的神情，或心不在焉的样子，一般就表明他确实不愿意去。如果上司在说这句话时面带笑容或意味深长在看着你，说明"不去"并不是他这句话的真意。

话中有话的上司常常说些似是而非、模棱两可的话，这些话会令下属大伤脑筋。要想了解这种上司每句话的真正含义的确令下属很为难，但是要想与他们更好地相处，就必须认真领会其话中的含义。

要知道如何回上司的话，首先要学会了解上司说话的真正含义。你的上司也许经常说"我没有听说过"这句话，对于类似的话语，你一定要从中了解其中的真实含义。

一般情况下，上司说这种话的时候，可能是想逃避某些责任。上司尽管实际上听说过某件事，也会常常使用这句话假装不知道。

但是，这时候上司一定显出生硬的动作，如说话时语气升高或目光闪烁不定等等。如果你了解到他爱用这句话逃避责任的话，你下次找他汇报工作时，就换种方法，拿出笔记本对他说："最近，我记性不大好，让我将你的指示记下来好吗？"

最好真正记下来，这种类型的上司很敏感，一看就马上明白，至少以后他就不会在你的面前用这句话逃避责任了。

有时候话中有话的上司说这句话并非为了逃避责任，而是另有他意。下属应该注意到上司说话时的情绪，做下属的在听到这样的话时，尤其应该要注意的是，上司说"我没有听说过呀"的话里，是否含有什么不满的情绪。

或许你就某件事情已事先给上司说过，但实际上你并没有说清楚，过了两天，上司就这件事情问你，你回答说："那天，我给你说过。"

上司由于并没有听清楚你说的事情的原委，因此，他只能回答说："好像是说过，不过已记不太清楚。"

对这种情况，就不能认为是上司"狡猾""在逃避"。认为自己讲的话对方就一定会听明白，这种想法未免太草率。在下述三种情况里，每个人对其他事情都会心不在焉，也听不进其他的话：一是太忙而没有充分的时间；二是在担心其他事情；三是疲劳。

在许多情况下，上司可能是对你的话没有任何记忆而不是有意在逃避。你如果不明了这一点，而一味坚持"我说过的"，性急的上司便会大声吼叫："我没有听过。"老成一点的上司则会说："有吗？"神色里露出不悦。

在这种情况下，你如果不赶快转变态度，坦率地道歉说："对不起，是我当时没有说清楚。"也许，你就会在上司心里留下不好的印象。

"我没听说过"是这种上司经常说的一句话。作为下属，你应该根据当时的情境来选择恰当的方法加以应对，千万不要在没弄清上司说这句话的真意时就胡乱说话应对。

上司也有说错话的时候，因为上司毕竟不是神。当上司说错话的时候，你该怎么办？当然没有一个一成不变的处理模式。至于怎样应对才好，要看上司的脾气秉性、说错话的场合、说的错话可能造成的影响等多方面的因素来决定你该采取的方法，在考虑应对方法的时候，你在公司里的地位及与上司的关系也是你应该考虑的因素。

有些上司很有能力，所以对于一时的失误，往往不愿接受别人的反驳。尽管如此，如果职员能够把握好时机，巧妙地进谏，他还是乐于接受并改正的。

下属对这样的上司进谏时，必须注意方法。首先在态度上要尊重上司；其次对你自己的意见，要说明得有理有据，并且要强调是你"个人的"意见，尤其值得注意的是，要能及时收场。因为自尊心强的上司，你越和他争论，他就越不肯认错，尽管有时他明知自己错了，也不肯认输。既然你的意见是正确的，上司也不会不明白，你又何必非得让他把自己的先否定了，再接受你的意见呢？

心理学研究表明，人们心境不同，对否定性意见的接受程度也不同。对上司进行劝说不能不考虑这一因素。

要善于选择他们心境最佳的时机，比如，他们遇到高兴事，心情愉快时；一项工作完满结束时；取得成绩，受到表扬时……此刻，上司易于听取不同意见，哪怕较尖锐的意见，他们也易于笑纳。相反，当他们心情郁闷、工作繁忙、情绪急躁时，最好不要进言。

此外，上司如果说错了话，不管在什么场合，只要这些错话不影响你的利益以及你所负责的工作，你都可以采取装糊涂的方法。

这种方法可以让你避免一些是非，也避免让上司处于尴尬和困窘的境遇。你也可以装作听见了，但感到一头雾水那样不明原因，做出疑问的表情来，要求再解释清楚一点儿了，这其实是给上司一个梯子下或提一个醒。

如果你正在和顾客谈一笔至关重要的生意，你的上司却在中间插了几句不该说的话，而这些话可能影响生意的成功，你该怎么应对呢？

这可能是你在工作中遇到的一道棘手的难题，一方面上司决定着你在公司的职位升降和收入高低，而生意的成功与否又直接影响着你的工作业绩和收益高低，所以你必须权衡利弊，决定应对策略。

这时可以让你掂酌的选择有：

一是立刻插话说明，借着解释进行必要的纠正；二是提醒老板，让上司自己纠正自己的错话；三是给上司写条子、使眼色、做手势，暗示老板纠正；四是不打断上司的话，事后自己在解释中再做申明和补救；五是事后提醒上司，当然让他决定怎么去处理。

最不应该做的事当然是当众让上司丢面子或事后对同事谈论上司的错误，用嘲弄的口吻让流言四散传播，并用贬损上司的话来证明自己的聪明。这种传言总会传到上司那里，对你的声誉和前途造成危害。

职场上的人际关系相对来说是比较复杂的，身为下属，在上级面前说话更应该有分寸，什么话该说，什么话不该说，都要做到心中有数。

在越来越强调"团队合作精神"的今天，"具有良好的沟通技巧"已成为许多企业在招聘、考核员工时十分看重的条件。在公司这个纵向结构的小社会里，选择恰当的沟通表达方式，学习如何与不同身份的同事相处，将使你赢得尊重、信任，在职场中从容行走。

小乔记得自己刚做记者那会儿，非常喜欢看一些小资的文章和书，也因此特别向往有自己的私人空间。上班的第一个月，他感觉过得还不错，基本上不用加班，觉得很快乐。

但到了第二个月，报社来了很多新闻素材，领导经常叫小乔去现场采访。一开始小乔还觉得很新鲜，后来就感到疲惫了。在连加了三天班后的一天，他正准备下班回家，领导进来了："小乔，你先别走，公司有一个非常重要的客户来了，你帮忙招待一下。"

当时小乔还很年轻，根本没想到公司的重要客户由他接待其实是器重他的举动。当时，他感到疲惫和委屈，所以就没好气地说："凭什么叫我接待呀？我已经下班了，当时招聘我来的时候，你们也没有说过要干这么多事啊！"

这时，旁边的一位同事赶紧对领导说："我去接待吧，小乔可能有事。"

那天走在回家的路上，小乔的心里一点都不好受，隐约感觉自己说错话了，但还在为自己解释：我已经加了三天班，很疲惫了，领导应该知道呀！两个月后，那位替小乔招待客人的同事升为主管，这时，他才醒悟：原来大好机会已经被自己错过了！

有时候，领导多给你安排一些工作任务，也许真实的意图是要考验你，或是从心底里希望与你走得更近些，也可能是领导觉得你更好说话一些，但无论如何，这对你来说都是一个很好的机会，如何去把握就要看你的行动了。

小孙是一名文秘。有一天她正在写一个报表，领导叫她："小孙，昨天下午说过的那个报表今天一定要交给我。"

正在写着报表的小孙被领导这么一叫，工作节奏和思路一下子被打乱了，于是她没好气地说："知道了，你没看见我正在写吗？"

领导没有说话，但出去时把门摔得很重。后来，同事问小孙这是怎么回事，她委屈地说："我正在写报表呢，他叫我把报表给他，又不是看不见，这不是故意习难我吗？"

同事提醒她说："毕竟他是你的领导，你这样说话也太让领导下不来台了啊！"

小孙哑口无言。

对于领导的问话，一定要有问必答，最好是问一句多答几句，这样能让领导清楚你在做什么，你手头上事情的进展程度，从而使领导感觉到你是一个有谱的人。

身为下属，切勿以为自己的领导很随和，更不要以为你的领导几乎和你的年龄相当，就可以在和他说话时无所顾忌，不分职位高低。

其实，即使性格再随和、年龄再小的领导，都会有一种强烈的自我意识：我是领导。所以你要在言语中表达出这种职位的高低之分。在和领导说话的时候，认清双方的角色是非常重要的，让领导产生你像是领导或领导不如你的感觉，你的日子可能就不好过了。

职场中，面对上司，免不了决绝的语言，而拒绝上司也是有技巧的。首先拒绝上司是不能来硬的。

"小杨，请你今晚把这一个讲稿抄一遍。"经理指着厚厚一叠至少有三四十页稿纸对秘书小杨说。

小杨听此，面对讲稿，面露难色，说："这么多，抄得完吗？"

"抄不完吗？那请你另觅轻松的去处吧！"也许经理正在气头上，于是小杨被"炒了鱿鱼"。

小杨的被"炒"实在令人惋惜。然而，这是可以想见的，像她这样生硬直接地拒绝上司的要求给上司的感觉是她在对抗，不服从指示，扫了上司的威信，如果遇到大度随和的上司，或许还能一笑而过，但是遇到一些性格强硬脾气不好的上司，被"炒"也就难免了。

其实，她可以处理得更灵活些。不妨这样，立即搬过那一堆稿子埋头就抄起来，过一两个小时后，把抄好了的稿子交给经理，再委婉地表示自己的困难，那么经理肯定会很满足于自己说话的威力，并意识到自己要求的不合理之处，而延长时限。小杨就不至于被解雇。

在工作中我们也常会碰到一些来自上司的要求，如果你确实力不能及而不得不表示拒绝时，千万不要马上表示不可接受，而先谢谢他对你的信任和看重，并表示很乐意为他效劳，再含蓄地说明自己爱莫能助的困难。这样，彼此都可以接受，不至于把事情弄得很不愉快。

天高气爽，你正想利用这段黄金时间给你陈旧的居室动一次大手术；工作之余，你正不分昼夜地撰写一篇论文。这时，你的上司却要你去远方出趟差，接受另一项工作任务，是拒绝呢，还是心不甘、情不愿地碍于情面勉强接应下来呢？

显然，勉强接应下来的结果就是敷衍，即使任务完成了，也不见得能让上司和自己满意。这时，你最好的选择是拒绝。如何拒绝才能不让自己难堪，又不失去上司的信任呢？

一是拒绝的理由一定要充足：首先设身处地，表明自己对这项工作的重视，表明自己愿意接受的心情；然后再表明自己的遗憾，具体说明自己为什么不能接受。如说："我有件紧急工作，必须在这两天赶出来。"充足的理由、诚恳的态度一定能取得上司的理解。

二是不可一味地拒绝：尽管你拒绝的理由冠冕堂皇，但是上司也许仍坚持非你不行。这时，你便不能一味地拒绝，否则，上司可能会以为你只是在推辞，从而怀疑你的工作干劲和能力，以至于失去对你的信任，在以后的工作中，有意无意地使你与机会失之交臂。

三是提出合理的接替方法：对上司所交代的事，你不能接受，又无法拒绝，这时，你可得仔细考虑，千万不可怒气冲天，拂袖而去。你可以与上司共商对策，或者说："既然这样，那么过一天，等我手头的工作告一段落，就开始做，你看怎么样。"

你也可以向上司推荐一位能力相当的人，同时表示自己一定会去给他出点子，提建议。这样，你一定能进一步地赢得上司的理解和信任，也会为你以后的工作铺开一条平坦的大道，因为上司也是和你一样的普普通通、有血有肉、有感情，也当过职员的人。

在职场中不仅要学会如何拒绝上司，还要学会当上司无故指责时如何寻机辩护。

脾气太大的上司天生脾气暴躁，他的情绪很容易失去控制。这些上司经常会为了一点芝麻大的小事就对下属大发脾气，有时根本就不是下属的错误，他也会不分青红皂白地指责下属，甚至还会不分场合地公开地斥责下属。

如果出现了这种情况，作为这种上司的下属，你应当如何应对呢？你应当把握时机，积极辩护。一味盲从是懦弱无能的表现，辩护不等于逃避责任。

被上司批评或指责，虽然应该诚恳而虚心地听取，但并非说你一定要忍气吞声，不管他说得对不对都要一股脑儿接受，必要时应该勇于为自己辩护，并且要做积极的辩护。

你一定要记住，积极地辩护绝对不等于逃避责任。现实生活中的确有这样一些人，他们在面临麻烦的时候常用辩护来逃避责任。其实，这就走到另一个极端了。这种推卸责任的辩护，偶一为之无伤大雅，尚可原谅。倘若一犯再犯，肯定会失去别人对你的信任。

我们说的积极辩护并不是那种为了逃避责任而极力狡辩的，而是一种正当的自我保护行为，是应对脾气暴躁上司的一种有效方法。因为在实际工作中，有很多时候做错了事责任不会在下级，大部分却是由于上司或其他人的错误，这时就应大胆辩解了。不辩解，只能使上司对你的印象更加恶化，而丝毫不会考虑到他自己也有责任。

所以，同事之间尤其是下级与上级之间，由于地位不同而发生意见相左的情况时，不要害怕自我辩护会被认为是顶撞。应积极地说明理由，沉默不语只能使问题更加复杂而难以化解矛盾。

也许大多数与脾气太大的上司相处的人都产生过辩解的想法，可却苦于找不到合适的时机和应对的方法，不知道自己应该什么时候辩解，也不知道自己应该采取哪种方式加以辩解。

与脾气太大的上司相处的确很难，而想要向他解释事实的真相就更难了。向这种上司进行辩解的困难点在于双方都意气用事，头脑失去了冷静。所以过于紧张和自责，反而会使场面更僵。因此遇到这类棘手的对立状态时，更应该积极，明确责任。其要点大概有如下几个方面：

一是不要畏惧：对于那些脾气太大的上司，你千万不要心存畏惧。许多人都很害怕这种上司，看到这种火冒三丈的样子心里就直打哆嗦。其实，这根本就没有必要。大家都是同样的人，他脾气再大也不会活活吃了你。

作为一个下属，你完全不必害怕声色俱厉的上司，越是嚷得凶的上司，往往心越软。况且他只是脾气上来时才那样不可理喻，等到发完脾气之后就会变得心平气和了。

二是把握时机：对于一个下属来说，与脾气太大的上司相处一定要学会运用灵活变通的原则。如果上司错误地指责了你，那么你应当找一个最合适的时机加以积极的辩解，这对一个下属来说十分重要。

那么什么样的时机才算合适恰当呢？这要根据实际情况来看。不过，经调查研究表明，向脾气太大的上司辩解应该越早越好。辩解得越早，则越容易采取补救措施。否则，因为害怕上司的责骂而迟迟不说明，越拖越误事，上司会更生气。另外，你不要在上司火气正旺时着急辩解，否则只能是火上浇油，不但什么事也说不清楚，还会把事情弄得更加糟糕。

如果你的上司脾气很大，他不分青红皂白地当众斥责你，你就要及时约他私下谈一谈。可以对你的上司这样说：
"昨天，你因为我的工作出现了失误而在我的办公室当着我的下属斥责了我，未免有点过火，弄得我很难堪，连我的下属也很不好意思。要知道他们对我的尊重很重要，就像我应该尊重你一样。你当众批评我，会影响我的威信，也影响了我以后能力的发挥。这对你、对我、对咱们以后的工作都不利。我相信你还是希望我很好地发挥我的能力的。我希望，以后这一类的事到你的办公室去，或在咱们俩单独在一起时进行。那样效果会更好，因为我会心平气和地听着你的话。"

一般来说，这样的话你的上司是会接受的，也会进行冷静思考的。

假如，他并没有认真考虑你的意见，以后仍当着你的下属斥责你时，你就可以打断他的话。然后说："我们是不是去你的办公室谈一谈？"这样，他就会记起你以前同他的谈话。

如果你的上司经常小题大做，令你难堪，而对别的下属不会这样，你就要考虑在他面前重新树立一个更有利于你的形象。

与脾气太大的上司相处时，如果遇到上司的责难或误解，你理所当然地应该为自己的清白勇于答辩，积极辩解。不过，与平时讲话一样，应该讲究技巧、时机。只有选择恰当的答辩技巧，把握合适的时机，你才能够不冒犯上司，又能达到自己的目的。

三是简洁适当地道歉：脾气太大的上司怒火中烧之时往往希望下属能向自己认错，能够深刻地进行反省。许多下属都深谙这一规律，于是当上司训斥完自己的时候就马上向上司深刻反省一番，以求能获得上司的原谅。

向上司道歉的确是一个获得上司好感、消除上司怒火的重要方法，但是道歉也有一定的原则，绝对不是随意地进行。当你向上司道歉时，一定要简洁明了，恰到好处。千万不要悔恨不已，痛哭流涕，不成体统。越把自己说得无能，越会增加上司对你的不满。还是适当一点为好，但要说到本质上，说明自己对错误已经有了足够的认识。

另外，在你向上司道歉时不要再加上"但是……"等等话语。

千万不要说："虽然那样……但是……"这种道歉的话，让人听起来觉得你好像是在强词夺理，无理搅三分。道歉时，只要说："对不起！"不必再加上"但是……"如果面对的是性格坦率的上司，或许就可以化解彼此的矛盾。当然该说明的时候仍要有勇气据理力争，好让上司了解自己的立场。

四是站在对方立场讲话：当你向脾气太大的上司辩护时别忘了站在对方的立场上讲话。上级责备下级，当然是出于自己的立场。如果下级不了解这一点，一味认为自己受了冤枉，站在自己的立场上拼命替自己辩解，只能是越辩越使上司生气。应该把眼光放高一点，站在对方的立场上来解释这件事，则容易被接受。

要知道脾气太大的上司在发起脾气时是很难听进别人的解释的。所以，你要想让上司接受你的辩白，就要站在他的立场上讲话，千万不要只注重自己的感受。记住，当你向上司辩解时不管是何种情况，都不要加上"你居然这么说……

""你从来没有想想我的难处"等等话语。

任何人都有保护自己的本能，做错事或和旁人意见相左时，都会积极地说明经过、背景、原因等。但在上司看来，这种人顽固不化，只是找理由为自己辩护罢了。你只有站在上司的立场上理智地说明事实，才有可能得到上司的理解和认可。

应付下属的回话技巧

下属有怨气、发牢骚，往往情绪冲动，理智常常为感情所占有，此时较好的说服方法是采用冷处理的策略，这是一种缓兵之计，可以缓冲矛盾，赢得时间去了解真实情况，寻求解决问题的方法。

某局老职工张某在年终评比后找到该局杨局长发牢骚，他情绪激动地说："我们这些人只会老老实实凭良心干工作，不会表功。可是局里评先进也不能总是评那几个'荣誉专业户'，我们这些老职工难道就不先进了吗？"

杨局长给老张倒了一杯茶，说："老张，您的心情我完全理解。等我了解一下情况一定给您满意的答复。"

老张见杨局长这样说话，气消了一些，坐下来，心平气和地谈了他的看法，同时汇报了他一年来的工作情况。老张干的工作有一些确实是局领导不知道的。后来，杨局长通过调查了解证明属实，专门提交局领导会议研究，决定追加先进工作者。

发牢骚的下属看问题的立足点往往只在自身，缺乏全局观念，往往比较片面、偏激。对他们进行说服，应该运用两分法，剖析物的辩证关系，明辨是非，全面地看问题，帮助他们正确认识自己，正确对待别人，从而打开他们的心结。

某实验室一位管理员刘某，在专业技术人员年度考评中没有评为"优秀"，心里不服气，说找校长孙某发牢骚说："我一年来按时上班，风雨无阻，为教师准备实验从未出过差错。我管理的实验室一尘不染，实验用品陈列整齐，为什么我就不能被评为'优秀'？"

对此诘难，孙校长耐心地解释道："不错，您确实是一个尽职尽责的好同志，出勤好，履行实验员的岗位责也到位。按学校的规定，您可以得到满勤奖金和实验员的岗位津贴。但是，专业技术人员评优，不仅要看是否有建树。评上优秀的几位同志，在这方面都做得好。如果来年您在这方面再努一把力，我认为您还是很有希望的。"

孙校长的一番话，说得老刘心服口服，原因就在于孙校长很好地用了两分法。

请将不如激将。有时对发牢骚的下属，不妨运用激将法，有目的地用反话刺激对方，使对方从自我压抑中解脱出来，代之以上进心、荣誉感、奋发精神，从而达到新的心理平衡。

某局机关办公室秘书小王具有大专学历，得每当他看到那些学历不高的人发了财，心里就很不服气，一天，他向该局江局长发牢骚说："现在的社会，学历低、胆子大的人挣大钱，学历高、胆子小的人挣不了几个钱。"言下之意是埋怨经济待遇太低。

对此，江局长说："现在的社会讲究真才实学，学历高的人不一定能力强力强的人也不一定学历就高。人家有出息，不要不服气，有本事你给我露两手瞧瞧。咱们局下属有几家企业，正差有能力的厂长、经理，你敢不敢立军令状，下去把企业搞活，如果达到目标局里一定重奖你！"

这话对小王的触动很大，他想自己好歹是正规大学毕业的，难道真不如那些小学文化水平的人吗？与其整天窝在机关里无所事事，倒不如下去干他一番。于是，他真的要求下企业当了厂长，果然使企业扭亏为赢。

某些下属私欲极强，稍微不如愿便满腹牢骚，领导多次说服也难以奏效。对这种人，可以让他当众说出他到底怨在何处。这种"亮底牌"的办法，可以克制某些人的私欲。

某市建委助理小周总感到自己工作干得不少，可钱却没多拿，吃了亏，并且有职无权，说话不算数，因而常常发牢骚。有一次，他又当众发牢骚说："我人微言轻，只有虚名，而无实质内容，名义上是个干部，实际上什么事也管不了。"

正好程主任路过听到了，他反驳道 ："小周，你说你只有虚名，而无实质内容是什么？你说你只是名义上的干部，实际上什么事也管不了，请你说说，人是什么样的实际呢？"

小周自知理亏，无言以对，只好默默接受批评。在这里，程主任就用了逼对方亮底牌的办法，制止了小周不负责任乱发牢骚的错误行为。

由于人性的自私性的存在，有些人的抱怨难免会只是从个人的立场出发，一心想着自己的委屈和不满，对于这种人，领导者可以亮出底牌，让这种人自己说出他到底为什么抱怨，再根据他的抱怨进行具体的疏导。

当我们面对不同性格的谈话对象时，一定要具体分析，区别对待。比如对待傲气十足的人，如果他把面子看得很重而讲究分寸，你不妨从正面恭维入手，让他飘飘然，因为虚荣而顺从你的意图。这种类型的人只要你说他长很高，他便会跳起脚给你看。

不过，这里并不是要你做个凡事顺逆之人，做一个没有在"自我"的人，如果你真的如此，那你就成为别人的影子了。"顺着人心"只是方法，而不是目的，你如果能成熟地运用这个方法，别人就会在不知不觉之中受到你的影响，甚至接受你的意志。那么，如何顺着人心呢？

首先做领导的，也要学会倾听。很多人都有发表欲，如果他在社会上已有一些成就，更有不可抑制地发表欲，当他滔滔不绝的时候，你就做一个倾听者；一则你的倾听可让对方满足发表欲，他一满足，对你就不会有恶感；二则你可在倾听中了解他的个性和观念。然后，你要顺着他的谈话，发出"嗯，啊"的"赞同声"，还可以在恰当的时机提出一些问题让对方说明。如果你这样做了，你便能赢得对方的好感，甚至使对方更加相信你。

其次在聆听过程中，也不要随便发表看法，如果对方说的话你不能同意，你也不要提出辩驳，除非你们是好朋友。但如果你知他的交谈另有目的，则不宜和他辩论，因为有些事情并不能辩得明白，而且很可能越辩越气，最后不欢而散；如果你辩倒对方，那更有可能造成关系的中断！总之，要记住，辩论不是你的目的。

然后要学会去称赞对方。喜欢赞美是人类的天性，其实赞美也是一种爱抚。赞美什么呢？你可赞美他的观念、见解、才能、家庭……反正对方有可能引以为荣的事情都可以赞美，这种做法所费不多，效果却非常惊人，所以也有人把赞美称为灌迷汤！

最后要学会去引导下属，这是最重要的关键，如果你一番"顺着人心"的功夫另有目的，尤其需要"引导"这最后的步骤。也就是说，你要在对方已经满足时，才把你的意思显现出来，但显现的方式还是要顺着人心，不要让对方感到不快，例如你应该这么说"我很同意你的观点，不过……"或"你的立场我能了解，可是……"，先站在对方的立场，再提出自己的立场，这样就可以像大禹治水一般，把对方的意志引到你希望的地方去。

这样的方法可以用在平时与人相处，可以用在回答中说服别人，也可以用在带领下属，效果可说是事半功倍。脾气再大、城府再深、主观性再强的人也吃不消这一招。

而对待一些不积极的下属，如果采用强迫措施反而会激起他的抵触情绪，但是如果迁就他，以后的工作也就无法开展了。此时你不妨利用下属的自尊心，夸奖他，把他捧上天，使他获得一种自豪感或者满足他的虚荣心。然后他为了维护自己的形象，用他自己的心理进行自我逼迫，领导的工作自然就好开展了。

例如，有一件任务是其他任何下属都做不了的，只有一位下属可能做成此事。那么，做领导的就应该积极主动地走过去，对这位下属多加鼓励，奉承的回答几句也未尝不可。这恐怕比命令下属完成某项任务的效果会更好些，因为强迫命令的方法虽可让下属做某件事，但同时却可能强化他的逆反心理，使他阳奉阴违，这样一来，他做工作自然不会尽全力，甚至还会故意捣乱，这显然是领导所不愿看到的现象。

切记，领导不能为"拍马"而"拍马"，要"拍"有所值。"拍马"之后还不能让下属看出迹象。

领导这样做，会得到大多数下属的信任。他们甚至会以为领导礼贤下士，没有"官架子"。领导"拍"下属的"马屁"，往往不会有"拍马"的嫌疑，因为在一般人看来，领导是无须"拍"下属的"马屁"的。总之，做这类事情，对领导没有什么坏处，而只会有助于建立领导的威信。

你应该破除"等级观念"，下属的"马屁"该拍还得拍，可又不能频繁使用这一招。经常拍下属的"马屁"，会让人认为你没有能力，一味地依赖下属。久而久之，下属就会对你失去信心。而领导一旦失去了威信和下属对你的信任，也就做不长领导了。

领导"拍马"要"拍得"有分寸、不离谱，恰到好处，不能给下属肉麻的感觉。这可以从日常细节入手，如下属穿了一件新衣服，你第一次遇上他，可以摆出欣赏的神色，兴高采烈地赞扬："你真有眼光，这衣服太帅了！"

除了穿着打扮，请多注意下属的工作表现。某下属刚好成功地完成了某项任务，或者顺利出差回来，和你报告时，别忘了恭贺人家："你很不错，我知道你会做得很好！""旗开得胜，好好休息一下。还有更重要的事情等着你做呢！"

常言道："恭维不蚀本，舌头打个滚。"要笼络下属，奉承的回答是一件轻巧实用的武器，何乐而不为？

与同事回话的方式

在职场中，当对方因某些原因生气时，你如何解决这一问题，如何说服他呢？开口说服他不要生气之前，第一点考虑应该是：是谁惹他生气的呢？是自己还是别人。确定他是对你生气；还是对别人生气。

萧伯纳的剧本《武器与人》首次公演，观众纷纷要求萧伯纳上台接受他们的祝贺。

当萧伯纳刚刚走上前台，突然一个人向他大声喊道："滚回去，谁要看你的剧作，糟透了，收回去吧！"

观众都安静下来，屏息看着萧伯纳，只见萧

伯纳不仅没有生气，反而满面春风地向那人鞠了一躬，彬彬有礼地说："我的朋友，我完全同意你的意见，但遗憾的是，"他指了指剧场的其他观众，又说道："我们两个人反对这么多观众有什么用处呢？我们能禁止这剧本演出吗？"

观众席爆发出热烈的掌声和笑声，那个故意寻衅的人灰溜溜地走掉了。

碰到这种尴尬场面，因为大多数人站在你的一边，所以对极个别的挑衅丝毫用不着据理力争，因为那正是这部分人希望的，你可以表面上顺应着说，内里却讥讽他，他不能引你发怒，达不到目的，也就只好作罢。

在职场上，不可避免地会听到各种伤人的冷言冷语。这种尖酸刻薄的话，常令人感到难堪和不悦。说这类话的人的心态，或嫉妒，或蔑视，但目的都是要让你难以忍受，刺伤你的自尊，打击你。

"这个工作是你一个人完成的？不会吧，想不到你居然可以独立完成这个工作"。"你真是笨得可以，告诉你这份文件要这样做的。你脑子里装的是什么呢？"

如果你听到这样的冷言冷语就气上心头，并且激烈地反唇相讥，就正中了对方的下怀，他正好对你更加中伤诽谤，双方免不了一番唇枪舌剑，弄得两败俱伤。

其实，听到冷言冷语就火冒三丈，失去理智是极不明智的。这样不仅会让自己动了肝火，随了对方的意。还不能解决问题，反而伤了彼此的和气。要化解冷言冷语带来的伤害，有很多很好的方法，你大可不必唇枪舌剑干戈相向。因为对你冷言冷语的人通常是有某种目的。你不妨先分析他话中的用意，找出言外之意，再针对重点做出反击。

又或者你可以故作不解地回问对方"你这样说是什么意思，我不大理解。"或装傻说："你这个玩笑真有意思。"总之，你要忍耐，不要当面翻脸。如果有位同事总是对你冷嘲热讽的，你最好和他保持距离，不要惹他。偶尔听到一两句闲言闲语，你就装作没听见，千万不要动怒，否则你就会自讨没趣，惹火烧身。

尽管羞辱人的语言是恶毒的、残酷的，但是你不能因此失去理智，弄得自己方寸大乱。应对这样无聊的羞辱，最基本的对策就是要保持心态平衡，这样才能做到处变不惊，才能更好地制定对策进行回复反击。

不理睬他人对自己的无礼攻击，就是给他人最严厉的迎头痛击。你要想取得成功，就要当对方急不可耐时，依然故我，并保持自己的冷静与沉着。

在职场中生存，和同事说话一定要把握方寸，还要学会不该听的不听，不该回的话不回，不属实的不要瞎猜。尤其要注意不要道听途说，胡乱应答，该闭嘴时一定要闭嘴，免得祸从口出，就悔之晚矣了。

有这样一个故事：

在一个地处深山老林的寺庙里，只有两个和尚：一个长者，一位十多岁的小和尚。这个寺庙很偏僻，几乎就没有人来烧香拜佛。一天，小和尚不知从何处得知了山外另一寺庙的一点小事，急匆匆地跑到长者的练功房。

"师傅，我今天听到一个好消息想告诉你。"

"什么好消息让你这么激动？来，先坐下，慢慢说。"长者微微地睁开眼睛，用手捋了捋胡须，"不过在你告诉我这个消息前，我想问问你，这个消息过滤了吗？"

"过滤？"长者的话让小和尚摸不着头脑。"师傅，话能过滤吗？怎么过滤啊？"

"首先要用'真实'过滤。"长者轻轻地抚摸着小和尚的头，"你能告诉我你这个消息确实真实可靠吗？"

小和尚抓了抓脑袋，"不知道，这个消息是我刚才下山听来的。"

"哦，这种消息！那你用'善意'过滤了吗？"

"没有，师傅，但这个消息对我们有利……"小和尚满脸委屈。

"你先别说，"长者制止了小和尚，"既然上面两层都没有过滤过，那我问你，这个消息对我们很重要吗？"

"嗯……"小和尚想了半天，"其实跟我们寺庙也没多大关系。"

"既然这种消息既不真实，也非善意，对我们自己来说更不重要，那还有说的必要吗？"长者拉着小和尚的手，"好好修炼，你还年轻啊！"

长者对小和尚意味深长的教导告诫我们：不可靠的信息不是真正的信息，与己无关的信息莫要多讲，多讲无益。

这则故事传递的道理同样适用于人际复杂的办公室环境。在办公室里，同事每天见面的时间最长，谈话可能涉及工作以外的各种事情，"讲错话或回错话"常常会给你带来不必要的麻烦。

公关活动中的回话技巧

很多时候公关活动是一种面对面进行的双向性信息交流活动，总是需要由会话双方共同努力，才可能获得成功。古人说："来而不往非礼也。"有问无答，自然是一种"非礼"行为。

然而，有问必答，是否就一定能令人满意呢？事情并非如此简单。笨拙的答话使人不得要领，不合时宜、不懂礼貌、不知进退的答话非但不能称人心意，因此而惹是生非的亦不足为奇。

造成这种后果的人，其动机往往也是好的，至于结果适得其反，只能怪他对"如何回答别人"想得不多，或不懂得答话。为此，还要掌握一些必要的技巧和方法。效果好的回答有以下几个特征：

以接受对方提供的信息为前提

答话要以接受对方提供的信息为前提，表明公关员注意到了对方的意见，使对方有受尊重的感觉。

从信息论的角度看，答话对于提问，是一种信息反馈。提问者在一定的时境下，以语言、表情、动作等为载体，先将信息施授给听话人，然后听话人才能作出必要的反馈。提问者施授的，既可能是语言信息，也可能兼有非语言信息。听话人只有在接受了全部有关信息，并进行分析处理之后，才可能真正弄清这些信息的实际含义(包括言外之意)，从而才能作出准确的回答。

甲不满地："这种酒是你买的？"

乙低着头："嗯，很多人都买了。"

甲："很多人买？"

乙："我去的时候人挤极了。"

甲："所以你就买了？"

乙："没错，准好喝。你也快去买一箱吧！"

甲："哼，我告诉你，现在造假酒的人正多着呢？"

在这段会话中，乙既不抬头看着甲的神态表情，又听不出甲的弦外之音，换言之，他没有做到完整、准确地接受甲施授的全部信息，所以最后碰了一鼻子的灰。

表达方式恰当

会话中，答话者自然希望对方听懂自己的话音，使自己的回答是"有效回答"，表明自己的意见、态度。所以，答话要考虑选择对方能够理解和接受的词句与表达方式，甚至不可不考虑音量的大小，语速的快慢，乃至手势，才能使公关活动收到良好的效果。

不使用威胁性、责难性、讽刺性的语言

公关活动的目的，在于沟通思想、交流情感、改善关系、发展协作，为了达到这个目的，真诚、热情、谦和就成了公关活动的催化剂。拿答话来说，威胁性的语言任何时候都不要用，责难性的语言也不会带给人愉悦的合作；至于讽刺，虽然一般情况下也不失为一种手段，然而，使用不当容易伤人，所以公关活动中以不用为好。

答话要避免自陷困境

对于那些难以回答、不便回答或不愿回答的问题若处理不慎，答话反会使自己陷入困境。有时，别有用心者还会精心设计"语言陷阱"，诱人误人。

譬如，"你是否已经停止虐待你的父母了？"这就是一个著名的"语言陷阱"，如果不加识别，无论怎么回答。都将把自己推到被动地位，背上一口"虐待父母"的黑锅。面对

诸如此类的"陷阱"更要慎而又慎。所以，如何避免自陷困境，是提高说话水平的重要方面。

在职场公关中，尤其是在比较正式的场合，如聚会、议事等常会出现冷场的现象，彼此都尴尬，这主要是由于彼此之间不大熟知，性格、兴趣、年龄、职业、身份、心境甚至素养等种种原因不同造成的。

在目前竞争激烈的经济社会中，交往发挥着重要的沟通作用。而其中的主角尤其要善于驾驭谈话场面的节奏，做到谈话场面活跃而又和谐，保证参与者身心愉悦。因此，学会把握谈话场面的节奏，对于每一个谈话者有着重要意义。

我们常常有这种感觉："一旦和那个人说话，就高兴得忘了时间。"倘若要使长时间的谈话不至于有冗长之感，而是使每一位参与者在不知不觉中度过美好时光，根据当时的情境设置话题，就是一种好办法。

在谈话中我们还要善于抓住对方的话题，机智巧接答，可以使我们谈话变得风趣，从而使谈话活跃起来。

巧妙地接答对方的话茬，可以把原来的话题引向另一个话题，使谈话转变一个角度继续进行下去。有这样一个事例：

刘某是公司负责某一地区的销售业务员。公司为了加强和客户之间的联系，特举办了一年一度的"工商联谊会"。公司安排刘某在会议期间陪同他的客户顾某。

他们路过一家商场，谈起了商场销售情况。末了，顾某深有感触地说："现在，市场竞争够激烈的。"刘某接过他的

话茬儿说："就是。在你们单位工作的业务员也不少吧？"就这样刘某既把话题延伸下去，同时又把话题朝向有利于自己的方向发展

职场公关中还要学会如何去巧妙回答记者的提问。记者的提问往往是漫无边际的。从轰动全球的国际事件，到使你面红耳赤的生活隐私，没有一样不是记者所关心的，对此你又不能充耳不闻。

多数人在记者面前都会感到局促不安。记者的态度、表情、语气，再加之某些场合下摄影器材的操作影响等等，集合起来对被采访者的心理构成一种很大的压力。因而，对于一位初次接受采访的人来说，在这种场合语无伦次、举止失当是不足为怪的。问题是我们应当设法从主观上减轻或解除这种压力。遇到敏感话题时，回避易引起猜疑的话语。这就需要随机应变、巧解疑团的本领。

在答记者问中，记者是居于主动进攻的位置。在更多的情况下，你是要随着记者的意图走的。一问一答的形式，使你不可能有一个系统而严密的思维程序。

记者的提问往往是很突然的，带有明显的跳跃性。一个问题和另一个问题完全可能是毫无关系的，这使你摸不清记者们在想什么。因此，有经验的人认为，在接待记者之前，最好是去赏赏花，听听音乐，或是做一件你觉得最轻松舒适的事情。

另外，在答记者问中，对于对方的问题，要求你必须迅速地作出反应。这就要求你有较高的语言表达能力和较为全面

的知识。可以说，迅速、准确、恰到好处地问答提问，是征服记者的关键。

1984年2月9日，莫斯科电台插放古典乐曲，苏联国防部长乌斯季诺夫暂缓赴印度访问，苏共最高领导人安德罗波夫之子从瑞典被召回……这一切，使敏感的西方人士怀疑是安德罗波夫逝世。

当夜，在美国国务院举行的一次晚宴会上，美国高级官员和新闻记者向苏驻美大使多勃雷宁探问有关安德罗波夫已故的传闻是否属实。

多勃雷宁不动声色地答道："如果他已死了，我还会在这里吗？"他还说，前不久返莫斯科述职时曾见过安德罗波夫，见其精神甚佳，只是有点"感冒"，仍照常办公。最后，他诙谐地说："我看，不要再谈这个问题了。不然，他好好的都会被气死了。"

其实，安德罗波夫在前一天就病故了。克里姆林宫秘而不宣的原因是权力移交的人事安排尚未确定。多勃雷宁心怀这么一个大问题，面对官员、记者咄咄逼人的问话，丝毫没有惊慌失措，而是冷静应付，谈笑风生，真是一位出色的外交家。

销售回答有技巧

不仅仅是提问需要技巧，回答顾客的提问也要讲究技巧，这些技巧实际上就是以不同的方式回答不同问题的方法。顾客提出的每一个问题都有每一个问题的情况和背景，有的问题需要详细说明；有的三言两语就可以解决，不能采取千篇一律的方法来处理。需要强调的一点是：你必须明确，只要顾客在不断地提出问题和异议，他们就一直存在着购买商品的兴趣。下面介绍几种技巧：

使用"是……但是"法

在回答顾客问题时，这是一个广泛应用的方法，他非常简单，也非常有效。具体来说就是：一方面推销员表示同意顾客的意见，另一方面又解释了顾客产生意见的原因及顾客看法的方向性。

由于大多数顾客在提出对商品的看法时，都是从自己的主观感受出发的，也就是说，都是带有一种情绪的，而这种方法可以稳定顾客的情绪，可以在不同顾客发生争执的情况下，委婉地提出顾客的看法是错误的。当顾客对商品产生了误解时，这种方法是有效的。

例如，有一位正在打量一株紫罗兰的顾客："我一直想买一株紫罗兰，但是我又听说要使紫罗兰开花是非常困难的，我的朋友就从来没有看到他的紫罗兰开过花。"

推销员："是的，您说得对，很多人的紫罗兰是开不了花，但是，如果您按照规定的要求去做，他肯定会开花的。这个说明书将告诉您怎样照顾紫罗兰，请按照上面的要求精心管理，如果他开不了花，还可以退回商店。"

你看，这个推销员用一个"是"对顾客的话表示赞同；用"但是"解释了紫罗兰不开花的原因，这种方法稳住了顾客，使顾客以更浓厚的兴趣倾听推销员的介绍。

使用"直接否定法"

当顾客的问题来自不真实的信息或误解时，可以使用直接否定法。然而，这是回答顾客问题时的最不高明的方法，等于告诉顾客他的看法是错误的，是对顾客所提意见的直接驳斥。因此，这种方法只有在适当的时候才可以使用。

例如，有一位顾客正在观看一把塑料手柄的锯："为什么这把锯的手柄要用塑料的而不用金属的呢？看来是为了降低成本。"

推销员："我明白您说的意思，但是，改用塑料手柄绝不是为了降低成本。您看，这种塑料是很坚硬的，而且他和金属的一样安全可靠。许多人都非常喜欢这种款式的。"

试想，假如推销员回答说："您是从哪里听说的？"顾客可能会感到生气和愤怒。但是，推销员用同情的语气予以解释，情况就大不相同了。顾客对"直接否定"法的反应更大程度上取决你怎样使用这种方法。

使用"高视角、全方位法"

顾客可能提出商品某个方面的缺点，推销员则可以强调商品的突出优点，以弱化顾客提出的缺点。当顾客提出的问题基于事实根据时，可以采取此法。

例如，有一个沙发推销员："这种沙发是用漂亮的纤维织物制成的，坐在上面感觉很柔软。"

顾客："是很柔软，但是这种材料很容易脏。"

推销员："我知道你为什么这样想，其实这是几年前的情况了，现在的纤维织物都经过了防污处理，而且还具有防潮性能。假如沙发弄脏了，污垢是很容易除去的。"

使用"自食其果法"

当顾客提出商品本身存在的问题时，可以用这种方法把销售的阻力变成购买的动力。采用这种方法，实际上是把顾客提出的缺点转化成优点，并且作为他购买的理由。

例如，有一位正在看一台洗衣机的顾客："这种洗衣机质量很好，就是价格太贵了。"

推销员："这种洗衣机的设计是从耐用、寿命长考虑的，可以使用多年不用修理。别的牌子虽然便宜一点，但维修的费用很高，比较起来还是买这种洗衣机合算。"

顾客对商品提出的缺点成为他购买商品的理由——这就是自食其果。请记住这样一个信条：一家商店、一家公司都要有信心，要相信自己能够战胜对手，这一点非常重要，无论怎样强调都不过分。

介绍第三者体会法

这种方法是利用使用过商品的顾客给本店来的感谢信来说服顾客的一种方法。一般说来，人们都愿意听取旁观者的意见。所以，那些感谢信、褒扬商品的来信等，是推销商品的活教材。

例如，有一个买车库门的顾客："这个车库的门我怎么也安不好。"

推销员："我理解您的心情，几个星期前哈得森博士也买了一个类似的门，开始也担心安不好，可是前几天我收到她的一封信，她说只要按说明书的要求做，安装非常容易。请您先看看说明书，我去拿哈得森的信来。"

使用"结束销售法"

在整个销售过程中，要抓住每一个可能结束销售的机会。假如顾客的问题是一个购买信号，就正面回答顾客，然后结束销售。当顾客对商品提出的问题或表示的意见是同他占有的商品相联系的时候，这就是顾客准备购买的一个信号，在回答顾客的问题之后，就可以结束销售。

例如，有一个正打量一套衣服的顾客："我很喜欢这套衣服，但是裤子太肥了，上衣的袖子也长了点。"

推销员："不要紧，我们有经验丰富的裁剪师，稍微修一下，就会很合身的。让我叫裁剪师来。"

顾客："太好了，谢谢！"

可见，只要熟练掌握以上技巧，巧妙地答复顾客，使推销圆满成功并不是一件很困难的事情。

在答复顾客提出的问题时，应注意以下事项：

首先，答复顾客提问时，应该搞清楚问题的真正含义后才能给予回答，切忌随便答复。答复要有条有理，通俗易懂，简明扼要，切不可东一句，西一句，不着边际。因为顾客的许多提问，旨在探求推销人员的真实情况。

其次，答复要有分寸，正确的答复未必是最好的答复。答复的技巧在于掌握什么应该说，什么不应该说，而不完全在于答复的对与错。答复要既不言过其实，也不弄虚作假。答复应得体、巧妙，赢得顾客的好感和信任。

然后，在答复之前，应使自己有充分的思考时间，为了争取更多的思考时间，推销人员可以采用一些方法拖延答复。例如请求顾客解释他所提出的问题，或用"记不清""资料不全"等借口拖延答复。

最后，有些答复必须要有弹性，不要把话说得绝对化。对于企业需保密的信息资料，应绕过不做正面回答，或者委婉地说明并表示歉意。

第三章

生活的回话艺术

在日常生活中，我们应根据自身的语言和性格特点，摸索适合自己的回话方式和用语习惯，并熟练地加以运用。同时，多读些逻辑学、语言学和写作方面的书，增加自己的词汇量和语言构架，以锻炼我们的思维能力和自信心，使自己敢于在陌生人跟前从容自若的交流。

巧语妙答多幽默

运用生搬硬套法要注意"搬"和"套"的东西必须具有一定的类比性。所谓类比性就是把两种或两种以上互不相干的、彼此之间没有历史的或约定俗成联系的事物放在一起对照比较，以其违反常理，不伦不类，揭示其差异之处和不谐调因素。使人在会心的微笑或难堪的境况中开启心智，受到教育。

这种技巧在现在生活中经常运用。

王大妈的女儿吵着要买嫁妆。王大妈气恼地说："死丫头，你的亲事也不同我商量，东西我不买！"母女俩由此争吵起来，并引来许多邻人观看。

邻居老李出来说："你不能怪她没和你商量呀！"王大妈问："为什么？"

"你当年成亲时不也没和女儿商量吗？"

王大妈一时语塞，女儿却高兴起来，老陈又转身对姑娘说："你妈不给你买也对，你妈出嫁时，你给她买了吗？人要彼此一样才好呀！"

老李生搬硬套巧施幽默使母女二人在笑声中停

息了争吵。

在这种生搬硬套的劝说中，对比双方的差异越明显，对比的时机和媒介选择越恰当，所造成的不协调程度就越强烈。对方对类比双方差异性的领会就越深刻，所造成的幽默意境也就越耐人寻味。

这一类巧说的方法很简单，在社交活动中，也被广泛运用。

问与答是人们在日常生活中必备的一种交际形式，如果问得巧，答得妙，就能起到交流信息，增进感情的作用。

在许多生活场合，有时会遇到别人有意无意奚落、挖苦讥讽你，你该怎么办？你应该用语言作为"护身符"，筑起防卫的堤防。有随机应变能力的人，就能调动自己的智慧，化被动为主动，使难堪境遇烟消云散。"兵来将挡，水来土掩"，你可视不同的来者选择不同的应付办法。

若判明来者不善，是怀有恶意，故意挑衅，你可以"以眼还眼，以牙还牙"，有理、有利和有节地回敬对手。

如果对方来势汹汹，盛气凌人，前来指责辱骂你，而你确信真理在手，则应保持藐视的目光、冷峻的笑容，让他尽情地发泄个够，而不予理会。有时沉默无言的蔑视，能力胜千钧，抵得上万语千言。

假如有人以半真半假的口吻问："你得了一大笔奖金，该'发财'了吧？"如你避实就虚地回答"你也想吗？咱们一块来干。"语中带点阳刚锐气，别人再问，也不大好意思了。

如果有人用过于唐突的言辞使你受到伤害，或叫你难堪，你应该含蓄以对，或装聋作哑、拐弯抹角、闪烁其词，或顺水推舟、转移"视线"答非所问，谈一些完全与其问话"风马牛不相及"的事，用这种委婉曲折的方法反驳对手，一定会取得奇特的功效。

有的时候，可能会遇到棘手犯难的问题，对此，若以幽默诙谐的方式妙答回复，往往会化险为夷，改变窘态，在山重水复疑无路时，转为柳暗花明又一村，使难堪局面消失在谈笑之中。以下就是一些妙答的回复妙招。

语音否定法

所谓语音否定法就是根据问话者问话中的某个词的语音提出一个反义词来回答问话者，从而否定问话者的问话。

例如小聚问："收钱来了吗？"

小高说："收起'后'来了。"

小高先将问话中的"钱"语音变为"前"，再利用其反义词"后"，十分明快地回答了小聚没有收到钱。这种方法在论辩性的谈话中经常出现，幽默风趣，因而即使否定了对方的观点，对方也不好翻脸。

委婉含蓄法

对于不太能直率回答的问题，采用曲折的形式回答叫委婉含蓄法。

比如有一位曾经犯过错误的同志在一次工资调整中未得

到升级，他气势汹汹地跑去质问有关领导，这个领导轻轻地回答说："我在会上已经讲了这次升级的规定，你自己应该清楚自己的情况啊！"

这位同志顿时满面通红，羞愧交加地走了。试想如果这位领导直率地说："这是因为你犯了错误的原因啊！"这种回答必然会伤害这位同志的自尊心，收不到好的效果。可见，采用委婉含蓄法回答不便于直率回答的问题，既不伤感情，又态度明朗，能起到很好的交流效果。

针锋相对法

如果发现问话者的问话中有着不合理的要求或用心不良的话，答话者则针对对方的问话直接地反驳，以表明自己的态度，这种答话方法叫作针锋相对法。

例如有一次我国电影明星刘晓庆去美国访问，一位美国记者向她提出了一个带有挑衅性的问题"在美国，明星拍片收入都很高，而你在中国拍片待遇很低，你对此有什么想法？"

刘晓庆略加思索回答说："我拍片是为了艺术，不是为了钱，只要是我喜欢的剧本，就是倒贴钱我也干！而我不喜欢的剧本，就是给再多的钱也不干！"谁都知道，当时我国的人均工资很低，演员待遇当然不高，同资本主义国家的明星那是比不了的，美国记者提出这个问题的目的就是想让刘晓庆难堪。然而刘晓庆义正词严地表明自己的态度，"是为了艺术，而不是为了钱"，既巧妙地摆脱了窘境，又有力地回击了美国记者的提问。

超前回答法

在回答对方问题是，如果预计一次回答，对方可能还会继续提出问题，于是提前回答对方还将要提出的问题，这种答话的方法叫超前回答法。

例如有人问："你明天去参加省里召开的先进事迹表彰大会吗？"

"我明天要去北京出差。"

显然，答话者的答话隐含着"我不去参加先进事迹表彰大会"的判断，回答了问话者的提问，同时又提前告诉了问话者为什么不去开会，使问话者无法就这个话题继续问下去了。这种回答既简洁明了又使问话者获得了自己所需要的信息。

反问法

所谓反问法是指对于一些不恰当而问话者又要求回答的问话，答话者则用一个质问句挡回去，使问话者自己去思考。

例如有一位外国记者，有一次问氢弹之父爱德华·泰勒先生："泰勒先生，请你解释一下相对论与现代空间时代的关系。"

泰勒当时不知怎样去回答，但过了一会儿他回答道："爱因斯坦用了十几年时间才确定了这个公式，我怎能解释呢？"很明显，记者的这个提问是不恰当的，泰勒先生当然解释不出来。好在泰勒先生很快就想到了应对的方法，摆脱了自己尴尬的局面，同时也给了记者一个台阶下。

答非所问法

答非所问就是指答话者对于别人提出的问题不便或不愿意回答，则回答其他的问题，将问话者所提的问题故意引开。

1983年，我国某法学家在德国举办的国际刑法研讨会上，应邀做了关于当前中国刑法发展的报告。会议结束后，有人提出"人们在行为当时，怎样能够清楚自己的行为是犯罪的呢？比如一个人在马路上踢足球，他踢球的时候并不犯罪，但后来因踢伤了人，因而可能事后判了罪，对这样的后果行为人怎能预先知道呢？"

报告人面对这个难题半开玩笑地说："世界各国人民都爱踢足球，我们也在提倡，所以你可以放心，人们不至于因踢足球而被判刑。"很明显，报告人的回答是答非所问的，然而会场上立刻响起了一阵爽朗的笑声。可见答非所问在特定的场合中也是一种重要的答话技巧。

总之，掌握了以上几种妙答的方法，根据不同的问话选择不同的答法，就一定能在交往中收到很好的效果。

会回话才活得好

在这个人际关系复杂的社会中，每个人或多或少会有几个同窗好友，与之相处久了，难免要相互求别人帮点什么忙，如果我们能办到的就应该尽最大的努力去办。假若朋友提出的某些要求非常过分，完全在我们的能力之外时，这时就会为怎么拒绝他人的问题而烦恼了。

很多人往往在处理这类问题时感到特别头痛，不知道该如何开口拒绝。明知道一些事情不在自己的能力范围内，可又怕拒绝的话会因此伤害了朋友之间的感情，怎样才能更好地拒绝对方，同时又使对方不会受到伤害呢？

这时我们要诚恳地说出拒绝的理由，让对方了解你是爱莫能助。如下面的案例：

"小李，你今晚务必把这一叠报告整理好。"高县长指着厚厚一摞报告对秘书小李说。

小李看着厚厚一摞报告，心里非常为难。于是，他用充满内疚的眼神走到县长面前说："县长，对不起。恐怕没有时间，我还有其他的重要文件需要处理，还有一些你明天早上需要用的演讲稿我都必须把他整理出来。所以，对不起。"

县长听了，笑了笑说："没关系的，这个也不急用，你慢慢整理吧！等你整理好了，再把他拿给我好了。"

小李没有直接拒绝县长说今天晚上完不成，而是让县长知道他的苦衷和难处，暗示自己今天晚上没有把握把报告整理出来。这就是很好的拒绝方法。

　　如果你十分有把握可以拒绝对方的请求的话，不妨堂而皇之与对方面对面相坐。如果要对付一个非常难缠的人，拒绝他时，最好避免视线上的直接接触，选择位置以斜、横为佳。当你知道怎样选择地点来拒绝对方时，你还要考虑到时机问题。有时候，拖延一段时间，审慎选择机会，可以改变原来紧张不安的局面，这也是一种拒绝人的技巧。

　　当某个异性想当面向你表示爱意，你又不乐意接受他的爱，就可用拖延法说："不"。他邀你跳舞，你可以这样回答："对不起，以后吧，今天我不想跳，有时间我会约你的。"当拒绝别人时，一定要给对方留一些余地，让对方保住面子，不至于因为自己的拒绝而觉得太难看，要能让他自己找台阶下。你必须自始至终很有耐心地听对方把话说完，当你听完对方的话后，心里应该有了想法和主意，这时再来说服对方，就不会使对方难堪了。

　　面对别人提出的一些问题，我们要巧妙地回答，避免针锋相对的尴尬，这不仅体现你惊人的口才，还能折服众人，从而化险为夷。下面来看这样一个例子：

　　　　1921年的一天，爱因斯坦与妻子一同到美国组织募捐活动，为犹太族青年创办一所大学筹集资金。有很多美国人都慕名前来拜访他，而且还向他提出了一些问题：你可记得声音的速度是多少？你如何记下这些东西?

爱因斯坦面对着众人莫名其妙的提问，轻松地回答道："至于声音的速度是多少? 现在我很难给你们一个确切的答案，必须查一查辞典。因为我从来不记在辞典上已经印有的东西。我的记忆力只是用来记忆书本上还没有的东西。"

如此巧妙回答，令在场的人们极为惊异。爱因斯坦进一步解释道："我还在上学的时候，对于那种填鸭式的教育就非常不满，比如要学生死记那些时间、人名、公式等等。其实要想知道那些东西，从书本上就完全可以找到，根本就不必上什么大学。高等教育必须重视培养学生思考、探索问题的本领。人们解决世上的所有问题是用大脑的思维能力和智慧，而不是靠照搬书本上的东西。"

有时候，有些人会故意刁难你，你就可以凭你能说会道的口才，解答他的提问，从而化险为夷。

有一次，乾隆皇帝突然问刘墉一个怪问题"京城共有多少人?"

刘墉虽猝不及防却非常冷静，立刻回了一句"只有两人。"

乾隆问："此话何意?"

刘墉答道："人再多，其实只有男女两种，岂不是只有两人？"

乾隆又问："今年京城里有几人出生？有几人去世？"刘墉回答："只有一人出生，却有12人去世。"

乾隆问："此话怎讲？"

刘墉妙答道："今年出生的人再多，也都是一个属相，岂不是只出世一人？今年去世的人则12种属相皆有，岂不是死去12人？"

乾隆听了大笑，深以为然。确实，刘墉回答得极妙。皇上发问，不回答显然不妥；答吧，心中无数又不能乱侃，这才急中生智，以妙答趣对皇上。

还有一次，乾隆皇帝想测试纪晓岚的机智。于是，他把纪晓岚找来，对纪晓岚说："纪晓岚！"

"臣在！"

"我问你：何为忠孝？"

纪晓岚说："君叫臣死，臣不得不死，为忠；父叫子亡，子不得不亡，为孝。合起来，就叫忠孝。"

乾隆说："好！朕赐你一死。"

纪晓岚当时就愣了：这从哪里来？怎么突然赐我一死？但是皇帝金口玉言，说啥就是啥，纪晓岚只好谢主隆恩，三拜九叩，然后走了。

乾隆心想：这纪晓岚可怎么办呢？不死，回

来，就是欺君之罪；死了真可惜，毕竟是手下一个栋梁之材。但同时又想：都说纪晓岚能耐，能言善辩，我看你纪晓岚今天怎么办？

大概半炷香的工夫，纪晓岚气喘吁吁地跑了进来，扑通就给乾隆皇帝跪下。乾隆问："大胆纪晓岚！朕不是赐你一死吗？你为什么又回来了？"

纪晓岚说："皇上，臣是去死了，我准备跳河自杀，我正要跳河，屈原突然从河里出来了，他怒气冲冲地说，你小子真混蛋，想当年我投汨罗江自杀的时候，是因为楚怀王昏庸无道；想当今皇上皇恩浩荡，贤明豁达，你怎么能死呢！我一听，就回来了。"

乾隆听了，不得不解嘲地说："好一个纪晓岚，你真是能言善辩啊！"

人生很多时候固然是靠才能闯荡社会，谋生求发展的，但某些关键时刻，助我们一臂之力的往往不是那些十分重要的才华技能甚至阅历资质，而仅仅是一句巧妙的话语。

元代的关汉卿因为编演《窦娥冤》，得罪了统治者，官府要捉拿他治罪。关汉卿得知消息后，连夜逃走。途中，遇到几名捕快。

班头问："你是干什么的？"

关汉卿顺口答道："三五步走遍天下，六七人统领千军。"

班头明白了："原来你是唱戏的。"

关汉卿又吟道："或为君子小人，或为才子佳人，登台便见；有时欢天喜地，有时惊天动地，转眼皆空。"

班头见他如此伶俐，出口成章，便问道："你是关……"

关汉卿笑道："看我非我，我看我，我亦非我；装谁像谁，谁装谁，谁就像谁。"

班头本来爱看戏，特别爱看关汉卿编演的戏。知道眼前这人便是关汉卿。捉他吧，于心不忍，不捉吧，500两赏银便没了。关汉卿看透了他的心理，便顺口吟道："台头莫逞强，纵得到厚禄高官，得意无非俄顷事：眼下何足算，到头来抛盔卸甲，下场还是普通人。"

可能是这首诗打动了班头，他便对另几名捕快说："放他去吧，这是个疯子。"

关汉卿就这样脱了险。

可见，学会运用语言的威力，掌握说话的艺术，不仅是人际交往增进感情的催化剂，更是我们摆脱困境的一大助力。

沉默是金的回答艺术

法国有句谚语，雄辩如银，沉默是金。在我们的生活中，有些时候确实是沉默胜于雄辩。与得体的语言一样，恰到好处的沉默也是一种语言艺术，运用好了常会收到"此时无声胜有声"的效果。

比如，亲人依依惜别，知己久别重逢，在这种悲欢离合、百感交集的时刻，他们往往不是万语千言，互诉衷肠，而是"满怀心腹事，尽在不言中""默默无语两眼泪"，似乎只有沉默才能表达出他们此时此地的百转柔肠。

再有，热恋中的情人，花前月下，相依相偎，深情缱绻，彼此却默默无语，只能听到恋人的心跳，此刻是两颗心儿在互诉衷肠，任何甜言蜜语的表白只能是多余的和蹩脚的。沉默倒成了最好的海誓山盟，他显然胜过了像什么"这颗心儿属于你，海枯石烂永不变"之类的窃窃私语。

沉默像乐曲中的休止符，他不仅是声音上的空白，更是内容的延伸与升华。他是一种无声的特殊语言，是一种不用动口的口才。也正像休止符一样，沉默只有运用得恰到好处，才能收到以无声胜有声之效。

如果不分场合，不讲分寸，故作高深或多情而滥用沉默，其结果必然是事与愿违，只能给人以矫揉造作或是难以捉摸的感觉。我们在运用沉默时，不应该把他和语言截然分开。恰恰相反，沉默和语言的和谐一致，相辅相成，才正是沉默的功效。

下列几种情况要求我们必须把握好沉默的分寸。

别人谈论自己时保持沉默

更好聆听别人的谈话，在谈话中掌握自己需要的信息，当需要说话时，才可以做出最正确最有力的回应。

伊利亚·爱伦堡的长篇小说《暴风雨》出版后，在社会上引起震动，褒贬不一，莫衷一是。某报主编不知从哪里了解了斯大林对《暴风雨》有看法，说是"水杯里的暴风雨"。

显然该书应该批判。为了讨好领导，就组织编辑部讨论这部小说，以表示该报的政治敏感和高度的警惕性，表明该报鲜明的立场。

讨论进行数小时，发言人提出不少批评意见。由于主编的诱导，每篇发言言辞辛辣而尖刻，如果批评成立的话，都足以让作家坐几年牢。可是在场的爱伦堡极为平静，他听着大家的发言，显出令人吃惊的无动于衷，这使与会者无法忍受，纷纷要爱伦堡发言，从思想深处批判自己的错误。

在大家的再三督促下，爱伦堡只好发言。他说："我很感谢各位对鄙人小说产生这么大的兴趣，感谢大家的批评意见。这部小说出版后，我收到不少来信，这些来信中的评价与诸位的评价不完全一致。这里有封电报，内容如下：'我怀着极大兴趣读了您的《暴风雨》，祝贺您取得了这么大的成就。——约·斯大林。'"

主编的脸色很难堪，以最快的速度离开会场，那些批判很尖刻的评委们，都抱头鼠窜溜之大吉了。爱伦堡轻轻地摇摇头"都怨我，这么过早的发言，害得大家不能再发言了。"

爱伦堡的聪明在于：如果他据理反驳，必能激起同仁们更加尖锐的批评，这种场合，最明智的做法就是保持沉默，褒贬随人。

受到别人无理攻击时保持沉默

当对方出于不良动机，对你进行人身攻击，并且造谣诽谤时，如果予以辩驳反击，又难以分清是非，这时运用轻蔑性沉默便可显示出锐利的锋芒。你只需以不屑的神情，嗤之以鼻，就足以把对方置于尴尬的境地。

某单位有两个采购员，小朱因超额完成任务而受奖，小冯却因不尽力而被罚。但小冯不认识自己的问题，反而说三道四。在一次公众场合，他含沙射影地说："哼，不光彩的奖励白给我也不要！有酒有烟我还留着自己用哩，给当官的舔屁股，咱没有学会！"

小朱明白这是在骂自己，不免怒火顿升，本想把话顶回去，可是转念一想觉得如果和他争吵，对方肯定会胡搅蛮缠，反而助长其气焰。于是他强压怒火，对着小冯轻蔑地冷笑一声，以不值一驳的神色摇了摇头，转身离去，把小冯晾在一边。小冯的脸红一阵白一阵的，窘极了。众人也哄笑道："没有完成任务还咬什么人，没劲！"至此，小冯已经无地自容。

在这里，小朱的轻蔑性沉默产生的批驳力比之用语言反驳，显得更为有力、得体，更能穿心透骨。这也许是对付无理挑衅的最有效的反击武器。

不明底细时保持沉默

在不知道对方底细的情况下，不要轻易开口，保持沉默，不但能揣摩对方意图，往往能变被动为主动。如果冒失开口，将会造成难以挽回的损失。

某博物馆派出馆员招揽橱窗广告业务，这位馆员专程赶到当地一家制鞋厂，稍加浏览，就大包大揽地与厂长谈生意。他自以为是，颇为认真地手指厂房里展出的各类鞋产品，夸奖一通"这种鞋子，款式新颖，美观大方，如果与我们馆合作，广为宣传，一定会提高知名度！产品就会畅销全国，贵厂生产也会蒸蒸日上啊！"

听起来声情并茂，又具说服力，可惜说话人并非制鞋内行，又没做准备工作，没有事先虚心讨教探探"底"，探测信息，就夸耀对方厂中积压的一批过时的产品。结果厂长不动声色地答道："谢谢你的话。可惜你指出的这批鞋子全部是落后于市场供求形势的第七代产品，现在我们的第九代产品正在走俏、热销。"

仅此两句话，就令这位馆员无话可说了。这位馆员的话语没有说到点子上，让厂方觉得这样的话一听显然是外行，和他们合作也没什么前途，不如趁早"鸣锣收兵"。厂方对这位馆员不得章法的话视为花言巧语，从而在心理上筑起了防线。

说话盲目易造成危害，无形之中贬低了对方。于是，一个眼前的客户走了，一桩即将完成的生意砸了。不是因为该说的没说，而是因为开口太早，说得太多，给自己的无知"曝了光"。

如果上例中的这位馆员能够记住"知彼知己"的道理，从实际情况出发，积累资料，分析清楚问题所在，再去游说企业领导人，岂有不胜之理？

恰当运用沉默方式

在特定的环境中，沉默常常比论理更有说服力。我们说服人时，最头痛的是对方什么也不说。反过来，如果劝者什么也不说，对方的错误意见就找不到市场了。

不同的沉默方式有不同的作用，运用时必须恰到好处。

不理不睬的沉默可摆脱无聊的纠缠：当你正为自己的事情忙得不可开交的时候，同事却不知趣地想跟你唠嗑，或者有推销员厚着脸赖着不走，或者有人找你去做你不想做的事情。这时，你尽可能对他们一言不发，不理不睬。过一会儿，他们见你无反应，定会知趣地悻悻走开。

冷漠的沉默能使犯错误者认错改正：

有一个出身有教养家庭的小学生，一天他拿了同学一件好玩玩具，晚饭前回来，装出一副若无其事的样子，同往常一样笑吟吟地说："妈妈，我回来了！”

　　“姐，我饿了。”“怎么了？”沉默。

　　“我没做错事啊！”还是沉默。妈妈眼睛瞪着他，姐姐背对着他，全家都冷冰冰地对待他。

　　他终于不攻自破了"妈、姐，我错了……"

　　毫无表情的沉默能让人深思：有些人态度倒是很积极，但发表意见时不免有些偏颇，令人难以接受，若直截了当地驳回，又易挫伤其积极性，循循诱导又费时，精力也不允许，最好的办法便是毫无表情的沉默。

　　他说什么，你尽管听，"嗯""啊"……什么也不说，等他说够了，告辞了，再用适当的不带任何观点的中性词和他告别"好吧！"或"你再想想。"

　　别的什么也不说。这样，他回去后定然要竭思尽虑：今天谈得对不对？对方为什么不表态？错在哪里？也许他会向别人请教，或许自己悟出原因。

　　转移话题的沉默能使人乐而忘求：对要回答的问题保持沉默，而选准时机谈大家的热门话题并引人入胜，使对方无法插入自己的话题，且从谈话中悟出道理，检讨自己。

　　信心坚定的沉默能使人顺服：某领导有一次交代属下办一件较困难的任务，当然，他能胜任。交代之后，对方讲起了"价钱"。于是该领导义无反顾地保持沉默，连哼也不哼。"困难如何大……""条件如何差……""时间如何紧……"，说着说着他就不说了。最后说了一句"好，我一定完成。"

沉默是金，有时沉默不语的回答方式能够出奇制胜，有时滔滔不绝，反而有理说不清。

灵活应对别人的奚落

在日常生活中，直接辱骂别人，听话人当然很容易能听出来，如果说话人是利用会话来侮辱人，听话人就更应注意了。听话人不仅要善于听出对方的恶意，而且必要时可以？"以其人之道还治其人之身"，给对方一个含蓄的回击。

据说，有一位商人见到犹太诗人海涅，对他说："'我最近去了塔希提岛，你知道在岛上最能引起我注意的是什么？"

海涅说："你说吧，是什么？"

商人说："在那个岛上呀，既没有犹太人，也没有驴子！"

海涅回答说："那好办，要是我们一起去塔希提岛，就可以弥补这个缺陷。"

这里商人把"犹太人"与"驴子"相提并论，显然是暗骂"犹太人与驴子一样，无法到达那个岛"，而海涅则听出了对方的侮辱和取笑，回答时话里有话，暗示这个商人是个驴子，使商人自讨没趣。

从前有一个中国驻法国使馆的官员，在宴会中与一位巴黎小姐跳舞，巴黎小姐突然发问道："法国小姐和中国小姐两者当中，你更喜欢哪一国的？"

这话突如其来，实难作答。如果说喜欢中国的多一点，不免有失外交礼貌；若说喜欢法国小姐多一点，则自己是中国人，更为不妥。随员略思片刻，不慌不忙地答道：

"凡是喜欢我的小姐，我都喜欢她。"

这个随员通过设定条件，巧妙地回答了对方的难题。

几年前，一些青年美术家在中国美术馆举办了一次反响较大的人体油画展。画展期间，有位外国记者采访一位青年女画家，先通过一些话使该画家做出"女模特儿具有为艺术献身的精神"之类的回答，接着话锋一转，将了一军："假如让你当人体模特儿，你愿意吗？"

这确实不好回答。说"愿意"吧，这在现今的社会环境中，这么公开的表白，对于一个青年女性并非易事，说"不愿"吧，显然是自己打自己的嘴巴。

于是，聪明的女画家说："这是我的私事，我没有必要回答。"这样便解脱了困境，且自然而有道理。

如果对方来势汹汹，假如有人冲着你横眉竖眼，恶语中伤地骂道："你这个人两面三刀，专门告我的阴状，想踩着别人的肩膀往上爬，没门！"

如果你心中无愧，完全不必大发雷霆，倒不妨解嘲地反诘"哦！是真的吗？我倒要洗耳恭听。"然后诱使谩骂者说下去，直到对方找不到言辞了，你再"鸣金收兵"。在这种情况下，你以温文尔雅、彬彬有礼的方式笑迎攻击者，显然比暴跳如雷、大动肝火要好。

你刚被提拔到某领导岗位，有人对此揶揄道："这下子你可平步青云、扶摇直上了吧！"你听了不必拘谨，可一笑了之"是这样吗？你算得这样准？"用这种不卑不亢的应酬方法，立即使对方语塞。相反，你过于计较，说出一大堆道理，倒显得太认真，反而适得其反。

在与人进行日常的沟通、交流的过程当中，借力打力也是一项非常实用的回话技巧，尤其是在遇到对方的侮辱和挑衅之后，学会使用借力打力的说话方式进行还击，往往可以获得很好的效果。

一般而言，在对方说出对自己不利的话后，不动声色地抓住对方语言中的关键字眼，然后从另一个角度去论述、延展，将其转化到对自己有利的方向，这就是我们通常所说的"借力打力"。无论在我国古代历史上还是在世界历史上都不乏使用借力打力说话技巧的例子。

战国时期，在中国的宋国有一位商人，名叫曹商。他受到宋国皇帝的差遣出使秦国，临行前，宋王送给了他几十辆车以备不时之需。

曹商到达秦国并顺利地完成了宋王交代给他的任务，为了表示两国交好的诚意，秦王送给了他百余辆大车。在返回宋国的途中，曹商遇到了庄子。

曹商见到面带菜色，形容枯槁的庄子，再看看自己华丽的衣着和跟随其后的百余辆大车，一种高贵的感觉立刻涌了上来，于是他傲慢地对庄子说："先生身处穷街陋巷，但是能够靠编制麻鞋为生。我实在没有这个谋生的能力，我唯一比较擅长的是可以从容地从皇帝那里获得百余辆大车而已。"

庄子知道曹商在侮辱他，但是他并没有像平常百姓那样立刻表现出极大的愤慨，他从容自若地回答道："外界传言秦王患了疮，为了征集全天下的勇敢之士来治疗，秦王颁布了一项法令：凡是能够为他破疮挤脓的送车一辆，舔疮的送车五辆，吃疮的送车百辆，你该不会是吃疮了吧？！"

庄子的一席话攻击得曹商百口莫辩，于是不得不灰溜溜的逃跑了。

在我们的日常生活中，也经常会发生遭到来自他方的人身攻击的现象。当遇到这种情况时，最明智的选择是冷静倾听对方的言语，从对方的言语中找到反击的突破口，利用借力打力的说话技巧来进行还击。

美国著名的总统林肯曾经很好地利用了借力打力这一说话技巧来应付来自他方的人身攻击，获得了意想不到的效果。

林肯在当选为总统后，曾一度被很多参议院的议员所轻视。就在林肯发表就职演说的时候，一位议员傲慢地对林肯说："林肯先生，你只不过是一个鞋匠的儿子，我希望你能记住。"

这时候，所有议员都大笑起来，他们为自己出身的高贵而倍感骄傲和自豪，更加对出身低微的林肯不屑一顾。在一般人看来，在公共场合遭受到来自他方的攻击，实在是一件很难以忍受的事情，但是林肯显得很平静。

待笑声停止后，他诚恳地对那位傲慢的议员说："谢谢你的提醒，你的提醒再次让我想起了我的父亲，尽管他已经过世了，但是我知道我做总统永远都无法像我的父亲做鞋匠那样出色。我一定记住你的忠告：我永远都是鞋匠的儿子。"

听完林肯的回答，参议院陷入了短暂的沉寂，几分钟之后，参议员里爆发出了雷鸣般的掌声。

林肯在遭到对方的侮辱后并没有动怒，而是采用了一种巧妙的回答方式获得了众人的喝彩，这是借力打力的典型案例。

尽管运用借力打力的说话方式可以获得很好的效果，但是很少有人能够真正对他加以巧妙地运用。因为一般人在听到来自他方的侮辱性的语言之后，根本不会等到他方说完便立刻立即进行无谓的争辩，因此很难抓住对方的语言"漏洞"来进行有效的反击。

而接过话头、反唇相讥法是在受到语言攻击的情况下，及时、巧妙地利用对方讲话内容中的漏洞，或套用对方的进攻套路来回应反击，回击恶意的挑衅，解脱自身的窘境。

英国大作家萧伯纳身体瘦长。在某次晚宴上，一个肥胖的富翁嘲笑他说："哈哈，萧伯纳先生！一见到你，我就知道目前世界上正闹饥荒。"

萧伯纳迎头反击："先生，我一见到你，就知道世界上闹饥荒的原因。"

这则故事适时地采用了反唇相讥的战术。你可以借用对方的某些语句,借助比喻、夸张、反讽等修辞手法,来给予致命痛击,以揭露丑恶,戏弄无知。

可以说,这是一种快速反应的智慧,是一种机智。他的表现是受攻击时保持冷静,冷静中敏捷反击,反击时一剑封喉。这种战术最能体现人的机敏和语言的灵活性,是说话高手尽情显露自己才华和风采的最佳手段。

春秋时期晏子使楚的故事,就十分典型地体现了晏子在突然遇辱的情况下迅速反击、巧言善辩的才能。

晏子为齐国出使楚国,是在楚强而齐弱的情况下成行的。刚到楚国,楚王便命侍者让矮小的晏子从大门旁边的一个小门进。

面对这种侮辱人格和国格的闹剧,晏子的反击自然是十分犀利的,他当即声明:"出使狗国的人,才从狗门入。现在我出使楚国,不应当从此门进入吧!"

此语一出,对方自然自讨没趣。因为如果再让晏子进小门,等于是自认楚国为狗国,因而只好打开大门,让晏子昂首而入。然而侮辱还没有结束。

在为晏子举行的宴会上,楚王又发难:按照预谋捆绑着一个人,当面指责是齐人在楚国为盗。

晏子又一次面临复杂的局面,因为这种并非真实的偶然事件，却是以已经发生过的真实的形式表现出来的，因此尽管晏子知道这是对齐国和他自己的严重挑衅，但是在无法弄清事实的情况下，又必须作出不辱国家尊严的解释。

晏子是在退一步假定被缚者是为盗的齐人的前提下进行反击的。

他先用了一个比喻："橘生淮南则为橘，生于淮北则为枳，"指出他们发生变化的原因是"水土异也"，以此来说明"今民生长于齐不盗，入楚则盗"，原因是"楚之水土使民善盗。"

这种高明的驳斥令晏子在片刻之间变被动为主动，使楚王陷入无法申辩、尴尬不已的境地，结果，晏子终于取得了出使的全面胜利。

由此可见，及时、机敏、有效的反击，确实能够让我们灵活的应对别人的奚落。

若谈话对方故设"陷阱"，以谬论相刁难，其用意无非是企图造成一种进退两难的局面：答则显示无知，不答则表明无能。这种情况比较适宜用"以谬治谬"法应变。

隋朝时，有一善辩者。一次，有人问他："腊月时，家人被蛇所伤，怎样医治？"

他应声答道："取五月五日南墙下雪涂之，

即愈。"

那人反唇相讥:"五月哪里得雪?"

这位善辩者笑道:"腊月何处有蛇?"

由于提问者的话本身是荒谬的,对于荒谬的回答,自然就丧失了指责的权利,刁难别人也就成了自我出丑,陷阱也不攻自破。

还有当对方蓄意挑衅或侮辱时,有时必须"以毒攻毒"。

传说美国著名作家马克·吐温是个瘦子,有一次他与一个大腹便便的商人狭路相逢。

商人:"看到你,人们就会认为美国发生了饥荒。"

作家:"是的。看到你,人们就会明白发生饥荒的原因。"

马克·吐温在突然蒙受讥讽时,靠的是"礼貌反击",不失风度却十分有力地回敬了对方。可见,以其人之道还治其人之身,也是一种应变良方。

"顺水推舟"可以避开对手的进攻,面对挑衅,除了针锋相对"以牙还牙",有时也需"绵里藏针",以守为攻。这时候,不妨来个装聋作哑,一则避其锋芒,二则以有礼对无礼,在心理上争取主动。

这里还有个例子：

> 当年，英国首相威尔逊在发表竞选演说时，忽然有个故意捣乱的人高叫起来："狗屎！垃圾！"
>
> 面对这突如其来的干扰，为了顾全大局，保证演说成功，威尔逊镇静地报以一笑，用安抚的口气说："这位先生，我马上就要谈到您提出的脏乱问题了。"这样，威尔逊佯作曲解捣乱的本意，以顺水推舟的手法，"安全"渡过了"险滩"，使演说得以顺利地继续。

应变的口才艺术是对一个人综合能力的考验：首先，阅历、知识、气质等是影响应变能力的重要因素。一般来说，阅历丰富、知识渊博、智慧高并且具有虚怀若谷、从容镇定气质的人，反应更敏捷，对付突然情况的反应更快，能在会话中应付各种突如其来的意外局面。

其次，思维方式也影响人的应变能力。语言是思维的外衣，培养应变能力首先要着眼于思维训练。古人说的"慧于心秀于口"，就是这个意思。人只要加强思维训练，就能使自己在语言感受的敏锐性、思维的敏捷性、判断的准确性、表达的即时性等方面前进一步。

在我们的日常生活中，各种意外情况都有可能出现，掌握了上述技巧，然后针对不同情况灵活运用，就能收到奇效。

如何应答尖锐问题

在日常生活中，我们总会遇到一些尖锐的问题，总会面对一些刻意刁难的说话者，而面对这些人时，我们就应该去学会如何回应，甚至如何反击对方，从而在达到"救己"的情况下，还能取得胜利。

"两难"问题就是不论你回答"是"或"否"都可能给你带来麻烦的问题。回答这类问题最须用心。

回避难题有这样一则寓言故事：

百兽之王狮子想吃其他的兽类，但是得找到借口。于是张开大口让百兽闻自己的口是香还是臭。首先轮到狗熊，他闻后如实地说："有种肉的腥臭味。"

狮子怒道："你不尊重我，留你何用。"将他吃掉了。

第二天，轮到猴子来闻。鉴于头天狗熊的教训，他乖巧地说："哟，好一股肉的清香味啊！"

狮子又怒曰"你溜须拍马，留你何用。"又将他吃掉。

第三天，轮到兔子来闻。他知道，说臭要被吃掉，说香也要被吃掉，于是他凑到狮子嘴边，故意闻得十分认真，但却老不开口。狮子急了，催他快说。

他便说道："报告大王，我昨晚受了风寒，感冒鼻塞，闻了这么久，实在闻不出是臭还是香。等我好了，鼻子通了，再来闻吧。"狮子无奈，只好放了他。

兔子回避难题的手段可谓巧妙。也正是他的机智的回答避免了他沦为一餐食物的命运。可见智慧与回话的技巧相结合发挥出的威力，确实是可以帮自己度过灾难的。

乡间，有一个人站在十字路口拦住一位过路的姑娘"你说，我是要往东去，还是要往西去，猜中了就放你走。"

对此，姑娘怎么答都不会对，因为他的问话并非非此即彼，还有南和北。这时，姑娘掏出手绢揉成一团"女士优先。请让我先问你一个问题好吗？"

那人有恃无恐，便答应了。姑娘便说："你猜猜，我这手绢是要丢向东边，还是丢向西边？"

那人当然同样不能答，只好让姑娘走了。

面对这种两难问题，汉高祖刘邦无疑也是非常熟悉这种应答的"救命"技巧。

项羽自称霸王后，想谋杀刘邦。范增出主意说："等刘邦上朝，大王就问他：'寡人封你到南郑去，你愿不愿意去？'如果他说愿意，你就说他意图养精蓄锐，有谋反之心，可以绑出去杀掉；如果他说不愿意去，你以其违抗王命杀掉他。"

刘邦上殿后，项羽一拍案桌，高声问道："刘邦，寡人封你到南郑去，你愿不愿意去呢？"

刘邦答道："臣食君禄，命悬于君。臣如陛下坐骑，鞭之则行，收辔则止。臣唯命是从。"

项羽一听，无可奈何，只好说："刘邦，你要听我的，南郑你就不要去了。"

刘邦说："臣遵旨。"

刘邦的回答，避开项羽问话的前提故意说对项羽忠心耿耿，"唯命是从"，从而使项羽找不到借口杀自己，为自己日后卷土重来创造了机会。

面对不同的对象，就要选择不同的回答方式，对待朋友的提问，你可以采用自嘲的方式，让问题偏向对自己有利的方面。

某先生酷爱下棋，但又好面子。一次与一高手对局，连输三局。别人问他胜败如何，他回答道："第一局，他没有输；第二局，我没有赢；第三局，本是和局，可他又不肯。"

乍一听来，似乎他一局也没有输；第一局他没输，不等于我输，因为下棋还有个和局；第二局我没赢，也不等于我输，还有和局嘛；第三局也不等于我输，本是和局，可是他争强好胜，我让他了。这样的回答，就要比直接说："我输了三局"要高明得多。

在一些特殊情况下，面对一些复杂问语，也要三思而后作答，否则，很容易就会掉进别人的陷阱里。

有一次邻居盗走了华盛顿的马。华盛顿和警察一道在邻居的农场里找到了马，可是邻居硬说马是自己的，不肯把马交出。华盛顿想了一下，用双手将马的双眼捂住说："既然这马是你的，那么，你说出他的哪只眼睛是瞎的？"

"右眼。"邻居回答说。华盛顿把手从马的右眼离开，马的右眼光彩照人。

"啊，我弄错了，"邻居纠正说，"是左眼！"华盛顿把左手也移开，马的左眼也光亮亮的。"糟糕！我又错了。"邻居为自己辩解说。

"够了、够了！"警察说："这已经足以证明这马不属于你！华盛顿先生，我们把马牵走吧！"

邻居为什么被识破呢？因为华盛顿善于利用思维定式，先使邻居在心理上认定马的眼睛有一只是瞎的，这在心理学上被称作"沉锚效应"。

邻居受一句"他的哪只眼睛是瞎的"暗示，认定了"马有一只眼睛是瞎的"，所以，猜完了右眼猜左眼，就是想不到马的眼睛根本没瞎，华盛顿只不过是要让他当场现原形。

复杂问语就是这种利用"沉锚效应"，隐含着某种错误假定的问语。对这种问语，无论采取肯定还是否定的答复，结果都得承认问语中的错误假定，从而落入问者圈套。如一个人被告偷窃了别人的东西，但又死不承认偷过。这时审问者便问："那么你以后还偷不偷别人的东西？"无论其回答"偷"还是"不偷"，都陷入审问者问语中隐含的"你是偷了别人的东西"这个错误假定中。

对这类问题，不能回答，只能反问对方，或假装糊涂，不明白对方问语的意思。

要想恰当地回答好别人提出的问题，就要多动动自己的脑子，争取摆脱"两难"问题的困境，掌握谈话的主动权，如果不假思索，凡事脱口而出，通常只会给自己带来很多难于解决的问题和麻烦。

在我们的生活环境中，不仅仅要学会"两难"问题的应答，还要学会去转变话题来达到自己回话的目的。日本一位著名的电影演员到上海进行艺术活动时，中国朋友十分关心这位30岁还未结婚的电影艺术家。有人问她什么时候结婚，这位演员微笑着说："如果我结婚，就到中国来度蜜月。"

这一回答十分巧妙，把"在何时结婚？"的问题变成了"在何地结婚度蜜月"的问题，避开了她不想公开正面回答的问题，使人不好再问下去。

请看下面这个故事：

我国古时候，有一个县官很喜欢附庸风雅，尽管画术不佳，但画画的兴致很高。他画的虎不像虎，反而像猫。并且，他还每画完一幅画，都要在厅堂内展出示众，让众人评说。大家只能说好话，不能说不好听的话，否则，就要遭受惩罚，轻则挨打，重则流放他乡。

有一天，县官又完成了一幅"虎"画，悬挂在厅堂，召集全体衙役来欣赏。

县官得意地说：

"各位瞧瞧，本官画的虎如何？"

众人低头不语。县官见无人附和，就点了一个人说："你来说说看。"

那人战战兢兢地说："老爷，我有点怕。"

县官："怕，怕什么？别怕，有老爷我在此，怕什么？"

那人："老爷，你也怕。"

县官："什么？老爷我也怕。那是什么，

快说。"

那人："怕天子。老爷，你是天子之臣，当然怕天子呀！"

县官："对，老爷怕天子，可天子什么也不怕呀！"

那人："不，天子怕天！"

县官："天子是天老爷的儿子，怕天，有道理。好！天老爷又怕什么？"

那人："怕云。云会遮天。"

县官："云又怕什么？"

那人："怕风。"

县官："风又怕什么？"

那人："怕墙。"县官"墙怕什么？"那人"墙怕老鼠。老鼠会打洞。"

县官："那么，老鼠又怕什么呢？"

那人："老鼠最怕他！"来人指了指墙上的画。

被点名的差役没有直接说县太爷画的虎像猫，而是从容周旋，借题发挥，绕弯子似的达到批评的目的。巧妙地用上复杂问语，使他的戏做得自然而真实。他对付不宜直言的话题的手段实在是高明。在现实生活中，也有许多"不宜直言"的场合需要我们用心应付。

第四章

谈判的回话艺术

　　谈判是社会生活中最常见的语言交流形式，谈判中的问答，更是一个证明、解释、反驳或推销本方观点的过程，通常，同样的问题会有不同的回答，而不同的回答又会产生不同的谈判效果，而在某种意义上甚至可以认为，不会回答，就等于不会谈判，因此，与"问"相似，"答"也要讲究原则和技巧。

对付咄咄逼人的回话

在人与人的交往过程中，我们会遇到咄咄逼人的谈话场景，谈话者一般是有备而来，或是对自己的条件估计得比较充分，有信心战胜你。谈锋一般是指向一个地方，对你的要害部位实行"重点攻击"，会令你开始就处于被动位置。

对付的方法有多种，根据具体情况的不同我们可以加以选择。

以退为攻

假如对方的问话是你所必须回答的、不能推辞的，而你又要对方跟着你的思路走，你可以装作退却。对方乘机逼过来，你把他带得远了，让他完全进入了圈套，然后再回过头来对他反击。

有时在交谈中，表面退缩，实则是为了更有力的反击，就像拉弓射箭一样，先把手往后拉，目的是把箭射出去更有力。

古代齐国晏子出使楚国，因身材矮小，被楚王嘲讽"难道齐国没有人了吗？"

晏子说："齐国首都大街上的行人，一举袖子能把太阳遮住，流的汗像下雨一样，人们摩肩接踵，怎么会没有人呢？"

楚王继续揶揄道："既然人这么多，怎么派你这样的人出使呢？"

晏子回答说："我们齐王派最有本领的人到最贤明的国君那里，最没出息的人到最差的国君那里。我是齐国最没出息的人，因此被派到楚国来了。"几句话说得楚王面红耳赤，自觉没趣。

这个故事中晏子的答话就是采用以退为进之法，貌似贬自己最没出息，所以才被派出使楚国，这是一退，实则是讥讽楚王的无能，这是"进"，以退为进，绵里藏针，使楚王侮辱晏子不成，反受奚落。

后发制人

这是使自己能站稳脚跟的最有效办法。一般在两种情况下最为有效：一是当对方到了已经不能自圆其说的时候。咄咄逼人者，其开始锋芒毕露，也许你根本找不到他的破绽。

但是，他总有不攻自破的地方，总有软弱的地方，只是你还没发现而已。等待时机，一旦其光芒收敛，想做喘息、补充的时候，你就可以反攻了。二是当对方已是山穷水尽的时候。这时候对方已经进攻完毕，而你发现，他连你的伤口的部位还没找到，他的锋芒所指，只不过是你的微不足道的一个小错误，或者他打击的部位并不全面，从本质上动摇不了你，这就是所谓的"山穷水尽"。

针锋相对

针锋相对即是以对方同样的火力，向对方进攻，对方提什么问题，你就给予十分肯定或否定的回答，丝毫不让，不拖沓也不沾泥带水，使对方无理可寻、无懈可击。

这是一种以其人之道还治其人之身的反击术。当对方以不友好的态度伤害了你的自尊心，使你失面子的时候，会使你转败为胜，还你自尊。

苏联诗人马雅可夫斯基就十分善于运用这样的方法来反驳一些无赖之徒，他妙语连珠的辩论语言蕴含着无可辩驳的力量。一次，马雅可夫斯基演讲刚完，一个胖子挤到讲台边嚷道："我应该提醒你，马雅可夫斯基同志，拿破仑有一句名言，'从伟大到可笑，只有一步之差'。"

"不错"，马雅可夫斯基一边用手指指自己又指指那个胖子，一边说："从伟大到可笑，正是一步之差。"

那胖子的话意是，马雅可夫斯基的演讲有些可笑或者近乎可笑，马雅可夫斯基面对这位挤讲台的无礼之徒，借用他的话，非常巧妙地向他反击：可笑的正是与我只有一步之差的你！这就借用对方的语言有力地还击了对方。

有位骄傲自大、脱离群众的人辩解说："只有羊呀、猪呀，才是成群结队的，狮子、老虎都是独来独往的。"

作家马铁丁反问他："狮子、老虎固然是独来独往的，刺猬、癞蛤蟆、蜘蛛又何尝不是独来独往呢？"这就是以人之歪理还击人。

大诗人普希金一次在彼得堡参加一个公爵的家庭舞会。当他邀请一位小姐跳舞时，这位小姐极傲慢地说："我不能和小孩子一起跳舞！"普希金很礼貌地鞠了一躬，笑着说："对不起！亲爱的小姐，我不知道你怀着孩子。"说完便离开了，而那位漂亮的小姐无言以对，脸上绯红。

针锋相对不是气急败坏的叫嚣，也不是"黔驴技穷"的狂鸣，他应该是偶尔露出的峥嵘，锐利锋芒的一现。

把球踢给对方

这是谈话中的一个很普遍、很实用的技巧。当对方的问题很难回答，问的角度很刁、你回答肯定、否定都可能出差错时，那就不要回答，把问题再还给对方，将对方一军。

比如，有一个国王故意问阿凡提"人人都说你聪明，不知是真是假？如果你能数清天上有多少颗星星，我就认为你聪明。"阿凡提说："如果你能告诉我，我骑的毛驴有多少根毛，我就告诉你天上有多少颗星星。"

抓住一点，丝毫不让

当对方话锋之强烈，火药味之浓，使你无法反击，他提出的重大问题，你无法一一回答，这种情况下怎么办？迅速找到他的谈话内容中的一个小漏洞，即使再微不足道也无所谓，可以把这一点无限扩大，使其不能再充分展开

其他方面的进攻。你就在这一点上，来回与他周旋，并迅速地想出应付其他问题的办法。

胡搅蛮缠

胡搅蛮缠是当你理亏时，被对方逼到了死角，而又实在不想丢面子，就可以乱缠一番，把没有理的，说成有理的，把本来不相干的事物联系在一起，说成是很有联系的事物，把不可能解决的、不好解决的问题与你的问题扯在一起，以应付对方的连串进攻。

胡搅蛮缠是一种不得已的办法。在某种程度上，是不正当的，但却也不失为一种自我保护的方法，特别是当对方欺人太甚、丝毫不留情面的时候。另外，用胡搅蛮缠的方法，可以先拖住对方，使你有时间考虑更好的应付办法。

以柔克刚的回应方式

曾有一个格言是这样说的：一滴蜜汁比一加仑的胆汁更能吸引苍蝇。如果想让对方听从你，同你进行合作时，千万不要忘记了要以亲切和悦的态度来软化对方的防卫，从而达到自己想要得到的效果。同样，对奔波于商战中的谈判者来讲，谈判是一场高智商的较量。诸多方法中，以软化硬、以柔克刚的柔术谈判手法是十分有效的。

曾经有一个客户，给一个商业主人下了300多万美元的单子，但价格却远远低于主人所能接受的底线。关键不在于价格，而是对方的态度与气势。面对高高在上的对方，主人采取的态度反而很委婉，"不好意思，这个价格我还需要仔细考虑一下，然而，估计的情况很可能不会太乐观，因为我们卖的是品质。"

最后这个客户一拍桌子站起身就走了。两天后，他从欧洲飞回来，说一定要马上见这位主人，主人给他的回复是："抱歉，两三天后我才有时间。"后来，这笔生意以双赢的结果成交。在这场谈判中，虽然他的气势想压倒这位主人，但主人没有受对方丝毫影响，而是始终比较冷静，以从容委婉的态度去应对，最终取得了成功。

在谈判时，会遇到各种各样的对手，有的人锋芒毕露、咄咄逼人，毫不掩饰地想做整个谈判的"中心"，霸道地使整个谈判围着他的指挥棒转，不要相信他表面上的反应，对付这种人，就可以采取"以柔克刚"的策略，从而让你在谈判中进退自如。

美国西屋公司曾遇到这样一件事：

有位用户在使用该公司马达后要求退货，理由是马达散热度过高，工人无法接触。公司销售员阿里逊前去谈判。

阿里逊并没有直接反驳对方，只是说："如果真有这种情形发生，我们绝不敢要求贵厂购买。你们应该选择散热量小的马达，对不对？"这个开场白，避免了针锋相对。

接着以询问的话语启发用户："按规定，在室内马达的温度是不是可以比室温高72华氏度？"

对方回答："是。"

在柔和含蓄的询问后，阿里逊又推进一步："工厂的室温是多少？"回答是75度。

看到水到渠成，阿里逊就直接亮出观点："工厂室温75度，马达的规定温度72度，加起来147度。假如用手去摸的话，是不是会烫伤手呢？"

阿里逊的一句关键性问话，就推倒马达散热度高的说法了。对方不仅不再要求退货，而且还预订了西屋公司其他产品。

在谈判中，"以柔克刚"是一种说服技巧，要想成功地把对方说服，就要做到坚定不移地坚持自己的观点，以此削弱对方的意志；绝对不可以有半点的动摇，否则就会给对方造成进逼的缝隙。同时还应抓住问题的本质进行攻击，从而让对方自动就范。

1969年，美国西方石油公司董事长哈默，为了公司在利比亚开采石油的日开采量和价格，同利比亚政府进行了谈判。哈默的谈判对手是利比亚的第二号人物贾卢德。一天，贾卢德在谈判时，带去一支机关枪，"粗心大意"把枪口朝着哈默。精于谈判的哈默明白，这是贾卢德利用环境造势，这种傲慢实际上表明了贾卢德内心的虚弱。

在贾卢德辱骂哈默时，哈默却平静地站起身来，将双手放在年轻的贾卢德的肩上，表现出长辈对年轻人的谅解态度，经过一番紧张的谈判较量，双方终于签订了协议。这次谈判，双方各有所获，但都不是彻底成功或彻底失败。哈默保住了他在利比亚的开采特权，而利比亚得以将税率增加80%，每桶油多收30美分。

以柔克刚，其实是一种高雅的胜利，是风度与气质的胜利。

在谈判的过程中，如果有关原则性问题要寸步不让，但又要讲语言技巧。这时，最好的办法就是迂回进攻，以柔克刚，较之正面批驳收效更大。

大约在一百多年前，林肯就讲过这样一个道理："当一个人心中充满怨恨的时候，你不可能说服他依照你的想法行事，那些喜欢骂人的父母、爱挑剔的老板、喋喋不休的妻子……都该了解这样一个道理。你不可能强迫别人同意你的意见，但却可以用引导的方式，温和而友善地使他屈服。"凡是善于谈判者，必都深谙此道。

作为企业销售总监的王伟，要将产品打入上海某跨国企业，经过初步接触，约好了双方进行谈判。在进行第一轮谈判的时候，他们公司派出了一名副总和王伟，对方也派出了相应人员。

由于第一轮谈判只是彼此混个脸熟和相互了解，所以双方谈得还算顺利。在第二轮谈判中，王伟是通过电话与对方沟通的。接下来就到了第三轮谈判，这次谈判是合作成败的关键。

于是，王伟做了非常详尽的准备，并给自己打足了气。谈判开始了，王伟这边参加人员有王伟、上海营销中心经理、上海一客户经理共3个人，跨国企业则派了负责华东区域的总监赵强(一个地道法国人的中国名字)、上海经理及其助手3个人。

考虑到自己的产品属于强势品牌，为了更多地保护公司利益，王伟在整个谈判过程中显示出了非常强硬的一面，并总是用锐利的目光直视对方。

这一切令那个法国人赵强甚为不满，以至于后来他指着王伟的鼻子说："你们的表现令我十分不满意，我可以告诉你，我可以动用一切可以动用的力量停止我们公司在中国范围内与你们的合作。"

王伟意识到情况出现了危机，于是，他建议先休息10分钟再进行。王伟打电话与总部人员做了沟通，这才知道法国人非常忌讳别人用锐利的目光直视自己。

在他们看来，这相当于一种极不友好的挑衅。而且在谈判之前，王伟就已经知道赵强在这家跨国企业有相当的背景。但他没想到的是，对方的反应竟会如此强硬。

所以，在接下来的谈判中，王伟改变了态度，回话尽量用柔和、谦逊的目光去迎接对方的目光，说话的语调也婉转了很多。最终，两方都达成了预期的目标。

在风云变幻的谈判桌上，双方唇枪舌剑，谁都想尽快探知对方底牌，争取自己的最大利益，掌握谈判主动权。

　　有一次，一个企业的老总甲方与外地客户乙方谈判。由于事先双方的准备都不充足，整个谈判进行得相当不顺利。在甲方看来，对方客户根本没有一点诚意和专业精神；而对方却认为甲方的价钱压得太低，根本没有利润空间可寻。就这样，原本以为几次会议可以协商决定的项目竟然拖了近一个星期。

　　由于谈判进程影响了甲方老总的工作计划，压力很大。一次，在会议上，双方两位老总忍不住吵了起来，原本很好的项目眼看就要以失败而告终。后来，由于两方面的协商，大家才能有机会重新坐在一起谈判。

　　首先，甲方老总在谈判桌上就向对方表示：请理解我们的急切心情。如果不尊重您，怎么会花这么多人力物力在这次合作上？就是因为太希望他成功，才花了整整一个星期协商。从而使我们企业的很多计划都耽误了。是不是可以适当让一步呢？通过这一番话，双方重新坐到一起进行谈判。最终，谈判获得了双赢的效果。

以柔克刚，以软化硬，用智慧和柔术进退自如。做生意，价格可以慢慢谈，但态度却一定要诚恳，不要给对方太多的压力。当谈判陷入僵局的时候，这样的策略就往往能得到最鲜明的体现。

在谈判桌上，强势往往是一种砝码。但相对于不同的人，在不同的环境中，该弯则弯，以柔克刚。只有这样，才能在谈判中进退自如。

礼貌恰当的回话

谈判开场前摸清对方底细是非常有必要的。开场的一切活动，一方面是能够为双方建立良好关系铺路，另一方面又能够了解对方的特点、态度和意图。因此，在这个阶段，必须十分谨慎地对所获得的对方印象加以分析。

不仅如此，还要立刻采取一些重大措施，用我们的方式对他们施加影响，并使这些影响贯穿谈判的始末。最好把准备工作做得既周密又灵活。

当坐下来转入正式谈判前，应该充分利用开场阶段从对方的言行中所获得的资讯。在这个阶段中，能够很快地掌握对方洽谈人员的资讯，即是否有丰富的谈判经验和技巧，以及他们是什么样的谈判作风。

对方的谈判经验和技巧无须语言就可以反映出来。比方说：他的姿势、表情以及他"入题"的能力。如果他在寒暄时不能应付自如，或者突然单刀直入地谈起生意来，那么可以断定，他是谈判生手。谈判高手总是会留心观察对方这些微妙之处在进行相应的回答。

对方的谈判作风，同样的可以在开场阶段的发言中反映出来。一位经验丰富的谈判人员，为了谋求双方的合作，总是在开始时讨论一般性的题目，另一种具有不同洽谈作用的人员，虽然他的经验同样丰富，但其目的是对谈判产生影响，他显然会采取不同的措施。

他不仅要了解"自己"的情况，甚至对每一个己方人员的背景和价值观，以及每一个人有把握的和担心的事，以及是否可以加以利用等问题，都要搞得一清二楚。

以上这些资讯，对于那些玩弄花招的，以牺牲对方利益而谋取自己利益的人来说，是至关重要的。这些资讯能成为他在以后的谈判中使用的武器。如果把谈判比做游戏，而且彼此商定，游戏以一方的胜利而告终，那么他的举动是无可非议的。

当我们一旦察觉到谈判中间将会发生冲突，就必须万分小心。虽然，我们还无法判定谈判将会怎样展开，但是已经看见了"黄灯"。虽然，这并不等于表示"进攻"的"红灯"，但起码已显示出对方有些神经质或是经验不足，或是对谈判有些不耐烦了。

也许对方十分好战"黄灯"真正转成"红灯"，但对我们来讲，这就极易做出相对地反映了，披上我们的战袍，投入战斗。

如果在这个阶段，我们还不清楚对方这些行动的意思，而我们在谈判开始时，所采取的是与对方"谋求一致"的方针，这时就应该引导对方与我们协调合作，并进一步给对方机会，使他们能够回应我们的方针，同时，我们自己也应该有更充裕的时间和机会，把对方的反应判断清楚。

这时，我们施展技巧的目的是努力避开锋芒，使双方趋向合作。我们应不间断地讨论一些非业务性话题，并更加关注对方的利益。

看一看下面这段开场对话：

"欢迎你，见到你真高兴！"

"我也十分高兴能来这里。近来生意如何？"

"这笔买卖对你我都很重要。但首先我对你的平安抵达表示祝贺。旅途愉快吗？"

"这个问题也是我们这次要讨论的。在途中饮食怎么样？来点咖啡好吗？"

这并不是一个漫无边际的闲扯淡，虽然表面上他与将要谈判的问题不相干。但是，如果对方在这段谈话之后，仍坚持提出他的问题，我们就可以认为"黄灯"有变为"红灯"的危险。如果他能够接受这种轻松的聊天，虽然这并不能改变"黄灯"仍然亮着的事实，但他告诉我们他有转为"绿灯"的可能。

在这个阶段，我们最容易犯的错误，是过早设定对方的意图。因为无论如何，我们已经掌握了一些资讯。对于这些资讯，我们还要随着洽谈及实质性谈判的过程中，做出更深入的分析。

为了确保全局的谈判效果，谈判者要针对影响双方谈判决心的因素予以清除，并澄清谈判真实形势，扫荡谈判主题的外围障碍，称之为"外围战"。

当正式进入谈判之后，礼貌的用词及以和为贵的心态就非常重要了。俗话说"和言暖心"，在谈判过程中，注意满足对方"获得尊重的需要"，可以为未来的合作奠定基础。

在谈判过程中，即使受了对方不礼貌的过激言词的刺激，也应保持头脑冷静，尽量以柔和礼貌的语言来表达自己的回答意见，不仅语调要温和，而且用词都应适合谈判场面的需要。

应尽量避免使用一些极端用语，诸如："行不行？不行拉倒！""就这样定了，否则就算了！"等等。这无疑是欲速则不达，会激怒对方，把谈判引向破裂。

在谈判过程中，即使你的意见是正确的，也不要轻易地对对手的行为、动机加以评判。因为如果评判失误，将会导致双方的对立而再难以实现合作。

比如当你发现对方对某项指标的了解是非常陈旧的，这时如果你贸然回话："你了解的指标已经完全过时了……"对方听了，显然无法马上接受，甚至会产生一些负面影响。如果改变一下陈述方式，则可能收到完全不同的效果。

比如可以这样说："对这项指标我与你有不同的看法，我的资料来源是……"这样，就不会使对方产生反感，甚至会乐于接受你的观点。

在谈判时，经常会出现双方意见相反甚至激烈对抗的情况，这时尽量不要直接选用"不"等具有否定意义、带有强烈对抗色彩的字眼。因为这样很容易造成无法收拾的局面，对双方都没有什么好处。

当对方不理智地以粗暴的态度对待你时，着眼于整个谈判的大局，你仍应和言悦色地用肯定的句型来表示否定的意思。

比如当对方情绪激动、措辞逆耳时，你不要寸土不让、针锋相对，可以委婉回应："我理解你的心情，但你的做法却值得推敲。"即使对方在盛怒之中，也能接受你的话，真好像拳头打在棉花团上，有火也不能发。等他冷静下来时，对你的好感就会油然而生。

另外，当谈判陷入僵局时，也不要轻易使用否定对方的任何字眼，而应不失风度地回答："我已经尽了最大的努力，只能做到目前这一步了。"还可以适当运用"转折"技巧，以免使"僵局"变成"死局"。即先予肯定，宽慰，再转折委婉地表示否定的意思阐明自己不可动摇的立场。

如"我理解你的处境，但是……""你们的境况确实让人同情，不过……"等等。虽然并没有陈述什么实质性的内容，但"将心比心"的体谅使对方很易在情感上产生共鸣，从而将"僵局"激活。

同时我们还要善于在回话中转换话题，而转换话题的目的则在于：一是避开对己方不利的话题；二是避开无法立即解决的争论焦点；三是拖延对某问题做出决定；四是把问题引向对己方有利的一面；五是通过转换阐述问题的角度来说服对方。

在谈判时，应将重点放在对己方有利的问题上，对于对己方不利的问题不要深入探讨或正面回答，可以绕着弯子解释或者"顾左右而言他"。如果这一招仍无法激活僵局，可以建议暂时休会，让大家松弛一下，以进行冷静的思考。

回答问题的多种技巧

"问"有艺术，"答"也有技巧。问得不当，不利于谈判；答得不好，同样也会使己方陷入被动。

谈判中回答问题，不是一件容易的事。

因为，谈判者不但要根据对方的提问来回答，并且还要把问题尽可能地讲清楚。而且，谈判者对自己回答的每句话都负有责任，因为对方可能把回答理所当然地认为是一种承诺。这就给回答问题的人带来一定的压力。因此，一个谈判者水平的高低很大程度上取决于他答复问题的水平。

在谈判过程中，每一次的交换意见沟通信息大多是通过问答的方式来实现的，有问就会有答。那么，针对问话，如何作答才能使自己处于有利地位，免得被对方牵着鼻子走呢？下面就介绍几种比较实用的应付提问的作答方法：

依照发问人的心理假设回答

问答的过程里，有两种不同的心理假设。一是问话人的，一是答话人的。答话人应依照问话人的心理假设回答，而不要考虑自己的心理假设。

让我们举例说明：

一个陆军上尉在军队中担任财务官，多年来他已经私下挪用了不少公款。有一天，他在美军专用市场买东西，有两个宪兵走过来拍拍他的肩膀，说："上尉，请你跟我们到外面来一下好吗？"

上尉说他要先去洗手间，麻烦二位宪兵等一下。上尉进了洗手间以后，就开枪自杀了。那两个宪兵大吃一惊。他们只是看到他的座车停在门外消防水龙头旁边，要他把车子倒退一点而已。

这便是那位上尉以自己的心理假设行动的结果，以为自己挪用公款被发觉了。撇开是非不谈，如果那位上尉是以宪兵的心理假设回答一句："什么事？"跟着出去看一看的话，说不定还活得好好的。

不要彻底回答

就是答话人将问话的范围缩小。举例来说，你去一对新婚夫妇家中做客，第二天那位丈夫问你："昨晚我太太准备的那顿晚饭如何？"

你可以这样回答："那张餐桌实在布置得太漂亮了，银器餐具太棒了，是不是你们的结婚礼物？"

下面是一个有关"不要彻底回答"的故事：

有两个人到湖边去游泳。他们看到湖边有一人在钓鱼，就跑去问那人湖里有没有水蛇。那人回答说没有，两人就脱衣服跳入湖里，尽情地游泳。等一会儿其中一个向岸边的渔人招呼："湖里为什么没有水蛇呢？"

渔人回答说："都被鳄鱼吃光了。"这两个游泳者听了，吓得屁滚尿流，赶紧爬上了岸。

不要彻底回答的另外一个方法是闪烁其词。

不要确切的回答

这是说你的回答不会明确，弹性很大。通常都是用比较的语气回答："据我所知："，先说明一件与你类似的情况，再拉回正题。或者，你可以利用反问把重点转移，例如："是的，我猜想你会这样问，我会给你满意的答复。不过，在我回答以前，请先准许我问一个问题。"若是对方还是不满意，你可以回答："也许，你的想法很对。不过，你的理由是什么？"或是，"那么你希望我怎么解释呢？"

使问话者不要继续保持追问的兴致

回答问题的时候，说明许多理由，但不要把自己的理由说进去。举例来说，对方问你："铁路交通的服务怎么总是搞不好呢？"你可以回答："等政府设法拨出足够的铁路交通基金；政府对发展超音速飞机太过热衷，铁路工会工人的抵制，还有……"

回答问题时，借口问题无法回答，例如："这是一个没法回答的问题。""这个问题只有待之未来解决啦。""现在讨论这个问题不会有结果的。"

把回答尽量冲淡化，例如轻描淡写的一句："这种事太司空见惯了。"比如："你这个问题很实在。不过，我觉得你这个人更实在，与你打交道真可以一百个放心……"

当对方的问题不能予以清晰、有条理地反驳时，干脆把问题的意义贬低，如"政府是不是有责任扶养那些穷人？"你就回答："只怕有些不务实际的社会改革家，把人们的进取心都剥夺了。"

使用模糊的回答

一般情况下，在交际场合中语言表述应清楚明了，少用或不用模糊语言，这是对的，但适当地运用一些诸如"或许"应该"大概""可能"之类的模糊词语会给你的回话提供很大的帮助。尤其是在拒绝别人的状况下，巧妙地运用模糊语言，可以不着痕迹地拒绝对立的请求。

小面就是这样一则故事：

北宋著名改革家王安石的儿子王元泽小时候，

有一次有人把他领到一个装有一獐一鹿的笼子前，问他"你能说出哪只是獐，哪只是鹿吗？"

王元泽确实是分辨不出，他苦思了许久，然后高兴地答道："獐旁边的那只是鹿，鹿旁边的那只是獐。"

人们听后大为惊讶，对他的巧妙回答赞叹不已。

这里，王元泽回答时用的就是模糊语言。他的回答甚是巧妙，不仅使别人无以辩驳，而且使自己摆脱了困境。

另外，采用模糊语言，有时也指故意装傻，或对问题支支吾吾、模糊不清，或干脆假装没有听到别人的问题或者忘记某件事情。

例如，对于臭名远扬的美国"水门"事件，众议院举行了许多声听证会，许多精明厉害的议员，连珠炮似的追问，撬开了许多证人的嘴巴。唯有一位证人好像一直无法进入状态，对于众多议员所提出的任何问题完全不理解，答非所问，还傻乎乎地面带微笑地面对众议员们，同时露出一脸迷人的笑容。最后，议员们还是一无所获。

如此来看，关键时刻装装疯，卖卖傻，回些令人摸不着头绪的话，有多么管用！那时，即使神仙也都拿你没招，这可真是"大智若愚"啊！

让自己获得充分的思考时间

回答问题前必须顾全大局，对问题要进行缜密细致的思考，要做到这一点就必须给自己留出充分思考的时间。

通常，谈判者对问题答复的好坏与思考时间成正比。因此，有些提问者会不断地催问，迫使你在对问题没有进行充分思考的情况下仓促作答。遇到这种情况，作为答复者更要沉着，不必顾忌谈判对手的催问，转告对方你需要时间进行认真思考。

有些问题不值得回答

谈判者当然应该配合提问者回答他们的问题，但这并不等于谈判者必须回答对方所提的每一个问题，特别是对某些不值得回答的问题可以礼貌地加以拒绝。

找借口拖延答复

有时可以用资料不全或需要请示等借口来拖延答复。当然，拖延时间只是缓兵之计，他并不意味着可以拒绝回答对方提出的问题。因此，谈判者仍要进一步思考如何来回答的问题。

将错就错

当谈判对手对你的答复作了错误的理解，而这种理解又有利于你时，你不必去更正对方的理解，而应该将错就错，因势利导。谈判中，由于双方在表达与理解上的不一致，错误理解对方讲话意思的事情是经常发生的。一般情况下，这会增加谈判双方信息交流与沟通上的困难，因而有必要更正和解释。

但是，在特定情况下，这种错误理解能够为谈判中的某一方带来好处，就可以采取将错就错的策略。

总之，谈判中的应答技巧不在于问题回答得"对"或"错"，而在于应该回话时说什么和如何说，怎么更好地处理突发情况。

其实，只要我们稍加研究，就会发现许多巧妙作答的方法和技巧，而这些都是在谈判中随时可能用到的。因此说，作为谈判人员，很有必要注意并掌握他们。

谈判中要会说不

在实际谈判中，我们要灵活地说"不"。

首先要敢于说出"不"。当我们想拒绝别人时，心里总是想："不，不行，不能这样做，不能答应！"等等，可是，嘴上却不敢明说，只能含糊不清地说："这个……好吧……可是……"

当然这种口不应心的做法，一方面是怕得罪人，另一方面，过于直率地拒绝每一个问题也不利于待人接物。但是，要知道，在谈判中有勇气说"不"其实是一招以退为进的妙招。

比如针对对方的报价。你可以略显惊讶地说："噢！不，这不应是贵公司的实际价格，这一价格不仅出乎我们的意料，而且与国际市场上同类品牌产品相比，也高出许多。"这就告诉了对方：我们对同类产品的国际价格掌握得很清楚；我方不会接受你们的报价。而对方听了回答，知道我方不是好惹的，就会重新考虑报价问题。

其次选择恰当的时机说"不"。敢于说"不"，并不是鼓励每一个谈判者必须好战，事事与对方争论。实际上，在谈判中过于争强好胜只会破坏双方的合作。因此，在谈判中，你可以说"不"，但必须有所讲究。一位律师曾经帮助一名房地产商人进行出租大楼的谈判，由于他知道在何时说"不"，以及怎样恰当地说"不"，从而取得了不俗的效果。

当时有两家实力雄厚的大公司对此表示出了浓厚的兴趣，两家公司都希望将公司迁到地理位置较好、内外装修豪华的地方。

律师思索一番后，先给A公司的经理打电话说："经理先生，我的委托人经过考虑之后，决定不做这次租赁生意了，希望我们下次合作愉快。"然后，他给B公司的老板打了同样的电话。

当天下午，两家公司的老板就同时来到房地产公司，一番讨价还价之后，A、B两家公司以原准备租用八层的价码分别租用了四层。很显然，房地产公司的净收入增加了一倍，相应的，律师的报酬就增加了一倍。

最后还要学会婉转地说"不"。一家汽车公司的销售主管一次在跟一个大买主谈生意，突然这位主顾要求看该汽车公司的成本分析数字，但这些数据是公司的绝密资料，是不能给外人看的。但如果不给这位客人看，势必会影响两家和气，甚至会失掉这位大买主。

这位销售主管并没有说"不，这不可能"之类的话。他的话中婉转地说出了"不"：

"对不起，连我也无法得到这些数字呀！"

"公司是不容许这样做的，否则我会丢掉饭碗的。"

"这个……好吧，下次有机会我给你带来吧。"

"公司还未做过此类分析，倘若要做的话，恐怕得一阵子。"不论他的话是上述哪一种，知趣的买主听过后是不会再来纠缠他了。

此外，委婉地拒绝，巧妙地说"不"，还有以下几种建设性的做法：

用沉默表示"不"；用拖延表示"不"；用推脱表示"不"；用回避表示"不"；用反诘表示"不"；用客气表示"不"；运用那句韵味十足的"无可奉告"；"我不知道"；"事实会告诉你的"……

基辛格在莫斯科向随行的美国记者团介绍美苏关于限制战略武器的四个协定签署会议情况时说："苏联生产导弹的速度每年大约250枚。"记者马上追问："我们的情况呢？我们有多少潜艇导弹在配置分导式多弹头？有多少'民兵'导弹在配置分导式多弹头？"

基辛格说："我不确切知道正在配置分导式多弹头的

'民兵'导弹有多少。至于潜艇数目我是知道的。但不知道是不是保密的。"

记者迫不及待地说："不是保密的。"

基辛格说："不是保密的？那你说是多少？"

记者无言以答了。

在谈判过程中，当你不同意对方观点的时候，一般不应直接用"不"这个具有强烈的对抗色彩的字眼，更不能威胁和辱骂对方，应尽量把否定性的陈述以肯定的形式表示出来。

例如，当对方在某件事情上情绪不好，措辞激烈的时候，你应该怎么办呢？

一个老练的谈判者在这时候会说出一句对方完全料想不到的话："我完全理解你的感情。"这句话巧妙之处在于，婉转地表达了一个信息：不赞成这么做。但使对方听了心悦诚服，并使对方产生好感。

喜剧大师卓别林曾经说过："学会说'不'吧，那样你的生活将会好得多。"

一个人应该明白，他必须学会拒绝，才能赢得真正的交流、理解和尊敬。作为谈判者，尤其要学会拒绝的艺术。拒绝的技巧有很多，但目的则是一个，就是既要说出"不"字，又使人觉得可以理解，尽可能减少对方因被拒绝而引起的不快。

对于谈判，马基雅弗利有一句名言："以我所见，一个老谋深算的人应该对任何人都不说威胁之词或辱骂之言。因为两者都不能削弱敌手的力量。威胁会使他们更加谨慎，辱骂会使他们更加恨你，并使他更加耿耿于怀地设法伤害你。"

因此，谈判中不要用否定对方的字眼。即使由于对方的坚持，使谈判出现僵局，需要表明自己的立场时，也不要指责对方。

你可以回答说："在目前的情况下，我们最多只能做到这一步了。"

如果这时你可以就某点作出妥协，你可以这样回话："我认为，如果我们能妥善解决那个问题，那么，这个问题就不会有多大的麻烦。"既维护了自己的立场，又暗示变通的可能。在这里用的词都是"我""我们"，至少用"你""你们"。

谈判中，遇到你必须拒绝的事情，而你又不愿伤害对方的感情，这时你可以寻找一些托词。

例如："对不起，我实在决定不了，我必须与其他人商量一下。""待我向领导汇报后再答复你吧。""让我们暂且把这个问题放一放，先议论其他问题吧。"这种办法，虽然可以摆脱窘境，既可不伤害对方的感情，又可使对方知道你有难处。但是，这种办法总有点不干脆。

因为，这样虽一时能敷衍过去，但对方以后还可能再来纠缠你。总有一天，当他发觉这就是你的拒绝，明白你以前所有的话都是托词，于是他就会对你产生很坏的印象。所以，有时不如干脆一点，坦白一点，毫不含糊地讲"不"。

从说服者而言，他当然想要和对方挂起一条心的输送带。如果在"你好像对羽毛球……"之后答一句"嗯，马马虎虎",那么,"心带"就算已被挂住。然后,接下去的是"是不是从小就喜欢?""是否参加过什么比赛?"之类的问话,一直引导到他要推销的产品上。

为避免这样的结果,在对方的输送带尚未挂上这边之前,就将其割断,那对方就无计可施了。在谈判中使用一些敬语,也可以表达你拒绝的愿望,传递你拒绝的信息。有位长年从事房地产交易的人说,生意能否谈成,可以从客人看过土地房屋后打来的电话里得知一个大概。

大部分客人在看过房屋之后,会留下一句"我会用电话和你联系",然后回去。不多久,他们就打来电话了。从电话的语气中,可以明了客人的心意。

若是有希望的回答,那语气一定是亲密感,然而一开始就想拒绝的客人,则多半会使用敬语,说得彬彬有礼。根据多年的经验,这位房地产经营老手一下子就会判断出事情有没有希望。

据说在法院的离婚判决席上出现的夫妻,很多都会连连发敬语,好像彼此都很陌生似的。这也是想用敬语来设置彼此间的心理距离,互相在拒绝着对方的表现。

所以,当你想拒绝对方时,可以连连发出敬语,使对方产生"可能被拒绝"的预感,形成对方对于"不"的心理准备。

谈判中拒绝对方,一定要讲究策略。婉转地拒绝,对方会心服口服;如果生硬地拒绝,对方则会产生不满,甚至怀恨、仇视你。所以,一定要记住,拒绝对方,尽量不要伤害对方的自尊心。要让对方明白，你的拒绝是出于不得已，并且感到很抱歉，很遗憾。尽量使你的拒绝温柔而缓和。

美国的消费者团体，为了避免被迫买下不愿意买的东西，发行了《如何与推销员打交道》之类的手册。里面介绍了如何拒绝来访的推销员的各种办法。

据说，其中以"是的，但是……"法最为有效。

比如，对方说"你闻闻看，很香吧？"

你可以说："是的，但是……"

先承认对方的说法，然后，则以"但是"的托词敷衍过去。

倘若开始就断然说一句"不"，推销员一定不会甘心，千方百计要和你磨蹭。可是，"是的，但是……"的话，则是"和布帘掰腕子"，没有什么搞头了。对方再精明，也无可奈何，只好放弃说服你的企图。

谈判也是如此，说"是"总比断然说"不"能给对方以安心感。也就是说，这时的"是"，发挥了把两人的心联结起来的"心桥"功能。一旦两人之间架上了心桥，即使再听到"不"也不容易起反感。所以，你想拒绝对方时，应先用"唔，不错"的话来肯定对方。或说："是的，您说得一点也不错。不过，请您耐心听听我的理由好吗……"

这样婉转地叙述反对意见，对方较容易接受。对谈判对方的要求，给予笼统地答复，这也是拒绝对方的方法之一。

有一位广告公司的负责人曾介绍经验说，对那些携带自己的画来应征的年轻人，如果他不满意他们的画，他就会用如下笼统的语言打发他走：

"唔，我不大看得懂你的画，请画一些我能看懂的画来吧……""我今天很累，也许是昨夜工作得太迟的关系……"这种拒绝是很笼统的。

"我不大看得懂你的画"，那么"我能看懂的画"又是什么？对方不清楚他的意图，怎么画？这样，对方失去了进攻的目标，只好悻悻退下。这种方法，可以不让你感觉到拒绝，却巧妙地达到了拒绝的效果。

有时在购买东西时，往往要受到卖者的纠缠。许多人不知如何拒绝。一位太太是这样拒绝卖者的："不知道这种颜色合不合我先生的意。"还有一位少妇是这样拒绝的："要是我母亲，我选我喜欢的就行了，但这是送给婆婆的呀，送她这个不知她会不会满意？"

显然，这些拒绝本身都是非常笼统的。用这种笼统的方法拒绝对方，当然要比直接说出对对方货物的不满要好得多。总之，谈判中，会说"不"字和不会说"不"字，效果是大相径庭的。

你在说"不"字时，必须记住下面几点：拒绝的态度要诚恳；拒绝的内容要明确；尽可能提出建议来代替拒绝；讲明处境，说明拒绝是毫无办法的；从对方的角度谈拒绝的利害关系；措辞要委婉含蓄；掌握好这些方法，你就是一个高明的谈判者了；推托拖延也是拒绝对方的一种妙法；推托拖延的具体方法有两种；一是借他人之口加以拒绝；诱导对方自我否定不失为一种拒绝方法。

回答时给自己留余地

英国外交家萨道义在其著名的《外交实践指南》一书中说，"谈判不仅需要运用聪明的智慧，还需要有能屈能伸的精神。"一般来说，成功的谈判都需要互谅互让、留有余地。

谈判的过程是智力、能力竞争的过程。谈判内容、受到谈判者的思想情绪、周围环境等多种因素的制约，谈判的过程一般说来总是复杂多变的，出现节外生枝、始料未及的情况是经常的事。

因此，谈判中，特别是开始时，说话一定要注意分寸，不能答"满口话"，要使说话具有一定的弹性，给自己留下可以进退的余地。

运用模糊语言是谈判中经常使用的留有余地的重要手段。模糊语言灵活性强，适应性也强。谈判中对某些复杂或意料之外的事情，不可能一下子做出准确的判断，就可以运用模糊语言来避其锋芒，作出有弹性的回答，以争取时间来做必要的研究和制定对策。

如在外交会谈中，客人友好地邀请主方去他国访问，主方应按照礼节高兴地答应下来，但往往由于种种原因，不能轻率确定具体日程，这时常以模糊语言作答："我们将在适当的时候去贵国访问。"这个"适当的时间"可以是一个月、一年、几年，甚至更长时间，具有相当的灵活性。这样既不使对方感到不快，又不使自己为难。

又如对某些很难一下子作出回答的要求和问题，可以说："我们将尽快给你们答复。""我们再考虑一下。""最近几天给你们回音。"这里的"尽快""一下""最近几天"都具灵活性，可使自己避免盲目作出反应而陷入被动局面。

在商品经济日益发展的今天，一个企业在产品销售、原材料购置过程中，相互竞争的情况已是司空见惯。这样，对这一企业来说就必然面临选择哪一方为贸易对象的问题。在这整个过程中，谈判就又有了"探测器"的功用，此时说话留有余地就更显得重要，他可使企业进退自如，获取最大的利益。

S市某服装公司，新设计的冬装款式新颖别致，一上市就十分抢手。因此准备购进一大批面料大批生产。消息不胫而走，很快就有本市和外地的几家毛纺厂的推销员来厂洽谈生意。该公司也有意先派出采购科的一般人员与之接触。

在洽谈过程中，一方面了解各厂的情况，都不拍板，而以"贵方的意思我定会转告公司领导，只要质量可靠、价格合理，我想是会被考虑的"等这类留有余地的话来作答。通过谈判在摸清情况、反复权衡的基础上确定了其中的一家(外地的)，面料质高价廉，仅此一项该公司就获益不小。

在贸易谈判中，卖主谈判开始时提出的要价一般要偏高，然后在谈判中的适当时机再作某些让步，这样做有利于达成协议。但这并不意味着开价越高越好，而应使对方听起来要价虽高，但不苛刻，有讨价还价的余地。若提出不切实际的过高要求，使对方听起来荒诞离奇，不仅不能收到良好的效果，反而有害于谈判的顺利进行。

不久前，西德某公司销售经理率团来华推销焊接设备，其圆滑熟练的谈判技巧，很值得借鉴。谈判时，德方一套焊接设备先报价40万美元，并声明这是考虑到初次交易为赢得信誉而出的优惠价，经我方反复讨价还价，德方的报价逐渐降低到27万美元。德方经理做了个手势开玩笑地说："27万美元卖给贵方，我是大蚀老本，回去怕要服药自杀了。"结果以27万美元达成协议。

其实，后来据我方所知，该公司这套设备以往也是二十几万美元价格多次出售的。40万美元不过是留有报价余地罢了。

这一策略从表面上看与开诚布公相抵触，但也并非绝对的，二者的目标是一致的，都是为了达成协议，使双方都满意。只是实现目的的途径不同而已。不可忽视的是，该策略如何运用要因人而异。一般说来，在两种情况下使用这种留有余地策略：一是用于对付自私狡猾、见利忘义的谈判对手；二是在不了解对手或开诚布公失效的情况下使用。

在人际关系中，出于各种原因有时我们会驳别人的面子，这种事情如处理不当，便容易得罪人，结仇家；别人有愧于你，也应该"得饶人处且饶人"，但"饶人"的表示又不能生硬，利用话里藏话暗示他人，是时刻离不开的奥妙技巧。

我们应该学会在讲话时给自己留一些余地，这样别人也会给你留有余地。

说话心理学

胡元斌◎编著

民主与建设出版社

·北京·

图书在版编目（ＣＩＰ）数据

沟通技巧 / 胡元斌编著 . -- 北京：民主与建设出

版社，2020.4（2024.1 重印）

（沟通技巧）

ISBN 978-7-5139-2945-5

Ⅰ . ①沟… Ⅱ . ①胡… Ⅲ . ①心理交往－通俗读物

Ⅳ . ① C912.11-49

中国版本图书馆 CIP 数据核字 (2020) 第 033538 号

沟通技巧

GOU TONG JI QIAO

编　　著	胡元斌	
责任编辑	刘树民	
封面设计	三石工作室	
出版发行	民主与建设出版社有限责任公司	
电　　话	（010）59417747　59419778	
社　　址	北京市海淀区西三环中路 10 号望海楼 E 座 7 层	
邮　　编	100142	
印　　刷	三河市天润建兴印务有限公司	
版　　次	2020 年 6 月第 1 版	
印　　次	2024 年 1 月第 6 次印刷	
开　　本	850 毫米 ×1168 毫米　　1/32	
印　　张	25	
字　　数	605 千字	
书　　号	ISBN 978-7-5139-2945-5	
定　　价	168.00 元（全五册）	

注：如有印、装质量问题，请与出版社联系。

前　言

沟通是一门艺术，更是一门学问。善于沟通的人，让人如沐春风，听他说话是一种享受，而不善于沟通的人，出口说话就会被冷落。一个人的事业是否兴旺，与他的沟通能力和人际交往有很大关系。

著名政治家富兰克林说："说话和事业的进行有很大的关系，你出言不慎，跟别人争辩，那么，你将不可能获得别人的同情、别人的合作、别人的帮助。"这话说得一点不错。

人生的困扰，说到底，十之八九，问题都出在人际关系。而人际关系的困扰，说到底，都是因为沟通出了问题。

沟通是人们分享信息、思想和情感的各种过程。人生活在一个沟通的社会里，无时无刻不在交流思想和情感、理想与期望，欢乐和痛苦，交流着一切可以交流的东西。这种交流沟通让人的才能得以发挥，也使人际关系得到巩固。

语言是我们与人沟通的工具，是一种表达自己的技巧。一个人会说话就讨人喜欢，人际交往也不会有阻碍，事业上自然也能顺风顺水；反之，不会说话的人只会到处得罪人，四处树敌，导致人生路上坎坎坷坷，举步维艰。

在人际交往日益频繁和竞争日趋激烈的现代社会，怎样说话、说话能力如何显得极其重要。一个缺乏表达技巧和沟通艺术的人，无论在什么环境下都难以得到人们的赏识。这就要求我们提高说话能力，提升沟通技巧。

一个人的沟通能力是与知识存储和个人涵养成正比的。知识渊博的人，具有审时度势的能力，说起话来谈资丰富、妙言成趣，能够调动人们的情绪，成为人注目的焦点，这类人往往事业容易成功；而知识匮乏的人，一般都目光短浅，语言贫乏，说话少言寡味，很难引起人们的注意，做事的成功率也就大大降低了。

本书通过生动典型的事例和精练活泼的语言，详细叙述了沟通的技巧、回话的艺术以及在不同场合、不同情境该说什么话，不该说什么话等内容，帮助我们培养说话情商，避免表达失误，掌握高效说话的基本原则和方法，为我们成为职场达人，创造人生辉煌提供了丰富的研习教材和实战经验，适合不同层次的职场人士学习和收藏。如果你有志成为一个沟通高手，用心阅读本书，定会让你脱胎换骨，魅力无限。

目录

第一章
说话要情暖人心

人与人的沟通，其实是心与心的交流，两个素不相识的陌生人，一两句热心的招呼，立即就会亲热起来；而如果冷言相对，怒目相视，彼此一定会产生芥蒂。说话是一种智慧的体现，它是自己心理的表露和对他人心理的探测。学习一点说话心理学，对于我们学会如何跟人说话，怎样与人沟通都有重要作用。

用充满感情的话打动人心

曾经打败过拿破仑的库图佐夫，在给卡捷琳娜公主的信中说："您问我靠什么魅力聚集着社交界如云的朋友？我的回答是：真实、真情和真诚。"可以毫无疑问地说，真实、真情和真诚的态度是成功的说话者的法宝，是高明的交际者的妙诀。

高明的口才专家应该用真实的情感、竭诚的态度去呼吁人们的心灵，刺激之、振奋之、感化之、慰藉之、激励之。对真善美，热情讴歌；对假丑恶，无情鞭挞。用诚挚的心去弹拨他人的心弦，用虔敬的灵魂去感化他人的胸怀。让听者闻其言，知其意，见其心，达到情感上的共鸣，就会令讲话如春风化雨，润物无声，潜移默化，以发生磁铁般的影响。

大家都熟知《左传》中"触龙说赵太后"的故事。

赵太后刚掌管国政，秦国就加紧进攻赵国。赵求救于齐，齐王却要求用赵太后最小的儿子长安君做人质出兵，赵太后不答应。大臣们竭力劝谏。

赵太后生气地说："有再说要长安君做人质的，我就要唾他的脸。"大臣们因此都不再敢说这件事了。

但左师触龙却不畏惧，首先他委婉地说明，他是来看望太后的，让太后消了怒气；然后他表示对太后生活起居的关心，语气轻柔，娓娓动听，最终使太后神气缓和了。

继之，触龙又引导太后说起儿女情长的话来，至此，触龙见时机已到，便故意道："我认为太后您对燕后（太后的女儿）的爱，胜过对长安君的爱。"

左师触龙明知太后更爱长安君，偏偏这样说，为下面的话作铺垫。他说太后为燕后作了长期打算，而没有为长安君做长期打算，并举例说明无功而封以高官厚禄，只会给子女带来杀身之祸，这次正是为国立功的机会，立了此功，长安君今后在赵国就站得住脚了。左师触龙的这番话，用真挚情感，将心比心，达到感情上的融洽，最终说服了太后，同意长安君到齐国当人质，解除了赵国的军事危机。

一个说话者如果讲话华而不实，只追求外表漂亮，开出的只能是无果之花；若缺乏真挚而热烈的情感，只是"人工仿制"的感情，虽然能欺骗听众的耳朵，却永远得不到听众的心。

以情感人，金石为开

在说话和演讲上，如果我们能够调动自身的激情，以情感人，那么，听者注意力便在我们的掌控之下，我们就掌握了开启听众心灵之门的钥匙。世人对林肯就任第二任总统的一篇演说赞誉备至，称之为"人类中最光荣而最宝贵的成绩之一，是最神圣的人类雄辩的真金"。其演说内容如下：

我们对于大战灾祸能够早早结束，都很热诚祈求。但是，如果上帝仍欲使战争继续下去，并把世人辛苦了250年积下来的财富完全化尽，受过鞭笞的身体还要受一次枪刀的残害，那我们还是说："上帝的审判，完全是真实而公平的。"

不论对什么人，我们都要慈爱而不要怨恨，我们还是遵照了上帝的意思，坚持正义；并继续努力完成我们的工作——整顿我们已经残破的国家，纪念我们战死的烈士，以及因战争而造成的孤儿寡妇，以达到人与人之间的永久的和平。

有人评价道："林肯在葛底斯堡的演说已经十分伟大，

然而他第二次就职演说，还要伟大……这是林肯一生中最感人的演说，他的这个演说，使他的智慧和精神的威力达到了登峰造极之境。"

在沟通中表现出你的热诚

如果你希望与人良好的沟通，与人谈话时一定要表达和散发出你的热诚。有了这种热诚，即使在谈话遇到阻碍时你也不会轻易放弃。热诚能打动人心。一位叫阿尔夫·麦克唐娜的人就是靠热忱的谈话，与一个暴烈难缠的客户建立了生意往来。

他代表一家出租起重机给承包商的公司。那位被他称之为"史密斯先生"的人总是非常粗鲁无礼，并且经常大发脾气。见了两次面，史密斯先生都拒绝听他的解说，但是麦克唐娜还是决定再见史密斯先生一次。

结果，再见面时史密斯先生又在发脾气，站在桌子面前向另一个推销员大声吼叫。史密斯先生脸红得像番茄一样，而那个可怜的推销员正浑身抖个不停。麦克唐娜不愿意让这种景象吓倒他，他决心表现出他的热诚。

他走进史密斯先生的办公室，史密斯先生一看见他，就粗声粗气地说："怎么又是你？你要干什么？"

在他继续说下去之前，麦克唐娜先展开微笑，以平静的声音和最热诚的态度对他说："我要将所有你要的起重机租给你。"史密斯先生站在办公桌的后面没有说话。

麦克唐娜觉得是个好机会，于是充满热诚地说："我有非常好的计划提供给你，我必须要向你介绍完这个计划之后才离开。"史密斯先生被打动了，平静地坐下来开始听麦克唐娜认真解说。后来，他们签了一年的合约。

真诚的话最能赢得人心

职场虽然需要圆滑的处世态度，但却不需要华而不实的谈话方式。只有真诚，才能收到意想不到的说话效果，也才能使自己的说话形象和风格相映生辉。

美国前总统尼克松曾在1952年竞选中严重受挫，后来，他做了一次震撼美国的演说，以真诚和朴实重新赢得了人心。当时，正当他为竞选四处奔走时，突然在《纽约时报》上看到一篇抨击他在竞选中秘密受贿的文章。为此，尼克松被迫在电视台发表了半个小时的讲话。

下午六点半，当尼克松在电视屏幕上出现时，整个美国都安静下来了。他采取了一个在政治上罕见的行动，把自己的财务全部公开，从自己的家产，一直谈到他的欠债。

紧接着，话锋一转，他详细地说明了自己的经济收支情况，连如何花掉每一分钱都告诉听众——从操心为孩子矫正牙齿到改装锅炉等款项。他还告诉大家，这次竞选提名之后，他确实收到一件礼物，那就是有人送给他孩子的一只小狗。

当他讲完走出广播间时，到处都响彻着欢呼声。有一百多万人打电话、发电报或寄出信件给他，许多著名的共和党人都给他发了赞扬的函电。演讲使事实得到了澄清，还使他得到了大批支持者。

在职场中，真诚这个词看似已经过时，但对于个人的最终成功却是十分重要的。因为欺骗能骗得了一时，却不可能骗得了一世；就算你能永远欺骗几个人，也不可能永远欺骗所有的人。因此，真诚的谈吐永远具有打动人心、征服他人的力量。

讲话感人需要情理交融

一个小伙子因名落孙山想自杀，村里的一位老汉这样劝他："如果都像你这么想，我早该死了！我都70岁了，一辈子光棍一条。但我心里还是热腾腾的，想多活几年！因为我觉得活着还是有意思的。我用这双手种过五谷、栽过树、修过路……我栽下一棵树时，心里就想，我死了，后人在那棵树上摘果子吃，他们就会说，这是以前村里的光棍老汉栽下的……"

这位老汉通过自我人生体验的解剖，激起了小伙子生活下去的信心与希望。因为这种方式给人以推心置腹的平等感、亲切感和信任感，从而走进了对方的心里，让他接受了他及他的观点。现身说法为什么会有如此之强的说服力、感染力？因为，以自己亲身的经历和遭遇劝导别人，感受真实，情真意切，容易引起对方的情感共鸣，这比只讲大道理所当然更易说服人。

孙叔敖是楚国的相国，廉洁清正。死后，家徒四壁。他儿子孙步安贫困无依，靠给人背柴来维持生活。艺人优孟很同情他，就穿上孙叔敖的衣冠，模仿他活着时候的言谈举止，摇头晃脑地在楚王面前唱道："贪官不可做而可做，廉吏可做而不可做。贪官所以不可做，因为他行为虽然污浊卑鄙，可子孙却有享不尽的荣华富贵。廉吏所以可做，因为行为虽然高尚无比，然而一朝身死，家贫子孙却要乞食栖荒野。劝君勿学孙叔敖，楚王不念前功劳。"

楚王看了他的表演，听了他的歌声，感动得潸然泪下，当即召见孙叔敖的儿子，把寝丘封给他做采邑。

第二章
说话时的攻心术

　　说话看似简单，实则并不容易。如何使自己的话让别人满意，怎样让自己的语言充满魅力给人们美好的回忆或启迪，而不是留下心灵的伤痕，这都需要说话者认真思考。事实上，这是一门说话的学问，心理学称为"攻心术"。掌握这门学问，是你人生必修的功课！

找出好的话题开始说

谈话中要选择那些容易引起别人兴趣的话题，而那些不吸引人的话题最好少谈，这样才能使交谈深入下去。有人归纳了七种常见的"热门"话题：

一是人们往往留意与自身利益密切相关的信息；二是人们对与自己的角色、志趣、经验相关的信息特别关注；三是人们容易接受具有权威性的信息；四是人们总是喜欢选取以肯定形式出现的信息；五是人们希望获得新奇的信息，而不爱听老生常谈；六是人们对某些特殊的消息特别感兴趣；七是人们对越是为社会和他人所禁锢、保密的信息越是想知道。

以上几种话题只是一般性的规则，在具体选择时还要顾及会话对象。与不同对象交谈要选择不同话题。每个人都有自己的具体情况，诸如地位、素养、身份、职务、兴趣、气质、性格、习惯、经历等均各有不同，从而决定了他们选择话题也有不同的标准和需要。

譬如，老年人喜欢议论过去，青年人则偏于憧憬未来；男人热衷于竞争、比赛、时事等话题，妇女却对时装、商情、家庭之类话题更感兴趣；知识分子以"谈笑有鸿儒"为乐，文化低的人并非以谈论山野村俗为耻……这都说明了话题的选择要根据谈话对象而定。

精选话题的目的是使谈话能深入下去。一个话题，首先只有让对方感兴趣，会话才有维持和继续进行的可能。好比自己是球迷，就切莫以为别人都是球迷。否则，如果只是从自己的兴趣出发，逢人必谈球赛，难免使别人感到索然无味，丧失兴趣。

人生活在这个世界上，生理、心理上都有各种各样的需要会话的话题，应当尽可能地从某一方面去满足对方的需要，并以此为前提，同时也尽可能满足自己的需要。

一位作家对自己的作品受到赞扬，或对读者诚挚的提问，永远不会厌烦，因为他看到自己的价值，受到了读者的尊重；一位歌迷，不会拒绝关于音乐的交谈，因为这个话题满足了他对审美的需要……下面讲的就是这么一个故事：

美国女记者芭芭拉·华特初遇美国航空业界巨头亚里士多德·欧纳西斯时，他正与同行们热烈讨论着货运价格、航线、新的空运构想等问题，芭芭拉始终插不上一句话。

在共进午餐时，芭芭拉灵机一动，趁大家谈论业务中的短暂休息间隙，赶紧提问："欧纳西斯先生，你不仅在海运或空运方面，甚至在其他工业方面都取得了伟大的成就，这是令人震惊的。你是怎样开始的？当初的职业是什么？"

这个话题叩动了欧纳西斯的心弦，使他撇开其他人，同芭芭拉侃侃而谈，动情地回溯了自己的奋斗史。这就是一个好话题的"威力"它激发了对方的荣誉感和自豪感。

可见，一个话题如果能在某个方面满足对方的需要，就能促使对方侃侃而谈，也同时满足了谈话者的某种需要。每个人都需要别人的关怀和帮助，所以关心对方也是个永远受欢迎的话题。

有一位女记者，曾与伊丽莎白女王在鸡尾酒会做过简短的交谈。一开始，她就问女王，昨天是否在风雨中视察过铁矿。

这使女王十分惊讶。原来，女王的外衣染有红褐色，经女记者提醒才发觉。由于交谈从关心人的话题开始，自然引起女王的好感，使这次交谈获得成功。

在生活中，同病人谈谈治病强身的事情；同家长谈谈培养子女的方法；同青年人谈谈今后如何发展；同主妇谈谈安排生活的诀窍；同学生谈谈提高成绩的技能……这些话题无一例外都是愉快的。

精心选择话题，除了注意对方的需求外，还要小心避开

"雷区"尽量选择那些"安全系数大"的话题，所谓"安全话题"可以从两方面谈起：

首先，不要不识深浅，误入禁区。可以说，每个人都有自己的话题禁区，不容他人擅入。譬如，个人隐私、隐癖、残疾人的生理缺陷等，这一类内容应当有意避讳。不然的话，其后果轻则损害交谈，重则伤害感情，甚至导致对立或关系破裂。

其次，避开可能引起对方伤感或误解的敏感话题。话题除了有若干"禁区"还存在"敏感地带"会话中也应当小心避开。譬如，同失恋者忌谈爱情者同病相怜的痛楚与婚姻问题；同不幸者忌谈他遭受不幸的往事，甚至旁人的不幸也会引起不幸；同残疾人的亲属交谈，最好不要提起他家庭中那一位残疾者等等。

有时，对医生、律师等会话对象，也不宜动辄请教自己什么病应该怎么医治，什么纠纷应该怎么处理。过分具体的专业问题在他们八小时以外的时间里，往往也是不愿涉及的话题。

在国外，当孩子已经长大同父母分离时，甚至孩子这个话题都成为禁忌；同要人交往，宾客间往往忌谈政治、宗教和性的问题。正因为"敏感问题"很难处理，所以要尽可能绕道而行。

选择话题除了要看人之外，还要注重氛围，因为会话在一定场合、情境之中进行，话题应当同氛围协调，不协调的话题，不但煞风景，而且可能损害人际关系。

喜庆的氛围，不能容纳令人伤感或者通常认为不吉利的话题。悲哀的氛围，不能容纳令人喷饭的话题，也不宜以婚恋喜庆为话题。这都是尽人皆知的常识。其他如庄严、欢快、静穆、隆重、诙谐等各种不同的氛围，都有各自的适当话题，若不识大体，极有可能闹出矛盾。

选择话题之前，谈话者要多考虑其他可能的结果。会话是一种心理沟通、是思想感情交流，应当有利于解决问题、推动工作、增进了解、发展友谊，从而令人心情愉悦。谁都不乐意同闷闷不乐的人交谈，同样，谁都不希望会话使人闷闷不乐。所以，选择话题，要考虑它是否会给双方带来愉悦。

一个好的话题能够满足对方的需要，更好的话题能够使双方受益，俗话说："酒逢知己千杯少，话不投机半句多。"会话中，有益于双方的共同语言，应当多多益善。

通过交谈让情感升华

由于交谈的内容、目的、背景、对象的复杂性，还需要交谈者灵活运用口语规律，掌握多种交谈策略和方法，才能使交谈取得更好的成效。

幽默风趣是睿智的体现，是一个人的思想、学识、智慧、灵感在语言中的反映。培根说过"善谈者必幽默"，但幽默的具体运用并非易事。幽默构成的方式很多，主要有：自我嘲讽，张冠李戴，旁敲侧击，顺水推舟，谐音双关，借题发挥等等。

例如，有一位台湾影星，就很善于自嘲。在中央电视台举办的春节联欢晚会上，他说："我这副长相很对不起观众，有时上街都得备点零钱，以防有损市容被罚款。"另一次他又说："我是一个中国人，大家不要嫌我丑，我的祖国久经沧桑，它的形象就印在我的脸上。"

又如，有位女同学特别爱笑，一次学校校长批评她："你真是爱笑啊！"

她说："你这里是学校(笑)嘛！我是到这里来了以后才学会笑(校)的。"这就是谐音双关。

在公共场合，你不留心说错了一句话或办错了一件事难免出现令人尴尬的局面。这时，假如你显得局促、紧张、惶恐，切记不必掩饰自己的过失，更用不着转移目标，只要静下心来说一个有关过失的小幽默就行了。

例如，一位女青年本想在自己的订婚宴会上给未婚夫和亲友留下一个好印象，但由于心情紧张，碰倒了灯架，灯架又碰倒了小桌，她也跌跌撞撞地摔倒在小桌旁，弄了个四脚朝天。

她的未婚夫说道："没关系，原来你也会玩多米诺骨牌！"这不仅缓和了使人难堪的场面，而且给未婚妻留下了一个有幽默感的好印象。一句幽默的话起到了巨大作用。

谈吐富有幽默感也有助于事业的成功。譬如，有一个公司的电话员，工作主要是不停地应付客户，接电话、做记录，在职员和经理之间传达信息。有个不知姓甚名谁的人打电话来，用命令式的口气说："我要和你们的经理说话。"她便客气地问道："能否告诉我你是谁？"

那人话中带着火气，嚷道："快给我接你们的经理，我要立即同他说话！"

她只好温柔和委婉地说："很抱歉，经理的电话都是我过滤后再要他的。"

那人只好自报家门把自己的姓名和电话号码告诉她。

后来，她把这件事告诉了经理，经理大笑了起来，说她做得好，从而使她与经理保持了良好的关系。这是用幽默灵活的方式成功地处理好人际关系的小例子。由此我们可以想到，谈话有幽默感的人比较容易获得成功。

在亲朋好友之间聚谈，也需要幽默活跃气氛。在家庭幽默中，要促进家人相亲相爱，我们不妨用那些饱含关怀与爱护的幽默力量来试一试，这种幽默具有软绵绵的温和作用，温暖人心的言行能使人们感到心情舒畅和愉快，感受到生活的美好。

例如，丘吉尔在谈到自己的夫人时说："我觉得一生中最为辉煌的成就，是我说服我的妻子嫁给我。"

杜鲁门当选美国总统之后，有人访问他的母亲。客人笑着说："有了哈瑞这样的儿子，您一定感到很自豪。"

"是的"，杜鲁门总统的母亲回答，并且说道："同时我也为另一个儿子感到骄傲，他现在正在外面种地。"

英国的温莎公爵，即原来的爱德华八世，他为了爱情而放弃了王位。有一次公爵和几位朋友谈论如何能使夫人们感到愉快，他说："应当承认，在这一方面我比你们各位都更为有利。在遇到困难的时候，如果能提醒夫人说，正是为了她我才放弃了王位，那对于解决困难是很有好处的。"

赞美对方也是交谈的一种策略，他能够刺激人的自尊自信，引起对方的兴奋和愉快。没有人不喜欢别人真心实意地赞美。赞美要见机行事，切合实际，不要陷于阿谀奉承，使人怀疑你另有目的。如到别人家里交谈，可赞美房间布置别出心裁，或佩服主人藏书丰富，或欣赏壁上字画高雅，或惊叹盆景花卉精巧……以此赢得主人好感，创造良好交谈气氛。

对人的赞美，要注意词语的选择，要着重称赞其风度魅力，对女性：胖的可以说"丰满"瘦的可以说"清秀"身段好的可以说"苗条"多言好动的可以说"活泼开朗"沉默寡言的可以说"文静端庄"头发浓黑的可以说"一头秀发"声音清脆的可以说"一副好歌喉"。

对男性：高大的可以说"魁伟"瘦小的可以说"精悍"讲究仪容的可以说"庄重"比较随便的可以说"潇洒"性格优柔的可以说"稳重"容易冲动的可以说"果断"爱说爱讲的可说"快人快语"不善言谈的可以说"不露声色"等等。称赞即夸奖，美在言词，词语选择恰当了，才能收到好的效果。

但是，称赞也有"度"的限制，要讲究针对性，特别对四个方面要留心：一是赞美别人的时候，态度必须真诚，虚情假意的赞美是奉承，容易适得其反，甚至引起对方的反感；二是赞美他人最好针对行为，而不是他本人，含而不露，效果更佳；三是赞美别人要恰到好处，誉词过分容易使人误解，或使对方感到受之有愧，效果就大打折扣了；四是赞美什么必须心中有数，如果出现差错，别人势必辩解，甚至引起不必要的纠纷，会使双方难堪。

掌握好了交谈时的技巧，学会了把语言情感融入话语之中，会让与你对话的人身心愉快，同时也将会使你在人际交往的这片大海里"如鱼得水"。

问与答的说话艺术

我们生活的每一天都离不开提问，精妙的提问不仅可以使我们获得信息和知识，同时还可以帮助我们了解对方的需要和追求，从而达到人与人之间的沟通交流和互助，促成事业的成功。

当然，提问是离不开口才的，同样的一个要求，若用不同的语言提问，收到的效果肯定不会一样。那么，用什么样的语言提问才能收到好的效果呢？俗话说：到什么山唱什么歌。同样，提问也应见什么人发什么问。这是因为：

首先，人有男女老幼之分，该由老人回答的问题，向年轻人提出就不合适，该向男性提出的问题，也不能叫女性来回答。如果对一位正感叹年华似水、老之将至的女士提出一个看似很平常的问题："您今年多大年龄？"尽管你毫无恶意，也定会惹得她恼怒不已。

其次，每个人都有自己独立的性格特点。有人性格外向、性情直率，对任何问题几乎都能谈笑风生，畅所欲言；有人寡言好思，情绪不外露，但态度比较严肃；也有人讷于言辞，孤僻自卑，对任何问题都很敏感，甚至有点神经质。

对性格外向的人，尽管什么问题都可以提，但必须注意问得明白，不要把问题提得不着边际，否则很容易使谈话"走题"；对寡言好思的人，要开门见山，简洁明了，提问要富有逻辑性，尽量提那种"连锁式"问题。比如："你为什么会这样呢？""后来呢？"等等。这样可以促使他源源不断、步步深入地谈下去；

对那种敏感而又讷于言辞的人，要善于引发，不宜一开始就提冗长、棘手的问题。通常以他喜欢的话题，由浅入深据实发问，启发他把心里话说出来，但必须注意，决不能向他提出令人发窘的问题。

最后，人的知识水平和所处的社会环境各有差异。因此必须仔细观察、了解对方的身份，把问题提得得体，不唐突、莽撞。如果我们跑去问一名并不熟悉烹饪技术的宇航飞行员，应该如何烹制才能使做出的菜美味可口？就肯定不会如愿以偿。

这表明，提出的问题必须根据对方的知识水平、职业情况及社会地位等进行合理分配，该问甲的不要问乙，该问乙的不要问丙。提问并不像逛大街，上市场那样随时都可以进行，有时候提问时机掌握得好，发问的效果才会好。

比如有两个过去很要好的朋友都刚刚走上工作岗位，一个偶然的机会他们相遇了，互相询问："你们单位待遇怎样？你工资多高？谈恋爱了吗？"显得既亲热自然，又在情理当中。

但是，如果一位姑娘经人介绍与一位从未见过面的小伙子谈恋爱，公园门口两人准时赴约了，沉默了一会儿，姑娘抬起头来问："你谈过恋爱吗？工作轻松吗？工资多少？"其结局就可想而知了。

一般来说，当对方很忙或正在处理急事时，不宜提出成功琐碎无聊的问题；当对方正专心欣赏音乐、文娱节目或体育比赛时，不宜提出与这支音乐或这场文娱节目或体育比赛无关的问题；当对方伤心或失意时，不宜提出太复杂、太生硬、会引起对方不愉快的问题；当对方遇到困难或麻烦，需要单独冷静思考时，最好不要提出任何问题。

那种大而泛的问题，往往叫对方摸不着头脑，因而也就不可能回答好。相反，问题具体了，反而可以引导对方的思路，从而得到满意的回答提。

如果你要就某一专题性问题去请教别人，则必须按事物的规律，先从最表面、最易回答的问题问起，或者先从对方熟悉的事问起。口子开得小些，然后逐渐由小到大，由表及里，由易到难提出问题，并注意前后问题间的逻辑性。这样才有助于问题的逐步深入，并便于对方回答，不至于一开口便为难卡壳。同时，也有助于我们理解对方的谈话，便于从中总结出规律性的东西。

发问不仅仅是口才的问题，还是一个人的思维能力问题。提出一个问题后，你要仔细聆听对方的谈话，并注意观察对方谈话中的一切细节，积极开动脑筋，去发现新的问题，新的疑点，并立即抓住，追问下去，弄个水落石出。

此外，你还要注意对方回答问题的态度，一旦发现他避开某些东西，你可以打断他的话，试探他的反应，也可以用眼睛带着双关的意义盯住他，持续一段时间，直到使他变得不安为止。这时，他往往会在无意中脱口说出你最希望得到的东西。

同一个问题，必须准备多种提问方式。提问方式一般分下几种：

正问：开门见山，直接提出你想要了解的问题；反问：从相反的方面提出问题，令其不得不回答；侧问：从侧面入手，通过旁敲侧击，迂回到正题上来；设问：假设一个结论启发对方思考，诱使对方回答；追问：循着对方的谈话，打破砂锅问到底。

应该知道，不是任何人一开始就愿意如实回答你所提的问题。他们往往借"无可奉告""我也不大清楚"等词来推托你的问题。所以，应该准备多种提问方式。当他坚决表示无话可说时，你就装成误解了他的样子，转而用另一种方式提问，如此反复。如果他拒绝回答，你可以设想一个令其为难的结论，请他指导，一旦他开了口，你就可以步步紧逼，追问到底了。

为了表达明确，避免造成麻烦和误解，提问时仔细选词择句是很重要的。我们必须寻求最佳的表达方式。诸如"你有什么理由可说？"这类问题，很容易引起对方的不快，但如果换一种措辞："你对此事有何感想？"就可以使谈话继续下去。

必须时刻记住：对任何人提出任何问题都要努力制造一种亲切友好、轻松自然的气氛，绝对不可以用生硬或审讯性的语气和语调。否则，不但容易影响对方的情绪，还会破坏双方之间的关系，导致提问的彻底失败。

除了掌握问话的技巧，还需要对答话进行必要的训练，否则一语不慎，可能落入对方的陷阱或使朋友失和，感情疏远。答话是对提问的反馈，一般不要随便地问什么答什么，而是要尽力改变自己的被动地位，巧妙作答。下面介绍几种常用的答话策略。

答非所问法。在答话时巧妙地改变对方问话的重点，不必做简单的肯定或否定。此法可避免自己陷入被动。

例如，有位家长问班主任老师："我那孩子的成绩怎样呢？"

老师答道："如果抓紧些，这孩子的成绩会好的。"这种回答既含蓄又得体，家长听了也会很满意。

诱导引答法。当别人提问时，自己不便回答，可反过来向对方提问，诱导对方作出回答。此法也称"围魏救赵"。

例如，有位在国家军事科学研究机构工作的同志，朋友向他打听科研情况，他没有表态，而是问这位朋友："你能保密吗？"

朋友说："那当然。"这位同志说："你能我也能。"这就是用引诱的方式，引导对方说出了自己要说的话。

含蓄作答法。当对方提出敏感的问题而正面回答不便时，可以考虑委婉含蓄的回答，既能释疑，又显得体。

突破限制法。有的问话暗中限制了回答内容，甚至是别有用心设下圈套，回答时就要突破限制别掉入圈套。

例如，有人这样问："你最近没打老婆了吧？"回答"是"或"否"都不妥当，就需要这样回答："我从来都没有打过老婆。"既突破了限制，又未离开话题。

反射矛头法。对方不怀好意，想用提问使你难堪，自己又不便反唇相讥，就可以直言揭露，抓住对方问话中隐藏的圈套予以反击，迫使"矛头"反向而行。

以虚制实法。有时对方的提问虽不是故意找碴，但要回答起来内涵较深，短短几句不容易说清楚，这时就不必实言相告，而是以虚言应之。

例如，某工厂有位老工人，几十年来任劳任怨，为企业为大家做了不少好事，一直默默无闻。一天，邻居一小青年问他："我说大爷，您几十年辛辛苦苦，又没当上官，也没见你发财，你到底图个啥呀？"

老大爷笑着答道："是呀，图个啥呀？我现在还真答不上来，到时候还得去请教马克思呢！"这就暗示了老大爷的思想境界，小青年自然知趣地不再问了。

反戈应答法。先顺着对方的问话应下来，然后按照问话中的逻辑，将问题"原物奉还。"

例如，某单位会计小王问同事小李："你每月的工资都交给夫人保管，是吗？"

"是呀！"

"怎么你这样能干的人也犯妻管严了呢？"

小李笑着说："此言差矣！在家我是会计，她是出纳，会计不直接管现金，出纳开支钱不向我会计报账行吗？"

小李巧用会计、出纳职责上的逻辑思路，将小王说他是"妻管严"的问题反回去了。

移花接木法。以通俗易懂的答案去回答某些不便直说又难以说清的问题。

例如，某君生性甘于淡泊，不愿追逐名利，因此工作几十年仍是一般干部。有人问他："你干了这么多年也没捞上个一官半职，不觉得遗憾吗？"

此君笑道："可不是吗！糯米到底酿不出高粱酒来，也没啥值得大惊小怪的吧！"对方听了释然一笑，更加了解和钦佩此君。

直言快语法。回答别人的提问除了以上技巧之外，还有一种最普通、最常用的方法，适用得当往往能收到最好的效果，这种方法就是"直言快语法"。

直言快语是人们在生活工作中常用的一种交谈方式。这种方法有两个特点：一是陈述事情直截了当，有一是一，有二说二，不曲不偏，真实可靠；二是表明态度，心口如一，旗帜鲜明，不拐弯抹角，不见风使舵。

这种直来直去的交谈方式，在机关团体及企事业单位内部，在上下级或同志之间，在真诚的朋友之间更能显示出它的感人之处。

当你不能满足对方的要求时，直言相告能维护友谊，获得谅解。当你请求别人帮助时，直言能取得对方的理解，获得支持。

还要注意，在交谈中运用直言快语是有条件的。凡是有利于对方理解自己的用意，有利于解决问题，而不至于产生误解，引发、激化矛盾时，才可以直言表达。另外还要看交谈对象，因人而异。对于心胸开阔、性格开朗、有一定知识教养的人，才可以直言相告；对于性格内向、性情急躁，或者对自己有误解、有成见的人，不宜采用直言快语，否则可能产生不良后果，或使矛盾更加激化。

做个随心所欲的会说者

生活中许多人过分相信自己的理解和判断能力，往往不等别人把话说完，就中途插嘴，这种急躁的态度，很容易造成损失，不只弄错了问话意图，中途打断对方，也有失礼貌。

在与人聊天时，中途插嘴不对，但一言不发也不对。对方说到关键的时刻，说完后，你只看着对方，而不说话，对方会感到很尴尬，他会以为没有说清楚而继续说下去。所以，掌握好插话的分寸很重要。

有些人在别人说话时，唯唯诺诺，仿佛都听进去了，等到别人说完，却又问道："很抱歉，你刚才说些什么？"对他来说也许只是一时心不在焉，听漏了重点，对说话的人却是件很失礼的事。

倾听对方说话的神情也很重要。听别人说话时，眼睛却望着地下，或嘴巴微张，呆呆地听，甚至重复发问好几次，都会给人留下不好的印象。

人们常会轻率地问："刚才这个问题的意思，能解释一下吗？"或者不经大脑就说："我不太了解刚才这个问题的意思。"这些话都不算得体，你不妨这样表示："据我听到的，你的意思是否这样呢？"

即使你真的没听懂，或听漏了一两句，也千万别在对方说话途中突然提出问题，必须等到他把话说完，再提出："很抱歉！刚才中间有一两句你说的是……吗？"

如果你是在对方谈话中间打断，问："等等，你刚才这句话能不能再重复一遍？"这样，会使对方有一种受到命令或指示的感觉。、俗话说: "听人讲话, 务必有始有终。"但是能够做到这一点的人却不多。有些人往往因为疑惑对方所讲的内容, 便脱口而出"这话不太好吧!"或因不满意对方的意见而提出自己的见解, 甚至当对方有些停顿时, 抢着说: "你要说的是不是这样……"

由于你的插话, 很可能打断了他的思路, 要讲些什么他反而忘了。中间打断对方的话题是没有礼貌的行为, 有时会产生不必要的误会, 说不定对方会想: 那么你来讲好了。一个精明而有教养的人与人交谈, 即使对方长篇大论地说个不休, 也绝对不会插嘴, 这说明打断他人的言谈, 不仅是不礼貌的事, 而且什么事情也不易谈成。

在宴会、生日舞会上, 我们时常可以看到朋友正和另外一个不认识的人聊得起劲, 此时, 每个人都存有加入进去的想法。而实际上呢? 你只不过是想听听他们到底在讲些什么罢了。但是, 一方面你不知道他们的话题是什么, 而且你突然地加入, 可能会令他们觉得不自然, 也许因此而话题接不下会觉得你很没礼貌, 也因为你这位不速之客, 导致自己和朋友的耻笑。

如果碰到这种情况, 你最好等他们说完再过去找你的朋友, 即使真有事必须当时告诉他, 给他一些小小的暗示, 他就会找机会和你讲。有一点要注意, 不要静悄悄地站在他们身旁, 好像在偷听一样, 尽可能找个适当机会, 礼貌地说: "对不起, 我可以加入你们吗? "或者, 大方地、客气地打招呼，叫你的朋友介绍一下，就能很自然打破这个情况。千万不要打断他们的话题，也不要制造尴尬的气氛。

在任何地点面对任何人群，都不要盲目地去插话，而是要去学会把插话当作一个切入点，一种好的引导，让他发挥出更强大的威力，这样才能让你能得到你想要的结果。

学会了插话的技巧，又该如何将他转换成一个新的有趣的话题，无疑成了重中之重。在自然交流中很少有人，自始至终只说一件事，中途转换话题是司空见惯的事情。

通常的话题转换，不外乎两种情况，一种属于随意转换，交谈者兴之所至，话题自然游移，一如水银泻地、山洪奔腾；另一种属于有意转换，即交谈双方都为了控制交谈方向，以一定方法主动更换话题，这时的交谈不再是毫无目的，而是有意识的把握。

日常说话中，还有一种称为"乱打岔"的转移，与这里说的话题转移截然不同。乱打岔，是不尊重谈话对方，缺乏教养的行为，很不礼貌。有意转换话题，则是一种积极的谈话艺术。它正确地运用了心理活动规律，机智地避开不利因素，使会话继续保持和谐热烈的气氛和丰富的内容。

转换话题一般发生在这些情况：一是会话出现冷场；二是谈话内容枯竭，会话难以维持；三是有人失言或出现意外的尴尬局面；四是产生不同意见，不便争论，不必争论或不想争论；五是原话题无积极意义，低级趣味，或可能伤及他人；六是交谈一方对正在谈论的话题不感兴趣、甚至有厌恶情绪；七是需要避讳。譬如，当话题触及他人隐痛隐私的时候，当成人交谈时来了孩子，女性交谈时来了男子，群众交谈时来了上司的时候，以及当谈话内容应当向当事人守密的时候，都要注意不当说的不能说。

转换话题也需要一定的技巧，最好能不着痕迹，巧妙自然地将对方引导进新话题；而成功运用这个要领的关键，则在于会话对方对新的话题应当有较多的共同语言。这样，会话才能拓展交谈天地，维持融洽气氛。为此，在有意转换之前，充分估计对方心态和审慎选择比原来话题更有新意的、在需求上更可满足对方的话题，无疑十分重要。

有三种方式可供平日交谈时选用。一是顺水推舟。这种方式是充分利用原来的话题，借助邻近内容隐蔽地转移对方的注意中心，由此及彼、以新换旧，来达到自然引渡话题的目的。

第一，锦上添花法

由对方话语中的某一点引出新的话题。

某人在交谈中夸耀自己的孩子："我儿子这次数学考试又得了满分！哎，你女儿怎么样？"

乙的女儿数学较差，如果他不愿意公开，就可以说："哦，满分？你儿子真聪明，语文一定也考得不错吧！"

听到人家夸奖自己的儿子，甲不胜自喜，又开始介绍儿子的语文成绩。

补充引渡法：表面上为对方的谈话做补充说明，实际上暗度陈仓、转换话题。

若某人说："博览会上羊毛衫的款式真多……"如果此人滔滔不绝地介绍起羊毛衫的款式，而你又不感兴趣，那么，可以抓住他说话的间隙，插上一句："我昨天也去看了，不是还有各种名牌冰箱吗？"这样，就能把话题引到"冰箱"上去。

可是，有的人一讲到兴头上，往往收不住，给"补充引渡"带来困难。这时，你就要针对他的特点，用他同样感兴趣，甚至更加感兴趣的话题去"诱惑"他。一般来说，他会不经意间转换话题的。

追问转移法：对对方的回答不断地追问，也能达到转换话题的目的。

比如，有人总是抱怨自己不被领导赏识，有才而缺乏机遇，听到的次数多了，难免使人厌烦。特别是有的人还很不"识相"不管人家爱听不爱听，依然叨叨不休。

这时，你不妨借机追问："你认为一个人成才需要哪些条件？成才既然需要主客观条件，那么主观因素与客观条件相比，哪一个更重要呢？""客观条件很差，由于主观努力而终于成才的，这一类例子你多少了解一些吧？"利用一次或多少连续追问迫使他逐渐偏离原来的话题。

第二，顺手牵羊

就是借助邻近或相关的事物或非语言因素，巧妙地转换话题；会话过程中，若已对经目前的话题没有兴趣，可以借眼前的景色、物品、陈设、耳畔的声响，乃至嗅觉感受到的气味、触觉感受到的物状、身体感受到的气温等，来转移话题。

比如"哦，我怎么现在才发现，你墙上这幅画是相当名贵的！""这是什么气味？上次来好像也闻到过""你看，那个山头多像一头雄狮！""怎么搞的，你们整天就在这噪声中生活吗？"

由于所借有的事物或非语言因素，往往与原来的话题没有联系或联系不大，所以，采用"顺手牵羊式"时，务必注意三点：一是要迅速吸引对方的注意，以淡化其对原来话题的兴趣；二是要以语调、神情、手势辅助说话，以隐蔽转移话题的动机；三是要尽可能表达对对方的关心，以便消除强使对方改换话题时可能产生的不快。

第三，另起炉灶

这种方式简洁明快，直截了当地以一个新话题取代旧话题。上面的两种方式，一般都要施放"烟幕"让话题在对方并不察觉或不明显察觉的情况下悄悄地转换。而另起炉灶式却不然，它往往用明白的语言刹住对方的谈锋，迫使话题的转换。

另起炉灶式虽然直接，却也要顾全对方的面子，特别是在对方谈兴正浓的时候，你可以对只顾自己口若悬河的人说："这件事咱们有机会再谈吧，我先告诉你一件事……"也可以在听到不愿意听下去的话题时说："我们不谈这个，谈谈……好吗？"既注意到了礼貌，又达到了转换话题的目的。

转换话题还有一种情况，在两人的交谈中涉及第三人的名誉或利益，这时便要当机立断，改变话题。

如果有人在会话中损害了某个人的名誉时，你就要以坚定的语气说："对×××，我的印象很好，还是让我们谈谈其他事情吧。"或者，当有人诽谤一位双方都很熟悉的朋友时，你可以用吃惊的语气说："奇怪，他常常讲你非常好。"这种明显的转换话题一般会立即制止闲言碎语。

要熟练地掌握转换话题的技巧，除了要在实践中学习之外，还要注意三方面问题：一是对会话一方的了解要越多越好；二是要有意识地积累话题素材，为会话准备一个"话题库"；三是在会话中察言观色，充分利用自己的应变能力。

第三章

把话说到心坎上

　　如何把话说到心坎上，是一门技术，也是一门学问。说话，最大的艺术在于你怎么表达同一句话，哪件事先说，哪件事后说。尤其重要的是，你要知道如何说到重点，而且能让人心生欢喜和认同。懂得了这些道理，就等于你掌握了说话的技巧，同时也是掌握了做人的道理。

说服上司的心理语言

与上司说话，不难有礼，难在得体。大多数人对于上司都是非常尊重的。因此，他们在对上级上司说话时，都是很讲文明礼貌的。可以说，做到这一点不论对哪一个人来说都是很容易的。但对于他们在上司面前说出的话是否得体，是否把握了分寸，是否恰到好处，这就不是任何人都能轻易做得到的了。

把握与上司说话的分寸

那么怎样才能把握与上司说话的分寸呢？具体地说，应注意以下几点：

第一，主动和上司谈心、打招呼：作为下属，积极主动地与上司交谈，渐渐地消除彼此间可能存在的隔阂，与上级关系相处得正常、融洽。当然，这与"巴结"上司不能相提并论，因为工作上的讨论及打招呼是不可缺少的，这不但能祛除对上司的恐惧感，而且也能使自己的人际关系圆满，工作顺利。

第二，是不媚不俗、不卑不亢：对上司要做到有礼貌、谦逊。但是，绝不要采取"低三下四"的态度，绝大多数有见识的上司，对那种一味奉承、随声附和的人，是不会予以重视的。在保持独立人格的前提下，你应采取不卑不亢的态度。在必要的场合，你也不必害怕表示自己的不同观点，只要你是从工作出发，摆事实、讲道理，上司一般是会予以考虑的。

第三，尽量适应上司的语言习惯：应该了解上司的性格、爱好、语言习惯，如有些人性格爽快、干脆，有些人沉默寡言。尤其上司都有一种统治欲和控制欲，任何敢于侵犯其权威地位的行为都会受到报复，还有的上司是有奇特怪病和变态心理的人，你必须适应这一点。

上司一天到晚要考虑的问题很多，你应当根据自己的问题重要与否，选择适当时机与上司对话。假如你是为个人琐事，就不要在他正埋头处理事务时去打扰他。如果你不知上司何时有空，不妨先给他写张纸条，写上问题的要点，然后请求与他交谈。或写上你要求面谈的时间、地点，请他先约定，这样，上司便可以安排时间了。

第四，对谈话内容事先做好充分准备：在谈话时，要尽量将自己所要说话的内容，简练、扼要、明确地向上司汇报。如果有些问题是需要请示的，自己心中应有两个以上的方案，而且能向上级分析各方案的利弊，这样有利于上司做决断。

为此，事先应当周密准备，弄清每个细节，随时可以回答，如果上司同意某一方案，你应尽快将其整理成文字再呈上，以免日后上司又改了主意，造成不必要的麻烦。要先替上司考虑提出问题的可行性。有些人明知客观上不存在解决问题的条件，却一定要去找上司，结果造成了不欢而散的结局。这是非常不可取的。

跟上司说话要讲究分寸与上级的关系，于公于私均有很大益处。在公事上，出于双方的宾主关系中掺杂了一定程度的友谊，在合作上便较为默契，减少了许多不必要的误会，增加了工作效率。在私事上，上司对下属的了解程度愈高，便愈能获得安全感，就像一切在他掌握之中，调动自如。下属遇到私事请求某种照顾，上司也容易体恤和给予帮助。这是因为下属给上司较大的透明度，使上司放心之故。

在职场混饭吃的人最忌与上司斗气，尽管作为下属的百分之百正确，上司明摆着是偏袒其他人，但如果认真地斗起来，下属只能像一只斗败的公鸡，铩羽而归。所以，做下属的必须设法与上司处好关系，这处好关系的主要武器便是说话有分寸，即拣上司爱听的话说，即使犯颜上谏，也要"曲线救国"切不可信口开河，贸然出言，否则一语失身，悔之晚也！

和上司说话应该小心谨慎，顾全大体。但顾虑过多则不足取，容易遭人误解。应该善于察言观色，以落落大方的态度去应对，习惯成自然，对这类情况就可以应付自如了。要克服胆小怕事的心态，越是谨慎小心，反而容易出错，更容易被上司误认为你没有魄力，谨小慎微，不值得重用。

说错了话如何补救

不小心说错了话如何补救？在上司面前说错了话，一旦觉察到了，就应该就此打住，马上道歉。不要因为害怕而回避，应该面对事实，尽量避免伤害对方的人格和面子，不必要的辩解只会越辩越糟。

向上司汇报工作时要勤勉，作为上司，判断下属是否尊重他的一个重要的因素就是下属是否经常向他请示汇报工作。

心胸宽广的上司对于下属懒于或因忽视而很少向其汇报工作也许不太计较，甚至会好心地认为也许是下属工作太忙，没有时间汇报；也许是认为本来就是他们职责内的事，没必要汇报；或者是这段时间自己心情不好，他们不敢来汇报等等。

但对于怀疑型的上司来说，如果出现这种情况，他就会做出各种猜测：下属是否在这段时间内偷懒，没有完成工作；下属是不是根本就没把他这个上司放在眼里，等等。

对于这种上司，下属应该勤于汇报工作，哪怕你只是完成了整个工作的一小部分。如果不经常请示汇报工作，还会埋没你的成绩。经常请示汇报工作，让上司知道你干了什么、效果如何，这样还可以显示出你对他的尊重。如果遇到困难和麻烦，上司还可在人力、物力上支持你，比你闷着头干要强上千百倍。

上司提问时要避免说蠢话，你没能耐在上司面前做个八面玲珑的大红人也就罢了，偏偏还要不当心说蠢话，蠢话出口之后，却又立即反应过来，恨不得时空倒流几十秒，赶在蠢话出笼之前，狠狠咬往自己的舌头……

谁都难免说蠢话，蠢话的内容也都差不多。不过，要是你一蠢再蠢，不会总结经验，那就真的无可救药啦！

让同事喜欢的话语

同事之间的关系很复杂，因为彼此之间既处在一个利益共同体中，又是各自经历不同，各自脾性不同，少不了彼此之间会有摩擦龃龉。为了一个小团体的和谐与融洽，则需要有人做出让步，需要有人能够委曲求全。

与同事谈话必须要掌握好分寸

对于办公族来说，同事每天见面的时间最长，谈话内容可能还会涉及工作以外的各种事情，然而说话的不适宜常常会给你带来不必要的麻烦，所以与同事谈话必须要掌握好分寸：

第一，公私分明：不管你与同事的私人关系如何，但如果涉及公事，你千万不可把你们的私交和公事混为一谈，否则你会把自己置于一种十分尴尬的境地。

第二，是朋友，也是同事：虽有人说"好朋友最好不要在工作上合作"但缘分与机遇的事说不清，能碰巧在同一个单位里工作绝不稀奇。

或许有那么一天，公司来的一位新同事，他不是别人，正是你的好友，而且他将会成为你的搭档。上司把他交给你，你首先要做的是向他介绍公司的架构、分工和其他制度。这时候，不宜跟他拍肩膀，以免惹来闲言闲语。

与好朋友搭档工作应该是一件好事。但是在工作中，你们的友谊往往会面临各种各样的挑战。你与搭档的职级相同，但工作量却大大不同。人家可以"煲电话粥"你却整天忙得不可开交。虽然你心情不佳，但是切勿向搭档发脾气，因为你们日后并肩作战的机会还有很多，许多事还是唇齿相关的。

表面上，你的主要任务是做好分内的工作，对这位搭档要保持一贯的友善作风。不过，最重要的策略是向上司表态。上司不一定是偏心，有可能是对各项工作所需时间不大了解而已，所以你有必要找他商谈，让他知道，每件工作所花的时间为多少，在一个工作日里可以做些什么，你的任务又是如何得多。只要讲你的困难，不要埋怨搭档相对地闲着，对事不对人，才能让事情圆满解决。

第三，闲谈时莫论人非：只要是人多的地方，就会有闲言碎语。有时，你可能不小心成为"放话"的人。有时，你也可能是别人"攻击"的对象。这些背后闲谈，比如上司喜欢谁、谁最吃得开、谁又有绯闻等等，就像噪音一样，影响人的工作情绪。聪明的你要懂得，该说的就勇敢地说，不该说的绝对不要乱说。

宇宙之大，谈话的题材取之不尽，用之不竭，何必一定要拿别人短处当作话题？你所知道的关于别人的事情不一定可靠，也许另外还有许多隐衷非你所能详细的。若贸然把你所听到的片面之言宣扬出去，不亚于颠倒是非、混淆黑白。说出去的话收不回来，当事后完全了解真相时，你还能更正吗？

语言大师卡耐基说过："之所以要讲究说话的技巧，是因为许多人常常不假思索就信口开河，因而导致种种不良的后果。"

与同事交谈时应注意的问题

有的人口齿伶俐，在交际场上口若悬河、滔滔不绝，这固然是不少人所向往的。但是，假若口无遮拦，说错了话，说漏了嘴，也是很难补救的。若因言行不慎而让别人下不了台，或把事情搞糟，是不礼貌的，也是不明智的。因此，在与人交谈时必然注意以下几点：

第一、不要探问别人的个人隐私：热衷于打听别人隐私的人是令人讨厌的。在西方人的应酬中，"探问女士的年龄"被看成是最不礼貌的习惯之一，所以西方人在日常应酬中可以对女士毫无顾忌地大加赞赏，却不去过问对方的年龄。

在你打算向对方提出某个问题的时候，最好是先在脑中过一遍，看这个问题是否会涉及对方的个人隐私，如果涉及了，要尽可能地避免，这样对方不仅会乐于接受你，还会因为你在应酬中得体的问话与轻松的交谈而对你留下好印象，为继续交往打下了良好的基础。

具体地说，在日常应酬中，涉及隐私的主要有以下几个方面：女士的年龄；工作情况及经济收入；家庭内务及存款；夫妻感情；身体(疾病)情况；私生活；不愿公开的工作计划；不愿意为人所知的隐秘。

第二、不能当众揭开对方的隐私和错处：有人喜欢当众谈及对方隐私、错处。心理学研究表明：谁都不愿把自己的错处或隐私在公众面前"曝光"一旦被人曝光，就会感到难堪而恼怒。因此在交往中，如果不是为了某种特殊需要，一般应尽量避免接触这些敏感区，免使对方当众出丑。必要时可采用委婉的话暗示你已知道他的错处或隐私，让他感到有压力而不得不改正。

知趣的、会权衡的人只需"点到即止"一般是会顾全自己的脸面而悄悄收场的。当面揭短，让对方出了丑，说不定会恼羞成怒，或者干脆耍赖，出现很难堪的局面。至于一些纯属隐私、非原则性的错处，最好的办法是装聋作哑，千万别去追究。

第三，不能故意渲染和张扬对方的失误：在交际场上，人们常会碰到这类情况，讲了一句外行话，念错了一个字，搞错了一个人的名字，被人抢白了两句等等。这种情况，对方本已十分尴尬，生怕更多的人知道。而你如果作为知情者，一般说来，只要这种失误无关大局，就不必大加张扬，故意搞得人人皆知，更不要抱着幸灾乐祸的态度，以为"这下可抓住你的笑柄啦"来个小题大做，拿人家的失误来做取笑的笑料。

因为这样做不仅对事情的成功无益，而且由于伤害了对方的自尊心，你将结下怨敌。同时，也有损于你自己的社交形象，人们会认为你是个刻薄饶舌的人，会对你反感、有戒心，因而敬而远之，所以渲染他人的失误，实在是一件损人而又不利己的事。

第四，不宜过早说深交话：在交往中，我们有时结识了新朋友，即使你对他有一定好感，但是毕竟是初交，缺乏更深切的本能性的了解，你不宜过早与对方讲深交、讨好的话，包括不要轻易为对方出主意。

因为这很可能会导致"出力不讨好"。因为对方若是实行你的主意，却行不通，则可能以为你在捉弄他，即使行之有效，他也不一定为几句话而感激你。除非是好友，否则不宜说深交的话。

第五，说话不能不看时机：有的人说话时旁若无人、滔滔不绝不看别人脸色，不看时机场合，只管满足自己的表现欲，这是修养差的表现。说话应注意对方的反应，不断调整自己的情绪和讲话内容，使谈话更有意思，更为融洽。

和同事相处时要注意的问题

办公室的是是非非每天都发生着，你可能是个很有正义感的人，忍不住要挺身而出"匡扶正义"也可能你是个外向型的人，眼里看不惯嘴里要说出来，也可能你是个"事不关己，高高挂起"闲事少管的人……

不管你是个什么样的人，你都得要和同事们日复一日年复一年地相处下去。这就需要你掌握一些与同事说话有分寸的招法，在他们中间塑造一种受欢迎和受欣赏的说话形象和风格，以便使身边的同事不至于小看你或者抓住你的某个话柄找你的麻烦。所以在和同事相处时一定要注意以下几点：

第一，永远不说同事的坏话：与同事相处，要讲究分寸。话太少不行，人家会认为你不合群、孤僻、不善交往。话多了也不行，容易让别人反感，而且也容易让别人误解，认定你是个乌鸦嘴。所以说话一定要讲分寸，该说的一定要说，说得到位。不该说的一定不说，要恰到好处，适时打住。

在日常生活中，常常会遇到别人在我们面前说另一个人的坏话，对此，那时我们就得端正态度，用辩证的思维去考虑这种情况，把握好应对的分寸。

第二，慎重地判断询问者的意图：被上级询问对同事的意见时，答不出来实在令人伤脑筋。若是针对人格评价的问题，必须得慎重处理。首先的要诀是掌握对方的意图，观察上级的心意是属于哪一种类型，比如：

第一种类型：只是灵机一动的发问。第二种类型：为了确认自己的见解。第三种类型：对自己的看法不确定，想参考属下的意见。第四种类型：为得到一个公正的评价，而询问其他部属的意见。第五种类型：故意在同事之间造成对立，使彼此心生暗鬼，再由此操纵他们。判断妥当之后，再考虑如何应答。

如果是属于第一种类型，说法、口气都会比较轻松，不难立刻判断出来。自己只要顺水推舟，把话题转向就可以。有问题的是其余四种类型。

第三，先做不解状，观察对方的反应：无论任何一种情况，都先做不解状地侧头沉思，迅速观察对方的反应。

"嗯，他是个好人吧……"对方若是这样反应的时候，是属于第三种类型，不必太在意。稍微沉默一会儿之后，不妨反问："不知您的看法如何？"试探他的反应。

如果是第二、三种类型，上级应该会说："我个人的看法是……"把自己的意见说出来。如果和你所想的一样，就表示同感。否则，就把自己认为不同的地方陈述出来。谈论别人的缺点，也应仅止于大家都认同的地方，如果有上级未曾注意的，点到为止就可。

第四，多听少说为佳，如果上级在谈到某同事时说："我只跟你说"对这样的话你可别太当真了。假使你对该同事也不具好感，按捺不住地也对上级说："这些话只跟您提而已……"如果随意地就大发议论的话，正中上级下怀。你所说的话会立刻传人该同事的耳中。此时，只要假装一概不知，愿闻其详的表情就可以了。

俗话说：一言可以兴邦，一言可以乱邦。所以老于世故的人，对人总是唯唯诺诺，可以不开口的，就尽可能做到三缄其口。在现实中，正人君子有之，奸佞小人有之。既有坦途，也有暗礁，在复杂的环境下，不注意说话的分寸，往往容易招惹是非，授人以柄，甚至祸从口出。

因此，说话小心些，为人谨慎些，使自己置身于进可攻、退可守的有利位置，牢牢地把握人生的主动权，无疑是有益的。一个毫无城府并且喋喋不休的人，会显得浅薄俗气、缺乏涵养而不受欢迎。

西方有句谚语说得好："上帝之所以给人一个嘴巴，两只耳朵，就是要人多听少说。"有句老话叫作"祸从口出"为人处世一定要把好口风，什么话能说，什么话不能说，什么话可信，什么话不可信，都要在脑子里多绕几个弯子，心里有个小九九。

害人之心不可有，防人之心不可无。做到这些，你就会在任何一个地方都过得游刃有余。

使下属不得不听的话

上司与部下交谈的技巧

上司与部下交谈是交往应酬中经常的事，也是上司必须掌握的一门技巧。

第一，要善于激发部下讲话的欲望：留给对方讲话机会，使谈话在感情交流的过程中完成信息交流的任务。

第二，要善于启发部下讲真情实话：上司一定要克服专横的作风，代之以坦率、诚恳、求实的态度，不要以自己的好恶显现出面部的高兴与不高兴的态度。并且尽可能让对方在谈话过程中了解到：自己所感兴趣的是真实情况，并不是奉承、文饰的话，消除对方顾虑或各种迎合心理。

第三，要善于抓住主要问题：谈话必须突出重点，扼要紧凑。要引导和阻止对方离题的言谈。

第四，是要善于表达对谈话的兴趣和热情：充分利用一切手段，如表情、姿态、插话和感叹词等，来表达自己对部下讲话内容的兴趣和对这些谈话内容的热情。在这种情况下，上司微微地一笑，赞同的一点头，充满热情的一个"好"字，都是对部下谈话的最有力鼓励。

第五，要善于掌握评论的分寸：在听取部下讲述时，上司一般不宜发表评论性意见，以免对下属的讲述起引导作用。若要做评论，措辞要有分寸。

第六，要善于克制自己，避免冲动：部下在反映情况时，常会忽然批评、抱怨起某些事情，而这在客观上又正是在指责上司。这时上司要头脑冷静、清醒。

第七，是要善于利用谈话中的间隙：部下在讲述中常常出现停顿。这停顿有两种情况：一种是故意的。他是部下为检查一下上司对他谈话的反应、印象，引起上司作出评论而做的，这时，上司有必要给予一般性的插话，以鼓励部下进一步讲下去。第二种停顿是思维停顿引起的，这时上司应采取反问、提示等方法接通部下的思路。

要善于利用一切谈话机会。谈话分正式和非正式两种形式，前者多在工作时间进行，后者多在业余时间进行。作为上司，也不应放弃非正式谈话机会。在业余时间无主题的谈话，是在无戒备的心理状态下进行的，哪怕是片言只语，有时也会得到意外的信息。

对下属使用什么样的语言，就会产生什么样的效果。例如，当把下属叫到办公室来对他说："喂，你要听我做经理的命令。"这俨然是上司的态度。所谓"经理的命令"就表示你把这个员工当成比你次一等的人看。这种"任务言语"当然很容易招致职工们的强烈反感。如果能够委婉地运用这种"任务言语"也许会使自己在公司内的人际关系变得非常顺畅。

例如，经理在必须委任下属办事时，特意走到下属的桌子前对他说："我有件事想拜托你！"原本可以命令下属的经理，却对下属说"拜托"。借着这种言语，使得整个地位和身份倒转过来。这种倒转的字眼，会使下属充满干劲，而且会使工作进行得更顺畅。

成熟的人，越是处在高位越懂得"谦恭下士"的道理。李明在饭店任客房部经理。他说越是得人缘的人，对服务生的态度越客气"辛苦你了""谢谢你""麻烦请帮我换张床单"措辞客气有礼，服务生觉得受到大人物尊重，也会以其服务为乐。

反之，如果常用命令的口吻："喂，把这床单换了！""给我取份报纸来！"服务生听了必定不高兴，心想："有几个臭钱有什么了不起！"在实际行动上也不会尽力做好完善的服务了。

同样一件事，关键在于一者用"请求"另一者用"命令"任何人都喜欢被他人看成是重要人物，用请求的语气说话，无形中抬高了对方的地位，反之，用命令的语气说话，等于把对方的身份贬低，甚至践踏在地。

"只有先把自己放在别人脚下的人，别人才会把你捧在头上"睿智的人懂得这个道理，说话时会先替对方着想。愚昧的人为了炫耀自己比对方了不起，才会以在言语上贬损他人为乐。

当所处的地位比对方高时，要格外留意说话的口气，如果校长能亲切地向工友说："老张，身体真健康啊！"经理能体恤员工说声"大家辛苦了"客人能向服务生说声"麻烦你了"岂不令听者心情为之振奋。

对自己而言，一句客气话不需费吹灰之力，却能达到有百利无一害的结果，何乐而不为呢？即使对方为你服务是应尽的义务，然而一句客气话却能使他对你更为心悦诚服。同样是来自上司的命令，以请求的字眼来使身份整个反转过来，就会消除下属的反抗心理，不觉得是在命令他。

上司与下属交谈的艺术

要让自己的主张深入人心，一定要讲究上司艺术。要得到这样的效果，就不能把自己的观点强加于人，那样他们可能会嘴上服而心里不服。从说话的角度，明智的做法有以下两点：

（1）巧妙地说让下属承认上司的观点：作为上司，你首先提出建议，说给下属们听，听听下属们的想法，充分地讲究一下民主，调动下属们的积极性，最后请大家进行一下比较，那样他们就会承认上司的办法是最好的、最有效的，同时上司与下属之间的沟通也就成功了，在满足了下属们的主人翁感后，他们会更加敬佩上司，更加支持上司的工作。

每一个上司都应该注意到，任何一个下属都不愿意别人强加于自己什么，如果非要拿出上司的权威来硬性执行，那么就只能落得个独断专行的孤家寡人了。

（2）间接地说让下属承担某项工作：有些事情直接说，或许会遭到拒绝，会让下属对上司有种不满的感觉，不妨先试试让他一点一点地做，最后在他逐渐适应的过程中，再向其吐露自己的真实意图，到那时，就是水到渠成了。

间接地、巧妙地让下属为自己所用，是上司与下属交往时应该具备的能力，只有这样的上司才能把握住人才，取得事业上的发展。

表扬的基本原则

表扬无疑是管理人员用得最多而又最易得到对方认同的激励方式。在管理中，恰当的表扬最能鼓舞士气。因为人都有受人尊重的需要，都渴望自己的工作得到别人，尤其是上司的注意和赏识。而表扬就是对他人成绩的肯定。

表扬的基本原则有以下几点：

第一，只表扬应当表扬的事：表扬的效果在于使受表扬的行为得到正强化，使更多同样的行为发生。如果表扬的是错误的或不该表扬的行为，那么就会使更多错误的或不该表扬的行为产生。

第二，表扬应具体：应当尽量避免空泛的、不切实际的表扬，而进行具体的和特定的表扬。空泛的、不切实际的表扬没有多大实质意义，并不能引起受表扬者的重视，因此，也很难起到激励的作用。具体的、特定的表扬则使下属知道管理人员已经了解他们工作表现，使表扬变得易于被接受。

如"老王，你工作好极了！"就远没有"老王，你今天上午做了三十个零件，真了不起"或是"老王，你今天上午那件事处理得很恰当。"来得实在、有效。

第三，表扬应当对事不对人：请看下面两组表扬的话：

"小李，你真是一个天才！"

"小李，你比其他人强多了！"

"小张，你今天写的这份报告比上次好多了。"

"小张，你这个关于员工管理的建议很好。"

这两组表扬，前一组直接针对人，后一组直接针对事。很明显，后者比前者更实际，更易受人认同。因为对人的称赞往往因失去客观性变得夸张而使受表扬者感到脸红、肉麻、羞愧；对事的表扬则因具体而客观，更能显示管理人员的诚意，也令受表扬者当之无愧。

第四，表扬应及时：趁热打铁、及时表扬的效果更佳。如果当下属都已经淡忘时，管理人员再重提旧事进行表扬，效果必然不好。

另外，在表扬时不要处心积虑去选择场合，否则，容易使表扬流于形式而不得人心。如果只在上司在场时，管理人员才表扬下属，则下属会以为表扬别有用心。

第五，表扬应公开：除非迫不得已，管理人员应当公开地对下属进行表扬。表扬如果不公开，就不能起到奖励先进、促进后进的作用。并且，私下的表扬可能会被下属视为别有用心的拉拢。

任何组织，在他生存、发展、壮大的过程中，还会不可避免地会出现某些成员对该团体或负责人心生不满，或有所抱怨的现象。作为一名上司，在此种情况发生之时，若是未能有效地加以解决，往往会使问题扩大化，并且更加棘手，最后演变为不可收拾的局面。

下属们的抱怨对上司来说可能是小事一桩，但对下属们自身来说却非常重要，上司不应该把下属们的抱怨看成是幼稚、愚蠢的而予以忽视。

下属虽然不会在心存抱怨的情况下辞职，但他们会在抱怨无人听取又无人考虑的情况下提出辞职。如果事情弄到这一步就难以收拾了，因为他们会感到一种对他们人格的不尊重，令他们无法忍受。

身为上司，抚慰、礼遇下属就必须舍得花时间听一听他们的抱怨声，不满并不意味着不忠。

一般人的观点认为对某一件事情不满的人一定对公司、管理部门充满怨恨，这是极为荒谬的。实际上，正是这种抱怨和不满，才使上司意识到公司或部门里可能还有其他人在默默忍受着同样的不满。默默忍受可以使下属忍气吞声，表面上一团和气，但却会严重影响工作的效率，进而会危及企业的生存和发展。

如果上司能随时处理抱怨者的不满，解决他们的问题，他们就会心存感激，因为他们会彻彻底底地感到上司对他是重视的，因而在以后的工作中会更努力地工作，依上司的计划办事。

从某种意义上讲，上司的很大一部分职责是听取抱怨。一名出色的上司应该乐于接受下属的抱怨。如果一时没时间听下属诉说，也应约一个时间让下属诉说。切记不要当场反驳下属的怨气，要让他们一吐为快。

有时候，他们似乎希望上司采取什么行动，但是只要上司给他们一对善于倾听的耳朵，他们就会心满意足了。如果抱怨的对象涉及另外的下属或其他部门的员工，你还必须听取另一方的意见，以求问题得到公平、有效的解决。

处理抱怨时应注意的问题

对于抱怨，倾听是首要的，也是必不可少的，但真正要解决问题，消除抱怨，还必须采取实际行动。这里详细介绍一下处理抱怨时应注意的五点。

第一，不要忽视：不要认为如果对出现的抱怨不加理睬，他就会自行消失。不要误以为如果对雇员奉承几句，他就会忘却不满，会过得快快乐乐。事情绝不可能如此简单，没有得到解决的不满将在雇员心中不断发热，直到沸腾——这就是遇到的麻烦——忽视小问题，结果恶化成大问题。

第二，认真倾听：认真倾听下属的抱怨，不仅表明上司尊重下属，而且有可能发现究竟是什么激怒了下属。例如，一个打字员可能抱怨他的打字机不好，而他真正抱怨的是档案员而不是打字机，是档案员老打搅他，使他经常出错。因此，要认真地听人家说些什么，要听出弦外之音。

第三，掌握事实：要在对事实进行充分调查之后再对抱怨做出答复，要掌握事实的全部真相，要把事实了解透了，再做出决定。只有这样，才能做出完善的决定。下属小小的抱怨加上上司匆忙的决定可能变成大的冲突。

第四，解释原因：无论赞同下属与否，都要解释为什么会采取这样的立场。如果不能解释，在下达决定之前最好再考虑考虑。

第五，不偏不倚：掌握事实，分析事实，然后做出不偏不倚的公正决定。做出决定前要弄清楚下属的观点，如果上司对抱怨有了完整的了解，或许上司就能够做出支持下属的决定。在有事实依据需要改变自己的看法时，不要犹豫，不要讨价还价，说话要爽快。

事实上，许多身为上司尽管本身才干不出众，却仍然能有效地掌握人心，其关键在于他们能首先考虑下属的心理因素。所以，只要上司不忽略此种方式，而是让下属享有表现自己的机会，相信必能培养出下属和自己的融洽与和谐。

作为一位上司，还要清楚哪个下属有发展前途，哪个下属只能做眼前的工作，目前的职位对于下属是否适合。对于那些没有能力和经验还希望晋升的下属，应该采取什么样的方式去回绝他呢？是直截了当地说明他不适合更高的职位，还是借助于与其有某种关系的事物旁敲侧击，使下属充分认识自己的能力，知道自己的缺点，自行放弃这个念头呢？

聪明的上司当然知道采用哪种方式最为合适。自视劳苦功高的，用诙谐幽默的言辞，让下属知难而退。

一些老员工，他们自视劳苦功高，而且有丰富经验，就目中无人，常会提出一些不合理的要求。如果这样的下属真有能力，上司当然要提携，但对于能力有限，工作经验也只是一般的，那么就应该用诙谐、幽默的言辞回绝他，让他自行知难而退，这比用直接批评他的言辞要好得多。

与下属沟通，应适当地巧转话题，收到意想不到的效果。总之，对待那些难缠的下属，聪明的上司一般都会采用机智、诙谐的办法来对付，这样既可避免直截了当陷入尴尬的境地，又可使问题得到很好的解决，可谓一举两得。

开口必须先摸透人心

在现今这个竞争激烈的社会中，无论你身为什么角色，在很多情况下，都需要与他人合作才能达成自己的目标。

这时，你需要别人接受自己的观点、想法，然后和你共同采取一致的行动，这就需要具备说服他人的本领。公司中上司与职员之间，家庭中大人与孩子之间，学校的老师与学生之间等等都需要说服。除此之外，商业谈判、恋爱、政治、宗教等也都离不开说服，存在着人与人关系的地方都缺少不了说服工作。

在说服他人时，我们常常会遇到这样一种情景：在与别人争论某个问题时，明明自己的观点是正确的，但就是不能说服对方，有时还会被对方驳得哑口无言。这是什么原因呢？就是因为自己说不出想要说的话，不知道如何开口。

其实说服他人并不是什么难事，只要了解对方所需要的，摸透对方的心再开口，就会得到你想要的结果。

有一对美国夫妇带着孩子去看电影，没买票，理由是"我们的孩子还小，用不着买票"。

检票员笑着说："瞧，您的孩子这么高了，快比齐您的肩膀了，你应该为他买票而感到高兴啊！"

那对夫妇脸上马上浮现出了笑意。"是啊，这小孩长得真快。"母亲笑着说，父亲则掏钱买了票。

检票员正好说中了那对夫妇希望孩子快快长大的心愿，说了一句动听的话，才使那对夫妇欣然接受了检票员的意见，改正了错误。

试想，当时检票员如果没好气地说："嘿，你孩子长得这么高还不买票，你不知道没买票不能进去？出去，出去！"

则那对夫妇在大庭广众下很丢面子，必然会产生反感的心理，从而反唇相讥，针锋相对，甚至可能拒绝买票，带着孩子走进影院。如此一来，电影院秩序必然会被破坏，影响观众看电影，也影响检票员的工作。

从上面的例子中可以看出，说话时应该抓住对方的心理特点、性格等，才能使对方心服口服。一个人的心理特点通常表现为性格特征。人们坚持某种观点的程度，往往受其性格所影响。

一般来说，性格倔强的人，其观点往往不容易改变，但是如果把握住他倔强的性格特点"对症下药"要说服他往往能速战速决；而性格温和的人，要他接受你的观点，往往需要采取迂回的策略，因为这种人往往比较自负，对方表面上可能会立即被你说服，但并不一定是真正的心服口服。

所以针对不同性格特征的人采取不同的说服方法，也是我们所应掌握的说服他人的技巧之一。

中国有句老话：对症下药。这个"对症"就是要求在说服他人时抓住对方的心理。人都有一个共同的特点，即都不愿意做"并非本意"的事情。如果我们不能抓住对方的心理，对症下药地去说服别人，别人是不可能接受你的观点的。

说服一个人，了解他的心思是非常重要的，只有摸透了他的心思，才会知道如何开口，如何说服这个人。

生活中，不同人的内心世界毕竟不同，而人的内心世界并不是绝对"秘不示人"如果掌握一定的技巧，便能够了解对方的心理：更多地了解对方的心理，说服他时才能说到要害，引起对方的共鸣和知音之感，这样对方才会更愿意接受你的观点，你才能成功地说服他人。所以，要想更有效地说服他人，就要先摸透人心再开口，这样往往能达到意想不到的效果。

第四章
行为透露心理活动

　　人的五官和四肢，常常在心理作用下表现出多种表情和各种动作，这就是所谓的行为语言，也叫身体语言。在很多情况下，行为语言能够表现出许多语言难以表述的内涵，是口头语言的延续。正确理解行为语言对于我们处理人际关系，拓展事业都有重大作用。

眼睛是通往心灵之窗

眼睛是通往人心灵的窗户，他可以让人解到许多不为人知的秘密，而通过眼睛，可以让我们更好地了解别人的内心世界，从而使我们在与人交往的过程中更加"得心应手"。

眼神不看对方，没有好感

说话时眼睛是否看着对方，有无视线接触，表明他是否对对方有好感或感兴趣。如果谈话时，对方完全不看你，便可视为他对你不感兴趣或无亲近感。相反，我们走在路上，发现一个素昧平生的人一直盯着我们时，必定会感到不安，甚至觉得害怕。

不相识的人，彼此视线偶尔相交，便会立刻撇开。这是由于每个人被看久了，会觉得被看穿内心或被侵犯隐私权之故。

人们在等公共汽车、在电影院门口买票时，会自觉地排在别人后面，这种现象主要是准备前进，也可避免与不相识的人视线相交。在队伍中面对面而立的，大都是朋友、夫妻、亲人等具有亲密关系的人，借排队的机会聊天或讨论某些问题，以此来打发时间。这种情况，在我们的生活中时有发生。

综上所述，我们得出结论，相识者彼此视线相交之际，即表示他们有意沟通心灵。但是，这种情况如果发生在妇女之间，则可能有别的意思。心理学家的研究结果表明：当妇女不愿意把自己所想传达给对方时，多半会发生凝视对方的行为。

心理学家R·V·艾克斯莱恩等人曾做过一个实验。他们事先指示受测者"隐瞒真意"。结果表明，注视对方的比率，男人会降低，女人则反而提高。

在未事先指示的情况下，男人在谈话时间内有66%在注视对方；可是有了指示后，却只有60%的时间在注视对方。女人在接受指示之后，居然有高达69%的时间在注视对方。

在日常生活中，对方若久久凝视你而不移开视线的话，很可能有什么心事要向你诉说。

撇开对方视线，性格主动

在火车上或公共汽车上，如果上来一位年轻貌美的女性时，所有人的眼光几乎会集中在她身上。但是，青年男子往往会随即把脸扭向一旁。他们对这位女性虽颇感兴趣，但基于"探心术"中所谓的强烈"压抑"作用，而产生抑制自己的行为。

假使他们有兴趣时，便会偷偷斜视对方。这是由于他们想认识对方，又不愿让对方知道自己的心意的缘故。于是，为了不让对方发觉自己在注视她，便会颈部不动，仅以斜眼看人。行为学家亚宾·高曼博士认为："瞄上一眼之后，闭上眼睛，即是一种我相信你，不怀疑你的身体语言，并不是把视线移开，而是闭上眼睛后，再睁眼望一望，如此不断反复，就是尊敬与信赖的表现。"

心理学家Ａ·肯顿曾经做过一个实验，研究人们在谈话中，何时把视线移向对方。其结果表明，在谈话刚开始和即将结束之际，其比例有着显著的增加。谈话之初，将视线移向对方，是想引起对方的关注，即将结束之际，则由于想了解对方究竟听进去多少。

视线在谈话中何时移开，情况又会怎样？一般认为，首次见面时，先移开视线者，其性格较为主动。谈话中有意处于优势地位的人，也会先把眼光移开。

一个人在谈话中是否能占上风，在最初的30秒内就能决定。当视线接触时，先移开目光的人，就是胜利者。相反，因对方移开视线而可能引起某种想法，是不是对方嫌弃自己，或者与自己谈不来。因此，对于初次见面即不集中视线跟你谈话的对象，应当特别小心地应付。

不过，同样是撇开视线的行为，如果是在受人注意时才移开视线，那又另当别论了。一般而言，当我们心中有愧疚时，就会产生这种现象。

一位名叫詹姆斯雪农的建筑家，曾经画了一幅皱着眉头的眼睛的抽象画，镶嵌在透明板上，然后悬挂在几家商店门前，希望借此减少偷窃行为。

果然，在这幅画悬挂期间，偷窃率骤降。虽然不是真正的眼睛，可是对有些做贼心虚的人来讲，却构成了威胁，他们极力想避开该视线，以免产生被盯梢的感觉。因此，他们不敢进入商店内，即使走进商店里，也不敢行窃了。

眼看远处，对谈话心不在焉

视线的方向也是观察的要点。对方的眼睛看远方时——对你的谈话不关心或在考虑别的事情。

当你很诚意地对女友说话，她常常将眼睛注视别的地方，表示她心中正在盘算别的事情，或许因为对结婚没有信心，也可能她另有对象，对你说不出口。

出现这种情况，你最好不要往这方面去判断，急躁地让她说出实情。假使你太钻牛角尖，可能会将事情搞糟，遗憾终生。你不妨用试探的口气问她："有什么麻烦吗？告诉我，我们共同解决。"她会马上说："其实很想对你说，很难开口……我以前有喜欢的人，这件事连我父母也没提过。"

如果对方是非常重要的交易谈判对象，他同样会在心里盘算，如何使交易变成有利的状况。看远方的眼神中，也有凝视于一点或焦点不变的眼神。这种眼神表示对方心中在想其他事情。

谈生意的对象有这种眼神时，交易时要特别注意不要将大量货物出售给他。因为对方可能支付不了货款，或在想恶性倒闭；或者，对方是卖者，他所卖的货物是次品，或者他经手的是别人的货款想独吞而潜逃。所以，对方有那种眼神时，应毫不客气地问"你有什么烦恼的事情？"从而从对方口中探知烦恼的原因。如果对方慌张地说"不！没有什么事……"时，应当斩钉截铁地与他中断洽谈，可以对他说："以后再谈吧。"对这种情况有调查的必要。

如果在某个会上，你发现一位出席者对坐在他正面的某位看都不看一眼。他对面的那位发言过后，你不妨问他："你认为他的意见如何呢？"他如果立即予以猛烈反驳的话，则表明他们之间曾经有过争论，或有什么成见。

不同的目光转动，内心动向不同

谈话时，对方的眼睛不同的转动方式表现出不同的内心动向。对方眼睛左右、上下转动而不专注时，是因为怕你而在说谎。这样做，多半是为了使你不担心，而不将真相说出，或由于他自身的过失，无法向你赔偿损失或偿付贷款。在你一再追问的情况下，他口是心非，眼睛则左右、上下转个不停。

其貌不扬的人，来推销产品，他说："对不起！便宜货卖给你了。"边说着眼睛却在左右、上下转个不停。这个样子很让人讨厌，任何人都会对这种人留有戒心，掂量他是否在撒谎。然而你身边的人眼睛这样动时，应该去判断他是否表达着什么意思。

几个年轻女子在一起谈笑逗乐，经常会把眼睛向左右、上下转，表现出不沉着的样子。这则代表着一种无关大雅的玩笑心理。

当你与某人做成一笔交易并到对方单位收款时，对方的眼睛若是向左右、上下转地说"总经理出去了，明天再付给你……"对方这样说，这是撒谎的表现。对方经常做这种表情，如果再继续交易的话，难免会有风险。

男士和女友或和自己的太太上街，他会情不自禁地注视来来往往的其他女性。从心理学来看，男性的这种移眼神的动作，是为了不失去客观性的本能所发出来的举动。

相反，女性把一切希望都集中在男朋友身上，其本性只停留在主观感情上，所以女性走在路上，除男朋友外，对其他男性一眼都不会去正视，只是含情脉脉地注视着身旁的男朋友，对他的一举一动都非常关注。你的女友若注视其他男性时，你的心情如何呢？不管怎样，迟钝的男性也能明了女性的心理。最重要的是，你去观察她乌溜溜转动的眼神。

我们在观看电视上的辩论比赛时，往往可以看到因为被抓住弱点而眼光向左右快速转动的人。这是他正在动脑筋，试图寻找反击的证据。由于费尽心思，便会呈现出以视线快速转动的现象。此外，人们在紧张或有所不安与戒心的时候，也会试图扩大视界，以期获取有关情报，好沉着应付，同样会有类似的眼睛转动的作为。

眼球的转动还有一种情况。我们可以回顾一下自己工作的单位，当上司与属下讨论工作细节的时候，上司的视线必定会由高处发出，而且会很自然地直接投射下来。反之，为人属下者，虽然自己并没有做出什么亏心事，但是，视线却经常由下而上，而且往往显得软弱无力。这是由于职位高的人，总是希望对属下保持其威严的心理作用。

但是，也有例外。这与地位的高低无关，就是内向的人容易移开视线。美国的比较心理学家理查·科斯博士曾经做过一个实验，让很腼腆的小孩与陌生的大人见面，来观测他们注视大人的时间长短。将大人眼睛蒙上和不蒙的情况相比较，发现小孩注视前者的时间，居然为后者的3倍。这就是说，眼光一接触时，小孩的视线会立刻移开。由此可知，内向的人大都不会一直注视对方，而经常要移开视线。

蔑视的眼神不一定有蔑视心理

斜对方的眼光表示拒绝藐视的心理。人们聚集在一起或在工作场所会谈时，常常可以看到乜斜对方的眼光。这种眼光的特性，是表示拒绝、轻蔑、迷惑、藐视等心理。

公司或商场间的竞争对手或其他竞争者之间难免会正面交锋，互相之间常有用蔑视的眼神看对方。

乜斜而略带含笑的眼神，有时也表示对对方怀有兴趣。尤其在初次见面的异性间，经常能见到这种眼神，多出现在女性对男性上。男性看到这种眼光，可能会想："这个人太骄傲了！"这种判断就全错了。这表示她对你感兴趣而害羞。遇到这种对象时，鼓足勇气和她攀谈，轻蔑的眼神会变成最有兴致的眼神。假使一位女性与一位男性初次见面，就射出过于热情的视线，男性无形中会在心里藐视她。

对方在谈话中做这种藐视的眼神，出于拒绝和轻蔑的心理，表明一定有某种原因使他这么做。如果你不闻不问，会在你们之间搞得很别扭。你应该谦恭地问明详情："不要一直沉默着，把要说的话都说出来吧！"如果这时对方仍然没有反应，表明他拒绝了你的诚意。这种人大多自尊心强或有畏怯心理。他若与你别扭起来，一时还难以解除，因此应当注意。

戒备的眼神代表不信任或敌意

眼神发亮略带阴险，则表示对人不相信，处于戒备中。男女之间用这种眼神争吵，表示双方敌意、憎恶。在初次见面会谈中，一瞬间也会接触到这种眼神；受到朋友或同事的误解，把事实曲解的时候，去解释说明，对方往往也会出现这种眼神。

初次见面时，对方有这种眼神，表示在谈话中你使对方产生某种的不信任和警戒。如果觉得自己并无使对方产生这种心理的做法的话，那可能是对方从其他地方听到一些关于你的事情，或从介绍者那里得到某种先入为主的感情。

到朋友、同事那里去解释，他们可能会说："来干什么？现在还有脸到我这里……"此时，他们如果有疑惑、敌意、不信任的眼光，表明对方已完全误解了你，并存有戒心。为了消除你们之间的误会，你必须诚恳地向他们解释，讲真话，他们最终会接受你的解释。因此，一旦受到别人的误会，一定要诚恳解释，才能消除误解。

男性打扮太豪华的话，就容易受到别人的误会，可能感受到某种发亮略带阴险的目光在注视着你。其实你本人是非常正派的人，你应在言谈、礼貌方面加以注意，就不会招致别人的误会。

不满的眼神，可能毫无表情

没有表情的眼神代表心中有所不平或不满。有人认为，人与人之间互相没有心怀不满或烦恼时，才会做出毫无表情的眼神。这种想法是错误的。

比方说，你若碰到婚前的女友，现在还当作普通朋友来往，你向对方说："我正巧到附近，要不要一起去喝茶？"

对方的眼睛会表现毫无表情的样子，她会说："很久不见，还好吗？"她一时脸上堆笑，马上又恢复无表情的眼神。此时的眼神表示内心不安，并且对现状不满。

情侣两人在喝饮料的谈笑之间，如果突然发生别扭，女方说："我要回去。"她站起来要走，眼神毫无表情。此时，她心中可能隐藏着不满与不平。

性格懦弱的人，一旦被不喜欢的人邀去做客，如果一开始能拒绝掉当然好。偏偏这种人难以启齿说出回绝的话，只好跟着后面走。此时，懦弱的人会出现无表情的眼神。遇到这种情形，一定要不假思考地问他："你什么地方不舒服吗？"你就可以表现出关怀之意。无论你怎么说，他都感到不高兴，这是这类性格者的一个特点。

在冲突者之间也往往出现这种情况，对挑战的对方忍耐时，表明他处于一触即发的状态，千万不要介入他们之间的纷争。

人们沉思时的眼神各不相同，有的闭起眼睛，有的则呆滞地眺望远方，还有的则会做出毫无表情的眼神。一旦思维整理妥当或产生新的构思时，眼睛则显得很有神，或出现有规律的眨眼现象。这也是将要接着说话的信号。

综上所述，眼睛确实会"说话"。只要我们掌握各项观察眼睛的要领，在与人交往中，多加注意对方的视线，就会很清楚地了解到对方的思绪与心境。

仔细领悟目光语言的运用方法

美国第四十任总统里根出身演员，拥有高超的表演技巧，每次演讲他都能充分运用目光语。有时像聚光灯，把目光聚集到全场的某一点上；有时则像探照灯，目光扫遍全场。因此有人评价他的目光语是一台"征服一切的戏。"

演讲中的目光语很重要，用好目光语很有技巧，下面介绍运用目光语的八种方法：

（1）前视法，就是演讲者视线平直向前而弧形流转，立足听众席的中心线，以此为中心弧形照顾两边，直到视线落到最后的听众头顶上，视线推进时不要匀速，要按语句有节奏进行，要顾及坐在偏僻角落的听众。

（2）环视法，有节奏或周期地把视线从听众的左方扫到右方，从右方扫到左方或从前排扫到后排，从后排扫到前排。视线每走一步都是弧形，弧形又构成一个整体——环形。这种方法要注意中间的过渡，由于其视线的跨度大难免有为视线而视线之嫌，演讲时要注意衔接。此种方法主要用于感情浓烈、场面较大的演讲。

（3）侧视法，用"Z"形成"S"形运用视线。此法在演讲中用得较多。

（4）点视法，在很特殊的情感处理与听众的不良反应出现时，可大胆运用此法，此法很厉害，对制止听众中的骚动情绪有很大好处。

（5）虚视法，即"眼中无听众，心中有听众"。这种方法在演讲中使用频率很高，尤其是初上场的演讲者可以用他来克服自己的紧张与分神毛病而不至于使自己看到台下那火辣辣的眼神而害怕。这种方法还可以用来表示演讲时的愤怒、悲伤、怀疑等感情。

（6）闭目法，人的眨眼一般是每分钟五至八次，若眨眼时间超过一秒钟就成了闭眼。演讲中讲到英雄人物壮烈就义，演讲者与听众极度紧张，心情难以平静时，可运用此法。

（7）仰视法和俯视法，在演讲时，不要总是注视听众，可以根据内容运用仰视和俯视，如表现长者对后辈的爱护、怜悯与宽容时不时把视线向下；表示尊敬、撒娇或思索、回忆时可视线向上。

要特别说明的是：视线的运用往往是种种方法综合考虑、交叉动用的，同时要按照内容的需要，押着感情的节拍，配合有声语言形式与手势、身姿等立体进行，协同体现。

表情暴露内心世界

表情语言，传递心声，往往想要让谈话顺利地进行下去，你需要先去了解这是一个怎样的人，而通过一些面部表情，你可以根据自己的判定进行对会话节奏的初步掌握。

脸是一个人最有代表性的名片

虽然人人都有一张脸，可是每个人的脸都是不一样的，从这千差万别的脸上，你可以发现很多秘密。按照民间的说法，额头代表一个人的智力，鼻子代表一个人意志，而嘴巴却代表的是一个人情绪。

认识一个人，首先就是从脸开始的，所以人们习惯把一个人的脸称为名片或招牌。每个人对自己的脸都是特别关注的，对自己的脸皮都是很重视的。对任何人来说，脸都是非常重要的。

有人用了8个汉字的形体来概括脸的种类，这8个汉字是"童""田""贯""木""丁""甲""由""申"。"童""田""贯""木"被认为是好相貌，而"丁""甲""由""申"被认为是丑相。从视觉上看，前者自然比较耐看，后者就可能有碍观瞻了。一个人的脸就像文字一样把每个人的情况反映了出来。

在民间流传着这样的话："上庭长见君王，中庭长福禄昌，下庭长终生忙。"仔细地观察人的相貌，这些话是很有道理的。

中国古代有很多关于看相的书籍，比如什么《麻衣神相》《一掌经》等，其中绝大部分是迷信，很难找到科学依据。这些书籍都传到了日本，就变成了诸如《神相全篇》《神相全篇正义》《南北相法》《相学辨蒙》等。在这些书中，脸从正面横着被划分为三等份。

第一步分是上部，也就是所谓的"上庭"。这一部分在双眉连线以上、以额头为中心，代表人智力、理性。这是因为额位于头的最重要的部位，所以人们附会出这种论断。

第二步分是中部，也就是人们所谓的"中庭"包括眼睛、脸颊，以鼻子为中心的部分，代表意志、自我。欧洲的人相研究者，重视这一部分，把重点放在目瞄上，因为眼睛能够反映出人的喜、怒、哀、乐，他们认为眼睛象征着感情和情绪。

第三步分，下部，也就是人们经常说的下庭，以嘴为中心，因为嘴除了吃饭、说话，生气时把嘴翘起来等之外，还有一个功能就是"接吻"因此人们认为代表情绪、爱情和本能。

脸上表现感情的肌肉中最发达的部分是眼睛和嘴的周围。嘴被称为爱情器官，也是食欲器官，所以有人认为这部分反映情绪、爱情和本能。

在观察脸时，可以从两个角度去看：脸的正面、侧面。脸的正面可以分为的三部分，第一步分是额头、第二步分是鼻子、第三步分是嘴巴。观察脸部的表情，可以了解一个人的内心状态，这就是我们经常所说的"非言辞沟通"。

在所有"非言辞沟通"的范围中，最不易产生争论的，就是脸部表情。因为这是最容易看到的表情，而且一目了然。每个人都见过"迷死人的模样""过来吧！"的表情，或者一副"随时奉陪"的眼神。

给《训练和发展杂志》写了一连串有关"非言辞沟通"

的文章的乔治·彼特表示，不愉快或迷惑可以借助皱眉来表达；嫉妒或不信任时会将眉毛上扬；而敌对的态度是以绷紧下颚的肌肉，和斜眼瞪视表示。

此外，一个常见的姿势是下巴向外突出，就像一个生气的小男孩反抗父母时所做的表情。同时当一个人采取敌对的态度而绷紧下颚肌肉时，注意看他的嘴唇，一定也是紧紧抿着的，这表示他已摆出一种防卫姿态，而且尽量不再说话或做出任何反应，这可能就是"嘴紧"这个名词的来由。

一般来说，回忆某一个人时，首先回忆起的是什么呢？回忆起的不是他的服装、态度、语言、姿态飞奔走路的样子、习惯等等，而最先回忆起的往往是这个人的脸。

如果让一个天真质朴的儿童来画一个人，无论他画的是火星人还是章鱼人或是其他什么怪诞的人，他一定会画出脸，尽管他可能会画出没有脖子的人，但是绝对不会画出没有脸的人。

在我们日常会话里，以脸、面代替人的情况往往很多，比如说遇见人，可以使用"面晤""面接""对面"等词语来表示。

在高明的人看来，每个人的脸上都挂着一张反映自己肉体和精神状况的明细表。人的脸部能够反映出每个人的性格，因而通过脸来判断人的性格其实是可行的。有些法官和检察官在法庭上进行长时间的讯问。这并不是因为被讯问者的脸上没有做出应有的反映，而是因为该法官或检察官并非高明的观察者。

面部表情是感情的晴雨表

当我们坐在大厅里观看演讲者演讲时，在他上场的那一瞬间，首先看到的是他的整体形象：潇洒的风度，高雅的气质，大方的步态，得体的打扮等。

我们对比审视之后，在心中定格出演讲者的形象，但演讲进行下去的时间一长，大家的眼睛会汇聚到演讲者的一个部位，他的脸部。这并非演讲者有一张漂亮迷人的脸蛋，其实有些演讲者并非如此。而是因为脸部是感情的晴雨表，听众可以从上面读懂演讲者的情感世界。

美国著名教育家卡耐基在说到罗斯福演讲时，说他全身好像一架表现感情的机器，他满脸都是动人的感情。这样使他的演讲更有力，更勇敢，更活跃。当代著名演讲家、演讲理论家邵守义演讲时脸部表情丰富多彩，丰富的表情后面表现着复杂的思想情韵。

下面我们来看一些常见的脸部表情：突出下颚表示攻击性行为；缩紧下巴表示畏惧和驯服；抚弄下颚表示掩饰不安或胸有成竹；伤心时嘴角下撇，欢快时嘴角提长，委屈时撅起嘴巴，惊讶时张口结舌，仇恨时咬牙切齿，忍耐时咬住下唇；下颚上抬，把鼻子挺出，是傲慢、自大、倔强的表现；用手摸鼻子，是怀疑对方；用手摸耳垂表示自我陶醉；

以上罗列了一些脸部表情；如果他们互相配合，综合运用，按照演讲的内容要求，根据演讲者的感情控制，会产生愤怒、害怕、高兴、妒忌、喜爱、紧张、骄傲、悲伤、满足、同情等感情。

首先从感情的两个极端"愉快"与"不愉快"看脸部的活动情况：愉快：嘴角后拉；面颊上提；眉毛平展；眼睛平眯；瞳孔放大。正是"眉毛胡子笑成一堆"。不愉快：嘴角下垂；面颊下拉；眉毛紧锁；面孔显长。正是"拉得像个马脸"。

自然可更具体些：表示有兴趣、快乐、高兴、幸福、兴奋的表情，脸部的组合方式为：眉毛上抛，嘴角向下，鼻孔开合程度正常，口张开，瞳孔放大。有时伴有笑声，流泪或拍打身体等动作。表示蔑视、嘲笑等表情，脸部的组合方式是：视角斜下，眉毛平或撮，抬面颊。表示痛苦、哭泣等表情，其组合方式是：皱眉、眯眼、皱鼻、张开嘴、嘴角下拉，配合有声传递。演讲中此种表情不能过度。表示发怒、生气的表情，其脸部组合方式是：眼睁大，眉毛倒竖，嘴角拉开，紧咬牙关。此种表情最富攻击性，演讲中切忌过头。表示惊愕、恐惧的表情，组合方式为：眉毛高扬，眼睛与口张开，倒吐凉气。表示平和、自然的表情。这种表情实在是"无表情"他是演讲中脸部表情的主要体现。其脸部组合方式为：眉毛平、嘴角平、略提面颊。在演讲中微笑与平和都是脸部表情的核心。

表情是透露情报的信息之窗

哭的表情反映着人的内心世界。许多情绪都会引起哭，但头号原因是悲伤，其次是兴奋、愤怒、同情、焦虑和恐惧。人们对于哭习以为常，但在科学家看来，哭如睡眠一样，仍然是神秘的。

美国明尼苏达大学的科学家对成年人的哭作了独创性的研究，他们分析了两种泪：一是受洋葱味刺激流下的；一是情绪激动而流下的，他们发现两者所含的化学成分不同。

伤心的泪水里含有两神经传导物质，他们分别与人的紧张情绪和体内痛感的麻痹有关，而泪水能将这些物质排出体外，起到缓和紧张情绪的作用。百分之八十五的妇女和百分之七十三的男人说，他们哭了以后感到心情好受了许多。

大多数的哭，发生在晚上七点到十点，在这段时间里人们大多与亲人朋友会聚在一起或者看电影。上述供研究用的伤心的泪，就是从一些看悲剧性电影的志愿受试者那里收集来的。

其实，正常时，眼睛也会不断分泌出少量泪液，形成一种薄膜以滋润眼睛和为角膜提供氧。哭的时候，产生的泪液就要丰富得多。人们哭的时间长短不相等，短者二到三秒，长的达两小时左右，一般正常情况下哭泣的时间为一到两分钟。

女人哭的频度是男人的五倍。在被研究的四百个人中有百分之九十四的妇女报告说，每月哭一次或多次，平均来说，妇女每人每月要哭五次；百分之五十五的男人报告说，每月至少哭一次。但男人的泪多变，是泪水在眼里淌着，很少潸然泪下或抽泣呜咽。

为什么妇女比男人更容易哭呢？这个原因虽不完全清楚，但有两个因素是完全可以肯定的；一是男女体内激素的作用方式有差别，二是受社会习见的影响；哭，代表软弱"男儿有泪不轻弹"往往从孩提起，男子就受到这种思想和熏陶。

研究哭的专家却认为哭，这种人类所独有的行为既然是在漫长的进化过程中获得的，就必然有其生物学意义。哭，很可能是导泄紧张情绪的一个重要的阀门，可惜的是，许多人，尤其是男人没有充分利用他。

当小孩子对紧张情绪做出自然反应而哭时，大人强求他们忍住，这其实有害身体；有些成年人把感情隐蔽在心灵深处。尽管他们能做到强忍住悲哀的泪水而不露声色，但是被抑制的紧张情绪总能找到某些渠道逃逸，而这些渠道就是溃疡，结肠炎或者其他与紧张情绪有关的疾病。

哭和笑一样，可以分成许多种类：东周杞梁的妻子哭她丈夫，那是寡妇凄怨的哭；贾宝玉偶尔一两句话不对触恼了妹妹，林黛玉便掩面而哼哼唧唧，那是打情骂俏的哭；曾子死了，曾哲竟因哭儿子，而哭瞎了眼睛，那是发白天性的真挚的哭；楚霸王在乌江别虞姬高唱："虞兮虞兮奈若何"而声泪俱下的哭，那是英雄末路悲壮的哭；风流皇帝陈后主向人诉苦说："此间日以泪洗面"那是追怀过往的抑郁的哭；刘阿斗太子在晋武帝面前背完了"先人坟墓远在岷蜀……"因为没有眼泪便紧紧闭上两眼来代替哭，那便是傻孩子的假哭。

上面列举了许多种类的哭，虽然都是我国古代人的哭，但足以概括我们平时哭的种种了，如凄怨的哭，真挚的哭，悲壮的哭，抑郁的哭，打情骂俏的哭，甚至假哭等等。

哭有如此多的种类，而每个人的哭相又各不相同，不同的哭相，也可以暴露内心的情绪，并且，可以大致了解这个人的性格特点。

没有表情的人并非没有感情

在人际疏离的社会中，有不少人不管听到或看到什么，甚至想到什么，都会尽力压抑自己的情感，不愿在脸上透露一丝一毫。

遇到这种类型的人时，大部分的人都会不知所措，不过，没有表情绝不表示没有感情，脸部肌肉没有随着心绪的牵动而变化当然是不自然的。然而，没有表情其实是最能显现出一个人的感情。

例如，对上司有抗拒感的职员，有时就会装出这种没有表情的表情。其实无论他如何压抑感情，旁人还是能察觉到他的表里不一，正因为他极力想要压抑内心的不满，所以仔细观察的话，就会发现他的脸部线条僵硬，扭曲而不自然。

人虽然是非常善于伪装的动物，但只要不忽略人性的深层本质，加以细心观察的话，就可以从中发现一些线索。

一个面无表情的人，一旦紧张起来，眼睛就会不由自主地眨动，鼻头自然皱起，偶尔有脸部痉挛的情形。对于这样的人，聪明的做法是不要去刺激他。有些上司还会不明就里，大大咧咧地对着脸色苍白的属下说："你的脸怎么啦？似乎在抽搐，有什么不满，就说出来吧！"这种话，无疑是在刺激这位拼命压抑感情的部属，是相当危险的举动。

因为，抽搐的脸部，表示此人正努力地保持上司与部属的关系，这时最好什么都不要说破，改天再选择适当场合，自然地沟通、开诚布公，才能解除部属的紧张情绪。

微笑是消除陌生感的心声

就是说，可以对"笑容"有清楚的自我感觉。这样，也就有一个笑的技巧问题了。

一般地说，沟通者的表情，要受到两种因素的制约：一是对接受者的态度、感情，二是所表述的言辞内容，就对接受者的态度、感情来说，沟通者的表情基调应该是微笑，一则因为微笑是和融洽的关系相契合的，微笑乃是社交上最好的非语言性信号；二则因为微笑时的面部肌肉容易控制，可以长久维持笑貌。

就所表述的言辞内容来说，笑和笑的分寸的掌握就显得更为重要。"面部是思想的荧光屏"不同的话题、场合，就应该有不同的表情表露，该严肃就不能笑，该笑就笑，该怎么笑就怎么笑。

比如，在祝贺(获奖、朋友生日)的场合，交谈时一定要满面春风，笑容可掬，使人感到你友情的真挚；在喜庆(结婚、寿辰)的场合，你除了锦心绣口，还应当笑逐颜开，给大家增添欢乐的酵母；在笑语喧声的联欢会上，则不妨开怀大笑，直至达到笑的饱和；在正式会谈(座谈会、外交谈判)中，即使是在"坦率的会谈"(肯定有某些不同见解、甚至是意见截然对立的会谈)中，虽然要求"不苟言笑"然而也不宜板着面孔。

在这种场合，嘴角的一丝微笑使人显得矜持高雅，大度包容"微笑外交"甚至成为许多外交家为人称道的风格。在这些场合，如果"一本正经"面色阴沉，就将令人望而生畏、望而生厌、大煞风景了。

当然"笑不由衷""巧言令色"是容易被识别的，因此不论是哪一种笑，只有发自内心的笑、同对方会心的笑，才能真正使对方的心弦产生共振。至于在吊唁、葬礼、扫墓、传送死亡通知书等场合，就绝对不能有一丝笑容，应当表现出肃穆、沉静、伤感的样子。

笑所持续的时长，一般可以显示一定意义。西柏林自由大学卡斯滕·尼米兹教授在对18个人的笑容及其心理动力进行了实验分析后作出结论：大部分持续5至7秒钟的笑是愉快的笑。

最积极的笑，一开始嘴唇要迅速运动，下巴翘起，头向后转，两眼睁得大大的，看周围人笑不笑。5秒钟以后，当头向后转得不能再转时，主要现象出现了并产生面对面的愉快感：这时眯上半秒眼睛，意味着头要转回来和标志着："我看着你笑，但不是嘲笑你"。当两个人的目光对在一起时，他们会立即转移视线，去看别的地方。

明显使人生气的笑是缓慢的笑，这种笑或者是不眯眼，或者是眯眼，但眼睛是慢慢闭上的，而且睫毛是竖着的，笑到最后，脸色就变了，而且表现出十分不快的样子。2至3秒钟的笑则使人不解其意："笑的人到底想对我们说什么呢？"根据尼米兹教授的说法："人们就这样自然地把笑，看作一种以无意识的方式对他们说话的信号。"

"相逢开口笑"是一种常用的见面体态语。无论是见到生人、熟人、长辈、小辈、同性、异性，都可以开口发笑。应当说明的是，开口笑并不是哈哈地咧嘴大笑，也不是嘻嘻逢迎的笑。前者使对方莫名其妙，局促不安。后者使人觉得嬉皮笑脸，话未开口先生戒忌之心。

所谓开口笑，只是指说话时面露微笑，带有笑的色彩，这是一种谨慎的需要收敛的笑。开口笑，使人觉得和蔼、可亲、文明，所以说他是"仪表吸引"的一个构成要素。

在融洽的气氛中，当对方发笑时，自己应有笑的呼应。言语交际不同于喜剧、相声表演——观众哄堂大笑，演员倒要不笑，因为演员一笑反而会抵消观众的笑。言语交际的双方，笑是反馈，可以筑成彼此交流的桥梁，感受对方的感情态度，理解对方的思想观点，从而共同创造出理想的言语交际效果来。

笑是言语交际进行的润滑剂，应当贯穿始终。当面对许多人时，最好在你和听话人交融的笑声中结束谈话，使你的笑貌音容在大家的脑海里最后再打上一个印记。

美国人戴乐·卡耐基在所著《演讲术》一书中曾转引一位演说家的话，强调"必须在听众的笑声中说再见"即使是两个人之间，结束谈话时，也一定要留给对方一个愉快的印象，笑容便是结束谈话的最佳"句号"。

微笑语。微笑语指运用不出声的微笑来传递某种信息的体语。在公共关系活动中，微笑不仅是招呼朋友的无声语言，而且也是婉拒的有效手段。如对不感兴趣又不便直言相拒的问话，微微一笑可以表达欢愉、鄙视、愤恨、谅解、无奈、自嘲等多种语义。

在公共关系活动中，公共人员要善于区分微笑的不同意义；否则，产生误会，便极有可能一厢情愿，给工作带来损失。

据披露，二次大战时，日本偷袭珍珠港事件爆发前的美日谈判，日方代表曾报以可作善意和恶意两种解释的微笑，美方代表只知其一，不知其二，做出日方代表友好、亲善的判断，这也是麻痹并招致重大损失的原因之一。

微笑是一种良性的脸部表情，反映出一个人的内心世界，是自信的标志，礼貌的象征，涵养的外化，情感的体现。在演讲中可以象征性格开朗与温和，可以建立融洽气氛，消除听众抵触情绪，可激发感情，缓解矛盾。曾在世界上规模最大的美国哈佛大学担任校长三十年之久的叶洛特博士说：“微笑是人际交往成功的催化剂。”

下列场合可运用微笑技法：

表达赞美、歌颂等感情色彩时应微笑，此时要博得别人笑，自己首先要笑；上台与下台时应微笑，这样可拉近与听众的距离，把良好的形象留在听众心中；面对听众提问时送上一缕微笑是无声的赞美与鼓励；肯定或否定听众的一些言行时，可以配合着点头或摇头，脸挂微笑；面对喧闹的听众，演讲者可略停顿，同时脸挂微笑是一种含蓄的批评与指责。

表达一些与微笑不会相悖的情感时可微笑。法国作家诺阿诺·葛拉索说："笑是没有副作用的镇静剂！"

但是要提醒演讲者注意的是，演讲中不能从头到尾一味微笑，否则让人感到你像一个弥勒佛，没有心计，觉得你带了一个假面具上台演讲，没有感情。尤其是不需要笑的感情表达时更不能笑。如下段演讲时：

"不是有人在乘车不畅时埋怨他们乱哄哄，路不通，车不动吗？不是有些漂亮的姑娘品评他们是多一个脑袋的电线杆吗？不是有人谩骂他们秉公处罚是自己给自己发奖金吗？不是有人更丧尽天良将车轮辗向我们这些可敬可爱的马路卫士吗？"

下列情况请注意：

表达悲痛、思考、痛苦、愤怒、失望、讨厌、懊悔、批评、争论等负面情绪时不能微笑。你已完全放开，不觉紧张，没有必要运用微笑来控制情绪，松弛紧张时可不要微笑。

另外，演讲中的笑要随内容感情变化形式：有兴奋喜悦的笑，有冷嘲热讽的笑。演讲中既要注意用自己的"笑容"去表达内容，感染听众，也要保证笑的价值，该笑则笑，不笑则止。

不同的笑，代表不同的性格

笑是人最常见的面部表情之一。在人的喜怒哀乐的情绪中，喜与乐的直接表现就是笑。不过，我们知道，虽然是对同样高兴的事，各人的笑，却表现出不同的形态。这是为什么呢？当然这也是与不同的性格有关的。下面就不同的笑态与性格心理的关系作简要介绍。

（1）捧腹大笑：捧腹大笑的人多是心胸开阔的。当别人取得成就以后，他们有的可能只是真心的祝愿，而很少产生嫉妒的心理；在别人犯了错以后，他们也会给予最大限度的宽容和谅解。他们比较有幽默感，总是能够让周围的人感受到他们所带来的快乐，同时他们还极富有爱心和同情心，在自己的能力范围许可内，对他人会给予适当的帮助。他们从不势利眼，不嫌贫爱富，更不会欺软怕硬，比较正直。

（2）是悄悄微笑：经常悄悄微笑的人，除了性格比较内向害羞以外，还有一种性格特征就是他们的心思非常缜密，而且头脑异常冷静，在什么时候都能让自己跳出所在的圈子以外，作为一个局外人来冷眼观察事情的发生、进展情况，这样可以更有利于自己做出各种决定。他们很善于隐藏自己，轻易不会将内心真实的想法透露给别人。

（3）是前仰后合的笑：笑的幅度非常大，全身都在打晃，这样的人性格多是很直率和真诚的。和他们做朋友是不错的选择，因为当朋友有了缺点和错误以后，他们往往能够直言不讳地指出来，而不会怕得罪人而视而不见。他们不吝啬，在自己的能力范围许可内对他人的需要总是会给予帮助。基于这些，在自己遇到困难的时候，也会得到来自他人的关心和帮助。他们会使大家喜欢自己，能够营造出良好的社会人际关系。

（4）是常常偷着笑的人：小心翼翼地偷着笑的人，大多是内向型的人，他们性格中传统、保守的成分占了很多，而与此同时，他们在为人处世时又会显得有些腼腆，但是他们对他人的要求往往很高，如果达不到要求，常常会影响到自己的心情，不过他们和朋友却是可以患难与共的。

（5）是掩口而笑：笑的时候用双手遮住嘴巴，表明这是一个相当害羞的人，他们的性格大多比较内向，而且很温柔。但是他们一般不会轻易地向他人吐露自己内心的真实想法，包括亲朋好友。

（6）是爽朗的笑：笑声非常爽朗的人，多是坦率、真诚而又热情的。他们是行动派的人，一件事情决定要做，马上就会付诸行动，非常果断和迅速，绝对不会拖泥带水。这一类型的人，虽然表面上看起来很坚强，但他们的内心在一定程度上却是极其脆弱的。

（7）是断断续续的笑：笑起来断断续续，笑声让人听起来很不舒服的人，其性情大多是比较冷淡和漠然的。他们比较现实和实际，自己轻易地不会付出什么。他们的观察力在很多时候是相当敏锐的，能观察到他人心里在想些什么，然后投其所好，见机行事。

（8）是笑出眼泪的笑：笑出眼泪来是由于笑的幅度太大的原因所致，经常出现这种情况的人，他们的感情多是相当丰富的，具有爱心和同情心，生活态度是积极乐观和向上的。

（9）笑的声音尖锐：笑声尖锐刺耳的人，其多具有一定的冒险精神，且精力比较充沛。他们的感情比较细腻和丰富，生活态度积极乐观，为人比较忠诚和可靠。

（10）不出声的笑：只是微笑，但并不发出声音，这多是内向而且感性的人，他们的性情比较低沉和抑郁，情绪化比较强，而且极易受他人的感染。他们的性情比较温柔、亲切，能够给人一种很舒服的感觉。

妙不可言的手势语言

手势语言是有声语言的必要补充，在双方说话的过程中，一些习惯的手势动作，往往就会暴露出一个人内心的想法。

在人的身体的各个部位中，手是活动最为灵便的一个部分，人的手势种类繁多、含义丰富，可以说在社交谈话中，灵活多变的手势是身体语言当之无愧的主角。因此，手的动作利用的好坏，往往在很大程度上决定着身体语言运用得成功与否。

手势语言的基本运用

在指点物品时，所指的是较大的物品时，则用全手掌指出；若指的物品比较小，那么只用一根指头比如食指去指就够了，同时也应注意掌心要向外。

除了用手指点物品以外，其他一些类似用手指示的情形中，也需要手心向外这条原则。

下面再举三个例子，说明运用手的动作时手掌的用法：

一是在给人带路时，应对别人说："请往这边走"同时，手指指着路的方向，手掌朝向对方。二是向人指明较远处的东西时，应告诉他："在那儿"手指指向物体所在处，手掌朝下。三是表示否决时的动作是双手举在胸前向外摆动，手掌朝向对方。

在手的动作中，还应注意以下两个方面的问题：第一、要以整个身体配合手的动作说话，不要单是大打手势。第二、展示手掌时不应张开手指，不应翘起大指，正确的做法是把大拇指稍稍向内弯曲，其余四指轻轻并拢。

手势语言是通过手和手指活动所传递的信息。包括握手、招手、摇手和手指动作等。手势语言可以表达友好、祝贺、欢迎、惜别、过来、去吧、不同意、为难等多种语义。

比如：双手紧绞在一起，他显示的意义是精神紧张；摊开双手，表示真诚坦直；用手支头，表示不耐烦；用手托摸下巴，表示老练、机智；双手指尖相合，形成塔尖型，表示充满自信；不自觉地用手摸脸、摸鼻子、擦眼睛，是说谎的反映；用手指敲打桌面，表示不耐烦、无兴趣。

再如：握手是一种重要的常用礼节。然而，握手所起的传情达意却比一般礼节性要求的内容更丰富、细腻。如果发生与标准姿势有异，则要研究其握手礼节之外的附加含义。

握手时既轻且时短，被认为是冷淡不热情的表示，紧紧相握、用力较重是热情诚恳的表示，或有所期待的反映。力度均匀适中，说明情绪稳定。握手时拇指向下弯，又不把另四指伸直，表明不愿让对方完全握住自己的手，是对对方的一种藐视。握手时手指微向内曲，掌心稍呈凹陷，是诚恳、虚心、亲切的象征。用两只手握住对方的一只手，并左右轻轻摇动，是热情、欢迎、感激的体现；反之，一接触到对方的手旋即放开，是冷淡和不愿合作的反映。

认真领会手势的分类

我们首先看看列宁的演讲。左手大拇指习惯插在背心肩口，较多地用右手做动作。不过初讲时他的动作也极少，讲到后来时，就越来越多地用两只手做动作，尤其在讲到激情、鼓舞等重要关口，还喜欢把身体迅速前倾，用力急剧地有力的向前一挥，用这一特有的典型手势来加强演讲的色彩和力量。

演讲中，自然而安稳的手势，可以帮助演讲者平静地说明问题；急剧而有力的手势，可以帮助演讲者升华感情；稳妥而含蓄的手势，可以帮助演讲者表明心迹。下面看看演讲的手势分类：

指示手势。这种手势是用来指示具体真实形象的。分为实指和虚指两大类。实指是演讲者的手势确指，他所指的人或事或方向均是在场的人视线所及的。如"我""你""我们""你们""咱们""这边""上面""地下""这些""这个"等。其中以"我"为中心的动作居多，虚指是指演讲者和听众不能看到的。比如讲到"很久很久以前""在那遥远的地方"。常用虚指可伴"他的""那时""后面"等词出现。

指示手势比较明了，不带感情色彩，比较容易做。

（1）模拟手势：用来临摹形状物的手势，其特点是"求神似，不求形似"。因此有一定的夸张色彩，在一次演讲比赛中，一个演讲者讲到自己由于身患重病没钱医治，一个个素不相识的朋友给他寄来汇单、物品。在讲到一个年仅五岁的小女孩那天到医院给他送来一个大梨子时，他热泪盈眶，双手合抱，虚拟出一个大球形，好像这梨子就是代表了人们的真情实意。这手势信息含量很大，升华了感情。

（2）抒情手势：一种抽象感情很强的手势。演讲中运用频率最大。比如：兴奋时拍手称快；恼怒时挥舞拳头；急躁时双手相搓；果断时猛力砍下。

林肯的做律师的老朋友赫恩登说，他对听众恳切地演讲时，那瘦长的右手指自然地充满着动人的力量，一切思想情绪完全贯注在那里。为了表现欢乐的情绪，把他两手臂举成五十度的角，手掌向上，好像已经抓住了他渴望的喜悦。他讲到痛心处，如痛斥奴隶制时，他更时紧握双拳，在空中用力挥动。

（3）习惯手势：任何一位演讲者，都有一些只有他自己才有而别人没有的习惯性手势，手势的含义不明确不固定，随着演讲内容的不同而体现不同的含义。

演讲手势贵在自然，切忌做作；贵在协调，切忌脱节；贵在精简，切忌泛滥；贵在变化，切忌死板；贵在通盘考虑，切忌前紧后松或前松后紧。

美国第三十七届总统查德·尼克松，在执政时做了不少事情，能被人们记得的不多，而他在演讲时，动作和内容的不协调，却成了他的轶闻。在一次招待会上，他举起双手招呼记者们站起来，而嘴上却说："大家请坐！"而另一次演讲，他手指听众，嘴上却说："我"然后又指着自己说："你们……"

这种配合不当的动作，使记者们大伤脑筋。

常用手势蕴含的意义

握手只是手势的一种而已，而手势的类型可以分为四类：

一是象形性手势，用来摹形拟物，使自己的表述形象化的手势。二是情意性手势，以手势表达自己的思想感情。三是象征性手势，用来表达抽象事物的手势。四是描示性手势，用来表示说话者的某种指示。

人们运用手势不宜过多，也不宜重复，过多的手势，显得手脚不稳，令人讨厌；重复的动作，显得单调乏味，缺乏创造性。这里，我们介绍几种人们经常使用的手势：

（1）仰手：即掌心向上，拇指张开，其余手指微曲。手部抬高表示欢欣赞美、申请祈求；手部放平是乞丐讨饭的动作，表示诚恳地征求听众的意见，取得支持；手部降低表示无可奈何。

（2）覆手：即掌心向下，手指状态同上，这是审慎的提醒手势，演说者有必要抑制听众的情绪，进而达到控制场面的目的；也可表示否认、反对等。

（3）切手：即手掌挺直全部展开，手指并拢，像一把斧子"嗖嗖"地劈下，表示果断、坚决、快刀斩乱麻等。

（4）啄手：即手指并拢呈簸箕形，指尖向着听众。这种手势具有强烈的针对性、指示性，但也容易形成挑衅性、威胁性，一般是对相识或与演说者有某种关联时才使用。

（5）剪手：即手切式的一种变异。掌心向下，然后同时向左右分开。这种手势表示强烈的拒绝，毋庸置疑，演说者也可以用这种手势排除自己话题中涉及的枝节。

（6）伸指：即指头向上，单独伸食指表示专门指某人、某事、某意，或引起听众注意；单独伸拇指表示自豪或称赞；数指并伸，表示数量、对比等。

（7）包手：即五个手指尖相触，指尖向上，就像一个收紧了开口的钱包。这种手势一般是强调主题和重要观点，在遇到具有探讨性的问题时使用。

（8）推手：即指尖向上、并拢，掌心向外推出。这种手势常表示排除众议，一往无前的气势，显示坚决和力量。

（9）抚身：即用手抚摸自己身体的一部分。双手启抚，表示沉思、谦逊、诚恳；以手抚胸表示反躬自问；以手抚头，表示懊恼、回忆等。

手势作为人类无声的语言，能够很完整地表达人们的思想感情和情绪，手语就是聋哑人之间情感交流的重要手段。按古人的说法，人的两手是不同的，左手代表先天的命运，右手代表后天的造化。我们且不迷信古人的说法，但是手势泄露人们心理微妙的变化是不可忽视的，抓住这一瞬间，就可以获得人际交往的精妙，从而成为交际能手。

不同的握手表示不同的内心

行为是心理的体现，这一点还可以从手的表现上看出来。从"握手""易如反掌""袖手旁观"等字句的探讨可以发现，握手是表现人际关系最有力的情感传达工具，利用手与手的关系，或是手的动作便可易如反掌地解读出对方的心理，并且还可以不费事地将自己的意思传达给对方。

握手是一种礼节，握手是什么时候产生的呢？据说握手开始于人类仍然处于赤身裸体生活的阶段。在开始的时候，男人之间初次见面通常要用手来掩盖对方某些器官表示友好。

不久后，这个动作逐渐演变成手与手之间的行为。所以对原始人来说，握手不仅表示问候，也是表示手中并未持有任何武器，是一种信赖的保证，包含着契约、发誓的观念。

握手不仅仅是一种礼节，更主要的是可以暴露一个人心里的秘密。

今天，在许多国家，握手是一种比较常见的见面礼，握手已经成为一种比较重要的人际交往形式，不管在公共场所，还是私人空间，都是不可缺少的礼貌行为。中国人见面都喜欢握握手，说上几句客气话，表示一下亲热。有时，在表示祝贺、感谢、慰问等的时候，也可以用握手来表示。

但握手还不是全球性的礼节，并且在不同的国家，握手的方式也有不少差别。在有些国家，握手只在特定的场合使用。

如在美国，只有在被第三者介绍后，两人才可以握手。在日本，见面礼一般是相互鞠躬，而不是握手。在大多数讲英语的国家，握手主要用在初次见面和分别的时候。在东欧一些国家，见面不是握手，而是拥抱。在有些国家人们对别人握住他的手是忌讳的。

心理学家认为，既然握手有"用手了解对方"的目的，因此微妙的心理变化，都可透过握手让对方感觉到。例如，如果握手时对方手掌出汗，表示对方心理处于不稳定的状态，因为这表明对方汗腺处于兴奋状态。

从所表达的意思来看，握手可以表达很多强烈的信息。由于交往关系、交际背景的不同，握手可以传达出许多不同的意思。一般在握手时，用力回握之人，具有好动的性格；不用力握手之人，缺乏气魄，性格懦弱。

另外，在宴会等场合，跟陌生人很轻松自在的握手的人，具有旺盛的自我表现欲；先凝视对方再握手的人，表示想将对方置于心理上的劣势。诸如此类，想了解相当细微的性格也绝不是不可能的事。

可见在握手的一瞬间有可能识破对方的性格。从这个意义上说，握手不仅仅是一种礼貌行为，而且还是传达人际信息的重要方法，因此观察握手也是"察人"的重要途径。

在人际关系当中，无论你面对的是什么样的人，都应该是真心诚意的。忠厚老实，心口如一，不藏奸，不耍滑。要知道，真诚可以给你带来宝贵的财富。想成为一个道德素质高的人，就要有一些侠骨柔肠，就要光明磊落，襟怀坦白，使人如沐春风，这样才能有个好人缘。

握手有力的男人与别人握手的时候热烈有力，有时还要晃动两三下，就像要把对方的身体甚至五脏六腑也晃动起来一样。这种握手的方式会给人留下深刻的印象——这类男子的性能力是不容小觑的。

有的男人与女性握手的时候让对方感到很温柔，给人一种体贴、细腻的感觉。但是，行为学家们研究发现，这种男人具有很强的攻击性，大男人主义倾向很严重。

先伸出手表示主动、热情；慢慢地伸出手表示不大情愿，心里比较冷淡；紧紧地握住对方的手，眼睛盯着对方的脸，对方会觉得自己受到了足够的尊重，心里感到舒服。

相反，如果轻轻地握住对方的手，眼睛看着其他地方，对方会觉得被轻视，因而会产生不满情绪等。

在握手的时候，如果一个人像一条死鱼一样有气无力地伸出手，就会让人立即感到他是出于应付。对方可能会感到这样的握手不是出于自愿，而是被迫无奈，不得已而勉强应付。可以说，这是最糟糕的握手方式。

握手本来是一种表示友好的方式，而却让人感到对方无情无义，这不是事与愿违吗？这种方式的握手所带来的消极影响是很严重的，与其这样，不如不握这个手。有些人是习惯成自然，并不知道这是不好的行为；有些人却是明知故犯，有意地叫别人难堪，这就太不应该了。

不同心态的握手方式

有的人在握手的时候，用大拇指和食指紧紧地攥住对方的四指关节处，像一把老虎钳夹住了别人的手，让人感到很难受。这种握手方式由于用力过猛，常常给人一种不友好的感觉，显示出一种以强凌弱、飞扬跋扈的神态。

不言而喻，这种握手的方式自然是令人很不愉快的。身强力壮的男士与女士或身体比较弱小的人握手时，力气不要用得太大了，更不要用这种方式握手。

在握手的时候，如果对方手心向下，这种人有支配人的欲望，这仿佛在说："你好好地听我的，我是你的领导。"

国外有些专家研究表明，有些高级的政府官员、地位显赫而权势过大的人，他们一般是不与人握手的，不得已的时候，就会将掌心向下与人握手，以显示出他们的支配地位。下级与上级、晚辈与长辈、推销员与顾客等有主次关系的人之间，应该注意避免用这种手势握手。

有些人与人握手的时候，只伸出四个指头，好像很不愿意的样子。这种方式给人传达出的信息是不希望与对方握手，其原因或是害羞，或是自尊心不足，或是不尊重对方等。

女士与男士握手出现这样的情况，可能是因为害羞或客套；男士与男士握手出现这样的情况，可能是自信心不足或蔑视对方。这些都会给对方造成不良的影响，对方可能会把这种方式当成是一种侮辱的举动。每个人都应该从这里发现一些有用的信息。

在日常生活当中，礼节性的握手是必不可少的。例如，亲朋好友久别重逢，伸出温暖的手，对方会感到一种受到了热烈欢迎的气氛。

在与陌生人初次交往的时候，握手虽然没有十分实在的意义，但这也可以表现出一个人的修养和气质，给人留下一个美好的印象。这种礼节性的握手，很可能就会成为良好交往的开始。

在特定的人际关系之中，握手成了一种比较特殊的礼节。例如，上级到下面去检查工作，名人与一般的人见面，主动与其他人握手，可以表现出领导和名人对他人的尊重、肯定和褒奖。

礼节性握手要注意对等和同步。如果一方伸出手来，而另一方半天都没反应，那么这就叫人下不了台，让人陷入了尴尬的境地。

握手可以达到语言难以达到的效果，主要表现在握手时的力度、时间和方式上。握手时用力的大小，其实是内心情绪的表现，对方会十分敏锐地察觉到，可以从这一点上推测对方的内心想法。

握手时比较有力，而且持续的时间较长，表明对方对自己的感情很深，或者是对自己有某种需求。通过握手所传达的这种微妙的感情和信息，有时真可谓"此时无声胜有声"。

有时，握手的摆动幅度比较大，外人看起来很夸张，但这时可能正好表达了语言难以表现的意思。好友重逢，年轻的朋友再相会，往往会出现这样的场面：他们互相抓住对方的手，用力上下摇动，似乎只有这样才能表达自己的内心情感。此时此刻，他们的心贴得更近了。这种夸张的握手在男性之间比较多见，而用在异性间就不太适合了。

这种热烈的场面也常常出现在政客身上。政客握手往往也很夸张，表现出一种"亲密"和"真诚"。由于这样的动作超乎寻常，所以很容易让人感到虚伪和不真实。本来是平平常常的关系，而突然出现这种夸张的举动，那么，这人一定是另有他求了。

五指相夹相触，指尖向上，就像一个收紧了开口的钱包，用于强调主题和重点，也表示探讨之意。其他的还有以下几种：

（1）涉谎手势：当人们说谎或怀疑别人撒谎，当听到逆耳的话或者看到他们不愿意看的东西时，他就会下意识地捂住嘴，捂住耳朵或用手蒙住眼睛。我们都知道，儿童毫不保留地使用这些手势，表现得最为充分。

比如，当一个调皮的儿童向父母和老师撒谎时，他就会不由自主地将嘴捂上，试图阻止谎言出口；当小孩子讨厌听别人的教训时甚至干脆用手掌将耳朵捂上，试图避开逆耳的言辞。不但小孩子如此，有的中青年也不例外。

我们有时会看到一个人唠唠叨叨地向另一个人解释一个论点，而这个人似乎听够了这些论点，因此，会转过身去，或用手捂住耳朵。随着一个人年龄的增长，人们的这种蒙眼、捂嘴和捂耳朵的姿势就会变得更加微妙、更加斯文、更加隐蔽。

揉眼睛实际上是大脑试图阻止"丑事"进入眼帘而做出的一种无意识的努力。也就是说，当人们看到讨厌的东西时，他就会揉揉眼睛。有时，当一个人对别人撒谎时也会揉揉眼睛，或会低下脑袋，用以避开对方对他的盯视。

我们可能见过，当父母训斥小孩子时，小孩子往往会用小手揉揉眼睛，生气地噘起小嘴巴，有时还会低下脑袋避开父母的眼睛。

对有些父母来说，这种揉眼低头的动作会使他们更加激愤。有的父母面对孩子的谎言无计可施，但又想让孩子"坦白交代"因此，就声色俱厉地对孩子喝道："看着我的眼睛说：你到底干什么了？"

其实，父母的这种逼问只能增加孩子的恐惧心理，恶化他的消极态度，最后迫使他溜出家门。事实证明，这种训斥孩子的方式只能适得其反。

其实，小孩子在父母面前揉眼和低下脑袋的姿势动作已经说明他在撒谎或有难言之处，如果他的父母换一种方式，耐心等待，那么，想撒谎的小孩子很可能会向父母道出真情。

当女人撒谎时，她通常用指尖儿轻轻地触摸几下眼角儿。这很可能是因为她从小就养成的习惯，或是为了防止抹掉脸上的化妆粉。

为了避开对方对她的盯视，她还会仰起头，看着天花板或地板。总之，无论是低头看地板，还是仰头看天花板，无论是揉眼睛，还是触摸眼角儿，这些动作都是人们撒谎、迟疑或讨厌看到某物时，身体对大脑中消极思维的无声显示信号。而且，这些信号对他人来说也起着不同程度的消极作用。因此，在与人交谈时应该避免做出上述动作。

美国的研究家们曾用角色表演的形式考验那些对病人的病情故意撒谎的护士。观察结果表明，说谎的护士使用这些手势的频率远远超过对病人讲实话的护士。由此可见，当人们撒谎时，他们的身体便会随之显示出一种下意识的无声信号。

（2）自悔自责的手势：在许多情况下，用手搓后脖颈是一种自行谴责的信号。如领导布置一项任务而部下忘了，他在汇报时就可能搓着后脖颈。此时他也可能会立刻拍拍自己的前额或拍拍脑后。并诚恳地说一句表示歉意的话。因此，他拍拍自己脑袋的行为就好像是表示自责，用这种方式来谴责自己的忘性。

虽说拍脑袋是一种自我谴责信号，但是，脑后的不同部位也可以表示当事者在所处的环境中的不同心情。

比如，当你查问你的下级是否按时完成了某项工作时，如果他只是用手拍拍前额，这就表示他可能没有因为忘记而在你面前感到害怕或恐慌不安，只不过是感到有些不好意思。然而，如果他拍拍脑后，并用手搓搓颈背，这就表明他有些害怕了。

对于拍头和用手搓颈背的手势有人做过专门的研究，发现，就性格而言，那些习惯于使用这些手势的人往往比较消极、苛刻和喜欢吹毛求疵；而那些拍前额的人往往比较心直口快，直爽易交。

再一种表示自悔自责的手势是用手抓自己的头发。研究表明：抓头发可表现出不满、困惑、羞愧、悔恨、痛恨等层次的情绪。

（3）搓手透露出的心声：人们搓搓手，除了由于寒冷要御寒，或准备干某事表示精神振作跃跃欲试外，还显示了什么样的内心思想情感呢？

经过周密的观察和反复的研究，科学家们发现，搓手掌往往是人们用来表示对某一事情结局的一种急切期待心理，也就是说，当人们对某事的未来结果有一定成功的把握，或是期待着成功的结果，或者在一种不知如何是好而且又急切盼望尽快知道其结果情况下，手掌所流露出来的一种期待信号。

比如，人在手中摩挲骰子是期待取胜，也是他对胜利充满信心的无声暗示；在运动会上，跳高或跳远运动员在起跑之前，习惯先搓搓手掌，以示期待成功；一个推销员神气活现地走进经理办公室，搓搓手掌，并喜笑颜开地对经理说："经理，咱们又搞到一笔好生意！"这也暗示出推销员对这笔生意的期待。

然而，有时人们遇到难题，心急如火，不知所措时也时常搓搓手掌。在这种情况下，搓手掌表现了他的内心对事情结局的渴望和期待。

人们还发现，不仅搓手掌的动作具有一定的心理表现力，而且，人们搓手掌时的速度也有很多奥妙之处。更确切地说，一个人搓手掌速度的快慢将会暴露出两种不同的思想态度，同时对他人也会产生两种截然不同的影响。

如你找一个朋友办事，如果在交谈此事中他快速搓动两下手，你有理由感到欣慰；而他如果在说话时慢慢搓动手掌，则前景怕是不太乐观。

老于世故的某些推销员在给顾客介绍产品时，有时边讲边迅速地搓几下手掌，其目的是企图使顾客对他的产品打消疑虑。而当顾客快速地搓搓手掌并说："好，先让我看看货吧！"这就证明他八成有意订货了。

对推销员来说，这是一个十分有利的信号。如果顾客慢慢地搓搓手掌，或者干脆将双手握起来，这就证明他八成无意订货，对推销员来说，当然这是一种令人失望的信号。

（4）寻求安全感的手部动作：在众人面前，有时人们不使用完全的胳臂交叉姿势。因为这样做会过分明显地表示他们的紧张情绪和害羞心理。出于下意识掩饰，有时人们用局部的胳臂交叉姿势来控制自己的感情。

这种局部的臂交叉姿势就是将一只胳臂横挎过胸前，并用这只手握住另一只胳臂。在社交场所，每当一个人处于陌生人之间或是缺乏自信心的时候，往往就会使用这种姿势。

另一种局部的臂交叉姿势就是左右手相握，这也是一种防御性的臂交叉姿势。同前者相比，这种姿势显得更加隐蔽，更加微妙。

根据观察，当人们上台领奖或面对众人讲话时经常显示出这种姿势。有些人体语言学家认为，当儿童感到害怕、害羞或是感到不安的时候，他就用一只手握住或拉住母亲的一只手，这样从心理上产生一种安全感。

到了成年人，他仍会自寻一种安全的保障。因此就用自己的一只手握住另一只手。研究表明，当人们初次上台演讲、照相，在陌生人面前或者在任何使人感到紧张或不安的场面中，人们就会使用这种臂交叉姿势。所以，这也是一种自制信号。

（5）心中犹疑手中忙：在交谈时，有人常常用右手的食指挠挠耳垂的下方，或用手挠挠脖颈，这又是一种什么信号呢？有人对此做过研究，结果表明，这是一种表示怀疑和犹豫的人体信号。当你向某人提出一个问题，而他又一时拿不出确切的答案或主意时，他往往不是挠挠耳背，就是挠挠脖颈。

观察证券市场中炒股的股民，其在决定做多还是做空，吃进哪种股票时，大多数人都面对大盘闪闪烁烁的公司名称和股价犹犹豫豫左右观望，同时手里不是挠挠耳朵就是挠挠脖颈。尤其在前段做亏了的小散户更是难下决心。

在这种"最后的斗争"方向的抉择中，真焦急万分抓耳挠腮。一位女股民在其临决断的前一分钟竟一下连一下挠着自己的脖颈。由此可见，当人们被迫做出一项重要决定之前，往往犹豫不决，或是我们常说的抓耳挠腮。而这种抓耳挠腮的动作正好向人们暗示了他犹豫不定的心理状态。

更进一步的研究表明，挠脖颈也是一种"怀疑"信号。当我们对某事产生疑虑时，往往会无意识地去挠挠脖颈儿。应该提出注意的是，讲话时，如果讲话者总是用手挠脖颈，这就说明他对要讲的内容没有十分肯定的把握。因此，对他此时的讲话内容我们需要慎重考虑，决不可轻信。

对于挠脖颈的行为有人做过专门的研究，并得出一个有趣儿的结论：一般人只挠5次，几乎不少于5次，也很少多于5次。如果你对此发生怀疑，可以亲自体验一下，看看这一结论是否能被证实。

（6）沮丧情绪的流露：在谈话过程中，有人时常将十指交叉起来。表面看来这种体语表示了自信。但大量的研究结果表示这是一种表示焦虑的人体信号。曾有专家对这一手势做过专门的研究，证明这是一种表示"沮丧心情"的手势。

比如，当某人失去一笔好生意，当一个人失去他深深地爱着的情侣或失去一个"千载难逢"的好机会时，常常使用这一手势。人的许多情感可以通过手掌流露出来。

此处将十指交叉起来的动作实际上是在控制他的"沮丧心情"的外露。人们做这个手势时，手的摆放通常有三个位置：十指交叉，放在脸前；放在桌子上；坐着时放在膝盖上，站立时垂落在腹部或双腿分叉处的前面。

十指交叉的姿势有时也能暗示一个人的敌对情绪。研究表明，这种姿势的高度同一个人的沮丧心情及敌对情绪的强度密切相关。比如，手指交叉位置高的比手指交叉位置低的人更难对付。在与这种姿势的人交往中，递给他一本书或其他任何物品，这样，他紧紧交叉的十指就会自动打开。这样，从心理上缓和紧张气氛，以便同他做进一步的交谈。

（7）高傲的手势：大拇指体语一般显示一种自负的心理信号，常被当事人用来表示自己"能耐大"。上级对下级、内行对外行、长辈对小辈常使用大拇指以烘托其当年(当时、当地)的本事。

若仔细观察我们还会发现，这种手势同人的性格和社会地位有着一定的关系。性格属于外向者，那些穿着讲究，有钱有地位的人，常有使用这一手势的习惯。而那些性格属于内向或性格软弱，经济地位低下，腰杆子不硬的人一般很少使用这一手势

此外，人们对大拇指还有另一种显示方法。比如，在公共场所和有人交往的地方，有些人站在那里，双手插入兜儿内，两个拇指从兜儿口伸出。起初，这是男性用来表示"高傲"态度的一种手势，而今，有少数女性也时而使用这一手势。

有些人在做这种手势的同时还经常跷起他们的脚后跟儿，借以传递给人一种更"高傲"的姿势。通过对常使用这一手势的女性的观察表明，这些人往往追求时髦、态度高傲、性格强悍、甚至霸道。

坐着时，有人习惯将双臂交叉在胸前，这是另一种拇指显示。从这一姿势所表达的思想内容来讲，传达的是一个双信号，既表示出一种防备和敌对情绪(交叉的双臂)，又显示一种

神气十足的气概(双拇指)。使用这一信号的人常给人一种"目中无人""唯我独尊"的印象。

由于这一手势的消极性,导游翻译、外事工作者、饭店服务员、空中小姐、晚辈和上下级之间,应该避免使用这一信号。

(8)专横的手势:我们曾讲过,手掌姿势可以分三种:掌心向上、掌心向下和手掌紧握食指伸出。手掌向上是一种善意友好的姿势,然而当你的掌心向下,事情的结果就会完全相反。那会让做事情的人感到你的指示对他是一种命令,带有一种强制性,因而会使他产生一种抵触情绪。

当然,这也取决于你同他的关系如何。比如,那个人是位与你享有同等地位的同事。他就有可能拒绝执行你的指示;相反,如果你的掌心向上,他很可能乐意执行你的指示。

但是,如果那个人是你的下级,那么掌心向下的手势就有可能被接受,那是因为你的身份和地位赋予了你对这一手势的使用权,所以那个人才会无条件地服从。

第三种掌势是最令人不愉快的手势之一。这一手势犹如敲打人的一根棍棒,给人一种带有强制性和镇压性的感觉。这也是一种具有很大威胁性的手势。如果用这一手势来指示一个人做事,其后果就会不得而知了。

(9)掩饰不住的说谎焦虑:捂嘴是儿童和成年人都使用的一种最明显的手势之一。当人们撒谎时,大脑会下意识地指使人体竭力制止谎言出口。因此,人们就不由自主地用手捂住嘴，并且用拇指按住面颊。

有时，这种捂嘴的动作可能会出现几种不同的形式。比如，说谎时有人只用指尖儿轻轻地触摸一下嘴唇，或会将手握成拳状，将嘴遮住。有些有经验的成年人在捂嘴的同时还会故意咳嗽几下，企图以假乱真。

然而，无论人们采取的是哪一种形式，这种捂嘴行为的实质仍然是企图阻止谎言出口的一种人体信号。

关于捂嘴手势所发生的情景，一般可分两种：第一、自己对别人撒谎时使用这一手势。撒谎者的捂嘴动作不仅是一种制止谎言出口的信号，而且也暗示出他的恐惧心理。第二、感到别人在说谎时使用这一手势。在这种情况下，他的捂嘴动作仍然是一种自控信号。这就是说，当你听到谎言时，你的大脑就会自动产生一种消极的反应。

与此同时，为了不得罪对方又不便使自己的消极思维外露时，大脑就会指使你用手捂住嘴。这样，你的有声反应就不会出口。

对于经常发表演说的人来说，最令人不愉快的情景之一就是讲话时看到听众捂嘴。假如你是演讲者，在你讲话的同时，发现你的听众不时地捂嘴，这就证明他们对你的讲话内容产生了怀疑或是感到你的讲话荒唐可笑。

在这种情况下，一个明智、有直观能力的演讲者就会暂时停止讲话，并主动让听众对你的讲话加以评论，这样，听众就会自动地挪开捂在嘴上的手，从而缓和与你的"对立"情绪。

用手指头触摸鼻子实际上是捂嘴手势的另一种表现形式。撒谎时，有人习惯用手指在鼻子底下轻轻地触摸几下，这种触摸的动作可能是迅速的，也可能是令人难以察觉的微妙动作。

对于这一手势的起源有几种不同的解释。有些人认为。当消极的思维进入大脑时，大脑下意识地支配手去捂嘴，但是，为了使这种手势不被人察觉，人们就会迅速地将捂在嘴上的手移开，因此，一种迅速、文雅和隐蔽的摸鼻子手势就应运而生。

还有一些专家们认为，撒谎引起鼻内灵敏的神经端颤抖发痒，为了止痒，人们就用手摸摸鼻子。有人可能会想："这也可能是觉得鼻子发痒。"一般说来，如果一个人的鼻子确实发痒，而不是在撒谎，那么，他一般是用手揉或搔搔鼻子，而绝非是轻轻地触摸几下。

如同对嘴的警戒一样，触摸鼻子的手势也是一种企图阻止谎言出口或对他人的讲话产生一种消极反应的人体信号。同捂嘴手势相比，触摸鼻子手势显得更隐蔽、更微妙。

事实证明，成年人和老年人多使用这种手势，而儿童和青少年却很少使用。这主要和他们的经验、年龄有关。我们将捂嘴到触摸鼻子的过程说成"熟能生巧"是恰如其分的。

有些专家对说谎人的行为表现做过专门的研究，结果表明，当人们说谎时，大脑思维会引起脸部和颈部灵敏的肌肉组织知觉发生刺痒。

为了消除这种刺痒，人体就需要用手挠一挠。在意识到别人已经察觉他们在撒谎时，他们往往会抻一抻衣领，这是因为，撒谎思维会引起颈部汗水的出现，并使人感到刺痒。而抻一抻衣领，使空气在脖子周围流通，就可以消除因此而产生的刺痒。专家们还发现，当人们生气或感到沮丧不安全时也通常使用这一手势。

关于抻衣领是由于撒谎所致还是由于感到沮丧不安所致，还需要观察和考虑这一行为所发生的情景。不过，如果你断定他在撒谎，那么，请你向他提出几个问题，比如："请您再重复一下您的意思"。这很可能促使他放弃谎言从实招待。

仔细观察撒谎者，你会发现尽管他用心控制，但是许多的体语信号还是会出现，如音质发生变化，脸色改变，动作不自在，肌肉紧张或抽搐等。撒谎的焦虑是不容易掩饰的。

倾听是最温柔的语言

一个谦虚冷静的倾听者，不但到处受人欢迎，而且会逐渐知道许多事情，结识很多人。而一个喋喋不休者，就像一只漏水的船，每一个搭乘的客人都想赶快逃离他。

在谈话的过程中，如果能够耐心地倾听对方说话，这就等于向对方表示出了你的兴趣，等于说是告诉对方"你说的东西很有价值"或"你很值得我结交"。

无形中，你让说者的自尊得到了满足，使他感到了自己说话的价值。反过来，说者对听者的感情就会发生一个质的飞跃"他能理解我""他真是我的知己啊！"于是，二人心灵的距离缩短了，交流使两人成了好朋友。

如何做一个倾听者

那么如何做一个听话能手，在交际场合中大展魅力呢？

首先要认识到认真听是最重要的。认真而仔细地倾听对方谈话，是尊重对方的前提，有了前提才会有真诚的交流。接下来，友好而热情地对待对方并且不时给予对方以鼓励，也是尊重对方的重要内容。

做一个谦虚忍耐的听者，是谈话艺术当中一项相当重要的条件。因为能静坐聆听别人意见的人，必定是一个富于思考和具有谦虚柔和性格的人。这种人在人群之中，起初也许不大受到注意，但最后则是最受人尊敬的。因为他虚心，所以，为任何人所喜悦；因为他善于思维，所以，成为众人所信仰。

那么，怎样做一个良好的听者呢？首先是要真诚。别人和你谈话的时候，你的眼睛要注视着他，无论对你说话的人地位比你高或低，眼睛注视着他，是一件必要的事情。只有虚浮，缺乏勇气或态度傲慢的人才不去正视别人。别人对你说话时，不可做着一些绝无必要的小动作，使对方认为他的话无关紧要。

上面说明了"多听"的重要，接下来谈谈"少说"。少说不是不说，不是忽视口才的威力，少说是因为言多必失，是要避免言之无物。一个说话极随便的人，一定没有责任心。话多不如话少，话少不如话好，多言不如多知，即使千言万语，也不及一件事实留下的印象那么深刻。

多言是虚浮的象征，因为口头慷慨的人，行动一定吝啬。有道德的人，绝不泛言；有信义者，不必多言；有才谋者，必不多言。多言取厌，虚言取薄，轻言取悔，唯有保持适当的缄默，别人将以为你是一位哲学家。

和别人谈话绝对适量，无把握的事不要乱开口，以免给人留下浅薄的印象。尤其当比我们有经验的陌生人和更多了解的人在座时，因为我们多说了，便是不打自招，揭露了自己的弱点及愚蠢，并失去了一个获得智慧及经验的机会。

人们常常认为说得少而且说得好的人是绅士。因此，在我们的人生中，有两种训练是必不可少的，那就是沉默与优美而文雅的谈吐。如果我们不会机智的谈吐，又不会适时沉默，是很大的缺憾，是很不幸的。我们常因说太多而后悔，所以，当你对某事并无深刻了解的时候，最好还是保持沉默吧，免得恰好暴露了自己的无知。

当今社会，每个人承担着各方面的压力，如果你有办法成为他人倾诉的对象，让他们在你面前滔滔不绝，那他们一定会成为你的知心朋友。可以说没有其他方式，更能表示出你对他们真正感兴趣。

如果你自己侃侃而谈，又怎么去了解别人呢？让一个人谈论自己，可以给你大好的良机去挖掘共同点，赢得好感，并增加达成目标的机会。所以，在人际交往中，要学会去倾听，因为做一个好的听众是发展良好人际关系的一件有力武器，它能够打动你的朋友，与你的心灵互动。

美国汽车推销之王乔·吉拉德，对做好一个好听众曾经有过深刻的体验。

有一位名人来向乔买车，他推荐了一种最好的车型给他。那人对车很满意，并掏出10000美元现钞，眼看就要成交了，对方却突然变卦而去。

乔为此事懊恼了一下午，百思不得其解。到了晚上11点他忍不住打电话给那人："您好！我是乔·吉拉德，今天下午我曾经向您介绍一部新车，眼看您就要买下，为什么却突然走了？"

"喂，你知道现在是什么时间吗？"

"非常抱歉，我知道现在已经是晚上11点钟了，但是我检讨了一下午，实在想不出自己错在哪里了，因此特地打电话向您讨教。"

"真的吗？"

"肺腑之言。"

"很好！你用心听我说话了吗？"

"非常用心。"

"可是今天下午你根本没有用心听我说话。就在签字之前，我提到我的吉米即将进入密执安大学念医科，我还提到他的学科成绩、运动能力以及他将来的抱负，我以他为荣，但是你毫无反应。"

乔不记得对方曾说过这些事，因为他当时根本没有注意。乔认为已经谈妥那笔生意了，他不但无心听对方说什么，反而在听办公室内的另一位推销员讲笑话。

这就是乔失败的原因：那人除了买车，更需要得到的是一个好的听众，一个给自己优秀儿子称赞的人。乔·吉拉德正是因为没有认真听买车人说话，导致一笔即将成交的买卖擦肩而过。

每个人都渴望被关心、被承认、被肯定，一个好听众即可满足人们的这一小小需求。所以必须记住：一个人的嗓音对他自己来说是世界上最伟大的声音，倾听比说话更重要。

伊萨克·马克森是世界上一等的名人访问者，他说："许多人不能给人留下很好的印象是因为不注意听别人讲话。他们太关心自己要讲的下一句话，而不打开他的耳朵……一些大人物告诉我们，他们喜欢善听者胜于善说者，但是善听的能力，似乎比其他任何的物质还要少见。"不只是大人物喜欢善听的人，普通人也是如此。正如某人所说："许多人去找医生，但他们所需要的只是一名听众而已。"

在人际交往中，人人都希望被对方了解，也期待于表达自己，却疏于倾听。一般人聆听的目的是做出恰当的反应，根本不是想了解对方。因为我们常以为天下人都跟自己一样，以己之心即可度人之腹。在日常的交谈中，经常会出现这样的话语："噢，我完全了解你的感受，我也有过类似的经历，是这样的……"

人们总是依据自身的经验来解释别人的行为，把自己的理解强加在别人身上，却又怪罪他人"不了解我"。在你没有了解别人的时候，又何谈别人去了解你呢？

有的人还说不了解对方，你根本就没有认真去听对方说话，又怎么会了解对方呢？所以要想做一个真正的谈话家，就必须先学会做一个好听众，去用心倾听对方说什么，当你了解了对方的时候，你才会说出令双方都满意的话语。

成为好听众的方法

要想成为一个好的听众，也并非一件容易的事。不妨依照以下几点去做：

第一，专心听讲：在交际场合，自己讲话时要给别人发表意见的机会，别人说话，应注视着对方，以示专心，要全神贯注地听对方说话。不要左顾右盼、心不在焉或注视别处，显出不耐烦的样子，也不要老看手表，或做出伸懒腰、玩东西等漫不经心的动作。

卡尔在纽约出版商格林伯主办的一个晚宴上，见到了一个著名的植物学家。卡尔以前从没有跟植物学家谈过话，卡尔发现他很有意思，于是专注地坐在椅子边沿倾听着他谈论大麻、印度以及室内花园，他还告诉卡尔有关马铃薯的一些别人不知道的事实。

听说卡尔自己有一座室内花园，他便耐心地教卡尔如何解决植物生长的一些难题。几个小时过去，午夜来临，卡尔向每个人道别走了。那位植物学家接着向主人说了几句赞美卡尔的话，说他是一个"最有意思的谈话家"。

一个最有意思的谈话家？卡尔？他几乎没有说过什么话。如果卡尔要说话而不改变话题的话，他根本说不出什么，因为卡尔对植物，就像对企鹅解剖一样一窍不通。

但是卡尔做到了这点：专心地听讲。因为卡尔真诚地对他的谈话感兴趣，而他也能够感觉到这一点。自然，这使他高兴。专心地听别人讲话，是我们所能给予别人的最大赞美。

杰克乌弗在《陌生人在爱中》里写道："很少人经得起别人专心听讲所给予的暗示性赞美。"卡尔不只是专心听他讲话，卡尔还"诚于嘉许，宽于称赞"。

第二，不轻易打断对方的谈话：请看一段推销员与科尔的对话。

推销员："科尔先生，经过我仔细观察，发现贵厂自己维修花费的钱，要比雇佣我们来干花的钱还多，对吗？"

科尔："我也计算过，我们自己干确实不太划算，你们的服务也不错，可是，毕竟你们缺乏电子方面的……"

推销员："噢，对不起，我能插一句吗？有一点我们想说明一下，没有人能够做完所有事情的，不是吗？修理汽车需要特殊的设备和材料，比如……"

科尔："对，对，但是，你误解我的意思了，我要说的是……"

推销员："您的意思我明白，我是说，您的下属就算是天才，也不可能在没有专用设备的情况下，干出像我们公司那样漂亮的活儿来，不是吗？"

科尔："你还是没有搞懂我的意思，现在我们这里负责维修的伙计是……"

推销员："科尔先生，现在等一下，好吗？就等一下，我只说一句话，如果您认为……"

科尔："我认为，你现在可以走了。"

推销员被科尔下逐客令，原因是这个推销员三番五次地打断科尔的讲话。在人际交往中，这是一大忌！经常随意打断对方讲话的人，只能让讲话者生厌。

所以，绝对不要随意打断对方的话，应该让他心平气和地把话讲完，就算他的意见不符合实际情况，也要听下去，除非情况非常特殊。即使你知道对方要说什么，也不要试图打断他。没有人喜欢与那些自作聪明的人交谈。

第三点，听话时要适时加语：千万不要以为做一个好的听众，就是静静地坐着，像古埃及的人面狮身像，等着路人猜谜。这种打哑谜的交谈方式是最无聊的。

聆听并不是绝对禁止表达自己的意见，而应该是互相交换观点，各项感官混合运用，用心地听，诚心地沟通。人类就有使用这种言词的天赋，来分享彼此的经验和意见。

对方说话时，原则上不要去打断，但适时的发问，比一味地点头称是更为有效。一个好的听众既不怕承认自己的无知，也不怕向说者发问，因为他知道这样不但会帮说者理出头绪，还会使谈话更具体、更生动。

在谈话时，经常会出现说者欠思考，乱说一通，把自己弄得晕头转向，不知所云的情况。比如，他就某问题要说三点理由，结果在说第一点理由时，愈扯愈远，没完没了，根本忘记了第二和第三点理由。这时，听者应适时发问"您的第二点理由呢？"帮说者理出头绪，言归正传。

还有一种情形是说者虽然滔滔不绝，可是谈话过于理论，不易听懂，听者可以适时插上一句"请您举个例"常能使说者举出具体的实例来说明。这样，所有模糊不清的论点就能得到清晰的解释了。

也可以在别人给你讲述其他的事情或是某个故事的时候，适当地加以"后来呢？"这三个字通常来说也是必不可少的，它可以让说话者知道你在专心听他说话，也会认为你对他说的话题十分感兴趣，说起来就会更生动。所以，适时的加语会让谈话变成两人经验交流的真正沟通。

第四点，设身处地地倾听：在聆听的过程中，也是有层次之分的。最为低层的要数"听而不闻"了，这类倾听者，对说话者的话语如同耳边风。谈话过一段时间再问他，他会什么都不知道，就像那时的倾听者不是他一样。

其次是"虚应故事""嗯……是的……对对对……"略有反应，其实心不在焉。再者是"选择性地听"只听合自己口味的。第四是"专注地听"每句话或许都进入大脑，但是否听出了真意，值得怀疑。层次最高的则是："设身处地地倾听"一般人很少做到。

某些沟通技巧强调"主动式"或"回馈式"的聆听——以复述对方的话表示确实听到，设身处地的倾听却有所不同。前者仍脱离不了为反应、为控制、为操纵而聆听，有时甚至对说话者是一种侮辱。

至于设身处地的倾听，出发点是为了了解而不是为了反应，也就是通过言谈去阐明一个人的观念、内心深处的真正的事。设身处地与同情有些差别，同情掺杂了价值判断与认同。有时人际关系的确需要多一份同情，但却容易养成对方的依赖心理。设身处地并不代表赞同，而是指深入认识另一个人的感情与理智世界。

设身处地地倾听不只是理解个别的语句而已。据专家估计，人际沟通仅有十分之一通过语句来进行，三成取决于语调与声音，其余六成则靠肢体语言。所以了解式的倾听，不仅要耳到，还要眼到、心到；用眼睛去观察，用心灵去体会。所以，三合为一的倾听效果，才是最佳倾听者。

　　谈话本身包括说和听，一次成功的谈话，并不一定非要表现出机智的妙语或雄辩的口才，关键在于进行感情交流和思想火花的碰撞。我们大多数人并不具备也无须具备语惊四座的特殊才能，但我们可以通过掌握一些谈话的技巧，做一个好的倾听者，就可成为一个别人喜欢交谈的对象。倾听可以打开别人的心门，打开它就能使我们的人际关系更加通畅。

第五章
做个说话的高手

　　说话高手，就是指其说的话能够抓住别人的心理和讨人喜欢的人。要想抓住听众，说话内容无非有几点，一是信息量大，二是逻辑严密，三是趣味性强。换句话说，要想成为一名说话高手，就必须通过后天的勤奋努力才能达到目的。

用钥匙打开话匣子

　　在各种各样的人际交往中，拥有一个好口才的人，只需要三言两语，就能够获得他人的尊敬、爱戴、拥护，更能轻松地与他人融洽相处。好的口才可以在人际交往中为我们锦上添花，让我们在社会中如鱼得水。

　　在人际交往中，很多人存有这种感觉：每当与三五知己交谈时，往往觉得十分舒服自在，然而当碰到陌生人的时候，起初大都会感到不自然，彼此之间好似隔着一道铁门，不知道如何打开话匣子。

　　这个时候，如果能找到一些话题来打破僵局，缓和气氛，就能使交谈双方放松自如，从而进入融洽的谈话气氛中。换句话说，要想与他人进行有效的沟通，就要找到打开话匣子的钥匙。

　　的确如此，任何一次语言沟通绝对少不了一个开场白，一个好的开场白，是人际交往的润滑剂，是保持人们良好沟通的一个滑坡路。一个合适的开场白总能为你的人际关系洒上一缕阳光，温暖彼此原本冷漠的心。对于如何找到打开话匣子的钥匙，不可不知，不可不学。

明智地选择话题

你若想让别人觉得自己有吸引力，最好的办法是说话真诚、明了，这就需要明智地选择话题。

当你与一位刚刚认识或不知底细的人交谈时，避免冷场的最佳方法是不停地变换话题，你可以用提出一些问题的方法进行试探，一个话题谈不下去时，就换到另一个话题。你也可以接过话头，谈谈你最近读过的一篇有趣的文章，或说说你刚刚看过的一部精彩电影，也可以描述一件你正在做的事情或者正在思考的问题。

如果谈话出现短暂停顿，不要着急，不必无话找话谈，沉默片刻也无妨。谈话是交流，可以涓涓细流，不必像赛跑那样拼命地冲到终点。

坦白说明你的感受

例如，你可能在晚宴上对自己嘀咕：我太害羞，与这种宴会格格不入。或是刚好相反，你认为许多人讨厌这种聚会，但是我很喜欢。无论如何，都应该将你的感受向第一个似乎愿意听的人说出来，这个人可能就是你的知音。

坦白地说出"我在这里一个人也不认识"或"我不知道该讲些什么"总比让自己显得拘谨冷漠好得多——最健谈的人就是勇于坦白的人。

例如：在一次晚宴上，小张经朋友介绍跟一个电脑专家相识了，小张也算是某公司的知名人物，通常对这类的访问都应付自如，但当他发现自己这次不知如何开口、为何如此结结巴巴时，简直大吃一惊。最后小张说："不知为什么我对您有点害怕。"电脑专家听完哈哈大笑，随后两人很自然地谈了起来。

谈谈周围环境

如果你十分好奇，自然会找到谈话题目。比如，一个陌生人审视周围，然后打破沉默，开口跟身边的人说："在候车站上可以看到人生百态！"这就是一句很好的开场白。

是以对方为话题

人们往往千方百计地想使别人注意自己，但大部分的时候都令人失望，因为他不会关心你、我，他只会关心自己。因此，以对方作为谈话的开端，往往能令他人产生好感。

赞美陌生人的一句"你的衣服色泽搭配得真好""你的发型很新潮"能使对方快乐而缓和彼此的生疏。也许，我们大多数人都没有说这话的勇气，不过我们可以说："您看的那本书正是我最喜欢的。"或是"我看见您走过那家便利店，我想……"

刘强老实、木讷，很少说话，永远引不起大家的注意。所以，尽管他工作勤勤恳恳，可在公司里总是中不溜秋，几年如一日地待在当初的位置上。

老板最近出差，要带几个员工一道去。在火车上，刘强的铺位刚好在老板的旁边，两人寒暄了几句后，就陷入了沉默。刘强感到，这种大眼瞪小眼的气氛简直让人窒息，一定得说点什么打破僵局，可是他从来不和领导打交道，实在不知道从何谈起。

突然，刘强瞥见老板脚上穿着一双锃亮的皮鞋，非常显眼，于是就说："老板，你这双鞋子很有品位，在哪里买的？"

原本只是没话找话，但老板一听，顿时眼睛放光："这双鞋啊，我在香港买的，世界名牌呢！"老板的话匣子一下子打开了，开始滔滔不绝地讲述自己在服装搭配上的心得，还善意地指出刘强平时在工作中着装的不足，两人言谈甚欢。

下车的时候，老板意味深长地说："刘强啊，看来以前对你的了解太少了，今后你好好干。"

刘强以皮鞋为话题，正是用了以对方为话题这一个重要法则，迅速拉近双方间的距离。"这双鞋子很有品位，在哪里买的？"刘强原本只是为了没话找话，但正是这一句话，刘强和老板之间的僵局马上被打破，关系也改善了，顺便还了解到老板的个人喜好，这可是别的同事梦寐以求的啊！从最后老板的态度来看，刘强也通过这个机会展示了自己，给老板留下了不错的印象。

提出问题

我们可以把这种谈话视为投球、接球的动作，而许多难忘的谈话也都是由一个问题开始的。

一个人到一个新地方，要如何拓展人脉资源？王涛的新春宴会就是一个很好的例子：

在一个谈论自己成功之道的宴会上，众多成功的企业家无暇出席，王涛的老板由于有重要事情要办，便让公司职位最高的王涛代表自己来参加这次宴会。

王涛本打算过去露露脸就行了。可是，来到晚宴，发现全场只有6桌，自己还被拉到主桌，坐在王涛旁边的是一个大富翁。当晚，王涛觉得很难熬。可是，他只说了一句话，那位富翁整晚就滔滔不绝。

王涛只是问："早就听说您公司的大名了，请教您的生意是怎样成功的？"于是那位大富翁便滔滔不绝地讲起他从年轻到今天的奋斗过程。

由此看来，提问的方法是非常有效的。不必配合不同的环境去找不同的话题，只要你记住"请教"这两个字，就可以马上让对方打开话匣子。另外，在提问的时候，可以把对方下意识的动作当成打开沉默的话题，这也不失为一个好的办法。

假如看到对方的咖啡里加两勺半的砂糖，也可发问："对不起，为什么你非要放两勺半砂糖不可……"

通常面对这类问话，人们都会热心地回答，说不定还会唤起对方滔滔不绝的回忆呢。而对比较内向、看来羞怯的人，不妨多发问，帮助他把话题延续下去。

多多寒暄

寒暄，就是人们见面时打招呼。泛指人们碰面互相问候一下，以示礼貌和关心。寒暄是交谈的润滑剂，它能在两个人的谈话之间架起一座友谊的桥梁。因为寒暄能产生认同心理，满足人们的亲和要求，因此，寒暄也是打开话匣子的一种方法。

当你掌握了以上技巧时，无论是主动或被动去打开话匣子都能得心应手。一旦你能达到这个境界，无论你处在哪个场合中，都能迅速进入角色，随心所欲地去扩展人缘，为自己的生活与事业营造一个又一个绝佳的发展机会。

见什么人说什么话

在人际交往中，需要面对不同的人，这时，我们就要学会见什么人说什么话，对不同的人选用不同的谈话方式，这样，我们在人际交往中才可以打开僵持的局面，一路畅通无阻。

下面就是这样一则故事：

孔子带着他的几名学生外出讲学、游览，一路上非常艰辛。

有一天，孔子一行人来到一个村庄，在一片树荫下休息，正准备吃点干粮、喝点水，突然，孔子的马挣脱了缰绳，跑到庄稼地里吃了人家的麦苗，一个农夫上前抓住马嚼子，将马扣下了。

子贡是孔子最得意的学生之一，一向能言善辩，他凭着自己不凡的口才，自告奋勇地上前去，企图说服那个农夫，争取和解。然而，他说话文绉绉，满口之乎者也，天上地下，大道理讲了一串又一串，尽管费尽口舌，可农夫就是听不进去。

有一个刚跟随孔子的新学生，论学识、才干远不如子贡，当他看到子贡和农夫僵持不下的情景时，便对孔子说："老师，请让我去试试看。"

于是他走到农夫面前，笑着对农夫说："你并不是在遥远的东海种田，我们也不是在遥远的西海耕地，我们彼此靠得很近，相隔不远，我的马怎么可能不吃你的庄稼呢？再说了，说不定哪天你的牛也会吃掉我的庄稼哩，你说是不是？我们应该彼此谅解才是。"农夫听了这番话，觉得非常在理，于是将马还给了孔子。

由此可见，说话一定要看对象，否则，就算你再能言善辩，别人不买你的账也是白费心思。所谓对象，有两种人，一是说话人，不同的说话人，地位、身份、性格、爱好、文化水平等等都不同，所以，同一内容，可用不同的语言表达；二是听话人，不同的听话人，在各方面也有着差异，就决定说话人要根据听话人的不同情况，采取不同的语言来表达。这就是所谓的说话要看清对象。

俗话说："见什么菩萨卜什么卦，看什么人说什么话。"讲的就是这个道理。在这里有三点需要我们注意：

（1）文化知识不同，说话就要不同。水平高的说话人对待文化水平低的听话人，不能文白夹杂，之乎者也，要用一些最朴实明白的语言，从而能够让对方一听就懂。对待文化水平相当或较高的听话人，说话时要讲究一些语言的修饰。

（2）身份地位不同，说话也要不同。同样的文化水平，但由于说话人和听话人的地位、身份悬殊，说话则不能太随便。说话人应顾虑到对方是什么身份，自己是什么身份，听话人能不能接受自己的意见，一定要经过三思，再行开口。

在我国古代有个叫许允的人，在吏部做官，提拔了很多同乡，魏明帝觉察之后，便派人去抓他。

他的妻子对他说："明主可以理夺，难以情求。"让他向皇帝申明道理，而不要寄希望于哀求。因为，依皇帝的身份地位是不可能随便以情断事的，皇帝以国为大，以公为重，只有以理断事和以理说话，才能维护好国家利益和作为一国之主的身份。

于是，当魏明帝审讯许允的时候，许允直率地回答说："陛下规定的用人原则是举尔所知，我的同乡我最了解，请陛下考察他们是否合格，如果不称职，臣愿受处罚。"

魏明帝派人考察许允提拔的同乡，他们倒都很称职，于是就把许允释放了，还赏给他一套新衣服。

许允提拔同乡，根据是封建王朝制定的个人荐举的任官制度，不管此举妥当与否，它都合乎皇帝在其身份地位上所认可的"理"。许允的妻子深知与九五之尊的皇帝打交道，难以求情，却可以"理"相争，于是叮嘱许允以"举尔所知"和用人称职之"理"来抵消提拔同乡、结党营私之嫌。这可以说是善于根据说话对象的身份、地位来选择说话方式的绝好例子。

（3）双方关系不同，说话也要不同。说话人与听话人之间有四种关系，即平等、上下、疏密、亲朋等关系，说话人与听话人尽管文化水平相当，身份地位差不多，但也应该考虑一下双方的关系怎样，然后再开口说话。

朱元璋做了皇帝，有一天，他从前的一位苦朋友从乡下赶来找他，对他说："我主万岁！当年微臣随驾扫荡庐州府，打破罐州城，汤元帅在逃，拿住豆将军，红孩儿当关，多亏菜将军解围。"

朱元璋听后，心里很高兴。回想起来，也隐约记得他的说话里像是包含了一些从前的事情，就立刻封他做了大官。

　　这个消息让另外一个昔日的苦朋友听见了，他心想："同是那时候一块儿玩的人，他去了既然有官做，我去当然也不会倒霉的吧？"

　　和朱元璋一见面，他就直通通地说："我主万岁！还记得吗？从前，你我都替人家看牛，有一天，我们在芦苇荡里，把偷来的豆子放在瓦罐里煮着，还没等煮熟，大家就抢着吃，把罐子都打破了，撒下一地的豆子，汤都泼在泥地里。你只顾从地上满把地抓豆子吃，却不小心连红草叶子也送进嘴里。叶子哽在喉咙口，苦得你哭笑不得。

　　最后还是我出的主意，叫你用青菜叶子放在手上一拍吞下去，才把红草叶子带下肚子里去了……"朱元璋不等他说完，就命人将其推出去斩了。

　　以此得知，在说话前必须要了解对方，因人而异。任何交际都离不开特定的对象，与人说话，当然还必须根据对象的实际情况，像年龄、身份、地位、文化修养、性格、彼此之间的关系等，谈判桌上说话要考虑当时的气氛，哪些该谈，哪些不该谈。

　　比如，打听人家的年龄，对老年人不宜说"您几岁？"最好说"您今年高寿？"或"您今年高龄？"对小孩就不能说"你年龄多大？"而应该说"你今年几岁了？"说话不看对象，难免会事与愿违。

优秀服务员李淑贞，就是看对象说话的一个范例：有知识分子进店，李淑贞就会说："同志，您要用餐，请这边坐。来个拌鸡丝或熘里脊，清淡利口，好不好？"有工人同志进店，李淑贞这样讲："师傅，今个想吃过油肉，还是汆丸子？"乡下老大娘进店，李淑贞就会说："大娘，您进城里来了，趁身子骨还硬朗，隔一段就来转转，改善改善生活，您想尝点啥？"

李淑贞在接待不同的顾客对象时，对知识分子，用语文雅、委婉；对工人同志，用语直接、爽快；对乡下老大娘，用语则通俗、朴实。这就恰到好处地适应了不同对象的不同爱好和文化修养。

说话要看对象，因人而异，这是一个常识，也是一个原则。曾有位伟人生动地说过："射箭要看靶子，弹琴要看听众，写文章说话就可以不看读者不看听众么？"写文章还要看读者，更何况说话呢，为了顺利达到说话的目的和效果，就不得不考虑因人而异了。

比如对待一个身患绝症的病人，如果他是一个乐观坚强、对生死超然无所谓的人，你不妨把实情和盘托出，让他活得清楚，死个明白。如果他是一个软弱胆怯、贪生怕死的人，那你就省些心，说些善意的谎言，让他活个安稳，这样做没人会指责你。如果你对他如实相告，不就等于加速他的死亡吗？

在俄罗斯流行这样一句谚语："语言不是蜜，却可以粘住一切东西。"说话时要看对象，根据交际对象来说话，这就要求我们在说话时，能够注意听话人的性别、性格、文化程度、文化背景、心理状态等因素。忽视了任何一个因素，都可能导致"无的放矢"甚至还会给自己当头一击。

所以，在人际交往中，说话人不能我行我素，想说什么就说什么，而要看准对象，从对象的不同特点出发，说不同的话，从而创造一种和谐融洽的气氛，为我们的人际交往加分。

使用妙语使气氛更融洽

在学会说话要看对象的同时，我们还要会使用妙语使气氛更融洽。对于某个人会说话，话说得好、说得妙的评语，我们听到最多的就是："看，他多幽默。""看，他一开口就妙语连篇。"话说得好，说得妙，除了知识要渊博外，更重要的是思想要深邃旷达。而妙语运用得好，往往能够迅速地打开交流双方的话匣子，让谈话变得更加生动和有趣。

博识给"说得好"提供了丰富的"语料"而睿思则保证了其质是钻石而不是瓦砾，是珍珠而不是鱼目，令人在舒心的笑声中感受到高品位精神文化的滋润，在愉悦中认同并接受你的意见。

一个秃头者，当别人称他"理发不用钱，洗头不用汤"时，他当场变了脸，使一个原本比较轻松的环境变得紧张起来。

一位演讲的教授，也是一个秃头，他在自我介绍时说："一位朋友称我聪明透顶，我说，你小看我了，我早就聪明绝顶了。"然后他指了指自己的头说："我今天演讲的题目是

《外表美是心灵美的反映》。"他就这样开始了演讲，整个会场充满了活跃的气氛。

同样是秃头，同样容易受到别人的揶揄和嘲谑，为什么不同的人，得到别人的认可会不同呢？其中的缘故就是没有幽默感。会说妙语的人，更容易被人接受和欢迎，气氛会更加融洽。

那么，如何在不同交际场合中巧妙地应用好妙语呢？

第一，是要见机取巧：我们都知道：良好的开端是成功的一半，对于谈话而言，愉快的开头是交谈得以深入下去的关键所在。

爱丽丝太太是一所中学的老师，她已经55岁了，刚接了个新班。这个班的学生学习非常用功，但对宿舍、教室的卫生不够重视。

一次晚自习，爱丽丝太太来到班上，由于她刚洗过脸，并涂了一些护肤品，一进门便有一股淡淡的香气飘进教室。前排的女生立即叽叽喳喳："爱丽丝太太多大年纪啦？还搽得香喷喷的。"

爱丽丝太太一听，接过话茬："老师芳龄55啦！你们别看我一脸的双眼皮(皱纹)，我还挺爱美的！这不，晚上洗过脸，我还要涂上嫩肤霜呢。"

话一出口，学生们都乐了。爱丽丝太太于是趁热打铁，把话题从爱美之心对心理健康的作用，顺势转到环境之美对学习、生活及精神面貌的作用上来，直说得学生点头称是。从那以后，在教室、宿舍乱抛纸屑、果壳的人少了，学生对值日工作比以前重视多了。

学生不重视环境卫生，爱丽丝太太没有一味地批评，而是见机取巧，运用妙语把年龄说成"芳龄"从而产生了幽默的效果。这样，一下子缩短了师生间的距离，让学生感到老师不但可敬，而且可亲，从而增强了说服效果。

爱丽丝太太的成功说服也告诉我们，在谈话切入正题之前构造一种愉快和谐的氛围，让谈话在活泼的气氛中进行，往往能收到"话半功倍"的效果。

第二，是巧妙地运用啰唆语言：不但能活跃谈话气氛，增强谈话趣味，而且还可以使你随机应变，接受一些正常语言无法胜任的舌战。

在一对新人的婚礼上，宾客们指着新娘问新郎："这位是谁呀，也不介绍介绍？"

新郎略微思考片刻，顺口答道："她是我丈母娘的大女儿，也是我妈妈的大儿媳妇。"

两句啰唆话，说得宾客们哄堂大笑。按常理，像这样的问话，可简练地回答："她是我妻子。"而新郎却采用啰唆语言绕了几个圈子，一下子使婚礼的气氛活跃起来。

当你处在极为窘迫的境地时，不妨啰唆几句，它可帮你摆脱困境。

有一对年轻夫妇，结婚几年还没有孩子，俩人都非常苦恼。有一天，他们在路上碰到老同学，说话间，老同学的儿子突然发问："阿姨，妈妈说要把你的儿子给我作干弟弟，我什么时候才能见干弟弟呢？"

面对小朋友的问话，妻子十分为难，答吧，怎么答？不答吧，又下不了台。这时丈夫灵机一动，答道："不在今年，就在明年，不在明年，就在后年……"

几句啰唆话，不但帮妻子解了围，而且不使小朋友失望。

可见，啰唆并非令人烦不胜烦的语言，有时候也是可以派上用场的。从上面的两个例子来说，新郎和那位年轻丈夫把原本一二句就概括的话语，绕着弯地说出，不但活跃了气氛，还为下一步的谈话创造一个良好气氛，也使自己摆脱了困境。

第三，设置悬念：在这里，设置悬念的目的是抛砖引玉，制造活跃气氛，利用听者的好奇心理，先说出一个发人深省或出人意料的现象、结论，设置一个关卡又秘而不宣，让听者自我猜测思考后才加以分析，和盘托出真情或道理的说话技巧。

有一次，桂林的一位导游带了一个旅游团到北京，在参观北海时，他指着九龙壁对游客说："我知道大家的眼力非常好，可是你们能看出哪条龙身上有块琉璃是假的吗？时间只给两分钟。"

游客惊奇地"喔"了一声，高兴地跑到九龙壁前仔细辨认。他们东瞧西看，走近跑远，有的说这块，有的说那块，有的干脆说没有。在众说不一的争论声中，大家不约而同地围到了这位导游身边，请他揭开谜底。

在大家的注视下，导游指着一条白龙的腹下说："就是这块。"

游客们定睛细看，齐声喊道："原来是块木砖。"接着便纷纷提问："这是怎么回事？""它是哪一年换的？""皇帝为什么没有发现？"

这时，这位抓住了游客心理的导游，才提高嗓门把九龙壁的年代、建筑艺术和"木砖"的轶事详细讲了一遍。客人们听着想着，随着故事情节发展，时而眉飞色舞，时而赞叹连声……

导游用的就是"吊胃口""甩包袱"的说话技巧，既活跃了游客的游览情绪，又使讲解的内容生动活泼，还融洽了双方的感情，可谓一举数得。

古人说："文似看山不喜平。"说话也一样，如果在交谈的叙事议论中，恰到好处地结下一个个"扣子"即悬念，会使听者在回旋推进的言论中产生"山重水复疑无路，柳暗花明又一村"的感觉，因而兴味无穷。

第四，曲解原意：曲解原意这一招在人际交往中更是不可缺少的妙计，它不但能使气氛更融洽，还能使人与人之间的关系更亲近。

在一个上班的早晨，王兰一走进办公室就懊丧地对同事诉说，车上挤，带的一瓶牛奶翻了，身上也弄脏了。

堪称"巧说大王"的小李拍了拍她的肩膀，安慰道："王兰，这叫肥水不外流，好！"一句话，办公室的人都哄堂大笑，王兰也忍俊不禁，脸上顿时阴转多云。

第五，美妙场合，巧妙说：马克先生是著名的小说家，在一次研讨会上，他做了有关小说方面的专题发言。发言中，他以一个房间的门上贴着"请勿骚扰"四个字为例，谈到语言的轻重问题。

发言的当晚，他很想听听大家的意见，来到门上贴有"请勿骚扰"字条的房间。一进门，他便笑着对大家说："各位，我来骚扰大家了！"

大家一见是马克先生，立即站起来说："欢迎骚扰！欢迎骚扰！"顿时，整个房间的气氛十分热烈，大家畅所欲言，各抒己见，就小说的问题展开了深入的讨论，都觉得收获很大。

之所以会取得这种效果，与马克先生营造的愉快开始有关。如果马克先生一进门说的是"各位，打扰了！"其效果肯定是大不相同的，即便是大家都很欢迎马克先生的加入，气氛也只会因为马克先生加入而产生小的波动，过后便又平静如初了。

"各位，我来骚扰大家了！"同样是短短的一句话，但充分显示了这位小说家的语言机智，他信手拈来，玩笑间消除了与代表之间的陌生感，拉近了他与大家的关系。在这样一个平易近人的小说家面前，代表们怎会不畅所欲言呢？

谈话是需要气氛的，有时在不经意间就能产生愉快的气氛，有时需要故意营造，但无论属于哪一类，都必须做到自然，切忌生硬。聪明的谈话者往往在谈话之前就对谈话对象进行充分了解，且善于在谈话开始之前营造出和谐的交谈气氛。

以退为进的说话方式

以退为进的口才，貌似与本意相悖，实际是用退一步的方法，取得优势，而最终说服别人接受自己的意见。

以退为进，比只进不退好。因为通过退可以积蓄更大的进的优势，比平平而进取得的效果更大。

人们一般都有这样的常识，要用拳头击倒对方，如果先伸直了胳膊撞击出去，一定会显的用力不足；而如果先收回拳头，再猛击出去，一定会重重击倒对方。

《史记·滑稽列传》中记载着一则以退为进的论辩好口才案例。

　　楚庄王十分钟爱他的一匹马，但这匹马因过于养尊处优，导致太肥胖而死。庄王便命令全体大臣为死马致哀，并要用一棺一椁装殓，按大夫的礼节举行葬礼。百官纷纷劝阻，庄王大动肝火，下令谁再劝阻，定判死罪。

宫中有个叫优孟的人，进宫号啕大哭。庄王问他哭什么，优孟说："这匹马是大王最心爱的马，以楚国之大，什么东西弄不到！现在却只以大夫的葬礼来办丧事，实在太轻慢了！我请求用君王的礼仪来埋葬。"

楚庄王一听甚为高兴，便问："依你之见，怎么个埋葬法呢？"

优孟说："最好以雕琢的白玉作棺材，以精美的梓木做外椁。还要建造一座祠庙，放上牌位，追封它为万户侯。这样天下的人就知道，大王是轻贱人而贵重马了。"

楚庄王一听，如梦方醒，说："我的过错竟到了这种地步！"

优孟说服楚庄王，不是直言相劝，而是以退为进，先消除了庄王的对抗情绪和排斥心理，最后取得说服的胜利。退并不是说明自己败了，也不是说自己无话可说了，退正是进的表现。在关键时不妨退一步，达到进的效果，这样说服他人的概率会高一点，更能让别人接受你的说法。

有一位优秀的老师接管了一个差班班主任的工作，此时正赶上学校安排各班级学生参加平整操场的劳动。这个班的学生躲在阴凉处，谁也不愿意去干活，老师怎么说都没用。

后来这个老师想到一个以退为进的办法，他问学生们："我知道你们并不是怕干活，而是都很怕热吧？"学生们谁也不愿说自己懒惰，便七嘴八舌说，确实是因为天气太热了。

老师说："既然是这样，我们就等太阳下山再干活，现在我们可以痛痛快快地玩一玩。"学生一听就高兴了。老师为了使气氛更热烈一些，还买了几十根雪糕让大家解暑。在说说笑笑的玩乐中，学生接受了老师的说服，不等太阳落山就开始愉快地劳动了。

以退为进的说服方式，是一种有效的说服策略。表面为退，实则以退待进，通过退可以积蓄大的进的力量，目的就是为了更好地进。就像拉弓射箭，先把弓弦向后拉，最终目的就是为了把箭射得更远。

不管事情有没有错，有时候认错是以退为进的高招。不敢自己出面处理问题的人性弱点，通常是一般人溃败的主要原因。如果你认为自己没有错，也可以心平气和地出面澄清，坚持自己的立场。最容易把自己推入困境的方法之一，就是没有使用一致的态度与口径来面对风暴的各个部分。因为没有诚恳的态度与坚定的立场，绝对无法真正说服他人。

下面讲述的就是这样一则故事：

    汉代的公孙弘，年轻的时候家里很贫穷，后来
贵为丞相，他的生活依然十分俭朴，吃饭只有一个
荤菜，睡觉只盖普通棉被。

    就因为这样，大臣汲黯向汉武帝参了他一本，
批评公孙弘位列三公，有相当可观的俸禄，却只盖
普通棉被，实际上是使诈以沽名钓誉，目的是骗取
俭朴清廉的美名。

    汉武帝便问公孙弘："汲黯所说的都是事
实吗？"

    公孙弘回答道："汲黯说得一点没错。满朝
大臣中，他与我交情最好，也最了解我。今天他当
着众人的面指责我，正是切中了我的要害。我位列
三公而只盖棉被，生活水准和普通百姓一样，确实
是故意装得清廉以沽名钓誉。如果不是汲黯忠心耿
耿，陛下怎么会听到对我的这种批评呢？"

    汉武帝听了公孙弘的这一番话，反倒觉得他为
人谦让，就更加尊重他了。

公孙弘面对汲黯的指责和汉武帝的询问，一句也不辩
解，并全都承认，这是何等的智慧呀！汲黯指责他"使诈以沽
名钓誉"无论他如何辩解，旁观者都已先入为主地认为他也许

在继续使诈。公孙弘深知这个责指的分量，采取了十分高明的一招，不作任何辩解，承认自己沽名钓誉。这其实表明自己至少"现在没有使诈"。

由于"现在没有使诈"也就减轻了罪名的分量。公孙弘的高明之处，还在于对指责自己的人大加赞扬，认为他是"忠心耿耿"。这样一来，便给皇帝及同僚们这样的印象：公孙弘确实是"宰相肚里能撑船"。

既然众人有了这样的心态，那么公孙弘就用不着去辩解沽名钓誉了，因为这不是什么政治野心，对皇帝构不成威胁，对同僚构不成伤害，只是个人对清名的一种癖好，无伤大雅。

公孙弘以退为进的回答，说服了皇帝，说服了大家，没有伤和气便把事情给解决了，我们不得不说他是一个聪明的人，也是一个有口才之人，更是一个懂得以退为进，懂谋略的人。由此可见，以退为进的说服技巧是一种大智慧。特别是领导人，在这方面如果运用得好，更能受益匪浅。

有些人可能对情况不怎么了解又喜欢乱下结论，甚至有时候会有一些莫须有的罪名加到你头上，这时候你去辩解反而会让人觉得你心中有鬼，即便最后得到澄清也极有可能给旁人一种不好的印象，更何况有时候你无意之中真的会犯一些错误。所以，不管遇到什么事，说服什么样的人，都要学会以退为进的方法，这样的说服方法比较容易让人接受。

懂得运用固有的利害关系来说服他人不算是高手，能灵活运用变化的利害关系才是善说者之道。

再看下面这个故事：

彼得是矿冶专业的高才生，他在美国耶鲁大学毕业之后，又进德国的佛莱堡大学深造，并且拿到了硕士学位。虽然他有着这样的文凭，但是，当他来到美国西部的一座大矿找工作时，却发现并不像他想象中的那么顺利。

按照预约的时间，彼得走进大矿主的办公室，准备面试。他先把自己的文凭递上，心想对方看了之后一定会感到满意。可矿主对此一点也没有兴趣，断然拒绝了他的求职要求。

"先生，正因为你有硕士学位，所以我就不能聘用你。"矿主毫不客气地说："我知道，你们学了系统的理论，可那些东西并没有什么实用价值，我可用不着这种温文尔雅的工程师。"

原来，这位矿主并不是什么有学历的人，他是工人出身，一步一步地从基层提拔上来的，后来成为大矿的"掌门人"。

此人生性耿直，脾气还很倔强。由于他自己没有上过大学，所以他不喜欢有学历的人。尤其对那些张口能讲出一大套理论的工程师，更是没有一点的好感。

面对应聘时出现的这种尴尬和无奈，聪明的彼得脑子一转，很快想出了对策。他毫不恼怒，而是巧妙地转换话题，以缓解气氛。

他微笑着说："先生，我想向您透露一个秘密，可您得答应我的一个条件，不要告诉我父亲。"矿主对此颇感兴趣，表示决不泄密。"说真的，我在德国佛莱堡大学的3年时间一直是在混日子，什么东西也没有学到。"他小声地告诉对方。

一听完这话，矿主的脸马上由"阴"转"晴"哈哈大笑起来，然后当场拍板："很好，你被录用了，明天就可以来上班。"

我们可以从这个故事中，看到彼得审时度势，灵活多变，他采用了以退为进的策略。说服他人时，让步是一种暂时的虚拟的后退，是为了进一尺的时候所做出的退一步的忍让。

让步是一种修养，并非懦弱，更不是失去人格。说服别人用你，那是一个人的本事，别人不想用你代表你的求职失败，而你以退为进得到别人的录用，这是一个高招，没有好口才的人是不会做到这一点的，所以，要说服他人，学会以退为进是非常重要的。

在说服别人时，如果双方处于僵持的状态，我们不妨退一步，而后再与之理论，以求进步，这样做会更容易让对方接受我们的方法与建议，从而达到说服的最终目的。

控制情绪说对话

学习好口才之前还要会控制自己的情绪，在你成功的道路上，你最大的敌人实际上并不是缺少机会，也并不是资历的浅薄。你成功的最大敌人就是缺乏对自己情绪的控制。

学会控制自己的情绪

你会发脾气吗？你知道什么时候应该发脾气，什么时候不应该发脾气吗？

倘若你在开车时，遇到别人从你身边一擦而过，呼啸一声，让你大为惊诧，你是不是会破口大骂呢？很多人会因此发脾气，甚至为此不高兴一天。殊不知，对方也许早已高高兴兴地参加聚会去了。

要化解暴怒的心情，我们可以用以风趣、温和的态度解释当时的情形："这家伙，一定是赶着老婆生孩子。"然后，一笑了之。

那么，忍住不发脾气就永远是好的吗？比如，当你的孩子在念书时，隔壁的音响声音开得很大，你尽管忍耐，不去伸张自己的权益，结果会怎样呢？这种情况下，你忍住不发脾气，也相当于在纵容别人做不该做的事情。

生活中非理性的因素很多，我们往往会因为这些非理性的因素而使自己的情绪失控、导致一些不应该有的后果。为了更好地控制自己的情绪，我们应该先分析一下生活中常见的非理性因素。

在这个茫茫世界，我们每个人穷尽一生，能看到、听到、感觉到、体验到的事物非常有限。且不说浩瀚无垠的洪荒宇宙，就算我们立足的这个渺小的星球，也已经让我们再三地承认生命的有限和短促了。

可就算是烦琐小事，当其投射到我们的心灵世界里时，也可能变得非常复杂和丰富的。在我们日常的生活中，你感觉周围的事物，从而形成你的观念，作出你的评价，以及相应的判断、决策等，都是通过我们的心理世界来进行的。

只要是经由主观的心理世界来认识和体察事物，就肯定会使我们对事物的认识和判断产生偏差，受到非理性因素的干扰和影响。影响我们认知的正确性的因素不少，如知识。经验的局限；认知观念的偏差；感官的限制等等。其中，影响最大的因素是情绪的介入和干扰。

生活中常见的非理性因素

我们日常生活中常见的非理性因素如下：

（1）嫉妒：嫉妒使人心中充满恶意、伤害。倘若一个人在生活中产生了嫉妒情绪，那么他就开始生活在阴暗的角落里，不能在阳光下光明磊落地说和做，而是面对别人的成功或优势咬牙切齿，恨得心痛。

嫉妒的人首先损害的是他自己，由于他把时间、精力和生命不是放在人生的积极进取上，而是放在日复一日的蹉跎之中。嫉妒同时也会让人变得消沉，或是充满仇恨。倘若一个人心中充满消沉或是充满仇恨，那么他距离成功也就日益远了。

（2）愤怒：愤怒使人失去理智思考的机会。许多场合，你因为不可抑制的愤怒，让你失去了解决问题和冲突的良好机会。而且，由于一时冲动和愤怒，你在事过之后总是要付出高昂的代价来为此补偿。

在我们的实际生活中，愤怒导致的损失往往是没办法弥补的。你也许因此失去一个好朋友，失去一批客户。你也许因此在领导眼里的形象受到损害，别人也因此开始对你的合作产生疑虑。

愤怒时最糟糕的后果是，人在愤怒的情绪支配下，总是会不顾及别人的尊严，并且严重地伤害别人的面子。损害他人的物质利益也许并不是太严重的问题，而损害他人的感情和自尊却相当于自绝后路，自断前程。

如果你心中的梦想是希望成功，那么，愤怒是一个不受欢迎的敌人，你应该彻底地把他从你的生活中赶走。

（3）恐惧：过分的担忧可能导致产生恐惧，而恐惧则让人学会逃避、躲藏，而不是迎接挑战、不畏困难。心理学认为，对某些事物的恐惧情绪，可能来自缺乏自信或自卑。

一次失败的经历或尴尬的遭遇都可能使人感到恐惧。比如，经历过一次在公众面前语无伦次的演讲，也许使你从此恐惧演讲。这肯定使你在生活中凭空少了许多机会，本来可以通过一番演说和游说来获得的成功机会将从你的手指缝里溜走。

一般来说，恐惧的泛化还会导致焦虑，焦虑的情绪甚至比恐惧还要坏。有些人把焦虑情绪类比为"热锅上的蚂蚁"这个比喻形象生动。产生恐惧情绪而不设法加以控制和克服，这样的潜台词无异于默认自己是个怯懦的失败者。

前进的路途上小小的失败就让你望而却步，驻足不前，那么，成功后可能面临的更大的挑战你又能怎样应付呢

（4）抑郁：成功路途中另一大敌是抑郁。倘若说别的消极情绪是你成功路上的障碍，让你的成功之路变得漫长和艰险，那么，抑郁会让你离成功越来越远。克服别的情绪问题也许只是个修养和技巧的问题，克服抑郁却是一个庞大的工程，他需要彻底改变你的个性：从认识、态度到性格、观念。

一个追求成功的人一旦染上抑郁，那么既有的成功也会离他而去。因为成功带给你的不是喜悦，不能让你快乐起来，你沉浸在自己的消极体验里不能自拔。

抑郁者好像是一个随时驮着壳的蜗牛，只不过束缚他的壳是看不见的。抑郁者也恰似置身于一个孤独的城堡，他出不来，其他人也进不去。

德国著名表现主义作家同时也是抑郁者的卡夫卡曾这样形容他抑郁的体验："在我的周围围着两圈士兵，手执长矛。里面的一圈士兵向着我，矛尖指着我；外面的一圈士兵向着外面，矛尖指着外面。他们这样密不透风地围着我，让我出不去，外面的人也进不来。"

（5）紧张：适度的紧张让我们能集中精力，一心一意，但紧张过度却会使我们所做的准备工作白白地浪费掉。本来设想和规划得很好的语言和手势，一旦紧张便会忘得无影无踪。

过分的紧张让人变得幼稚可笑：脸色发白，或面色通红，双手和嘴唇不断地颤抖不已，头上冒着冷汗，心跳剧烈，甚至感到心悸，呼吸急促，语言支离破碎。这样的情形让我们就像一个撒谎的幼童。

当然，紧张也许仅仅是由于缺乏经验，准备不足。作为一个成功者，你也许一直都有些紧张的情绪。但你能成功的原因，是由于你已经学会了如何控制紧张。

美国历史上最著名的总统之一林肯，当众演讲时始终有些紧张，可是他知道怎样控制和巧妙地掩饰过去，做到不让台下的听众看出他的紧张。

（6）狂躁：狂躁容易给人一种假象，好像他精力十分充沛，说话和做事都那么有感染力，显得咄咄逼人。

初次接触狂躁者时，不少人都会产生不正确的感觉，以为他是多么的具有活力和使人感动呀！可是随着时间的推移和了解的加深，你就会发现狂躁者其实不过是一张白纸罢了。他的谈话没有深度，他的行事缺乏条理和计划性，他说过的话转眼就会忘了，交给他的任务也不会受到认真对待。

从表面看来，狂躁的情绪容易让人陶醉，因为狂躁者的自我感觉好极了，他会显得雄心勃勃，好像要追随后羿把那最后一个太阳也射下来。但是人都能够看出，世界上没有狂躁者也能取得成功的例子的。因为其实，狂躁和抑郁实际上是两个极端的情绪。狂躁是极度兴奋，而抑郁是极度的抑制。在精神病分类里，有一种精神疾患就叫作狂躁抑郁症。

（7）猜疑：猜疑是人际关系的腐蚀剂，他能够使触手可及的成功毁于一旦。莎士比亚在他那出著名的悲剧《奥赛罗》里面形象生动而深刻地刻画了猜疑对成功的腐蚀，奥赛罗就是这种猜疑的形象写照。

爱情由于猜疑而变得隔阂，合作由于猜疑而不欢而散，事业由于猜疑而分崩离析。

以上这些情绪都会左右人的思想，会给我们在社会中的正常交谈设置重重障碍。一个口才好的人往往都能够控制好自己的情绪，让他成为自己会说话的前提保证，甚至是说服别人的"制胜法宝"。

好口才怎样炼成的

拥有好口才就是人生的一笔好财富。而如何拥有这笔"硬通货"呢？我们可以从心理素质和状态上去锻炼，以及进行外在知识背景和口才技巧的训练。

前者是内在因素，一旦我们改变了昔时的观点，调整了自己的心态，积极地感受和实践，那么我们的口才能力就具备了大半。后者是具体的口才技巧学习，广泛地阅读加上并不断地模仿练习，就可以使各种技法为我们所用，并且能够融会贯通，了然于心。那时，我们就能够成为具有好口才的人了。

口才并不是一项天赋的才能，他是靠刻苦训练得来的。古今中外历史上一切口若悬河、能言善辩的演讲家、雄辩家，他们无一不是靠刻苦训练而获得成功的。

美国前总统林肯为了训练口才，徒步30英里，到一个法院去听律师们的辩护词，看他们如何论辩，如何做手势，他一边倾听，一边模仿。他听到那些云游八方的传教士挥舞手臂、声震长空的布道，回来后也学着他们的样子。他曾对着树、树桩、成行的玉米练习口才。

日本前首相田中角荣，少年时曾经患有口吃病，但他没有被困难所吓倒。为了克服口吃，练就口才，他常常朗诵和慢读课文。为了准确发音，他是对着镜子严肃认真，一丝不苟地纠正嘴和舌根部位。

我国著名的数学家华罗庚，不仅有超群的数学才华，而且也是一位不可多得的"辩才"。他从小就注意培养自己的好口才，学习普通话，他还背了唐诗四五百首，以此来锻炼自己的"口舌"。

华罗庚先生在总结练"口才"的体会时说的："勤能补拙是良训，一分辛苦一分才。"那么该怎么样培养出一副好口才呢？那么就要学会以下方法：

一是多唱歌或朗诵短诗，或定期举行家庭表演会，以此训练胆子；二是重述小说或电视电影的故事，将长故事浓缩成"短剧"；三是多打气，对于努力要有具体的表扬；四是在亲友前讲笑话或与他人分享个人的特殊生活经历；五是可以参与非正式讨论，以训练辩驳能力；六是每周定时训练口才，有机会练习演讲与辩论。七是多去接触陌生人，勇敢地对人讲话！八是多阅读些关于口才的文章书籍。

而口才训练方法也包含着以下几种：

速读法

这里的"读"指的是朗读，是用嘴去读，而不是用眼去看，顾名思义"速读"也就是快速的朗读。这种训练方法的目的，是在于锻炼人口齿伶俐，语音准确，吐字清晰。

背诵法

我们都背诵过课文。有诗歌、有散文、有小说。背诵的目的是各有不同的。有的是因为老师要求必须背诵，而不得不背，以完成老师交给的学习任务；也有的是为了记忆下某个名诗、名句，以此来丰富自己的文学素养。而我们提倡的背诵，主要的目的是在于锻炼我们的口才。

我们要求的背诵，并不仅仅要求你把某篇演讲词、散文背下来就算完成了任务，我们要求的背诵，一是要"背"二还要求"诵"。这种训练的目的有两个：一是培养记忆能力，二是培养口头表达能力。

记忆是练口才必不可少的一种素质。没有好的记忆力，要想培养出口才是不可能的。只有大脑中充分地积累了知识，你才可能张口即出，滔滔不绝。

如果你大脑中是一片空白，那么你再伶牙俐齿，也无济于事。记忆与口才一样，他并不是一种天赋的才能，后天的锻炼对他同样起着至关重要的作用，"背诵"正是对这种能力的培养。

练声法

练声也就是练声音，练嗓子。在生活中，我们都喜欢听那些饱满圆润、悦耳动听的声音，而不愿听干瘪无力、沙哑干涩的声音。所以锻炼出一副好嗓子，练就一腔悦耳动听的声音，是我们必做的工作。练声的方法是：

第一步，练气。俗话说练声先练气，气息是人体发声的动力，就像汽车上的发动机一样，他是发声的基础。气息的大小对发声有着直接的关系。气不足，声音无力，用力过猛，又有损声带。所以我们练声，首先要学会用气。

第二步是吸气：吸气要深，小腹收缩，整个胸部要撑开，尽量把更多的气吸进去。我们可以体会一下，你闻到一股香味时的吸气法。注意吸气时不要提肩。

第三步是呼气：呼气时要慢慢地进行。要让气慢慢地呼出。因为我们在演讲、朗诵、论辩时，有时需要较长的气息，那么只有呼气慢而长，才能达到这个目的。呼气时可以把两齿基本合上。留一条小缝让气息慢慢地通过。

这里应多做一些这样的练习：一是深吸一口气。数数，看能数多少。二是跑20米左右，然后朗读一段课文，尽量避免喘气声。三是按字正腔圆的要求读下列成语：英雄好汉；兵强马壮；争先恐后；光明磊落；深谋远虑；果实累累；五彩缤纷；心明眼亮；海市蜃楼；优柔寡断；源远流长；山清水秀。四是读练口令，例如：八面标兵奔北坡，炮兵并排北坡炮，炮兵怕把标兵碰，标兵怕碰炮兵炮。又如：哥挎瓜筐过宽沟，赶快过沟看怪狗。光看怪狗瓜筐扣，瓜滚筐空怪看狗。等等。

复述法

复述法简单地说，就是把别人的话重复地叙述一遍。这种方法在课堂上使用的较多。如老师让同学们看一段幻灯片，然后请同学复述幻灯片的情节或人物的对话。这种训练方法的目的，在于锻炼人的记忆力、反应力和语言的连贯性。

其方法是：选一段长短合适、有一定情节的文章。最好是小说或演讲词中叙述性强的一段，然后请朗诵较好的同学进行朗读，最好能用录音机把他录下来，然后听一遍复述一遍，反复多次地进行。直到能完全把这个作品复述出来。复述的时候，你可把第一次复述的内容录下来，然后对比原文，看你能复述下多少，重复进行，看多少遍自己才能把全部的内容复述下来。这种练习绝不单单在于背诵，而在于锻炼语言的连贯性。如果能面对众人复述就更好了，他还可以锻炼你的胆量，克服紧张心理。

模仿法

我们每个人从小就会模仿，模仿大人做事，模仿大人说话。其实模仿的过程也是一个学习的过程。我们小时候学说话是向爸爸、妈妈及周围的人学习，向周围的人模仿。那么我们练口才也可以利用模仿法，向这方面有专长的人模仿。这样天长日久，我们的口语表达能力就能得到提高。

其方法是：可以模仿专人。在生活中找一位口语表达能力强的人，请他讲几段最精彩的话，录下来，供你进行模仿。你也可以把你喜欢的、又适合你模仿的播音员、演员的声音录下来，然后进行模仿。

又或是随时模仿。我们每天都听广播，看电视、电影，那么你就可以随时跟着播音员、演播员、演员进行模仿，注意他的声音、语调，他的神态、动作，边听边模仿，边看边模仿，天长日久，你的口语能力就得到了提高。而且会增加你的词汇，增长你的文学知识。

这里要求要尽量模仿得像，要从模仿对象的语气、语速、表情、动作等多方面进行模仿，并在模仿中有创造，力争在模仿中超过对方。

描述法

小的时候我们都学过看图说话，描述法就类似于这种看图说话，只是我们要看的不仅仅是书本上的图，还有生活中的一些景、事、物、人，而且要求也比看图说话高一些。简单地说，描述法也就是把你看到的景、事、物、人用描述性的语言表达出来。

角色扮演法

角色一词，我们也是从戏剧、电影中借用来的。是指演员扮演的戏剧或电影中的人物。我们这里的角色，与戏剧、电影中讲的角色，有着相同的意义。

角色扮演法，就是要我们学演员那样去演戏，去扮演作品中出现的不同的人物，当然这个扮演主要是在语言上的扮演。

其方法有：一是选一篇有情节、有人物的小说、戏剧为材料；二是对选定的材料进行分析，特别要分析人物的语言特点；三是根据作品中人物的多少，找同学，分别扮演不同的人物角色。比比看，谁最能准确地扮演自己的角色；四是一个人扮演多种角色，以此培养自己的语言适应力。

这种训练的目的，在于培养人的语言的适应性、个性，以及适当的表情、动作。

讲故事法

同学们或许都听过故事，但是不是都讲过故事呢？讲故事看起来很容易，要真讲起来就不那么容易了，常言说："看花容易，绣花难"呀！听别人讲故事绘声绘色，很吸引人，有些朋友听起故事来甚至都可以忘了吃饭、睡觉，可是自己一讲起来，仿佛就不是那么回事了，干干巴巴，毫无吸引力。因此，讲故事也是一种才能，并不是人人都可以把故事讲好的。学习讲故事是练口才的一种好方法。

实战训练

当你在不同场合、面对不同观众当众发言时，如果由于紧张怯场、面红耳赤、大脑空白、思维混乱、语无伦次；重点不明、言之无物、条理不清；无文采，无新意；缺乏感染力、吸引力，说服力……时，不善表达不但你个人能力受到质疑，还为自己设置了发展障碍，严重影响到你的职场前景，口才的提升不在于你背诵多少演讲技巧，而在于你通过实战把知识转化为技能并变成自己的习惯才是最重要的。

训练口才并不是一朝一夕的事情，需要坚持不懈，才能最终取得成功。

跟任何人聊得来

胡元斌◎编著

民主与建设出版社
·北京·

图书在版编目（CIP）数据

沟通技巧 / 胡元斌编著 . -- 北京：民主与建设出

版社，2020.4（2024 . 1 重印）

（沟通技巧）

ISBN 978-7-5139-2945-5

Ⅰ . ①沟⋯ Ⅱ . ①胡⋯ Ⅲ . ①心理交往－通俗读物

Ⅳ . ① C912.11-49

中国版本图书馆 CIP 数据核字 (2020) 第 033538 号

沟通技巧

GOU TONG JI QIAO

编 著	胡元斌	
责任编辑	刘树民	
封面设计	三石工作室	
出版发行	民主与建设出版社有限责任公司	
电 话	（010）59417747　59419778	
社 址	北京市海淀区西三环中路 10 号望海楼 E 座 7 层	
邮 编	100142	
印 刷	三河市天润建兴印务有限公司	
版 次	2020 年 6 月第 1 版	
印 次	2024 年 1 月第 6 次印刷	
开 本	850 毫米 ×1168 毫米　1/32	
印 张	25	
字 数	605 千字	
书 号	ISBN 978-7-5139-2945-5	
定 价	168.00 元（全五册）	

注：如有印、装质量问题，请与出版社联系。

前　言

沟通是一门艺术，更是一门学问。善于沟通的人，让人如沐春风，听他说话是一种享受，而不善于沟通的人，出口说话就会被冷落。一个人的事业是否兴旺，与他的沟通能力和人际交往有很大关系。

著名政治家富兰克林说："说话和事业的进行有很大的关系，你出言不慎，跟别人争辩，那么，你将不可能获得别人的同情、别人的合作、别人的帮助。"这话说得一点不错。

人生的困扰，说到底，十之八九，问题都出在人际关系。而人际关系的困扰，说到底，都是因为沟通出了问题。

沟通是人们分享信息、思想和情感的各种过程。人生活在一个沟通的社会里，无时无刻不在交流思想和情感、理想与期望，欢乐和痛苦，交流着一切可以交流的东西。这种交流沟通让人的才能得以发挥，也使人际关系得到巩固。

语言是我们与人沟通的工具，是一种表达自己的技巧。一个人会说话就讨人喜欢，人际交往也不会有阻碍，事业上自然也能顺风顺水；反之，不会说话的人只会到处得罪人，四处树敌，导致人生路上坎坎坷坷，举步维艰。

在人际交往日益频繁和竞争日趋激烈的现代社会，怎样说话、说话能力如何显得极其重要。一个缺乏表达技巧和沟通艺术的人，无论在什么环境下都难以得到人们的赏识。这就要求我们提高说话能力，提升沟通技巧。

一个人的沟通能力是与知识存储和个人涵养成正比的。知识渊博的人，具有审时度势的能力，说起话来谈资丰富、妙言成趣，能够调动人们的情绪，成为人注目的焦点，这类人往往事业容易成功；而知识匮乏的人，一般都目光短浅，语言贫乏，说话少言寡味，很难引起人们的注意，做事的成功率也就大大降低了。

本书通过生动典型的事例和精练活泼的语言，详细叙述了沟通的技巧、回话的艺术以及在不同场合、不同情境该说什么话，不该说什么话等内容，帮助我们培养说话情商，避免表达失误，掌握高效说话的基本原则和方法，为我们成为职场达人，创造人生辉煌提供了丰富的研习教材和实战经验，适合不同层次的职场人士学习和收藏。如果你有志成为一个沟通高手，用心阅读本书，定会让你脱胎换骨，魅力无限。

目录

第一章

一开口就让人喜欢你

在日常生活中，我们每天都要接触人，每天都要说话。与人交谈时，有一个良好的开端非常重要，如果你一开口就能赢得他人的好感，那么，聊天就能自然而然地进行下去。反之，如果你一开始说的话别人就不感兴趣，那么，你们的谈话就很难进行下去，更别说进行其他的合作了。

让自己的声音有魅力

说话时，让自己的声音有魅力很重要。声音是一个人的个性特征之一，声音对语言有着强大的辅助作用。比如，同样的话面对一位年轻女性去说，一个清晰、带有磁性的男中音比一个公鸭嗓或是尖利的高音其效果会大有不同。

对一个正常人来讲，其发音有12至20个音阶。当然，那些职业演员和歌唱家要更高一些，有的可达到36个音阶。但不幸的是，有些人的声音可能只有5个音阶，他们发出来的声音让人听起来就像一根弦在拨动，十分单调，令听者感到头脑发胀。

由此可见，一个人发出的声音是否能吸引住你谈话的对象，这对你的交往是否成功非常关键，在人际交往中更是如此。当你与他人讲话时，你所发出的每一个声音应首先给他人留下良好的印象，力求让人更好地了解你，更加充分地展示自己的征服力。

苏珊是一家广告公司的资深业务经理，她最关心和留意客户的销售问题，并总是乐于帮助他人解决难题，但她的声音却让人听来讨厌，她那尖厉的声音就像一个小女孩发出的叫声。

她的老板私下说，我很想提升她，但她的声音又尖又孩子气，让人感到她说的话缺乏诚意。我不得不找一个声音听来成熟果断的人来担任此职。显然，苏珊就是因为自己说话的音调不合适而失去了提升的机会。

　　事实上，一个人的声音不是一成不变的，通过一些技巧训练，可以克服平时的一些怪癖和不良习惯，从而改善你说话时的语调、发音、音量、节奏、速度等。

　　为了更加准确地了解自己的声音，你可以将录音机放在电话旁边，听听你每天打电话时的声音。

　　首先，请家人或朋友对你的声音作出一个真实的评述。

　　其次，将你在停顿或静默时反复使用的语气词记下来，在今后的谈话中尽量避免使用。

　　再次，进行发音训练。你可以在图书馆找到一些有关的书籍，针对自己的特点进行训练。或者找一些语言磁带和录像带进行训练。

　　另外，还可以进修一门公共言谈或演讲的课程。

　　总之，让我们变得更加成功的许多优异的东西不是与生俱来的，而是需要后来通过自身改变原有的东西。声音就是这样，你试着改变一下，也许你会看到一个意想不到的结果。

说话快慢要适中

一家大报的广告部经理给一位语言培训专家打来电话，请他给其手下的一位员工保留一份工作，并向这位专家抱怨道："她已40多岁，并担任我的秘书15年之久，我很喜欢她的工作，可是她说话的速度快得令我紧张不安、无法跟上。对她的语速问题几年前我不会像现在如此在意，可是随着工作压力与负担的加重，她的声音对我的刺激也愈来愈大。我并不想辞退她，可是要是她说话不放慢速度，我只好让她离开，以保持自己神志清醒。"

事实上，说话的快慢确实可以通过练习来调适，声音的调适具有双重因素，如果你说话的速度太快，下列几点可以使你减慢速度，反之亦然：

一是从1数到10，第一次5秒钟说完，第二次10秒，第三次20秒。

二是经常练习高声朗诵报纸上的文章，先用铅笔将你认为要连贯的字词做个记号，朗读时，同时移动铅笔，引导你的声音。要是你觉得自己平常说话的速度太慢，就加快一些；要是太快，就放慢些。

三是以录音机录音，然后倒回重放，检查自己的速度，是否流畅？是否跳跃停顿？

四是录下一些好的新闻报道，试着模仿播音员的播音。

有时，我们还可以发现，即使是同一个国家的人，他们讲同一语言，不同地域的人说话的速度也不一样，某一速度对南方人十分恰当，但到了北方，就显得太快了。

有一位推销员，他发现自己经常无法把要说的话在限定的时间内说完。他也许行驶了100里的路程赶到一位顾客家中，后来却只有15分钟介绍自己的产品。他发现自己最大的困难之一是如何组织自己应该说出的话。

后来，他请教于一位语言专家，专家听了他的情况之后，建议他从学会调整自己的速度开始。在他开始练习调整声速之前，一般人只需要10分钟便可轻易讨论完的问题，他却要花15分钟。

通过训练，他可以在10分钟内有效的讨论别人要费20分钟的问题，他可以随意地加快或减慢速度。

一旦你控制住了自己的语言，它就会乖乖地听你驾驭了。你可以放慢自己的速度，以满足听众的需要；你可以根据一天的工作安排、听众的类别、当时的气氛等因素来调整自己说话的声音、说话的速度，以应付不同情景的需要。

如何恰如其分地称呼他人

与人谈话，称呼是必不可少的。在人际交往中，人们对称呼是否恰当十分敏感。尤其是初次交往，称呼往往影响交际的效果。有时因称呼不当会使交际双方发生沟通上的障碍。

不同时代、不同国家、不同地区、不同社会集团之间都有不同的称呼，但也有共同的称呼，如太太、小姐、女士、先生。

有时候，称呼别人不是为了满足自己，而是为了满足别人。遇到一位朋友，最近被提升了主任。当时就应先跟他打招呼："某主任，真想不到能在这儿见到你。"

如果他听到你跟他打招呼，就会显得格外高兴，忙跑过来和你并肩坐。虽然平时他是个不大健谈的人，但那天却显得很健谈。

当瑞典国王卡尔·哥史塔福访问旧金山时，一位记者问国王希望自己怎么被称呼。他答道："你可以称呼我为国王陛下。"这是一个简单明了的回答。

最重要的是，不论我们如何称呼人，这其中最主要的是要传达这样的意思："你很重要""你很好""我对你重视"。

使用称呼还要注意主次关系及年龄特点。如果对多人称呼，应以先长后幼、先上后下、先疏后亲的顺序为宜。

如在宴请宾客时，一般以先董事长及夫人，后随员的顺序为宜。在一般接待中要按女士们、先生们、朋友们的顺序称呼。使用称呼时还要考虑心理因素。

如有30多岁的人还没有结婚，就称为"老张、老李"，会引起他的不快。对没有结婚的女人称"太太、夫人"，她一定很反感，但对已婚的年轻女人称"小姐"，她一定会很高兴。

除此之外，称呼应该根据社会习惯来进行。例如，称呼一般分为职务称、姓名称、职业称、一般称、代词称、年龄称。

职务称：经理、科长、董事长、医生、律师、法官、教授等；

姓名称：一般以姓或姓名加"同志、先生、女士、小姐"；

职业称：是以职业为特征的称呼。如、秘书小姐、服务小姐等；

一般称：太太、女士、小姐、先生、同志、师傅等；

代词称：用代词"您""你们"等来代替其他称呼；

年龄称：主要是以亲属名词"大爷、大妈、伯伯、叔叔、阿姨"等来相称；

对工人：比自己年龄长的可称"老师傅"，与自己同龄或小于自己的人可称"同志、小同志、师傅、小师傅"；

对农民：比自己年长的可称"大伯、大娘、大妈"，与自己同龄或小于自己的人可称"同志"；在北方也可称"大哥、大姐、老弟、小妹"等；

对经济界人士：可用"先生、女士、小姐"等相称；也可用职务相称，如"董事长、经理、主任、科长"等；

对知识界：可以用职业相称，如教授、老师、医生(大夫)，还可以用"先生、女士、太太"相称；

对文体界：可用职务称，如"团长、导演、教练、老师"等；对于一般的演职员、运动员，就不能称"××演员"或"××运动员"而要称呼"××先生"或"××小姐"。

场面上要学会"套近乎"

"套近乎"是交际中与陌生人、尊长、上司等沟通情感的有效方式。套近乎的技巧就是在交际双方的经历、志趣、追求、爱好等方面寻找共同点，诱发共同语言，为交际创造一个良好的氛围，进而赢得对方的支持与合作。

外交史上有一则通过套近乎而顺利达成谈判目的的轶事：

一位日本议员去见埃及总统纳赛尔，由于两人的性格、经历、生活情趣、政治抱负相距甚远，总统对这位日本议员不大感兴趣。日本议员为了不辱使命，搞好与埃及当局的关系，会见前进行了多方面的分析，最后决定以套近乎的方式打动纳赛尔，达到会谈的目的。下面是双方的谈话：

议员：阁下，尼罗河与纳赛尔，在我们日本是妇孺皆知的。我与其称阁下为总统，不如称您为上校吧，因为我也曾是军人，也和您一样，跟英国人打过仗。

纳赛尔：唔……

议员：英国人骂您是"尼罗河的希特勒"，他们也骂我是"马来西亚之虎"，我读过阁下的《革命哲学》，曾把它同希特勒《我的奋斗》做比较，发现希特勒是实力至上的，而阁下则充满幽默感。

纳赛尔：(十分兴奋)呵，我所写的那本书，是革命之后，三个月匆匆写成的。你说得对，我除了实力之外，还注重人情味。

议员：对呀！我们军人也需要人情。我在马来西亚作战时，一把短刀从不离身，目的不在杀人，而是保卫自己。阿拉伯人现在为独立而战，也正是为了防卫，如同我那时的短刀一样。

纳赛尔：(大喜)阁下说得真好，以后欢迎你每年来一次。

此时，日本议员顺势转入正题，开始谈两国的关系与贸易，并愉快地合影留念。

日本人的套近乎策略终于产生了奇效。

在这段会谈的一开始，日本人就把总统称作上校，降了对方不少级别；挨过英国人的骂，按说也不是什么光彩事，但对于军人出身，崇尚武力，并获得自由独立战争胜利的纳赛尔听来，却颇有荣耀感；没有希特勒的实力与手腕，没有幽默感与人情味，自己又何以能从上校到总统呢？

接下来，日本人又以读过他的《革命哲学》为由，称赞他的实力与人情味，并进一步称赞了阿拉伯战争的正义性。这不但准确地刺激了纳赛尔的"兴奋点"，而且百分之百地迎合了他的口味，使日本人的话收到了预想的奇效。

日本议员先后五处运用寻找共同点的办法使纳赛尔从"不感兴趣"到"十分兴奋"而至"大喜"，可见日本人套近乎的功夫不浅。

这位日本议员的成功，给我们一个重要启示，就是不能打无准备之仗，有备而来，才能套得近乎，并且套得结实，套得牢靠。

寻找感情上的突破口

日常交往并不是总在熟人间进行，有时你甚至要闯入陌生人的领地。当进入一个陌生的家庭、环境里时，要迅速打开局面，首先要寻找理想的"突破口"。

有了"突破口"，便可以以点带面或由此及彼地发挥开去，从而实现让对方在感情上接受你的效果。老人、小孩容易接近，也喜欢你接近，融洽全家气氛，这样就能达到水到渠成的"套近乎"的目的。

人常说：要讨母亲的欢心，莫过于赞扬她的孩子。聪明的人应该利用孩子在交际过程中充当沟通的媒介，一桩看似希望渺茫的事，经过孩子的起承转合，反倒迎刃而解。

　　纽约某大银行的乔·理特奉上司指示，秘密进入某家公司进行信用调查。正巧理特认识另一家大企业公司的董事长，这位董事长很清楚该公司的行政情形，理特便亲自登门拜访。

　　当他进入董事长室，才坐定不久，女秘书便从门口探头对董事长说：

　　"很抱歉，今天我没有邮票拿给您。"

　　"我那12岁的儿子正在收集邮票，所以……"董事长不好意思地向理特解释。

　　接着理特便开门见山地说明来意。可是董事长却含糊其词，一直不愿做正面回答。理特见此情景，只好离去，没得到一点儿收获。

　　不久，理特突然想起那位女秘书向董事长说的话，邮票和12岁的儿子。同时，也联想到他服务的银行国外科，每天都有许多来自世界各地的信件，有许多各国的邮票。

第二天下午，理特又去找那位董事长，告诉他是专程替他儿子送邮票来的。董事长热诚地欢迎了他。理特把邮票交给他，他面露微笑，双手接过邮票，就像得到稀世珍宝似的自言自语：

"我儿子一定高兴得不得了。啊！多有价值！"

董事长和理特谈了40分钟有关集邮的事情，又让理特看他儿子照片。一会儿，没等理特开口，他就自动地说出了理特要知道的内幕消息，足足说了一个钟头。他不但把所知道的消息都告诉了理特，又召回部下询问，还打电话请教朋友。

理特没想到区区几十张邮票竟让他圆满地完成了任务。

自我介绍要得体

在与人交往时，自我介绍是必不可少的。从交际心理上看，人们初次见面，彼此都有一种了解对方，并渴望得到对方尊重的心理。这时，如果你能及时、简明地进行自我介绍，不仅满足了对方的渴望，而且对方也会以礼相待，自我介绍。

这样，双方以诚相见，就为彼此的沟通及进一步交往奠定了良好的基础。而且，在参加社交集会时，主人不可能把每一个人的情况都介绍得很详细。

为了增进了解，你不妨抓住时机，多作几句自我介绍。时机有两种：一是主人介绍话音刚落时，你可接过话头再补充几句；二是如果有人表示出想进一步了解你的意向时，你可作详细的自我介绍。

自我介绍时应注意以下几点：

要有自信心。在日常交往尤其是求人办事时，有些人怕见陌生人，见到陌生人，似乎思维也凝固了，手脚也僵硬了。本来伶牙俐齿的，变得说话结巴；本来拙嘴笨舌的，嘴巴更像贴了封条。这种状况怎能介绍好自己呢？要克服这种胆怯心理，关键是要自信。有了自信心，才能介绍好自己，给别人留下好的印象。

要真诚自然。有人把自我介绍称为自我推销。既然推销产品时需要在"货真价实"的基础上作宣传，那么推销自我时也不能不顾事实而自我炫耀。

因此，作自我介绍时，最好不要用"很""最""极"等极端的词汇，给人留下"狂"的印象；相反，真诚自然的自我介绍，往往能使自己的特色更闪闪发光，引起人们的注意。

要考虑对象。自我介绍的根本目的是要给对方留下一个印象，因此要站在对方理解的角度来说话。

所以，在介绍自己时，一定要重视那个或那群与你打交道的人，要随机应变。如你面对的是年长、严肃的人你最好认真规矩些；如与你打交道的人随和而具有幽默感，你不妨也比较放松地展示自己的特点，做出有特色的自我介绍来。

总之一句话，要在自我介绍中表现出你的口才，使它成为与人沟通和进一步交往的前提。

说话要注意礼节和措辞

在交际场合与人说话时，不要故作姿态，更不要"皮笑肉不笑"，给人以虚伪的印象。要让对方感到自己热情、实在、值得信任。因此，说话时的动作要适度、端庄，在必要时可做些手势。如果坐着说话，手不要搭在邻座的椅背上，腿不要乱跷、乱晃、随便颤抖，更不要一边说话一边修指甲、剔牙齿、挖耳搔痒等等。

美国人一般性格外向、感情丰富。他们欣赏英俊的外貌，沉着潇洒、彬彬有礼的绅士风度，赞赏幽默机智的谈吐。1960年，尼克松败在肯尼迪手下，就是因为在电视辩论中风度与谈吐均不如肯尼迪。里根之所以能当上总统，与他在当电影演员时培养出来的潇洒风度和练就的好口才有很大的关系。

从外部形象看，年仅46岁的高大英俊的克林顿当然比年纪老迈的布什占有很大的优势，但布什是一个很难对付的对手，他是一个老牌政客，在从政经验的丰富与外交成就的显赫这两个方面，克林顿无法同他相比。

故而克林顿在三次电视辩论中决定采用以柔克刚的办法，不咄咄逼人，不进行人身攻击，要在广大听众面前展示出一个沉着稳重、从容大度的形象。

在1992年10月15日第二次电视辩论中，辩论现场只设一个主持人，候选人前面都没有讲桌，只有张高椅子可坐，克林顿为了表示他对广大电视观众的尊敬，一直没有坐，并且在辩论中减少了对布什的攻击，把重点放在讲述自己任阿肯色州州长12年间所取得的政绩上。克林顿的这种以柔克刚、彬彬有礼的做法，立即赢得了广大电视观众的好感。

最后一次电视辩论中，克林顿英俊潇洒的姿态，敏捷的论辩与幽默机智的谈吐使他大出风头。他在对布什的责难进行了有效的反驳以后，很得体地对广大电视观众说："我既尊敬布什先生在白宫期间的为国操劳，又希望选民能鼓起勇气，敢于更新，接受更佳人选。"话音刚落，掌声雷动。

克林顿要想圆他的总统梦，必须把布什拉下马，克林顿深知电视辩论的重要。如果在电视辩论中表现出色，加上舆论界广为宣传，就将为入主白宫铺平道路；如果在电视辩论中惨遭失败，那么，他的总统梦将化为泡影。

为了在电视辩论中获胜，克林顿的竞选班子绞尽了脑汁，制定出了有礼有节、以柔克刚的有效的辩论方法。

电视辩论不但可以显示总统候选人的竞选主张，更重要的是还能展示候选人的素质和能力，如形象、风度、思维能力、表达能力、应变能力等。克林顿抓住电视这个受众面最广的传媒、在辩论中以说"礼"话的策略与布什竞选，赢得了广大选民的信任和支持，也展示了自身良好的风度和形象。

善于用非语言来表达

自从孩提时代起，我们在学会说话的同时，就开始懂得如何去"读"懂他人的意思。如，当我们做错了某一事情而看到父母满脸怒色时，我们会赶紧避而远之。而当我们成年以后，我们需要的是人类的相互作用，通过一些错综复杂的词语和手势，我们就能明白他人所示之意。

为了说服、劝说他人，为了与人交流，仅仅靠我们所用的语言还远远不够。我们还必须借助于自己的面部表情、手势、肢体运动，以增强我们的口头表达效果。

有时，我们会将这些东西与语言结合起来使用。在我们说话时，可能会伴随着点头、皱眉、耸肩或竖起大拇指。我们遭遇困境时会迫使自己保持冷静，我们有时会表现出自己的激情与幽默。

当我们极度紧张、害怕或充满爱慕之情时，我们想尽力掩盖自己的感情，但事实上，我们无法控制的身体语言却将我们的内心表露无遗。

专家研究表明，视觉的影响不可低估和忽视。他们的调查显示：无论是两个私下谈话的人，还是一个在大庭广众之下的演讲者，有50%以上的信息是通过说话者的个人形象传递出来的，只有40%是经由性格和声色等来传递。

他们调查的一个很有意思的结果是，与声音有关的因素比语言本身要更为重要，只有不足10%是受说话语言本身的影响。还有些研究的结果更为惊人：在两个人的对话中，表达意思的方式中语言与非语言的比率为35：65。

正如面部表情可以向他人告知你的喜怒哀乐一样，如果你试图以一种单调乏味的声音说出自己要表达的内容，并且毫无面部表情，那听者一定会感到厌烦，而且你所传递的信息可能不会让他人真正理解。

专家们做过一次实验，当我们以一种与实际信息相反的非语言方式发出信息时，非语言表达的效果是语言效果的五倍。如果以敌意的方式给出一种友好的信息，那么让对方留有印象和保持记忆的不会是你所说的内容，而是你的表情。

因此，当我们要表达出一种十分准确的信息，而又担心会以一种不当的方式令人产生误解时，一定要对自己的表情和神态格外注意。当我们皱眉、作怪相、微笑、目光呆滞时，都会给他人传递一种相关的信息，我们的身体语言，如耸肩、挥手、跺脚等对我们的语言谈话都有着极大的影响。

怎样打开你的话匣子

当你遇见一个朋友或熟人的时候，不善于交谈，那实在是一个相当尴尬的局面。为了你的快乐与幸福，谈话的艺术，是不可不加以注意的。

话题就在你身边

假如你在码头上碰见一个熟人，大家一起上船，一时没有话说，这时最方便的办法，就是从当前的事物——双方都同时看到、听或感到的事物中，找出几件来谈。

在码头上，在船上，耳目所及，有着林林总总的事物，如果你稍微留意，不难找出一些对方可能发生兴趣的话题，比如码头上面的巨幅的广告、同船的外国游客啦，或者海上驶过的豪华的游艇啦，也许是天空飞过的新型客机啦……

甚至于在对方的身上，都可以找到谈话的题材。如果他打的领带很漂亮，你可以问他在什么地方买的；如果他身上穿着"金利来"衬衫，你可以问他这种衬衫究竟好不好，和广告上的宣传是否相符；如果他手上拿着一份晚报，看到晚报上头条新闻，你可以问他对当前时局的看法。

如果你到了一个朋友家里，在客厅里看到他孩子的照片，你就可以和他谈谈他的孩子；如果他买了一架新的钢琴，你就可以和他谈谈钢琴；如果他的窗台上摆着一个盆景，你就可以跟他谈谈盆景；如果他正患着牙痛，你就可以跟他谈谈牙和牙医，关心对方的健康，往往是亲切交谈的话题。

凡是这一类眼前的事物，最容易引起人们的注意，只要其中有一样碰巧对方很有兴趣，那么，谈话就可以得到继续和深入的机会。

利用自由联想

当交谈中断的时候，怎样寻找新的话题呢？

在这种时候，不要心急，也不要勉强去找，否则会引起不必要的紧张，反而什么也想不出来了。要知道，我们只要醒着，我们的脑子总是在活动着的。你没有要它想，它还是不停地想，由东想到西，或者由天想到地……这种作用，我们叫它做"自由联想"。

譬如说，当我们看到书桌上摆着一盏灯，我们的脑子就会从"电灯"出发，很快地联想到许多别的东西。

也许我们从"电灯"联想到"发明"，从"发明"联想到"电影"，然后是"演员"——"历史"。

这一切，都是在瞬间发生的，也许只是半分钟内的事。

如果我们继续探究就可以发现，因为我们看见一个电灯，就联想到它是爱迪生发明的，又由爱迪生想到我们看过的电影"爱迪生传"，又由"爱迪生传"想到科学影片，又由影片想到电影明星等，在刹那之间，我们已经有了不少交谈的题材，让我们选择。

当然，话题有时引不起对方的兴趣，但是只要我们不心急，不紧张，让我们的头脑在静默中自由地去联想，再过一会儿，我们就可能想到别的话题。

围绕着一个中心

倘若你要更进一步，不想东谈一点、西谈一点，从一个题材跳到另一个题材，要想抓住一个题材，把它谈得详尽一点，深入一点，充分一点，那么，也有一个好办法，可以帮助你的思考。

这时你就不要让你的思想自由地去联想，如果已经有个题材，可以引起对方的兴趣，那么，你就以这个题材作为中心，让你的思想围绕着这个中心，尽量地去想与这个题材有关的东西，然后再把这些有关的东西分门别类，整理出鲜明的系统。

例如，你刚刚参观过"自然艺术影展"，有了启发性的联想，已经找到一个使对方有兴趣的题材——植物。如果你想在这个题材上多停留一会儿，你就把"植物"作为中心，尽量去想与它有关的事物。

在这样做的时候，你的头脑也要保持着轻松活跃状态，那么，你就会自然地想出许多与植物有关的事物，例如热带植物、盆景、秋天植物如菊花等，就可以谈到植物的研究与栽培……

如果你的中心题材是"树"，你就可以想到风景树、花果树、著名的老树、著名的大树、与树有关的成语，以及树的各部分的用途……

如果你的中心题材是"交通"，那你就可以想到陆上交通、水上交通、空中交通以及交通工具，喷气机、火箭、太空船……

有了这种思考的习惯，无论任何的题材你都能把它分解又分解，分解出无穷无尽的细节，而每个细节都可以用来发展你的话题，丰富交谈的内容。

倘若把你所想到的一切结合起你个人的生活经验，那么，你交谈的内容就更真切生动了。每一个人的生活里都有许多可以打动别人的事情，倘若其中有些事情正和大家谈的题材有关，把它拿出来作为谈资，这时，交谈的内容就因为加进了个人的亲身经历的材料而更使人觉得有趣。

灵活地转换话题

在交谈中，灵活地转换话题也是一件很重要的事情。即使一个最好的话题也会有兴趣低落的时候，这时，善于交谈的人就懂得在适宜的时机转换话题，不使别人生厌。

转换话题有三种很自然的方法：

一是让旧的话题自行消失。当你觉得这个话题已经没有什么新的发展的时候，你就停止在这方面表示意见，让大家保持片刻的沉默，然后就开始另一个话题。

二是也可以在谈话进行当中不经意地插入别的话题，把旧的话题打断。但不要使人觉得太突然，也不要在别人还有话要讲的时候打断它。

三是从旧的话题往前引申一步，转换到新的话题上。例如，大家正在谈一部正在上映的好电影，等到谈得差不多的时候，你就说："这部电影卖座不坏，听说有一部新片就要开映。"新片又将吸引大家的注意力，几句话就把话题转换了，可是大家的思想与情绪却还是连贯着的，所以，这是一个比较灵活妥善的办法。

有时候，交谈本身到了应该结束的时候，即使最有趣味的谈话有时也会因为客观条件的影响，非要结束不可。

这时候，你要及时结束你的谈话，让大家高高兴兴地爽快地分手，不要等到对方再三地看表，不要忽略对方有结束交谈的暗示。否则，无论你交谈的内容有多么精彩，对方的心里也只有厌烦与焦急，不如让交谈在兴味淋漓的时候停止。

如何累积交谈的题材

无论你多么善于及时发掘适合交谈的题材，毕竟还需要对谈话的题材有相当的积累，否则，巧妇是难为无米之炊的。

做一个现代的有文化有教养的人，至少每天应当阅读一份报纸，每月应该阅读两三种杂志。从无线电广播里，你也可以吸收一些有用有趣的知识。

你还可以去听演讲，去参观展览会，看戏、看电影、听音乐家的演奏，参加当地社区的各种活动，对于当前许多重要的事件，给予密切的关注。

你是否经常注意这方面的修养呢？你有没有抽出足够的时间，仔细地阅读报刊和书籍呢？你有没有记住别人精彩的言论呢？你有没有对现实生活中的许多重要的问题加以思考呢？

如果你坚持不断地丰富你知识的库房，那么久而久之，你就不至于在别人谈着什么的时候，却发现自己在那方面无话可讲了。

不过，即使你真的无话可讲的时候，也不必因此而感到自卑和不安，世界上没有一个人是无所不知、无所不晓的，在这种时候，你不妨静静地坐着，仔细地听别人讲，记住他们的话，比较他们谈话的优劣。有什么不明白的地方，设法提出适当的问题。

这样，到了第二次，又遇见同样的话题的时候，你对这方面就不是一无所知了。

从谈吐中观察人的心理反应

我们在与人交往中，仅从谈吐、用词方面，就可以窥视其内心状况。谈吐的方式，反映出个人当时的心理状态，越深入交谈，则愈能暴露出该人的原本面目。所谓遣词造句，谈吐方式，是探知一个人真正性格和心理的最贵重的资料来源。

当话题进行至核心部分时，说话的速度、口气，就是我们探知对方深层心理意识的关键。当然，说话的声调也是不可忽视的要点。

巧妙地分析对方谈话的口气、速度、声调，探究对方的内心正在想些什么，这是增进人际关系的要点。以下我们以三项内容为中心，来做一次综合性的探讨。

不同身份的人有不同的语言

有人说话粗俗下流，有人说话谦虚有理；有人说话内容丰富真实，也有人一派胡言，说话空洞而毫无内容。总之，人通过说话能反映出其拥有的是什么。

高贵、气度非凡者说话谦恭有理，其心理包括了诚实、信赖、优越等，常用文雅的应酬用语。然而，这类人应分为两种，一种人是口与心相符，一种是口是心非的人。后者很多是外表高尚而内心丑恶的人。

有些人是不愿被对方察觉自己极为掩饰着的欠缺，所以才使用文雅的口气说话。相反，谈吐粗俗的人具有纯真、单纯、博爱、小心、易变等特性。这种类型的人，无论对上司还是对部下，对同性或异性，仍不改其谈吐风度，他所喜欢的则永远喜欢到底，对讨厌者也讨厌到最后。

此外，在初次见面的情况下，这种人好恶的表现也相当明显。不是表现得很不耐烦，就是突然地亲热若多年挚友。其表现出的意志完全掩盖对自我的所有小心性。

除此之外，说话带哭、带泪的人，依赖性非常强烈。这种人任性，但外表似乎和蔼可亲，善交际，善奉承，大多属于不受欢迎的角色。

不听对方说话，只顾自己滔滔不绝、口沫横飞的人，属于强硬类型，这种人只要在说话的时候，别人肯"嗯、嗯"地静静听他说，就可以得到他绝对的好感。但因自尊心太强，经常好抢先一步是其一大缺点。

也有不善言辞的人，这一类型以无法巧妙地表达自己想要说的话，或缺乏表现力的人较多。同时，他们中思考深沉、谨小慎微、度量窄的人也不少。欠缺智慧，以及精神上有缺陷的人也较多。他们中有许多人可以克服自我而站立起来，只要他有自信心。

说话快与慢可以推测人的性格

与人说话的声调和速度非常重要，可以从中观察出一个人的心理。要是对方说话的速度较慢，表示他对你略有不满，相反，速度很快的话，则又是他在人前抱有自卑感或话里有诈的证据。

突然地快速急辩也是同样的心理。例如，罪犯在说谎时，根本不听他人在说什么，立刻滔滔不绝地为自己辩护，就是个好例子。因为他们有不为人知的秘密藏在心里。

也有人说着说着突然提高了音调："连这个都不懂，这个连小学生都会的你也不懂！"像这样恶声恶气的叫喊，是在期望别人一如自己所愿般地服从；相反地，假如音调低声下气的话，则是自卑感重，胆小或说谎的表现。

说话抑扬顿挫激烈变化的人也有，这种人有明显的说服力，给予人善于言词表达的感觉，但这也是自我显示欲望强烈的证据。小声说话，言辞闪烁的人具有共通的特点，如果不是对自己没有自信的话，就是属于女性性格，和低声下气说话类型的人心理相似。

也有人一个话题绕个没完扯个不停，假如你想阻止他继续说下去，就算是明白地表示："我已经了解你要说的意思了！"他却仍是不想停下来的样子。这种说话法是害怕对方反驳的证据。

也有的随便附和帮腔，例如："你说得不错……"，"说得是嘛……"等等，在一旁附和对方，这种人根本不理解我们在说些什么，同时对话的内容也一窍不通。如果你说话时，有人在一旁当应声虫，你必须明白这一点才行。要是你误以为对方了解你的谈话，那你就变成丑角了。

从遣词用句可以看出为人

每个人说话都有一定的特点和习惯，常用的词语与字眼，往往反映出说话者的为人性格。有人在谈话中喜欢用："在下……"，这种属幼儿性格以及女性性格的人；而常使用"我……"的人，则是自我显示欲强烈的人。

在对话中，大量掺杂外文的人，在知识方面的能力相当广泛，但也可能是一知半解，借此显示自己的学识。

也有人喜欢用"我认为……"的口气，这种人在理论方面很慎重，但也有胆小的一面。其对人的警戒心和调查能力也相当优越。初见之下，似乎和蔼可亲，而当我们放心地与其亲近时，他又摆出一副冷若冰霜，瞧不起人的姿态，所以和这种人相处需要相当慎重。

除此以外，在女人面前立刻表现出驯良亲密的态度，或露骨地说出性方面用语的人也不少。在女性面前，突然以谨慎恭敬的口气说话的男人，都属于性方面有双重性格的人，这种人通常在职业上经常被压抑，以学者、医生等脑力劳动者居多。

说话中从不涉及性方面用语的人，则是绷着面孔的道学者类型，与这种人交往，更应特别小心。

多说一点谦虚的话

谦虚是一种美德，是人类高尚的品质。古往今来，人们给予它崇高的夸奖。古希腊哲学家苏格拉底曾说"谦虚是藏于土中甜美的根，所有崇高的美德由此发芽生长。"

我国有"满招损，谦受益"的古训，谦虚之所以受到尊崇，就因为它是做人的美德及事业成功的法宝。

但是在日常生活中，有的人得到领导的表扬，同志的夸奖，内心着实想谦虚一番，却寻找不到适当的方式。要么手足无措，面红耳赤，支支吾吾，要么说一些"归功于集体，归功于人民"的套话。

其方式陈旧，语言贫乏，千篇一律，给人一种矫揉造作之感。甚至有些时候，不能恰当地用言语表达，给人留下一个虚伪的印象，结果适得其反。

所以，我们有必要探讨一下。在社交场合，不同的时间，不同的氛围，如何用不同的方式表达自己的谦虚，才能给人留下一个良好的印象。

转移对象法

当受到表扬或夸奖的时候，如果你感到在众人面前窘迫的话，你不妨想办法转移人们的注意力，使自己巧妙地"脱身"，把表扬或夸奖的对象"嫁接"到别人的身上。

自轻成绩法

任何称赞和夸奖，都不可能毫无缘由。或是因为某件事(如勇拦惊马，下水救人等)，或是因为某方面的成绩。这时你不妨像绘画一样，轻描淡写地勾勒一笔，却在淡泊之中见神奇。

牛顿创立的"牛顿力学"。闻名世界，当朋友称他为伟人时，他谦虚而真诚地说："不要那么说，我不知道世人怎么看我。不过，我自己只觉得好像一个孩子在海滨玩耍的时候，偶尔拾了几只光亮的贝壳。但是，对真正的知识大海，我还没有发现呢。"

牛顿把知识看成大海，把自己的巨大成就只看作是几只"贝壳"，而且说得十分轻松，似乎他的成就连一个孩子都能取得。这就形象地表现了自己谦虚的精神，而且富有情趣。

相对肯定法

面对别人的称赞，如果把自己说得一无是处，不但起不到谦虚的作用，反倒给人一种傲慢的感觉。在现实生活中，类似这样的人屡见不鲜。

比如有人称赞某影星演技高超时，她竟不屑一顾地说：

"这算啥？"言外之意，她的真本领还没有拿出来。再如有一位小说作者，受到几篇评论文章的吹捧，就飘飘然如坠五里云雾之中。当记者称赞他时，竟说什么"只不过手痒闲玩玩而已！"这种谦虚，充其量是一个"艺术阿混"，因为他对艺术缺少一种真诚的态度。

由此可见，谦虚要掌握好一定的分寸。有一天，人们对丹麦物理学家玻尔说：你创建了世界第一流的物理学派，有什么秘诀吗？

玻尔幽默而含蓄地说："也许因为我不怕在学生面前显露自己的愚蠢。"玻尔对别人的赞扬，没有自我炫耀，但也没有完全自我否定。而是相对地肯定了自己"不怕在学生面前显露自己的愚蠢"的优点。

他把自己的成绩归结为人人可以做到，又很难做到的优点，用来说明自己与别人并没有什么不同，也没有什么秘诀，既表现了自己的谦虚，又给人一种鼓舞力量。

鲁迅先生说："哪有什么天才，我不过是把别人喝咖啡说闲话的时间都用在工作上罢了。"鲁迅先生否认自己是天才，却肯定自己珍惜时间这一优点，给人一种实实在在的感觉。

妙设喻体法

直言谦虚，固然可贵，但弄不好会给人一种虚假的感觉。特别是两个人之间，如果仅仅说"你比我强多了"这类话，容易有嘲讽揶揄之嫌。遇到这种情形，你不妨用一个比喻方式，巧妙地表达谦虚。

一天，郭沫若和茅盾这两位文学大师相聚了。他俩谈得非常愉快，话题很快转到鲁迅先生身上，郭沫若诙谐地说："鲁迅先生愿做一头为人民服务的'牛'，我呢？愿做这头'牛'的尾巴，为人民服务的'尾巴'。"

听说郭老愿做"牛尾巴"，茅盾笑道："那我就做'牛尾巴'的'毛'吧！它可以帮助'牛'把吸血的'大头苍蝇'和'蚊子'扫掉。"

郭老看看茅盾，说："你也太谦虚了。"这两位文学巨匠围绕着鲁迅先生"牛"的比喻，充分展开联想。一个自喻为"牛尾巴"，一个自喻为"牛尾巴"的"毛"，谦虚地说明了自己只是别人的一部分。这种方式既生动形象，又把两位大师博大的胸怀表现得淋漓尽致。

巧改词语法

在称赞和夸奖你的语言上做文章，也是表现谦虚的一种好方法。如某大学中文系搞了一次讲座，请一位著名老教授谈治学的方法。

在讲座之前，主持人用赞誉之词把教授介绍了一番后，说："下面我们以热烈的掌声欢迎王教授谈治学经验。"

老教授走上讲台后，马上更正说："我不是谈治学，而是谈'自学'。"老教授说完，台下一片掌声。"治学"本就是对教授的褒奖，因为没有成就的人是没有资格对大学生们"谈治学经验"的。而老教授只改一字，却尽得风流。人们更见其治学严谨，为人谦虚的风格，真可谓妙不可言。

第二章

多说有情义的人情话

　　为人处世，要会说感谢话、问候话、关心话，以及一些有情义的人情话。有人说，我们之间关系这么好哪用得着这些俗套。错，听着受用的话，即使是虚话、套话也没有人不爱听，虽说是人情话，也要发自内心，以真诚的、关切的态度来说，如果你的言谈话语中没有一点真心，人情话说得再漂亮也只能惹人厌。

日常交往少不了人情话

日常生活中，有的人说话过于随便，不分场合地口若悬河说个不停，可对有些该说的话却惜语如金。

就拿朋友交往来说吧，在一起时间长了，彼此之间常会互相帮忙，完事之后，一句人情话适时递上："张哥，昨天那事你受累啦，就咱哥俩儿这关系，感谢的话我就不多说了。"

"大李，孩子这么大了，你还给他买玩具干吗？他喜欢得不得了，可以后你这当叔叔的也别太惯着他，哪天来我家尝尝你嫂子包的荠菜馅饺子。"这时候帮你忙的人感觉到自己的好意被你领受了，心里自然受用。

其实，朋友也好、亲戚也罢，帮个忙、送点礼是常有的事，人们做这些事的时候跟求人办事不同，并不是想从你这里得到些什么好处，甚至于因为关系铁会很乐意帮忙，他所要求的也并不是等额的回报。

这时候，如果你总认为这是理所当然，没有一句表示的话，人家怎么知道自己的好意是不是已被你接受？要知道，再要好的关系，既然受了别人的施予，就要做出及时、明确地表示，当然，一句恰到好处的人情话也就足够了。鉴于此，我们在日常生活中就要刻意培养自己多说人情话的好习惯。

日常礼貌用语

使用日常生活中的见面语、感情语、致歉语、告别语、招呼语。

早晨见面互问："早晨好"，平时见面互问："您好"；

初次见面认识，主方可用"您好""很高兴和你认识"，被介绍的一方可用"请多帮助""请多指教"；

分别时说"再见""请再来""欢迎您下次再来"；

特定情况的告别可用"祝您晚安""祝您健康""祝您一路顺风""实在过意不去"；

有求于人说声"请""麻烦您""劳驾""请问""请帮忙"；

对方向您道谢或道歉时要说"别客气""不用谢""没什么""请不要放在心上"；

用敬语、谦语

一般称呼对方用"您""同志"，对长者用"大爷""大妈""先生"，不要用"喂""老家伙""老太婆""老头"等。

对少年儿童用"小朋友""小同志""小同学"，不要用"小家伙""小东西"等。称呼别人的量词用"位——各位、诸位"，不要用"个"。对自己或自己一方的人可以用"个"。例如：对方问"几位？"自己答"×个人"。

对人多用商量语气和祈求语气，少用命令语气的语句或无主句。如"您请坐""希望您一定来""请打开窗户好吗"。"请××同学回答""请让开一些"。这样语词和气、文雅、谦逊，让人乐于接受。

多考虑语言环境

即不同场合，不同情况，谈话人的不同身份，谈什么事情，需要用什么语词、语调和语气。因为同一个语词用不同的语调和语气在不同的场合、情况下会产生不同的效果。

例如，"对不起"这一语词，因说话人的语调、语气不一样，可以是威胁、讽刺，也可以是表示歉意。

又例如，商业工作者出于工作和礼貌需要，见矮胖型的女顾客应说"长得丰满"，见瘦长体型的女顾客应说"长得苗条"。

其实"丰满"和"苗条"是"肥胖"和"瘦长"的婉转说法，但前者易为别人接受。

多考虑不同的对象

在我国，人们相见习惯说"你吃饭了吗？""你到哪里去？"有些国家不用这些话，甚至习惯认为这样说不礼貌。因此见了外国人就不适宜问上述话语，可改用"早安""晚安""你好""身体好吗""最近如何"等。

注意说话的空间和时间

谈话人的身份各异，如果是长者、上级、师辈，谈话的距离太近和太远都是失礼的。男女之间谈话，距离则不宜太近。说话的时间过长(使人疲倦厌烦)、过多，对方不明你的意思，中途停顿(意思表达一半就不说了)，都是不礼貌的。

总之，要根据时间、地点、对方的身份(年龄、性别、职业等)以及和自己的关系，多说并恰当地选择人情话和礼貌用语。

说人情话首先要会察言观色

古往今来，无论君子还是小人，无不爱听好话，有时当事人十分懊恼或不快时，只要旁人说几句得体的人情话，便云开雾散了。

一次，解缙与朱元璋在金水河钓鱼，整整一个上午一无所获。朱元璋十分懊丧，便命解缙写诗记之。没钓到鱼已是够扫兴了，这诗怎么写？

解缙不愧为才子，稍加思索，立刻信口念道："数尽纶丝入水中，金钩抛去永无踪，凡鱼不敢朝天子，万岁君王只钓龙。"朱元璋一听，龙颜大悦。

南朝宋文帝在天泉池钓鱼，垂钓半天没有任何收获，心中不免惆怅。王景见状便说："这实在是因为钓鱼人太清廉了，所以钓不着贪图诱饵的鱼。"一句话说得宋文帝拿起空竿高兴地回宫了。

相反，唐朝的孟浩然，早年即显示出超人的才华，且名传京师，也很想到政坛上去一展身手。却因为一时不慎，将话说错，而导致一生不第。

他与王维友好，王维在内置值班时约孟浩然诵读自己的诗作。不料，诗中有"不才明主弃"，一句，惹怒了玄宗。玄宗以为孟浩然是在讽刺他不分贤愚，埋没人才，孟浩然不但没得到什么官做，还惹怒了龙颜。

孟浩然是个明白人，他知道这一下仕途更加无望了。"当路谁想假，知音世所稀，只应守寂寞，还掩故园扉。"于是告别友人，离开长安回到故乡过起了隐居生活。此后，孟浩然由儒而道，只有在山水田园诗作中倾诉痛苦，消磨时光，抒发"且光杯中物，谁论世上名"的心绪。

俗话说："出门观天色，进门看脸色"。观天色，可推知阴晴雨雪，携带行具，以免受日晒雨淋。看脸色，便可知其情绪。面部表情的色彩不同，其情绪也不同。学会察言观色，实在是不可忽视的说话办事之道。

《三国演义》中第七十二回诸葛亮智取汉中，曹操收兵于斜谷界口驻扎。

操屯兵日久，欲要进兵，又被马超拒守；欲收兵回，又恐被蜀国耻笑，心中犹豫不决。适庖官进鸡汤。操见碗中有鸡肋，因而有感于怀。正沉吟时，夏侯惇入帐，禀请夜间口号。操随口曰："鸡肋！鸡肋！"

传令众官，都称"鸡肋"。行军主簿杨修，见传"鸡肋"二字，便教随行军士，各收拾行装，准备归程。

有人报知，夏侯惇大惊，遂请杨修至帐中问曰："公何收拾行装？"修曰："以今夜号令，便知魏王不日将退兵归也：鸡肋者，食之无肉，弃之可惜。今进不能胜，退恐人笑，在此无益，不如早归；来日魏王必班师矣。故先收拾行装，免得临行慌乱。"

夏侯惇曰："公真知魏王肺腑也！"遂亦收拾行装。于是寨中诸将，无不准备归计。

当夜曹操心乱，不能稳睡，遂手提钢斧，绕寨私行。只见夏侯惇寨内军士，各准备行装，操大惊，急回帐召惇问其故。曰："主簿杨德祖先知大王欲归之意。"

操唤杨修问之，修以鸡肋之意对。操大怒曰："汝怎敢造言乱我军心！"喝刀斧手推出斩之，将首级号令于辕门外。

通观此事，实在不是曹操之过，一方面杨修"恃才放旷"屡犯曹操之忌，有卖手段和奴高压主之嫌；另一方面，打铁看火色，曹操进退无计，正是有气无处放的时候，杨修出风头耍小聪明，到头来，难免聪明反被聪明误了。

杨修因一句话丢了性命，是因为在不恰当的时机，对不合适的人说了不该说的话。在当时曹操犹疑不定、心里烦躁的时候，即使你不能给他出主意，说两句人情话使其少安毋躁才算恰当。杨修不说当说的人情虚话，偏要说犯忌的大实话，不倒霉才怪呢。

人情话能办大事情

人情话并不都是虚虚飘飘地闲扯淡，有的人情话并不是两嘴一开一闭就能说出来的，而是需要一种宽阔的胸襟和做大事的气度。所以在某些特定条件下，从某些特殊的人嘴里说出的一席人情话让人觉得有千钧之重。

大家对《三国演义》中刘备摔孩子收买人心的一段情节耳熟能详。这段故事说的是赵云大战长坂坡，九死一生救出少主刘禅，当他从怀中把仍在熟睡中的刘禅抱给刘备时，刘备接过来，"掷之于地曰：'为汝这孺子，几损我一员大将。'"

这句话可说掷地有声，有十个赵云，其耿耿忠心也早被笼络了。果然，赵云"泣拜曰：'云虽肝脑涂地，不能报也。'"

豁不出孩子套不住狼，关键是豁出孩子。这话说起来容易做起来难，因为他要付出很大的牺牲。

　　春秋战国时，孟尝君派他的门客冯谖去薛地替他收债。临走时冯谖问孟尝君："收完债买些什么回来？"孟尝君说："看我家少什么就买什么吧！"冯谖到了薛地，召集所有向孟尝君借债的人来。核对借据以后，就假传孟尝君的命令，将所应收债钱统统赐给了借债的人，然后将借据全部烧掉了。薛地的百姓都呼"孟尝君万岁"。

　　冯谖很快返回了齐国，孟尝君奇怪他怎么回来得这么快，问道："债都收完了吗？"冯谖说："收完了"。孟尝君又问："买了什么回来？"

　　冯谖说："您说看您家缺少的买，我看你房中藏有大量珍宝，外面犬马很多，美女也无数。只有一件缺乏，那就是义，所以我就私自决定为您买了义回来。"

　　孟尝君不以为然："买义有什么用？"冯谖说："目前您只有薛这一小小的封地，但却不爱护薛地的百姓，只知从那里取利。因此，我假托您的命令把借债都赐给了百姓，烧掉了借据，百姓们都非常感激您，这就是我为您买的'义'。"

　　孟尝君此时不明白怎么回事，心中不大高兴。

　　一年以后，齐王疑忌孟尝君，就免了他的宰

相职位，让他到薛地去。结果薛城的百姓扶老携幼，远远地都来迎接他，这时孟尝君才明白冯谖买"义"的深意。

作为领导者，身边没有一两个忠士是不行的。所以，领导者都习惯说一些收买人心的人情话来获得他人的忠诚。

秦穆公就很注意施恩布惠，收买民心。一次，他的一匹千里良驹跑掉了，结果被不知情的穷百姓逮住后杀掉美餐了一顿。官吏得知后，大惊失色，把吃了马肉的三百人都抓起来，准备处以极刑。

秦穆公听到禀报后却说："君子不能为了牲畜而害人，算了，不要惩罚他们了，放他们走吧。而且，我听说过这么回事，吃过好马的肉却不喝点酒，是暴殄天物而不加补偿，对身体大有坏处。这样吧，再赐他们些酒，让他们走。"

过了些年，晋国大兴入侵，秦穆公率军抵抗。这时有三百勇士主动请缨，原来正是那群被秦穆公放掉的百姓。这三百人为了报恩，奋勇杀敌，不但救了秦穆公，而且还帮助秦穆公捉住了晋惠公，结果大获全胜而归。

看来，领导跟下属办事也要学会收买人心，只有笼络住了下属的心，才能更好地让下属心甘情愿地为自己效力。

当然，有些人情话好像分量并不显得多么重，但因为是在特殊人物的嘴里说出来的，尽管轻描淡写，却也能收奇效。

一次，宋太宗饮酒，臣子孔守正和王荣侍奉酒宴。二臣喝得酩酊大醉，互相争吵不休，失去了臣下的礼节。内侍奏请太宗将二人抓起来送吏部去治罪，但是太宗却派人送他们回家去了。

第二天，他俩酒醒了，想起昨晚酒后在皇上面前失礼，十分后怕，一齐跪在金殿上向皇帝请罪。宋太宗微微一笑，说："昨晚，朕也喝醉了，记不得有这些事。"

宋太宗托词说自己也醉了，不但没有丢失皇帝的体面，而且使这两个臣子今后也会自知警戒。宋太宗装糊涂，即表现了大度，又收买了人心。

这是一个"洋老板"关心体贴中国雇员的故事：

广州一个叫李度的人，应聘进了一家合资饭店。李度的妻子分娩那天，他向洋老板请假半天，老板得知其请假的缘由后，再三表示，不必担心目前工作多人少的问题，可以多放几天假，回家陪陪太太和儿子。

一次，李度的妻子和儿子均生病住院，过度的劳累致使李度在一次工作时间内睡着了，洋老板为此十分生气，叫其卷铺盖回家。而当他得知李度睡觉的原因后，则自责不已："我脾气不好，请您原谅我"。他"命令"李度立刻放下所有的工作回家料理家务，照顾妻儿。三天后，李度来饭店工作时，洋老板送给他一辆漂亮的童车，怕李度不接受，洋老板还撒谎说："这车是朋友送给我的，现转送给您，节假日里，希望您偕妻子一道，用这辆车带孩子出去玩玩，并请接受我这个英国老头子对您全家的美好祝愿。"

李度闻之早已泪水盈眶。自此，他与洋老板的关系越处越好，工作中则更是"死心塌地"地干。

大人物也好，小人物也罢，这种让人从心里感动的人情话都应该多说，这样会给自己的人际关系创造一个良好的氛围。

以真诚把人情话说好

人情话是虚话这不假，但如果你以十二分的真诚去说，以贴心贴肝的关心态度去说，人情话就能透出浓浓的人情味，让人感动不已。

只要你真正关心他人，就会赢得他人的注意、帮助和合作，即使最忙碌的重要人物也不例外，也只有在这种条件下，你说话的分量才会越来越重。要做到这一点也许并不难，你只需真诚地说几句关心人的人情话就行了。

你知道谁最得人缘吗？也许你在外面行走的时候就会碰见它。当你走到它附近时，它就会向你摇头摆尾，如果当你停下来摸摸它的头，它就会高兴地向你表示亲热。而且它的这些表现绝对没有不良企图：既不会向你兜售房子，也不想同你结婚。大家都应该知道这是谁了吧？——一只可爱的狗。

不知你是否想过，狗是不用工作而能谋生的动物。牛得产奶，母鸡得下蛋，但狗却什么也不用做，只是对你表示亲热。它从没读过心理学，凭着其天赋和本能，在很短的时间内，凭借着对人表示诚心诚意的亲热而赢得了许多朋友。

可是，如果是一个人，却很难在一两年内，为吸引别人的注意而交到知心朋友。

我们都知道，有些人终其一生地向别人俯首弄姿，目的是引起别人的注意，其结果是徒费力气。因为人们根本不会注意到你，人们注意的只是自己。有人曾做过这样一个有趣的调查，在电话通话中，哪一个字是最常用的。调查结果是"我"字。所以，在人际交往中，你的人情话绝不能放过任何一个"我"。

罗斯福有一天到白宫访问。恰巧那天总统和夫人外出不在。罗斯福对待下人的真诚便真实地流露出来。他热情地叫着每一个老仆人的名字，和他们打招呼，连厨房里洗碗盘的女仆都不例外。

当他见到在厨房里干活的艾丽斯时，他问她是不是还在烘烤玉米面包。艾丽斯说她有时会做一些给仆人吃，但楼上的人并不吃。罗斯福就大声说楼上的人真不懂美味，在他见到总统的时候一定这么告诉他。艾丽斯用盘子盛了一些玉米面包给他，他拿了一片边走边吃，并且一路和工人、园丁打招呼。

曾经在白宫做过40多年的老仆人爱科·胡佛含着热泪说这是他两年来唯一感到快乐的日子。

罗斯福有个侍仆叫詹姆士·阿摩斯，他写了一本名叫《仆人眼中的英雄——西奥多·罗斯福》的书，书中讲了这样一件事：

他太太因为从没见过鹌鸟，于是有一次向总统先生问起鹌鸟长得什么样子，当时总统先生非常详尽地描述了鹌鸟的长相。没过多久，他们农舍里的电话响了，他太太跑去接，原来是总统先生亲自打过来的，他在电话中告诉他太太，如果现在从窗口向外看的话，也许可以看到有只鹌鸟正在树上唱歌。

他每次到农舍来，都要和他们聊天，即使看不见他们，也可以听到他喊："安妮！詹姆士！"

哪一个雇工不喜欢这样的老板？哪一个人不喜欢这种人？

我们常常忘了人与人之间最宝贵的资源，就是朋友关系——生活告诉我们要保护自己，多做可能多错，热心多会受伤。于是我们宁可自扫门前雪，被动一些，甚至对人漠不关心，或者只是说一些无关痛痒的人情话。

一个人可以聪明绝顶、能力过人，但若不懂得借真诚和积极热心来培养和谐的交际关系，他的成功就得付出事倍功半的努力。就拿说话来说，你的言辞无论多么悦耳动听，但如让别人感觉不到你的真诚，一切都会徒劳。

同学感情是"联络"出来的

同学关系是非常纯洁的，有可能发展为长久、牢固的友谊。因为在学生时代，人们年轻单纯，热情奔放，对人生和未来充满浪漫的理想，而这种理想往往是同学们共同追求的目标，曾几何时，彼此在一起热烈地争论和探讨，每个人的内心世界都袒露在别人面前。

加之同学之间朝夕相处，彼此间对对方的性格、脾气、爱好、兴趣等等能够深入了解。

即使你在学生时期不太引人注目，交往的范围也很有限，你也大可不必受限于昔日的经验，而使想法变得消极。因为，每个人踏入社会后，所接受的磨炼均是百般不同的，绝大多数人会受到洗礼，而变得相当注意人际关系的重要性。

因此，即使与完全陌生的人交往，通常也能相处得好。由于这种缘故，再加上曾经拥有的同学关系，你可以完全重新进行人际关系的营造。换言之，不要拘泥于学生时期的自己，而要以目前的身份来进行交往。谁没有几位昔日的同窗？说不定你的音容笑貌还存留在他们的记忆中。千万不要把这种宝贵的人际关系资源白白浪费掉，从现在开始，你就要努力地去开发、建设和使用这种关系。

同学关系有时的确能在关键的时刻帮上自己一个大忙。但是更值得注意的是，平时一定要注意和同学培养、联络感情，人情话该说的时候要递上，只有平时经常联络，同学之情才不至于疏远，同学才会心甘情愿地帮助你。

如果你与同学分开之后，从来没有联络过，你去托他办事时，一些比较重要的关乎他的利益的事情，他就不会帮你。

与同学保持联系的方式和机会有很多。

祝贺有喜事的同学

有空给远在异地的同学们打打电话，发个电子邮件，询问一下对方近来的工作、学习情况，介绍一下自己的情况，互相交流一下，这是很有必要的，这点时间绝不能节省。

碰上同学的人生大事，如果有空最好亲身参加，如果实在脱不开身，也应该有所表示，否则，就会失去一个联络感情的绝好契机。对方有困难的时候，更应加强联系，许多人总喜欢向同学汇报自己的喜事，而对一些困难却不好意思开口，应去掉这些顾虑。

安慰陷入困境的同学

而当听到同学家中有人生病或遇上不幸的事时，应马上想办法去看看。平日尽管因工作忙、学习重没有很多时间来往，但同学有困难鼎力相助或打声招呼，才显出你们之间的深厚情谊来。"患难朋友才是真朋友"，关键时刻拉人一把，别人会铭记在心。

积极参加同学会

现代社会里，人们都已经充分认识到同学之间交往的重要性，为了大家经常保持联络，加深合作，在一些大或小的城市里，"同学会"已成为一种时髦，这是一种十分有效的方法。

一年一小会，五年一中会，十年一大会，关系愈聚愈坚，愈聚愈紧，彼此互相照应，"一方有难，八方支援"，这真是中国所特有的人际关系，它说明了同学关系已跃入了一个更高的层次，不受时间所限，不受空间所限，只要有"聚"，那份关系，那份情，将取之不尽，用之不竭。

以人情话结交老乡关系

搞好老乡关系是非常重要的，不仅可以多些朋友，最重要的是可以获得许多有用的东西，也许一辈子都会受益无穷。最起码，可以为你在有求于人时提供一条"跑关系"的线索。

当今社会人口的流动性很大，许多人离开家乡到异地去求职谋生。身在陌生的环境里，拓展人际关系有一定的难度，那就不妨从同乡关系入手，打开局面。

在外地的某一区域，能与众多老乡取得联系的最佳方式是"同乡会"。在同乡会中站稳了脚跟，跟其他老乡关系处得不错，那就等于建立起了一个关系网络。也许，有一天，你会发现这个关系网络的作用是多么巨大，不容你有半点忽视。

> 民国年间，由于军阀割据，各个集团，为维护自己的势力，纷纷受重老乡。
>
> 阎锡山是山西五台人，当时山西就流传出一句话："会说五台话，就把洋刀挂。"阎锡山重用五台同乡，山西省政府的重要位置，大多被五台人占据。
>
> 陈炯明是广东海丰人，他做了广东都督后，大用海丰人，省政府里到处都能听到海丰话。孔祥熙是山西人，他在他的金融系统重用山西人，理由则是"只有山西人会理财"……

生活在现代社会中的人也不可忽视老乡的作用。

罗某是个早年离开家乡出外闯荡的游子，现在异乡成家立业，家庭生活美满，但美中不足的是，罗某一直为没回家乡而感到遗憾，心中常想哪怕在这里能碰上几个老乡也好。

恰在这时，同在这个城市的另几位老乡，筹划成立一个同乡会，定期聚会，加深感情，有什么事大家以后可多加照应。

罗某一接到邀请，毫不犹豫地加入其中积极筹划、联络老乡，把这个同乡会当成了自己的"家"，成为"家"中领导之一。

经过两年的时间，同乡会终于发展到了具有近500人的规模，罗某也等于多认识了近500人，这些老乡，各行各业，贫穷富贵，兼容并包，用罗某自己的话来说："我现在办什么事非常方便，只需一个电话，或打声招呼，我的老乡都会为我帮忙，而我也随时帮老乡的忙……"

正是因为罗某充分认识到同乡会的重要性，他才会积极主动地去结交各式各样的老乡，才会有了这么大的一个关系网，这于己、于他人又何止是些许的方便呢？所以，结交好老乡关系，对于帮助我们办事成功，作用不可低估。

中国的老乡关系是很特殊的，也是一种很重要的人际关系。既然是同乡，为涉及某种实际利益的时候，"肥水不流外人田"，只能让"圈子"内人"近水楼台先得月"。也就是说，必须按照"资源共享"的原则，给予适当的"照顾"。

既然中国人对老乡有特殊的感情，学会利用同乡关系，不仅可以多几个朋友，更重要的是办事时能得到关照，万一自己在外面有了什么麻烦，也可以有"征讨"别人的资本。那么，该怎样利用老乡关系呢？人情话在这时又派上了用场。

利用乡音做人情话的契机

既然是老乡，就必须有共同的特点存在于双方之间，其中很重要的一点就是"乡音"。

清朝末代的大太监李莲英的发迹可以说是运用了此种技巧。

李莲英出身贫苦，个子瘦小，若以当时清朝宫廷太监的标准来衡量，他是根本不够资格的。可一次偶然的机会，李莲英听说在宫廷中有一个太监是他老乡，且是同一村的。于是李莲英大胆地去找了这个老乡。

李莲英当时很穷，没有钱买东西去送礼。他知道这位老乡很重乡情，但怎样才能引起老乡的注意却一直困扰着他。

终于，他想出了一个办法。一天，他瞅准了，正当这位老乡出来当值时才去报名，然后用一口地道的家乡话说出了自己的姓名与籍贯。李莲英的这位老乡听了这声音，身体不由得抖了一下，遂抬头看了看眼前的这位小老乡，心里暗暗记了下来。

后来，在这位老乡的帮助下，李莲英做了慈禧太后梳头屋里的太监，以梳得一头好发型深得慈禧宠爱，最后成了慈禧太后面前的大红人。

李莲英只说了几句话，就博取了对方的注意与好感，但需要注意的是，这几句话是家乡话，是乡音，而对方也恰巧是同乡人，且又同处异乡，在这种情况下，李莲英轻而易举地争到了一个名额就不足为奇了。

用家乡话作见面礼，可以说是独树一帜的，它不需要物质上的东西。在这里，有一点相当重要，那就是运用这种方法的场合，最好是在异乡，因为在异乡才会有恋乡情绪，才会"爱乡及人"，这时再来个"他乡遇老乡"，哪有不欣喜之理。

对方离乡愈久，离乡愈远，心中的那份情就愈沉、愈深。因此，越是这种情况，越要运用"乡音"这种技巧，你就会得到老乡所给你的种种好处。

利用乡产作为人情话的契机

在与老乡打交道时，一般人都会有这样一种想法：既为同乡，理应帮忙，如还用礼物与之，这不太俗了吗？这种想法在某种特定意义上来说，是有一定道理的，但就广义来说，则是谬论。

老乡与其他关系不同之处在于，老乡之间的关系是以地域为纽带的，有一份"圈子"内的情存在心上。

"乡产"也许是很普通的东西，本身并不贵重，但在"乡产"上所包含的情意却非"乡外人"能看得出来、体会得出来的，它会起到勾起老乡思乡之情的作用，然后会在这种感情的支配下，对你这位老乡"另眼相待"，照顾有加。你再适时加上句"老家的东西，尝个鲜儿"之类的人情话，效果更佳。

利用乡情作为人情话的契机

一个人，无论是出于什么原因，离开家乡，离开生他的土地，也许开头并不感到有什么难过，但时间一久，或在他乡碰到不习惯的生活习俗，或遇到挫折，他就会感到家乡的亲切，家乡的美好。

也许，这个时候，一个人才会深深地感到，自己对家乡有割不断、丢不掉的感情寄托，那是支持着游子出外去闯世界的精神依靠。

因此，在游子的记忆深处，有一块属于家乡的领地，也许，现实的生活会暂时把这块领地掩盖起来，而一旦触及了这块领地，那一股思乡潮就会源源不断地涌泄出来，如闪电一般，充满游子的大脑，触及记忆的神经。

如此看来，要与一个久离家乡的老乡处好关系，有一种特有效的技巧就是：运用你的语言技巧，与老乡谈起家乡的话题，以此来触动他的思乡情绪，达到共鸣，从而使老乡之间的关系更进一层。

同事和谐需要润滑剂

谁都希望有一个和谐的工作氛围，一天八小时，一周五个工作日，一个人的大部分时间、精力是在工作环境中度过的，如果同事之间矛盾不断，整天别别扭扭，每天一踏上上班的路就想起与谁谁的不愉快，那么工作就成了一种负担和刑罚。要想避免这种状况的发生，工作过程中掌握说人情话的技巧，善于以人情话润滑同事之间的关系是个简便易行又有效的选择。

一般人在初次上班与同事拉关系时，都试图通过一些日常的人情话引起对方兴趣，但总是选择一些无关紧要的话题。例如最典型的话："今天天气不错啊！""是啊，气温也不高，挺舒服的。"

这种公式化的对话根本算不上人情话，不能给新接触的同事留下深刻的印象，同样的，对方会觉得你没有什么特别之处。这样的对话无疑是浪费时间、浪费精力。

也许有人会认为，第一次与同事见面时讲话太冒昧是不懂得社交礼节，所以有所顾忌。其实大可不必考虑这么多。例如你可以很自然地这么说："最近我和父亲相处不太好，可在昨天我们居然高高兴兴地谈了一个下午；误会完全解开了……"

或者说："这几天太热了，我干脆剃成光头，朋友们都认不出我了……"以自己的近况为题材是一种很好的开场白。

选择说话的内容，要考虑工作场合及时间。只有有针对性地说话，才能加深彼此的印象。

初次见面若想给同事留下深刻的印象，首先必须先拉近彼此间的距离。某单位有一次邀请某位先生上台演讲，他用自嘲的语言一开始就消除了与观众间的心理距离。

他说："今天我第一次与各位见面，特意穿了一双漂亮的新皮鞋，因为挤公共汽车赶路的缘故，新皮鞋张了嘴，脚也起了泡……"

只有尽快地消除初次见面的陌生感，才能给新同事留下永不磨灭的印象。由于我们一半时间都在工作场合度过，因此说话有时候会流于形式。要引起新同事注意，关键在于如何选择话题。聪明的你，何不运用创意制造奇迹呢？

在公司里，同事之间免不了互相帮帮忙，你对这种事情应当采取什么态度呢？平常我们总说"助人为乐"，但是，在办公室，怎样助人，才能真正成为乐趣，才能被双方所接受呢？

只要是人，都会有善、恶之分，但是在办公室里交朋友却不可以如此，最好是一视同仁地与他们打交道。

同事之间要能同甘共苦。"今天如果不加班的话，工作是怎样也赶不完的！"假如有一位同事一边看表，一边叹气地说这些话时，你也许会说："唉！真是够辛苦的啦！要不要我来帮你忙啊！"

若能对他这么说的话，那位加班同事的内心该会多么感激啊！今天我帮你忙，明天也许变成你帮我忙了，这种情形在工作上也是经常发生的。

此外，不要在同事背后飞短流长。喜欢说别人是非的人，也许正表示了他本人多少还有点不成熟，这样子的谈话虽然可以发泄心中的苦闷，但经常说别人是非给对方听的人，有一天连对方都会成了他批评的对象，因此慢慢地大家都会对他敬而远之。

同事们在一起相处的时间久了，就会不可避免地产生矛盾，进而引发争执。争执并不可怕，可怕的是不知道如何处理争执。处理得好，能使一切矛盾消解，甚至能让双方因此得到进一步的沟通。而若处理不好，便会引发更多的问题出来。既然处理争执的问题如此重要，该如何着手呢？

同事哭泣的时候

表示你的关切及协助的意愿，但不要阻止他哭泣，因为哭泣可能是缓解情绪的好方法。给他一些时间来恢复平静，不要急着化解或施予压力。

最后再问他哭泣的原因，如果他拒绝回答，也不必强求；若他说出不满或委屈，只要倾听、表示同情即可，千万不要贸然下断语或凭自己的喜恶提供解决的方法。

同事愤怒的时候

当同事愤怒的时候，你千万不能以同样的情绪对待，那会使争执进一步激化，但也不能妥协。对自己的意见除了要坚持外，还可以向对方表示你希望双方能冷静地分析问题并解决问题。

待对方冷静下来之后，你就可以询问他生气的原因所在，询问时一定要照顾到对方的情绪，不要说些与此无关的废话。总之，一切都要建立在谅解和宽容的基础上。

同事冷漠的时候

不要有任何臆测，你可以不经意似的问他"怎么了？"如果他不理会，不妨以友善态度表示你想帮助他。

如果他因感情或疾病等私人问题影响到工作情绪，可建议他找人谈谈或休假。

同事不合作的时候

切勿一味地指责对方或表示不满，最好找个时间两人好好谈谈。因为这个时候更需要的是体贴的人情话，若对方因工作繁多、无法配合，则可再安排时间或找他人帮忙；但若是纯粹地不合作，则更需多花时间沟通，寻找问题的症结及解决办法。

谨记：要充分利用人情话这一润滑剂，说不定还能因充分地沟通而化敌为友呢！

从对方得意的事情说起

每一个人都有自认为得意的事情，这事情的本身，究竟有多大价值，是另一个问题，而在他本人看来，却认为是一件值得终身纪念的事。你如果能预先打听

清楚，在有意无意之间，很自然地讲到他得意的事情，只要他对你没有厌恶的情绪，只要他目前没有其他不如意的刺激，在情绪正常的情况下，他一定高兴听你说的。

你在说的时候当然要注意技巧，表示敬佩，但不要过分推崇，否则反而会引起他的不安。对于事情的关键，要慎重提出，加以正反两方面的阐述，使得他认为你是他的知己。

到了这种境地，他自会格外高兴，自会亲自演述，你该一面听，一面说几句表示赞赏的话，如此一来，即使他是个冷静的人，也会变得和蔼可亲，你再利用这一机会，稍稍暗示你的意思，作为第二次进攻的基点。

这不是你的失败，而是你的初步成功，对于涉世经验不丰富的人，得此成绩，已不算坏，你若想一举成功，除非对方与你素有交情，又正逢高兴的时候，而且你的谈吐又是很容易令人接受的，否则千万不要存此奢望。

不过，对方得意的事情从哪里去探听呢？当然要另谋途

径，先看你的朋友之中，有否与对方有交往的人，如果有，向他探听当然是最容易的。你如能留心报纸上的新闻，或其他刊物，平日记牢关于对方的得意事情，到时便可以应用。

此外，要随时留心交际场中的谈话，这些时候谈到对方得意的事情，也是很平常的事。但是必须注意，对方得意的事情是否曾遭某种打击而不复存在，如有这种情形，千万勿再提起，以免引起对方不快，反而对你不利。

因为对方在高兴的时候，你的请求，易于接受，对方不高兴的时候，虽是极平常的请求，也会遭到拒绝。比方他新近做成一笔发财生意，你去称赞他目光准，手腕灵，引得他眉飞色舞，乘机稍示来意，也是好机会。诸如此类的例子很多，全在于你随时留心，善于利用。

不过当你提出请求时，第一要看时机是否成熟。第二说话要不亢不卑。过分显出哀求的神情，反而会引起对方藐视你的心理。尽管你的心里十分着急，说话表情还是要大方自然，并且要说出为对方着想的理由来，而不是为你自己打算。

说让人感受到关心的话

平常我们会说很多废话，这更容易使我们产生错觉：说话嘛，有什么重要的，小事一桩。事实上，这是因为你没有尝试多说一些关心他人的话，一旦这种关心被他人真切地感受到，情况会大不一样。

就是由于对别人的事情同样强烈地感兴趣，使得查尔斯·伊里特博士变成有史以来最成功的一位大学校长。他当哈佛大学的校长，从南北战争结束一直到第一次世界大战的前五年。下面是伊斯特博士做事方式的一个例子。

有一天，一名大学一年级的学生克兰顿到校长室去借50美元的学生贷款，这笔贷款获准了。下面是这位学生后来在一篇文章中的叙述——

"伊斯特校长说，'请再坐会儿。'然后他令我惊奇地说：'听说你在自己的房间里亲手做饭吃。我并不认为这坏到哪里去，如果你所吃的食物是适当的，而且分量足够的话。我在念大学的时候，也这样做过。你做过牛肉狮子头没有？如果牛肉煮得够烂的话，就是一道很好的菜，因为一点也不会浪费。当年我就是这么煮的。'接着，他告诉我如何选择牛肉，如何用文火去煮，然后如何切碎，用锅子压成一团，冷后再吃。"

还有一件同样的事，一个似乎一点都不重要的人，却帮了新泽西强森公司的业务代表爱德华·西凯的忙，使得他重新获得了一位代理商。

"许多年前"，他回忆说，"在马萨诸塞地区，我为强森公司拜访了一位客户。这个经销商在音姆的杂货店。每次到店里去，我总是先和卖冷饮的店员谈几分钟的话，然后再跟店主谈订单的事。

　　"有一天，我正要跟一位店主谈，但他要我别烦他，他不想再买强森的产品了。因为他觉得强森公司都把活动集中在食品和折扣商品上，而对他们这种小杂货店造成了伤害。我夹着尾巴跑了，然后到城里逛了几小时。后来，我决定再回去，至少要跟他解释一下我们的立场。

　　"在我回去时，我跟平常一样跟卖冷饮的店员都打了招呼。当我走向店主时，他向我笑了笑并欢迎我回去。之后，他又给了我比平常多两倍的订单，我很惊讶地望着他，问他我刚走的几小时中发生了什么事。

　　"他指着在冷饮机旁边的那个年轻人说，我走了之后，这个年轻人说：'很少有推销员像你这样，到店里来还会费事地跟他和其他人打招呼。'他跟店主说，假如有人值得与他做生意的话，那就是我了。他觉得也对，于是就继续做我的主顾。我永远都不会忘记，真心地对别人产生点兴趣，会是推销员最重要的品格——对任何人都是一样，至少以这件事来说是如此。"

　　一个人要是对别人真诚地感兴趣的话，哪怕你一句极平常的话也可以从即使是极忙碌的人那儿，得到注意、时间和合作。

第三章

不说使人犯忌的话

在日常交际中，有的人喜欢自说自话、口无遮拦，常常把人得罪了还不自知。他们不知道，在这个纷繁的世界里，千人千面，每个人都有心里不可触摸的东西，你无意中冒犯了别人的忌讳，人家或许当时不会说什么，但背地里还不知怎样恨你呢！所以，平时说话一定要多加小心，如果因为一句犯忌的话触犯了别人，闹得双方不愉快，岂不是得不偿失？

说话有时候能决定事情成败

说话高手明白说话的好坏，关系到一个人办事的成败。在你处于不利局面的时候更是成也说话，败也说话。

在春秋战国时代，出现了能说会道的诸子百家。其中苏秦、张仪之流就是著名的游说家：苏秦动用三寸不烂之舌游说了燕赵韩魏齐楚六国，使六国订立了合纵的盟约，于是就有了"六国合一"之说。后来张仪帮助秦国游说了六国，拆散了六国合纵的关系，帮助秦国吞并了六国。

又有《三国演义》中的诸葛亮舌战群儒，威名天下，真乃"三寸不烂之舌，强于百万之师"也。当时他们所面临的情况十分艰难——对手个个不好对付，硬是靠会说话的本事争得了一个一般人眼中不可能得到的结果。

在国外，说话的重要性也早已被人们所广泛认识。在古希腊、古罗马时代，演说雄辩之风就非常盛行。美国人将"舌头"、原子弹和金钱并称为生存和竞争的三大战略武器，可见说话非同小可。既然说话于治国安邦尚且如此重要，那么对人际交往的重要性就更不容小觑了。

说话对人的重要性主要体现在以下几个方面：

首先，语言作为信息的第一载体其力量是无穷的。在社交场合，语言是最简便、快捷、廉价的传递信息手段。一个说话得体、有礼貌的人总是受欢迎的。相反，一个说话张狂无礼者总是受人鄙视的。

其次，说话随着现代信息社会的发展，要求也越来越高。快速发展的社会尤其讲究速度和效率，于是要求人们彼此的说话应充分节约时间，简明扼要，能一分钟讲完的话，就不应在两分钟内完成。

同时，高效率的要求也迫使说话者应能说普通话，并且要说的有条理，这也是社交活动所必需的。

第三，信息社会要求说话者还应学会"人机对话"，以适应高科技带来的各行各业的高自动化的要求。

在日本和美国，已有口语自动识别机，用来预订火车票等。文字的机器翻译若干年后将发展成为口语的机器翻译，语言打字机的使用，将使人类的双手获得第二次解放。

这些人工智能的发展，迫切要求人们不仅能说标准的普通话，更要求人们讲究说话：说白话不说半文不白的话；说明白的话不说似通非通的话；说准确的话不说含糊不清的话。

不重视说话的"井底之蛙"已难以适应时代的需要，这迫使人们突出重围，走出家园，去广交朋友，去认真说话，通过说话去创造效益、架设桥梁、增进友谊、创造理想的明天。

讲究说话可谓是人人所需也是人人必须，谁把说话当小事，谁就必将在交际中处处碰壁。

天天说话不一定就会说话

有的人说起话来娓娓动听，让人浑身舒服，忍不住会同意他的说法；有的人说起话来像是一柄利刃，令人感觉上下不自在；有的人说起话来，一开口就使人感到讨厌。所以，人的说话获得的效果，也正像面貌的各个不同一样。

我们天天在说话，并不见得我们是会说话的。我们说了一辈子的话，是不是我们说的每一句话都能使人家心服？我们与人辩论是不是自己能够完全获得胜利？

"三寸不烂之舌"这种赞词，完全是对于会说话的人的称赞。然而，我们的说话，是很难句句如此的。这样看来，就可以知道说话的确不是一件容易的事情了。

虽然我们并不想去做辩士和说客，我们并不需要犀利的口舌，但是，我们必须明白，人的一生不外乎言语和动作，我们不能终身不说话，一切的人情世故，一大半是在说话当中。

我们的话说得好，小则可以让人欢乐，大则可以办成大事；我们的话说得不好，小则可以招怨，大则可以丧身。我们虽然手里并不执掌国柄，不必担心因为说话的轻重或对错，去负"兴邦"或是"丧邦"的责任，可是，我们总不能不顾到"快乐"或是"招怨"这两个与自身利害攸关的大问题吧。

很多人都以为说话容易，不像做文章那样难。因为，不管大人或是小孩，不管文明人还是粗野人，时时刻刻都要说话，所以说话是不觉得困难的。至于写文章那就不然，不是张三李四都能够做的，就觉得说话容易而作文困难了。

其实，说话未必比写文章容易：写文章是可以修改的，而一句话说了出来如果要加以修改，那是比较困难的。写文章写了几句，可以搁笔构思，你去想几分钟、几小时甚至几天都不要紧的，而对人说话，就不能如此深思熟虑了。

无论如何，归根结底一句话："话不在多而在精。"说出一句算一句，那才叫会说话。满嘴胡言，词不达意，恐怕说得再多，也无济于事，反让人生厌。

改掉不良的谈吐习惯

不良的谈吐习惯是社交场合与人交谈时较为忌讳的。如果你是一个男人，谈吐障碍将会让你的能力、权威及说服力大大受损；如果你是一个女人，它会使你失去自己应有的魅力和吸引力，使人在初次听到你的声音时退避三舍。

使用鼻音说话

这是一种常见且影响极坏的缺点，当你使用鼻腔说话时，你就会发出鼻音。如果你使用大拇指和食指捏住鼻子，你所发出的声音就是一种鼻音。

如果你使用鼻音说话，当你第一次与人见面时，就不可能吸引他人的注意。你让人听起来像在抱怨、毫无生气、十分消极。不过，如果你说话时嘴巴张得不够，声音也会从鼻腔而出。

当你说话时，上下齿之间最好保持半寸的距离。鼻音对于女人的伤害比对男人更大，你不可能见到一位不断发出鼻音，却显得迷人的女子，如果你期望自己在他人面前具有极大的说服力，或者令人心旷神怡，那么你最好不要使用鼻音，而应使用胸腔发音。

有口头禅

在我们平常与人讲话或听人讲话之时，经常可以听到"那个、你知道、他说、我说"之类词语，如果你在说话中反复不断地使用这些词语，那就是口头禅。口头禅的种类繁多，即使是一些伟大的政治家在电视访谈中也会出现这种毛病。

有时，我们在谈话中还可以听到不断的"啊""呃"等声音，这也会变成一种口头禅，请记住奥利佛·霍姆斯的忠告——切勿在谈话中散布那些可怕的"呃"音。如果你有录音机，不妨将自己打电话时的声音录下来，听听自己是否出现这一毛病。

一旦弄清自己的毛病，那么在以后与人讲话的过程中就要时时提醒自己注意这一点，当你发现他人使用口头禅时，你会感到这些词语是多么令人烦躁，多么单调乏味。

小动作过多

检查一下自己，你是否在说话途中不停地出现以下动作：坐立不安、蹙眉、扬眉、扭鼻、歪嘴、拉耳朵、扯下巴、搔头发、转动铅笔、拉领带、弄指头、摇腿等。

这些都是一些影响你说话效果的不良因素。当你说话时，听众就会被你的这些动作所吸引，他们会看着你的这些可笑的动作，根本不可能认真听你讲话。

有一位公司老板，当他作公共讲话时，总是让自己的秘书与观众站在一起，如果他的手势太多，秘书就会将一支铅笔夹在耳朵之上以示提醒。当然我们不可能人人做到如此，但在你讲话时，完全可以自我提示，一旦意识到自己出现这些多余的动作时，要赶紧改正。

别让眼神游离

当你与别人握手致意时，你们彼此便建立了一种身体的接触，眼神的交汇作用也同样重要，通过相互传递一种眼神，你们便可以建立一种人际关系。

眼神不仅可以向他人传递信息，你也可以从他人的眼神中接收到某些信息。你似乎听到他们在说：

"真有意思！"

"真令人讨厌。"

"我明白了。"

"我被你给弄糊涂了。"

"我准备结束了。"

　　"我十分乐意听你讲话。"

　　"我不想和你讲话。"

　　……

　　当你说话的时候，你的眼睛也是否在说话？或者你故意回避他人的视线，而不敢与人相对而视，因为那会令你觉得不适？你是否会边说边将眼睛盯在天花板上？你是否低头看着自己的双脚？你看到的是一簇簇的人群，还是一个个的人？总之，再没有比避开他人视线更易失去听众的了。

背后讲人坏话是大忌

　　俗话说隔墙有耳。好话不出门，坏话传千里，所以要做到"宁在人前骂人，不在人后说人。"别人有缺点、有不足之处，你可以当面指出，劝他改正，但是千万别当面不说，背后说个没完。

　　有一句话叫作："谁人背后无人说，谁人背后不说人。"这话虽然说得有些绝对，却也说明了一个道理，那就是，大多数人都多多少少地在背后说过别人。

　　不过有一点，经常在背后说别人坏话的人，肯定不会是受欢迎的人。因为凡是有点头脑的人，都会自然而然地这么想："这次你在我面前说别人的坏话，下次你就有可能在别人面前说我的坏话。"这样一来，说人坏话者在别人的印象中就不可能好到哪里去。

在日常应酬中，常常会遇到别人在你面前说另一个人的坏话，对此，你应该端正态度，用辩证的思维去考虑这种事。因为说对方坏话的人，总是有着各种各样的原因，充分地分析讲话者的心理及原因，对做到端正自身大有益处。

有两个朋友因为一件事而闹得互相之间很不愉快，两个人虽然平时见面还都装着一副无所谓的样子，但是一旦分开，就会对其发起"攻击"，将对方的"坏"处添油加醋地讲出来。

身为朋友，你当然成了他们双方发泄对对方不满的汇集点。当甲对你说乙的坏话时，你应尽可能地保持沉默，在适当的时候加进一两句劝导的话，不对乙加任何评语；当乙对你说甲的坏话时，你也同样不对甲加任何评语，同样在适当的时候对乙劝导几句。

所有的话，无论是甲说的还是乙说的，都让它们到你这里打住，再不外传。一段时间过后，当甲乙二人都冷静下来时，回想起他们在你面前所说的那些话，他们自己肯定都觉得不好意思。这样处理，就不会使他们之间的矛盾进一步激化，好朋友终究还是好朋友。

如果换一种情形，你对他们一意奉承，在甲面前附和着说乙不好，在乙面前附和着说甲坏话，那么结果可想而知。

从这件事中，可以得到一个经验，那就是当别人对你说第三者的坏话时，无论你是否明白其中的原因，你都必须保证做到一点，那就是"入耳封存"，同时还得充分了解对方，如果发现对方是无缘无故，天生有背后说第三者坏话的习惯，那么你就得注意，在以后的应酬中有意识地疏远他。

如果别人有什么缺点，你可以寻找适当的机会当面向他提出，或者容而忍之、视而不见。背后议论别人的方法绝不可取。

千万不要当面揭人短

短处，人人都有，有的可能自己心里也很清楚，可是由别人嘴里说出来就让人不舒服。俗话说：打人不打脸，骂人不揭短。没有一个人愿意让别人攻击自己的短处。若不分青红皂白，一味说对方的短处，很容易引发唇枪舌剑，两败俱伤。

"当着矬子不说矮话"，是告诫人们在应酬中不要伤他人自尊的意思。人生在世，各有所长，各有所短。若以己之长，较人之短，则会目中无人；若以己之短，较人之长，则会失去自信。这是应酬中尤其要注意的一点。

春秋时期，齐国宰相晏子是个矮子，有一次到楚国去出访。楚国的国君故意要以晏子的矮来要笑一番，于是吩咐只开大门旁的小门。晏子一看，便知楚王的用意，于是对门卫说道："我代表齐国出访，通常都是到大国从大门进，到狗国从狗洞进，只是没想到堂堂楚国竟然也会用狗国的礼仪来迎接我，看来我是来错了。"楚国国君本想羞辱晏子，却反过来被晏子好一顿羞辱。

因此在应酬中，尽可能地避开对方的短处，也是应酬成功与否的关键之一。有一句话叫作"矮男如何不丈夫"，矮个子男人常被称为"三等残废"，几乎很少有姑娘愿意嫁给一个矮于自己的男人，这是一种社会心态。

但是在某一方面矮，可能在另一方面长，如果紧紧抓住一个不如人处当小辫子，那么人人都会被抓个头仰体翻。所以我们说，当着矬子说矮话，只会自取其辱。

如果我们老是把眼光盯在别人的弱点上，在应酬中总是将别人的弱点当成攻击的对象，那么只会出现两种情况：一是别人不愿意再与你交往。

如此一来，你的朋友会越来越少，别人都躲着你，避开你，不与你计较，直到剩下你自己孤家寡人一个。二是别人也对你进行反攻，揭露你的短处。

这样势必造成互相揭短，互相嘲笑的局面，进而发展到互相仇视。如此，你在应酬中便会彻底失败，你在人们的印象及评价中，也不可能好到哪里去。

大凡有短处的人都怕人提及。在日常应酬中，我们一方面要尽可能地避免提及对方的短处，一方面也完全可以从真正关心对方的角度出发，善意地为对方出谋划策，使他的短处变为长处，或者使他不为自己的短处而自卑，这样，你同样会得到别人的认可，而且还会因此得到别人的信任乃至感激。

不要将他人的不足放在嘴边，即使非说不可，也可以变通一下再说，这是应酬的技巧，是获得友谊的技巧。俗话说："会说话的让人笑，不会说话的使人跳"，意思就是说语言的变通能达到不同的效果。

批评要遵守一些基本原则

在生活和工作中，批评和奖励一样必不可少，因为缺点每个人都有，只有认识到自己的缺点才有可能进步。自己认识不到就得靠别人来帮助，这就是批评的价值所在。所以，批评人让对方认识到批评的价值才不会使批评走向误区。

但是，在开展批评时，一定要讲究方式、方法，这里也有艺术性。否则难以达到预期效果。

那么，采取什么样的批评方式才会取得好的效果呢？

体谅对方的情绪，取得对方的信任

这是使批评达到预期效果的第一步。"心直口快"作为人的一种性格来说，在某些方面的确可体现出它的优点，但在批评他人时，"心直口快"者往往不能体谅对方的情绪，图一时"嘴快"，随口而出，过后又把说过的话忘了，而被批评者的心理上却蒙上了一层阴影同时失去了对批评者的信任。

所以，当你在批评他人时，不妨学会从别人的角度来看问题，设身处地地站在对方的立场考虑一下，自己是否能接受得了这种批评。如果所批评的话自己听来都有些生硬，有些愤愤不平，那么就该检讨一下措辞方面有何要修改之处。

另外，也要考虑场合问题。不注意场合的批评，任何人都不会接受的。

保持诚恳而友好的态度

批评是一个敏感的话题，哪怕是轻微的批评，都不会像赞扬那样使人感到舒畅，而且，批评对象总是用挑剔或敌对的态度来对待批评者。所以，如果批评者态度不诚恳，或居高临下，冷峻生硬，反而会引发矛盾，产生对立情绪，使批评陷入僵局。

因此，批评必须注意态度，诚恳而友好的态度就像一剂润滑剂，往往能使摩擦减少，从而使批评达到预期效果。

只说跟前，不提过去

批评并不是回顾过去，而应该站在如何解决当前的问题，将来如何改进的立场上进行，最重要的是将来，而不是过去。

重视现在，而不是过去。不追究过去，只将现在和将来纳入需要解决的问题，亦即不是责备已成的结果，而是对今后如何做有所"鼓励"，这样的批评法才是理想、得当的说服法。

只论此事，不谈其他

如果一次批评许多事情，不仅使内容相互抵消，而且还可能把握不住重点，同时也容易使受到批评的人意志消沉。

在现实生活中，尤其是面谈时，很容易出现这种情形，日常的工作场合说话的机会很少，所以便趁面谈的机会把过去的一切全盘托出，因此会产生对抗的心理。为了有效地说服他人，应该尽量避免这样的情形出现。

人员为一对一，莫让他人听到

这是因为批评时若有他人在场，被批评者会有屈辱感，因此心生反感，只会找理由辩解，而无心自省，也就无法产生效果。因此，不到不得已，尤其不要当众批评部下，除非是与自己有信赖关系的部下。

别用批评来发泄心中的不快

所谓的"批评时不可加入感情"，意思是说责备别人时要公事公办，不要混杂私人的不快感情，而是进行冷静的批评。可是，批评是人的感情行为，不可能脱离感情，那种如同戴面具的批评是令人生厌和有违自然的。

因此，如何正确地表现感情就成为批评重要的一环。换句话说，透过批评表现出自己的感情打动下属的心，才是有成效的批评。

要想真正打动下属的心，达到说服的效果，绝不能把自己表现得完美无缺，高高在上地批评对方。这样只是使批评的一方获得自我满足，毫无半点成效。而应该将对方的缺点和错误看成是自己的，抱着希望对方能发现自己的过失和错误并予以纠正的心情。

也就是说批评对方也等于批评自己。因此，尤其是作为能左右别人的上司，必须以责己之心来批评部下，否则就收不到真正的批评效果。

"责人如责己"，这一点不可忘记。

把恭维掺杂在批评之中

如果提出批评的人先谦虚地承认自己也不是十全十美、无可指责的，然后再指出别人的错误，或者在批评之后再指出他的优点，这样就比较容易让人接受了。圆滑的布诺亲王早在1909年就已深切地感觉到利用这种方法的重要。

当时德皇威廉二世在位时，目空一切，高傲自大。他建设陆、海军，欲与全世界为敌。

于是，一件惊人的事情发生了：德皇说了一些令人难以置信的话，震撼了整个欧洲，甚至影响到世界各地。最糟的是，德皇把这些可笑、自傲、荒谬的言论，在他做客英国时，当着群众的面发表出来。他还允许《每日电讯》照原意在报上公开发表。

例如，他说他是唯一一个对英国感觉友善的

德国人；他正在建造海军来对付日本的危害。德皇威廉二世还表示，凭借他的力量，可以使英国不屈辱于法、俄两国的威胁之下。他还说，由于他的计划，英国诺伯特爵士在南非才能战胜荷兰人。

在这一百年来的和平时期，欧洲没有一位国王会说出这样惊人的话来。从那时起，欧洲各国顿时哗然、骚动，谴责之声不绝于耳。英国人非常愤怒，而德国的那些政客们，更是为之震惊。

德皇也渐渐感到了事态的严重，可是，说过的话又怎么能够轻易地挽回呢？为了解脱自己，他只能慌慌张张地请别人代他受过。宣称那一切都是代过者自己的责任，是代过者自己建议德皇说出那些话来的。

可是，布诺亲王却认为，德国人或英国人是不会相信这是他的主意的。布诺亲王说出这话后，马上发觉自己犯了一个严重的错误。果然，这激起了德皇的愤怒。

他大为恼火，德皇认为布诺亲王在辱骂他，说自己连他都不如。

布诺亲王原本知道应该先称赞，然后才指出他的错误，可是为时已晚了。他只有做第二步的努力：在批评后，再加以赞美。结果，奇迹立刻出现了。

布诺亲王紧接着开始夸奖德皇，说他知识渊

博，远比自己聪明。

德皇脸上慢慢地露出了笑容，因为布诺亲王称赞了他。布诺亲王抬高了他，贬低了自己。经布诺亲王解释后，德皇宽恕了他，原谅了他。

布诺亲王用几句称赞对方的话，就把盛怒中傲慢的德皇变成了一个非常热诚的人。

指责别人之前或之后承认自己无知、少知为智者是明智之举。这样既可使人看出其修养深度，又可令人接受自己的观点；反之，自我感觉良好、咄咄逼人者，会给人一个蛮横无理的印象。

要给被批评者解释的机会

人们常犯把自己的意志强加到别人身上的毛病，不管你的地位有多高，与人说话又把人置于等而下之的地位，自然对方不会服你。要想使批评真正发挥作用，就应先了解一下别人是怎么想的。

很多人在努力想让别人同意他自己的观点时，常不自觉地把话说得太多了，尤其是推销员，常犯这种错误。要尽量让对方说话，因为，他对自己事业和他的问题，了解得比你多。即使你在批评别人的时候，也要向对方提出问题，让对方讲述自己的看法。

如果你不同意他的看法，你也许会很想打断他的讲话。实际上这时候你更需要耐心地听着，抱着一种开放的心胸，要做得诚恳，让他充分地说出他的看法。

尽量让对方讲话，不但有助于处理商务方面的事情，也有助于处理家庭里发生的矛盾。

芭贝拉·琳达和他女儿洛瑞的关系快速地恶化，洛瑞过去是一个很乖、很快乐的小孩，但是到了十几岁却变得很不合作，有的时候，甚至于喜欢争辩不已。琳达太太曾经教训过她，恐吓过她，还处罚过她，但是一切都收不到效果。

一天，琳达太太放弃了一切努力。洛瑞不听她的话，家务事还没有做完就离家去看她的女朋友。

在女儿回来的时候，琳达太太本来想对她大吼一番。但是她已经没有发脾气的力气了。琳达太太只是看着女儿并且伤心地说："洛瑞，为什么会这样？"

洛瑞看出妈妈的心情，用平静的语气问琳达太太："你真的要知道？"

琳达太太点点头，于是洛瑞就告诉了妈妈自己的想法。开始还有点吞吞吐吐，后来就毫无保留地说出了一切情形。

琳达太太从来没有听过女儿的心里话，她总是告诉女儿该做这该做那。当女儿要把自己的想法、感觉、看法告诉她的时候，她总是打断她的话，而给女儿更多的命令。

琳达太太开始认识到，女儿需要的不是一个忙碌的母亲，而是一个密友，让她把成长所带给她的苦闷和混乱发泄出来。过去自己应该听的时候，却只是讲，自己从来都没有听她说话。

从那儿以后，每当琳达太太想批评女儿的时候，就会先让女儿尽量地说，让女儿把她心里的事都告诉自己。她们之间的关系大为改善。不需要更多的批评，女儿会主动地与妈妈和谐合作。

使对方多多说话，试着去了解别人，从他的观点来看待事情，就能创造生活奇迹，使你得到友谊，减少摩擦和困难。

别人也许是完全错误的，但他并不认为如此。因此，不要责备他，应试着去了解他。

别人之所以那么想，一定存在着某种原因。查出那个隐藏的原因，你就等于拥有解答他的行为也许是他的个性的钥匙。

对付无谓争执避让为上

避让忍耐是中国传统的生存哲学。低头是一种大智慧，为争一时之气不肯低头，惹出事来恐怕就不是简单地低一下头、说两句认错的话就能解决的了。

武则天时代有个丞相叫娄师德，他性格稳重，很有度量。

他的弟弟当上了代州刺史，临行之时，娄师德对弟弟说："我担任宰相，你现在又管理一个州，受皇上的宠幸太多了。这正是别人妒忌的，你打算怎样对待这些人的妒忌以求自免灾祸呢？"

娄师德的弟弟跪在地上，对哥哥说："从今以后，即使有人朝我脸上吐唾沫，我也自己擦去，决不叫你为我担忧。"

娄师德忧虑地说："这正是我所担忧的。人家向你吐唾沫，是对你恼怒。如果你将唾沫擦去，那不是违反了吐唾沫人的意愿吗？别人会以为你在顶撞他，这只能使他更火。怎么办呢？要是人家唾你，你要笑眯眯地接受。唾在脸上的唾沫，不要擦掉，让它自己干。"

后人对娄师德教人"唾面自干"的这种忍耐，总是嗤之以鼻，认为十分迂腐可笑。事实上，娄师德式的忍，是在训练一个人的韧性，教人知道如何收敛自己，而非以忍耐为目的。

娄师德在武则天时代出将入相，总管边疆事务三十年，他在兼河源(今新疆于田)任军司马时，和吐蕃大战，八战八克，具备这样勇气过人的精神和气魄，岂是一个畏缩者能够有的气质？

富弼是北宋仁宗时的宰相，字彦同。因为大度，上至仁宗，下至文武官员都称他品行优良。

富弼年轻的时候，因聪明伶俐，巧舌如簧，常常在无意之间得罪一些人，事后，他自己也深为不安。经过长时期的自省，他的性格逐渐变得宽厚谦和。

所以当有人告诉他某某在说他的坏话时，他总是笑着回答："你听错了吧，他怎么会随便说我呢？"

一次，一个穷秀才想当众羞辱富弼，便在街心拦住他道："听说你博学多识，我想请教你一个问题。"

富弼知道来者不善，但也不能不理会，只好答应了。

众人见富才子被人拦在街上，都涌过来看热闹。

秀才问富弼："请问，欲正其心必先诚其意，所谓诚意即毋自欺也，是即为是，非即为非。如果有人骂你，你会怎样？"

富弼想了想，答道："我会装作没有听见。"

秀才哈哈笑道："竟然有人说你熟读四书，通晓五经，原来纯属虚妄，富彦同不过如此啊！"说完，大笑而去。

富弼的仆人埋怨主人道："您真是难以理解，这么简单的问题我都可以对上，怎么您却装作不知呢？"

富弼说道："此人乃轻狂之士，若与他以理辩论，必会言辞激烈，气氛紧张，无论谁把谁驳得哑口无言，都是口服心不服。书生心胸狭窄，必会记仇，这是徒劳无益的事，又何必争呢？"

仆人却始终不理解自己的主人为何如此胆小怕事。

几天后，那秀才在街上又遇见了富弼。富弼主动上前打招呼。秀才不理，扭头而去；走了不远，又回头看着富弼大声讥讽道："富彦同乃一乌龟耳！"

有人告诉富弼那个秀才在骂他。

"是骂别人吧！"

"他指名道姓骂你，怎么会是骂别人呢？"

"天下难道就没有同名同姓之人吗？"

他边说边走，丝毫不理会秀才的辱骂。秀才见无趣，低着头走开了。

气量如海，大度待人，对社会交际的顺利进行，有着十分重要的作用。人与人之间经常发生矛盾，在矛盾面前，若能够有较大的气量，以宽容的态度去对待别人，即使对无理取闹者也能以低头说话轻巧避开其锋芒，这样，就会在时间的推移过程中，逐渐改变对方的态度，使矛盾得到缓和。

功劳面前更要说低头话

有人说，低头话该说的时候自然该说，可是我有了大功劳，正是别人对我感恩戴德或欣赏有加的时候，何必自我作践说低头话呢？

持这种观点的人只知其一不知其二，对人情世故仍是不甚了了，照他这种观点和做法，估计用不了多久，感恩戴德和欣赏有加就变成了你死我活的仇敌。说到底这些人还是打心眼儿里把自己看得太高了。

郭解，是西汉的一位侠客，为人行侠仗义，在当时很有声望。有一次，洛阳某人因与他人结怨而心烦，多次央求地方上有名望的人士出来调停，对方就是不给面子。后来他求到郭解门下，请他来化解这段恩怨。

郭解接受了这个请求，亲自上门拜访委托人的对手，做了大量的说服工作，好不容易使对方同意了和解。照常理，郭解此时不负人所托，完成这一化解恩怨的任务，可以走人了。可郭解有高人一着的棋，有更技巧的处理方法。

一切讲清楚后，他对那人说："这个事，听说当地许多有名望的人也来调解过，但都没有调解成。这次我很幸运，你也很给我面子，我把这件事解决了。但我毕竟是个外乡人，占这份功劳恐怕不好。本地人出面不能解决的问题，由我这个外地人来解决了，未免会使本地那些有头有脸的人感到丢面子啊。"

他进一步说："这件事这么办：请你再帮我一次，从表面上让人以为我没办成，等我明天离开此地，本地几位头面人物还会上门，你把面子给他们，算是他们调解成的，好不好？拜托了！"

郭解很懂得照顾别人的面子，因为他知道，那些当地的头面人物是爱面子的人。如果得罪了他们，以后还怎么在这里混？所以自己还是当个幕后英雄，成全他们的美名吧。

龚遂是汉宣帝时代的一名贤良能干的官吏。当时渤海一带灾害连年，百姓不堪忍受饥饿，纷纷聚众造反，当地官员镇压无效，束手无策，宣帝派年已七十余岁的龚遂去任渤海太守。

龚遂轻车简从来上任，安抚百姓，与民休养生息，鼓励农民垦田种桑，规定每户种一株榆树，一百棵茭白，五十棵葱，一畦韭菜，养两口母猪，五只鸡。

对于那些心存戒备，依然持刀带剑的人，他劝道："为什么不把剑卖了去买头牛，务点正业？"经过几年治理，渤海一带社会安定，百姓安居乐业，温饱有余，龚遂名声大振。

于是，汉宣帝召他还朝，他有一个属吏王先生，请求随他一同去长安，说："我对你会有好处的！"

其他属吏却不同意，说："这个人，一天到晚喝得醉醺醺的，又好说大话，还是别带他去为好！"

龚遂说："他想去就让他去吧！"到了长安后，这位王先生还是终日沉溺在醉乡之中，也不见龚遂。

可有一天，当他听说皇帝要召见龚遂时，便对看门人说："将我的主人叫到我这儿来，我有话要对他说！"

王先生一副醉汉狂徒的模样，龚遂也不计较，还真来了。王先生问："天子如果问大人如何治理渤海的，大人当如何回答？"

龚遂说："我就说任用贤才，使人各尽其能，严格执法，赏罚分明。"

这位王先生连连摆头道："不好，不好！这么说岂不是自夸其功吗？请大人这么回答：'这不是小臣的功劳，而是天子的神灵威武所感化的！'"

龚遂接受了他的建议，按他的话回答了汉宣帝，宣帝果然十分高兴，便将龚遂留在身边，加官晋爵。

我们常说要透过现象看本质，人前低头，说低头的话也是这样，必须正确分析情势，准确判断何种情况下低头话是必不可少的，才能使自己立于不败之地。

幽默也不能随处乱用

再好的东西多了也会贱卖。幽默是大家都喜欢的语言"调料"，但如果放多了，放的不是地方，恐怕也会"呛嗓子"。

在沟通中，要很好地使用幽默的技巧，就要具有一定的智慧。一个才疏学浅、举止轻浮、孤陋寡闻的人，是很难生出幽默感来的。具体来说，产生幽默的条件至少应有以下几个方面：广博的知识和丰富的社会经验；敏锐的洞察力和想象力；高尚优雅的风度和镇定自信、乐观轻松的情绪；良好的文化素养和语言表达能力。

但是人们都知道，任何调味料都不可滥用，就好比用盐，用得合适可以使菜味鲜美；用得太多，便会难以下咽；用得太少，食之无味。我们在使用幽默技巧时切忌滥用，用多了照样会伤害别人，其效果便会适得其反。

萧伯纳少年时已很懂幽默，人又聪明，所以出语尖刻，人们被他说过一句，便有"体无完肤"之感。

有一次，他的一位朋友在散步时对他说："你现在常常出语幽默，不错，非常可喜。但是大家总觉得，如果你不在场，他们会更快乐，因为他们都比不上你，有你在，大家便都不敢开口了。自然，你的才干确实比他们略胜一筹，但这么一来，朋友将逐渐离开你，这对你又有什么益处呢？"

朋友的这番话，使萧伯纳如梦初醒，从此他立下誓言，改掉滥用幽默的习惯，而把这些天才发挥在文学上，取得了令人瞩目的成绩，确立了自己在文坛上的地位。

使用幽默一方面要看准对象，另一方面还要抓住时机。发挥幽默也需要"素材"，比如场合、情境等，这些就像我们所说的"机遇"一样，可遇而不可求，关键在于我们能否随机应变。

千万不要为幽默而幽默，那会显得生硬、不合时宜、不伦不类，不但不能成为我们沟通的重要方式反而还可能增加我们沟通的不快。

第四章

看什么人说什么话

　　看什么人说什么话，根据不同的对象说不同的话，是建立和谐人际关系不能缺少的说话技巧。一流的人际关系以一流的说话水准为基础，一流的说话水准又必须以看对象说话的能力为依托。

在什么山上唱什么歌

人只要有一点长处，就值得同他交往。而你所交往的人，都或多或少地各有长处。

心理学原理告诉我们，在不同场合环境中，人们对他人的话语有不同的感受、理解，并表现出不同的心理承受能力。比如，在小场合和大场合，家庭场合与公众场合，人们对于批评性说法的承受能力有明显的差异。

通常在公众场合中使用指责性说法最易引起人们反感。试想，如果这次批评是在两个人之间进行的，对方一般也决不会顶撞，可能会很平静地接受批评。

正因为受特定人际关系和场合心理的制约，有些话只能在某些特定场合里说，换一个场合就不行。同样一句话，在这里说和在那里说也有不同的效果。

因此，在人际交往中，说什么，怎么说，一定要顾及场合环境，才有利于沟通。不顾及场合的心直口快是不值得提倡的。为了追求理想的表达效果，对于心直口快者来说，起码应注意如下这样几个问题：

要在思想上强化场合意识

有些人在交际中对人说话直出直入，惹人生气，把事情办砸，完全是主观上缺乏场合意识的结果。

他们对人很诚实，遇事时往往只从个人主观感觉出发，以为只要有话就应该说，心里有什么嘴上就说什么，不管什么场合环境就往外捅，结果有意无意地冒犯了人，自己还莫名其妙，不知道毛病出在哪里。

> 有两个老工人平时爱开玩笑，几天没有见，一见面就说："你还没有'死'呀？"对方也不计较，回一句："我等着给你送花圈呢！"
>
> 两个人哈哈一笑了事。
>
> 后来甲因重病住进了医院，乙去医院看望，一见面想逗逗他，又说："你还没有死呀？"这一次，甲的脸一下子拉长了，生气地说："滚，你滚！"把他赶了出去。

人家正在病中，心理压力很大。他在病房里对着忧心忡忡的病人说"死"，显然是没考虑场合，人家怎能不反感、恼火？其实，这位老工人说这话也是好意，想让对方开开心，只可惜他缺乏场合意识，开玩笑弄错了地方，才闹出了不愉快。

这个事例说明，有些人说话所以惹恼人，并不是他们不会说话，而是场合观念淡薄，头脑中缺乏这根弦。所以，对于这些人来说，当务之急在于增强场合意识，懂得不同场合对说话内容和方式的特定限制和要求，时时不忘看场合说话。

应当努力做到在每次参加交际活动时，要把场合大小、人数多少及相互关系搞清楚，据此确定自己的说话内容和方式。在具体说法上，既要考虑自己的交际目的，又要顾及他人的"场合心理"，追求主客观的高度一致。

要自觉摆脱谈吐上的惯性

人们的言行往往带有一定的习惯性。有些不当的话语并不是主观上想这样说，而是受习惯的支配一不留神脱口而出，造成与场合环境的不协调，事后连他们自己也感到后悔。

比如，小李陪妻子高高兴兴上街买东西。在熙熙攘攘的商场里，妻子兴致很高，从这个柜台到那个柜台，买了这件，又看那件，快到中午了仍没有打道回府的意思，小李有些不耐烦了。

当妻子提出再买一件高档羊毛衫的时候，他忍不住，生硬地说："你还有完没完，见什么买什么，你挣多少钱哪？"

这句话刚出口，顾客们都朝他们身上看，妻子本来微笑的脸顿时变了样，生气地反驳道："怎么，我还没有花够钱呢，你急什么？我就要买，怎么着！"直把小李顶得说不出话来，难堪极了。

接着，发怒的妻子什么也不买了，蹬蹬地自个走出商店。使小李不解的是，妻子的性格本来很温顺，在家里从来不大声说话，更不要说发火了，说她什么都不计较，可今天为什么她的火气这么大呢？

很显然，是小李忽略了场合因素，把在家庭中惯用的说法拿到公众场合来，用生硬口吻指责妻子，刺伤了妻子的自尊心，才引发妻子为维护自己的面子表现出的强硬态度。

所以，心直口快的人必须有意识地摆脱自己口语表达上的惯性，养成顾及场合、随境而言的良好表达习惯。

在交际活动中，要把交际对象、交际场合、交际时间等多种相关因素都考虑进去，想一想如何张口，选择最恰当的方式说话，以使自己的谈吐既符合场合要求，又符合对象的接受心理，最大限度地实现与交际对象的沟通。

要善于控制自己的不良情绪

经验证明，人们忽略场合因素，造成语言失控，常常发生在情绪冲动之时。比如，有的人喝酒之后，或遇到兴奋事情时，情绪十分激动，甚至忘乎所以，不能自控，便会说出一些与场合气氛不协调的话来，造成不良后果。

有个特能侃的青年，在朋友的婚礼酒席上，大侃自己的见闻，逗得人们哈哈大笑。不料他心血来潮，讲起了一个新婚之夜新郎杀死新娘的奇闻。

还没等他说完，新娘的脸色就变了，新郎见状也火了，不客气地把他轰了出去。

这个青年的失言就是由于情绪失控造成的。在喜庆场合卖弄自己的口才，说与场合、气氛很不协调又不吉利的话，难免惹恼人。

如何与名人交谈

与名人说话时，不要有害羞畏怯的心情，只要真正表现你内心的意思，你就能与任何名人开口说话。有些人对名人只是一味地说些奉承话及空洞话，这样是不能使对方愉快的。

如果你是真诚的，那你就把深烙在内心的印象说给他听，他会感到愉快，但所用的措辞和说话的态度要得体。你可以把他视为一位有血有肉的人来对待，对他提出一些能够表达感情的问题，不要把他视为什么超人。

他也实实在在像任何人一样，敌不过疲倦，也承受不住伤害。他们可能比你更脆弱，而且与你一样害羞。不要认为他的人格真的就如他借以出名的职业一样。他向公众所投射的信心、睿智、仁慈、滑稽或性感等影像，实际上往往是杜撰的。

当你同时应付两位名流时，不要只顾你所景仰的一位，而置另一位于不顾，这会使他们两位都不自在。你应该说，遇见两位，真是使人兴奋，如果你想和他们继续交谈，那么你必须保证话题是他们二位都能参加意见的。

如果你对另一位名人并不熟悉，而且在经过介绍之后，你仍想不起有关他的任何事迹，你也不能对他有所疏忽。你必须一视同仁的，表现同样的热情和友善。

不喜欢说话的名流，包括外貌滑稽突出而似乎容易亲近的喜剧演员在内，他们在舞台上已经笑到了极限，因此，在真实生活中是再也无法幽默的。

作家、诗人、画家、音乐家等等，从事创造性工作的人，虽不大喜欢说话，但这些人往往对政治乃至于宗教，都有广泛的兴趣。他们在社交场合也许不活跃，不自在，但他们有启发人们思想的独到之处，你和他们说话，必须耐心，不要轻易动怒，也不要太热切，要温和、冷静和体贴，就像应付任何敏感的人一样。

名人往往比寻常人有更多的成就，而且也有私人的嗜好。当你准备去拜访某位名流时，你可以预先做点谈话内容的准备，如果他是位知名度很高的名人，那么，你可以向有关方面的人去打听。

比如，他被邀来本地做演讲，而你想与他结识，那么你即可向邀请他的单位或个人索取有关他的资料，他们不会拒绝你索取资料的心意。

名气一般的名人，总是生活在情绪不稳定的状态中，他们内在的恐惧，使他们脆弱敏感，别人稍有疏忽就会激怒他们，而且他们也容易傲慢。然而，他绝对需要你的尊重和顺从，他的名气愈小，他对于亲切、尊重的需要也就愈大。

对褪了色的名人，也就是过时的名人，最好采取迂回的战术，也即通过第三者来了解他的问题。你的开场白应当是积极的，如这些日子以来你是如何打发的呀，我们很久没有见你在公众场合露面，你去哪儿了？这么久不在舞台上露面，觉不觉得无聊呢？这些话等于当头泼他一盆凉水。消极的开场白，要尽量避免。

在多数情形下，与名人谈孩子是不会错的。你可以问对方有几个孩子，多大了，他们现在在哪儿，以及孩子读的学校好不好，学习成绩好吗？如果你也当了爸爸或妈妈，那么，你就更具备和他们谈孩子的资格了。

你可以告诉他们，你的孩子已经长大，或和对方的孩子同龄，你也可以向他们表达，你对孩子蓄长发的感觉，或孩子喜欢搜集小动物等等。且话题不要扯得太远，要适可而止。更不要把所有的私密都抖出来。

我们与大人物接近，最重要的就是不要忽略了他们也是人，对待他们，完全要像对待平常人一样，他们也有欢乐，有悲伤，有缺点，有痛恨，有惊恐，有和平常人一样有感情，他们并不是上帝或神的傀儡，他们并不因为有了地位就不再是人。

他们是和你一样的，这即是你和他们接触最坚实的基础。他们在什么时候都不是神或上帝。

如何与有钱人说话

有钱人比名流还要敏感，他的富有往往是别人与他谈话发生困难的关键，他的财富使你对他敬而远之——不只是心理上，实际上你的生活方式就和他有很长的一段距离。

他和你之间的谈话材料，因为你对他缺乏了解，甚至完全无知，而变得很有限。或者你可能认为，你和他之间没有谈话的余地了。

你当然可以这样使自己获得心理上的平衡，不能谈就不谈，反正于己也无损失。不过，假定你偏巧遇上了一位富翁，不管他是不是你的老板，你不知所措的呆站一旁，总是不好受的。

当你遇到有钱人时，你可以设法让他说往事。过去的工作是否比现在更有趣？他爬到现在这个地位的关键是什么？谁是早年助他成功的英雄？当年的老板是否使他紧张？他的百万财富是不是他自己创造的，以及他怎样赚到他的第一笔百万财富的。

如果这个问题问得他不大自在，你就准备跳到其他问题上去吧。不要盯着问，那会使彼此很不愉快的。

如果他不愿意打开他的记忆之门，你就问他的工作时间，问他如何承担那么重大的责任，问他爱好哪些休闲活动，以及怎样布置他的办公室，很多有钱人的办公室，布置得就像豪华气派的皇宫一样，很有一谈的余地。

同时要记住，特别是当对方是一位医生时，不要忘了他也是血肉之躯，也是一个普通的人，你也可以和他谈谈他的健康问题。

大富的人如果是一位妇女时，不管她出于哪一行，人们对富婆的看法，往往有失公平，甚至流于残酷。她们的背后有很多流言，比如说她的成功靠的是无情，她是一个残忍、掠夺成性的怪物。纵然同是女人也一样，她们对富婆往往持有偏见。

在社交场合，我们不宜向各种专业人员要求提供免费的建议。即使你的问法很有技巧，那也是一种冒犯，而且你问得再有技巧也瞒不过专业人员。

男人常喜欢在交易场合和律师谈他们的敌手之间的问题，女人则喜欢在公共场合和医生谈她们的孩子和丈夫。这其实与我们一向所遭遇到的电器商人索取免费的电器，并无不同。

各种专业人员的职务，便是向他们的客户出售商品。我们应该在他们营业时才向他们提出各种建议。

对富翁们事业上的意见，以尽量避免为宜，如果确实有提出的必要，也许可以这样表白你的意见：这次能认识您，真令人高兴，我有一个困扰很久的小问题，我想您也许能解开我的迷惑。我发现有些公司生产的酱油，瓶盖很难打开，我奇怪何以要封得那么紧呢？

你所表达的是同一个意见，但其中有很大的不同。这种表达的方式，既显示出你对问题的关切，又未指名道姓地说出他的产品。

你请他解答你的迷惑，你的立场是消费者，是外行人，而他是非常能干的大富翁。他会乐意答复你的问题，因为你是他的听客，不是向他来挑战的。

当你和银行家、鞋店老板或任何孩子的母亲谈话时，你均不宜过分直率。坦率是无可厚非的，但适当的含蓄更值得学习。

当我们说，你是怎么使这么多人来光顾你这里的，和我们说你这地方何以总是乱成一团，所表示的意思往往是一致的，但是，你要知道，前者是不会使人难堪，而后者常会引起听者的羞怒。那么，我们何不取前者呢？

说话不是竞争，不是斗嘴。商人把他的时间和金钱都投资在他的事业之中，并与其他的同行竞争，这是他们为生存所付的代价，其中有些人发达起来，有些奋力维持。

如果他们能遇见一位能和他们交换意见而没有敌意的人，他们会觉得幸福和快慰的，如果你能发现他可引为尊荣的地方，以及他觉得有成就和有价值的地方，那么，他在你的眼前会开花结果的，你们就能形成很好的友谊。

如何与多个异性谈话

谈话中的尴尬场面常见于异性之间，特别是当一个人面对两个或两个以上的异性时，他会无形中感觉到一种心理的压力，而这种压力会使得他的谈话毫无章法，这是我们必须引起注意的。

通过观察，我们很容易发现，几个男子和几个女子在一起，谈话的局势可称半斤八两，谈话的平行发展是不成问题的。但是，如果一个男子置身于几个女子之中，或一个女子置身于几个男子当中，情形就有些不同了。

一个男子最为苦恼的，就是他身处在几个女子当中的时候，不易找到一个插入谈话的机会。有些女子决不会为旁边的那个男人着想，她们开始谈头发、谈衣服、谈胸饰、谈鞋和丝袜，所论及的都是那么琐碎，以致那唯一的男子虽不完全外行，也不好意思插进去说上几句，这该怎么办呢？

如果不愿意保持缄默，又不便离开，必须设法打破这个局面，应该设法把谈话的范围引带到较广阔的境界去。他不能谈政治、谈社会问题，在女人占优势的场合中，这些题目决不会引起她们的兴趣和共鸣的，除非她们是一群女权运动者或社会活动家。他应该在她们最感兴趣的焦点中寻找话题：

"听说外国人最近发明了一种新的纤维，织成丝袜，可以久穿不坏"。像这样的一句既投其所好，又引起她们好奇的话，是一句很适当的转换话题的开始。

这以后，你渐渐转入外国人的发明事业，再转到电影、风俗习惯等等，以一种主动的姿态将她们刚才所谈的头发啦、衣服啦、修饰啦等等之类的话题抛到九霄云外，使她们把注意力转移到你的话题上来，这样你就不至于受冷落了。

至于一个女子在许多男子当中时，情形就和上述的例子不同了。不消说，男人与男人之间所谈的话题是广阔的，也许是政治，也许是经营之道，也许是社会问题，也许是国际形势。在这种场合中的女子，可以一直保持缄默，但必须保持一种倾听的态度。

如果一个女子要想法把话题转移到发式、衣饰方面，那几乎是不可能的，男人们决不会对这类话题保持长久的兴趣。

此外，这里还必须提醒一句，在这种场合中，女的不要和男的交头接耳，低声细语，以及做一些使人莫名其妙的事情，如突然打开提包翻弄一下，或吃吃发笑等等。

怎样与老年人谈话

不听老人言，吃亏在眼前。这句中国老百姓耳熟能详的俗语，从一个侧面证明了人们对老年人智慧的肯定。所以与老年人交谈往往能给我们许多人生的体验和启示。所谓老人的智慧，通常都是在与他们的谈话中体会到的。

但是仔细观察就会发现，喜欢与老年人交谈的青年，甚至中年人都太少了。他们或者埋怨老人说话啰唆，或者认为他们所说的话题陈旧，或者认为他们思想保守，殊不知他们错过了分享老人智慧和经验的大好时机。

一般人是很难跟比自己年长30岁以上的人谈得来的。30年是一段很长的时间，在这么长的时间内生活方式、兴趣爱好、教育程度、社会风俗以及思想观念都发生了剧烈的变化。各方面距离都那么远的人，实在很难有共同志趣。

在这种情况下，同情和了解可以产生良好的融合作用。老年人多半喜欢追忆往事。如果你能引导他谈谈自己的过去，不但对他是一件很快乐的事，对你又何尝不是一个难得的机会？能够听到一个人亲口告诉你30年前，或是50年前的事情，这是十分难得的。

经过时间的淘汰和岁月的流逝，那些仍然深刻地留在老人们心中的，多半是一些印象深刻而生动有趣的故事。

有些老年人生命力还相当旺盛，仍然关心着现在的社会，对报纸上的新闻仍然产生着浓厚的兴趣。那么，最好是让他们把现在的事情和过去做个比较。这不但是他们最喜欢的，同时也是年轻人最感兴趣的。

因此，年轻人在与老人谈话时要了解老年人以上的这些特点，并做好充分的准备聆听。一般来说，采取以下几种方法是比较受老年人欢迎的：

一是从老年人过去光荣的历史谈起。例如谈谈老年人过去得到的荣誉、老年人最喜爱的纪念品、老年人最清楚的历史事件等等。

二是从老年人感触最深的话题谈起。例如老年人的经历和今昔对比，老年人过去唱过的歌，老年人的日记或他们所读过的书等等。

三是从老年人最关心的问题谈起。例如老年人的衣食住行，老年人的保健及体育活动等。

四是从老年人最尊敬和最关心的人谈起。例如老年人所尊敬的爱国英雄，无产阶级革命家，他们的老上级，他们的老师等等。

求人办事学会没话找话

不善言谈在交际场中很容易陷入尴尬局面。要想成为求人办事的高手，首先必须掌握没话找话的诀窍。

没话找话说的关键是要善于找话题，或者根据某事引出话题。因为话题是初步交谈的媒介，是深入细谈的基础，是纵情畅谈的开端。没有话题，谈话是很难顺利进行下去的。

好话题的标准是：至少有一方熟悉，能谈；大家感兴趣，爱谈；有展开探讨的余地，好谈。

那么，怎么找到话题呢？

众人都关心的话题

面对众多的陌生人，要选择众人关心的事件为话题，把话题对准大家的兴奋中心。这类话题是大家想谈、爱谈、又能谈的，人人有话，自然能说个不停了，以致引起许多人的议论和发言，导致"语花"飞溅。

借用新闻或身边的材料

巧妙地以彼时、彼地、彼人的某些材料为题，借此引发交谈。有人善于借助对方的姓名、籍贯、年龄、服饰、居室等，即兴引出话题，常常收到好的效果。"即兴引入"法的优点是灵活自然，就地取材，其关键是要思维敏捷，能做由此及彼的联想。

提问的方式

向河水中投块石子，探明水的深浅再前进，就能有把握地过河；与陌生人交谈，先提一些"投石"式的问题，在略有了解后再有目的地交谈，便能谈得更为自如。如"老兄在哪儿发财？""您孩子多大了？"等。

找到共同爱好

问明陌生人的兴趣，循趣发问，能顺利地进入话题。如对方喜爱足球，便可以此为话题，谈最近的精彩赛事，某球星在场上的表现，以及中国队与外国队的差距等，都可以作为话题而引起对方的谈兴。引发话题，类似"抽线头""插路标"，重点在引，目的在导出对方的话茬儿。

搭上关系，由浅入深

孔子说，"道不同，不相为谋"，只有志同道合，才能谈得拢。我国有许多"一见如故"的美谈。陌生人要能谈得投机，要在"故"字上做文章，变"生"为"故"。下面是变"生"为"故"的几个方法：

适时切入。看准情势，不放过应当说话的机会，适时插入交谈，适时地"自我表现"，能让对方充分了解自己。

交谈是双边活动，光了解对方，不让对方了解自己，同样难以深谈。陌生人如能从你"切入"式的谈话中获取教益，双方会更亲近。适时切入，能把你的知识主动有效地献给对方，实际上符合"互补"原则，奠定了"情投意合"的基础。

借用媒介。寻找自己与陌生人之间的媒介物，以此找出共同语言，缩短双方距离。如见一位陌生人手里拿着一件什么东西，可问："这是什么？……看来你在这方面一定是个行家。正巧我有个问题想向你请教。"对别人的一切显出浓厚兴趣，通过媒介物引发表露自我，交谈也会顺利进行。

留有余地。留些空缺让对方接口，使对方感到双方的心是相通的，交谈是和谐的，进而缩短距离。因此，和陌生人交谈，千万不要把话讲完，把自己的观点讲死，而应虚怀若谷，欢迎探讨。

善于制造共同话题

当一个人试图与对方交谈时，他最先需要选择的就是谈话的主题。通俗地讲，就是你要与对方谈什么，从什么开始交谈。如果你常常觉得与人谈话很吃力，恐怕最重要的原因，就是你对应该讲什么话这个问题有很深的误解。

人们对交谈有一个最普遍的误解是：以为只有那些最不平凡的事件才是值得谈的。这样的结果使他们把彼此的交谈搞得索然无味。他们在搜肠刮肚地寻找重大事件的同时，却忽略了谈话本身所应具有的意义。

你是否有过这样的体会，当你见到熟人的时候，你在脑子里苦苦地搜索，想找一些怪诞的奇闻，惊心动魄的事件，或是令人神往的经历，以及令人兴奋刺激的事情。自然，这一类事情是一般人最感兴趣的了。能够在谈话的时候，讲出这样动听的事情，无论对听的人，还是对讲的人，都是一种满足。

但是，这一类的事情在我们的生活中毕竟不多。有些轰动社会的新闻，是用不着你来说别人就已经听说过的。即使是你亲身经历过的比较特殊的事情，也不必到处一讲再讲。

此外，你在某一个场合讲很受欢迎的故事，在另外一些人面前就不一定受欢迎。因此，你若认为只有那些最不平凡的事情才值得谈，那你就会经常觉得无话可谈了。

其实，人们除了爱听一些奇闻轶事以外，也很愿意和朋友们谈一些有关日常生活的普通话题。比如，小孩子长大了，要进哪一所学校比较好啦，花木被虫子咬了应该买哪一种杀虫药啦，这个周末有什么好电影看啦，等等。

这些都是良好的谈话题材，也都能使谈话双方感到有兴趣。总之，当你选择谈话的主题时，你要了解对方是否对此感兴趣，对方所具备的知识和经验是否能够将这次谈话进行到底。如果你能做到这一点，那么，你就可以称得上是一个优秀的谈话者。

清楚地表达自己的想法

清楚地表达自己的想法，要求你必须细心揣摩一些表达细节。

讲话的快慢要合度，声音要适中

在交谈过程中，首先要留意自己，说话是不是太快了？如果说话快而致字音不清，就会使人听了等于没听。即使快而清楚，也不足效仿。

说话的目的在于使人全部明了，别人听不清，听不懂，就是浪费时间。故我们要训练自己，讲话的声音要清楚，快慢要合度。说一句，人家就可听懂一句，不必再问。要清楚，陌生人或地位比你低的人是不敢一再请你重说的。

其次，说话的声音不要太响。在火车里，在飞机上，或者是在有严重噪声干扰的地方，提高声音说话是不得已的。但是平时就没必要也不能太大声，在公共场所或在会客室里，过高的声音会使对方感到不舒服。

说话虽不能太快也不能太响，但在谈话中，每句话声调也该有高有低，有快有慢。说话有节奏，快慢合适，这可使你的谈话充满情感。你可留心那些使人听而忘倦的人的说话方法，留心舞台上的名角念台词的方法。

要揣摩如何用词，说话越简练越好

有些人在叙述一件事情时，拼命说许多话，还是无法把他的意思表达出来，结果对方费了很多时间与精力，却抓不到他话中的意思。所以，话未说出时，应先在脑里打好一个轮廓，拟几个要点。

沟通，是人与人之间特有的联系方式，而企业与外部环境的沟通，是人与人之间关系的一种放大。管理沟通既是一门技术，又是一门艺术，它有特定的规律和技巧。

学习和掌握这些技巧，不仅会使人工作心情舒畅，而且会使人人缘极好，生活美满。对公司来说，有效的内外沟通是确立良好的社会形象、获取成功的秘诀之一。

良好的沟通能力，从某种意义上讲可能比知识水平、分析能力和智力程度更为重要，良好的沟通，应注意以下几点：

一是你必须机灵一些，创意要能提起人的兴趣。如果你总是向老板唠叨一些婆婆妈妈的琐事，你的前途就无望了。

二是与人沟通必须带有自信，不说废话才是懂得沟通的干练之才。

三是轻松潇洒的态度对于沟通的成功至关重要。你如果过于紧张，别人看着也会难受。

四是说话人的诚实会给对方一个好的印象。因为世上说谎行骗的人太多了，诚实一定会有助于你的成功。

五是对方的兴趣所在是关注的焦点，对对方的好恶要敏感。

六是保持适当的幽默感。

七是不要让情绪左右信息的传递。不要心里不同意对方的话，或是另有看法，就打断别人的话。倾听并不等于完全同意对方，它只是一个"听"的动作。

八是不要马上下结论。未经仔细考虑而下的结论，即使当时双方都很满意，日后也有可能造成麻烦。例如，太快决定雇用某人，很可能造成日后各方面时间、金钱及精力上的浪费。

九是决定你反应的方式。除非确定对方的话已经快要讲完了，否则不要太早下结论。

消除沟通中的障碍

沟通障碍多因细节处照顾不周而造成，消除沟通障碍，可以从以下几个方面着手。

不要把别人当"机器人"

心理学教授坎贝尔说："我始终不明白，为什么要有机器人这个说法。只要词语中带有人字，无疑意味着人为地拔高物质的高度。我认为应该把机器人称为机器鬼，这样就不至于把机器和人搅和在一起。反正机器人这个说法令人觉得别扭。"

不要以为他人是机器人，可以由你想怎样操纵就怎样操纵。只有学会尊重他人，意识到对方也拥有充分的潜能，能够从他人的角度理解问题，才会有真正意义上的沟通。

永远没有完美的技巧，但经由技巧却可能有完美的结果。这也是果实优于枝条的道理。

沟通是彼此的事，一个巴掌拍不响。当你运用技巧时，别人也会运用技巧。当然，沟通是有目标的，你可以使自己的愿望处于优势，并且尽可能达到这个对自己有利的结果。

但这多少有些一厢情愿，因为别人也运用技巧，彼此力量的消长有一个合适的中点，那是双方可以接受的结果。沟通能达到这个目的，双方都应该满意，虽然这个结果跟你渴望的结果有些差别，但也应该坦然接受。

尽量多采用含蓄的暗示方法

既然他人不是机器人，他人理所当然应该受到你的尊重。而尊重他人的妙招应该算是暗示吧？暗示就是为了保全他人自尊而采取的一种比较含蓄的不直接指责、指使他人的方法。也就是间接地让人做出你希望其做的事。

暗示可以成为他人行动的动力，别人在接受暗示时，已经感到了受尊重的意味，就会主动帮你达到你渴望的结果。暗示可以让人心甘情愿地和你沟通。

运用漂亮的语法

世上每一种语言都有其特殊的美，其中都有很漂亮的语法。沟通也是一种语言交流，漂亮语法的运用就很合适。

当然，漂亮的语法绝不是指滥用形容词。它的的确确是一种语法，它将各种词语巧妙地运用，不仅仅限于形容词。

"然后……""这时……"等等语法可以给人流畅感，容易使人顺着你的思路，在承启转合之间，自然而然地形成沟通说。使用"因为……""所以……"等等语法，则给人很讲逻辑，很讲道理的感觉，他人就会心服，谁愿意跟一塌糊涂不讲理的家伙打交道呢？

语法是有玄机的，成功地运用玄机的语法都是漂亮的语法。在漂亮语法当中，先尊重对方的态度，然后，说出自己的要求，只要语法得当，就算前后矛盾，对方也不会觉得受到伤害，可以接受你的观点和建议，并愿意合作。

移动他人的观点

在沟通时，接纳对方的观点，然后再削弱他人的观点，是一个尊重他人的好办法。生活中，人的观点多种多样，纷繁复杂地围绕在你周围。这些观点有容易理解的，也有摸不着头脑令人难以把握的。

观点是容易冲突的，人都不愿放弃自己的观点，所以，沟通时不要破坏对方的观点，只能悄无声息地移动他人的观点，让它靠拢自己的人生观。记住：移动，不是改变。

移动他人的人生观，可以采用游戏性质的做法，让别人感觉不到严肃的压力，因为人生观可是个严肃的大问题。而在游戏中，人生观稍有移动和变化，他人是不会觉察的。

运用动作进行暗示

我们的人体是有语言的，我们的动作往往可以暴露我们的心情。同样地，他人的动作也会泄密。所以，沟通中的人对他人的动作是很敏感的，你正可以利用它。

如果与人交谈时，你做侧头深思的动作，你的体语就告诉对方，这个问题你有疑问，这比直接打断别人的语流更有效，不至于立刻和对方抵触。别人一定会问："有什么不懂吗？"这样由别人自己中断语言流程，可以有效地保证他人自尊心不受伤害。

如果想中断谈话，急于离开去做别的，你可以不停地偷看手表。手表有时候可能就是心理时间的外壳。别人会问："有事吗？你可以先走。"你就可以很有礼貌地全身而退。

体语的运用，很讲究空间。在宽敞的房间里交谈，彼此可以做到公平。但要达到亲密关系的程度，还是狭窄房间为好。谈话时中间不隔着桌子更容易融洽。距离上的靠近也会造成精神的靠近。

体语也可以保全自己的尊严。迟到时气吁吁地表现着急忙赶来的样子，他人容易原谅。

乔装弱者

世上总有很多人喜欢表现自己的力量和能耐的，在他们眼中，他人总不如自己。这种人很可能令你讨厌，但你可以利用他们。他们喜欢表现就给他们表现的机会嘛。

最简单的办法就是，在他们面前故意表现得笨手笨脚，他们会哼着鼻孔走过来说："真是差劲，让我来！"于是，他们就自己动手做起来。这个方法儿童们都会用，何况成人。

最聪明的办法是询问，表现得很虚心的样子去求教，他人怎么会不理睬，说不定一边做一边教你怎样做呢。

注意谈话时的礼节

适当的礼节，不仅对于人与人之间的交往是十分重要的，而且在谈话中，它也起着不可忽视的作用。因此，一个有经验的谈话者总是保持着恰如其分的礼节的。

谈话的表情要自然，语气和气亲切，表达得体。说话时可适当做些手势，但动作不要过大，更不要手舞足蹈，不要用手指指人。与人谈话时，不宜与对方离得太远，但也不要离得太近，不要拉拉扯扯，拍拍打打。谈话时不要唾沫四溅。

参加别人谈话要先打招呼，别人在个别谈话时，不要凑前旁听。若有事想与某人说话，应待别人说完。有人与自己主动说话，应乐于与其交谈。第三者参与谈话，应以握手、点头或微笑表示欢迎。发现有人欲与自己谈话，可主动询问。谈话中遇有急事需要处理或要离开，应向谈话对方打招呼，表示歉意。

谈话现场超过三人时，应不时地与在场的人都谈上几句，不要只与一两个人说话而不理会在场的其他人，也不要与别人只谈两个人知道的事情而冷落第三者。如所谈问题不便让旁人知道，则应另找场合。

在交际场合，自己讲话要给别人发表意见的机会，也应适时发表个人看法。要善于聆听对方谈话，不轻易打断别人的发言。一般不提与谈话内容无关的问题。

如对方谈到一些不便谈论的问题，不对此轻易表态，可转移话题。在相互交谈时，目光应注视对方，以示专心。对方发言时，不要左顾右盼，心不在焉，或者注视别处，显出不耐烦的样子，也不要老看手表，或做出伸懒腰、玩东西等漫不经心的动作。

注意谈话内容。尽量不要涉及疾病、死亡等事例，不谈一些荒诞离奇、耸人听闻或者黄色淫秽的事情。一般不要询问妇女的年龄、婚姻状况。所谓"见了男士不问钱，见了女士不问年"是也。

不要径直询问对方履历、工资收入、家庭财产、首饰价格等私人生活方面的问题。与妇女谈话不要说她长得胖等，对方不愿回答的问题不要追问，也不要究根问底。对方反感的问题应表示歉意，或立即转移话题。

男子一般不要打扰或参与妇女圈内的议论，也不要与妇女无休止地攀谈而引起旁人的反感侧目。与妇女谈话更要谦让、谨慎，不与之开有伤大雅的玩笑。争论问题要有节制。

谈话中要使用礼貌语言，如："你好，请！""谢谢，对不起，再见……"在社交场合中谈话，一般不过多纠缠，不高声辩论，更不能恶语伤人，出言不逊。即使争吵起来，也不要斥责，不讥讽辱骂，最后还要握手而别。

对领导有所求时如何说话

世界上所有的人差不多都具有同情弱小和怜恤难者的仁慈感情，找领导办事能否获得应允，有时恰恰是这种同情心在起作用。所以，不管你平常多么刚直自傲，这时候必须低下头来说软话，摆出一副可怜相才行。

通常情况下，人们是不愿轻易去找上级办事儿的，上级盛气凌人的"架子"在一般下属那里是不会被愉快接受的。一般而言，下属不到万般无奈和迫不得已的时候，是不会随便提出一件事让上级烦心的。

所以，对一个人情世故相对成熟的下属来说，不经过"三思"，只靠脑瓜儿忽地一热乎便去找上级办某件事的人可谓寥寥无几。按照一般社会经验归纳起来，有如下一些事情是下属们经常要找上级出面办理和帮助解决的：

一是与工作有关的利益。这些利益包括调岗、晋升、涨工资、分房子。调停与同事之间的矛盾、平息一些不利于自己发展的言论或舆论。这一类事能否办到，关键在于你在上级心目中的位置，位置高了，他会把利益的平衡点放在你身上；位置若是低了，则必须借助外在的或间接的力量起作用方能把事儿办成，否则你便只能充当各种利益的旁观者了。

二是与社会生活有关的利益。包括借贷、买卖、调节各类纠纷，参与婚丧嫁娶等各类红白喜事的协调，对各类被侮辱被损害者的法律公断以及某些同学、同乡、同事、朋友等托办的事宜等等。办这类事儿，上级一般未必直接出面和直接行使权力，他们的间接活动有时却是非常有效的。

三是与家庭关系有关的利益。包括夫妻关系、儿女关系、亲戚关系。这些关系所涉及的利益有时不能得到满足或者受到了伤害而自己又无力自我调节，于是责无旁贷，只好间接地承揽过来找某位上级说情，恳望他能出面干预或施加影响。如为子女找工作、帮助妻子调动工作、帮助某位亲属安置工作等等。

正是因为有以上这些利益关系，你才有可能经常要找上级办一些事情。这些事情几乎都可以涵盖在"困难"二字之下，如经济困难、思想困难、情感困难、地位困难等等，找上级办事儿，说穿了无非是托他们帮助解决这些"困难"。

困难就是一些不堪重负的苦衷，要想把事情办成，最好的方法就是把这些苦衷通情达理、不卑不亢和牵肠挂肚地吐出来，促使上级产生同情心，从而帮助你把恳求办的事情办好。

要引起上级同情，必须了解上级自身的人生经历和社会经历，对上级曾经有过类似的切身感受过的事情，容易得到同情，从而得到支持和应允。

要引起上级同情，说低头话时必须在人之常情上下功夫，必须把自己所面临的困难说得在情在理，令人十分同情。所以，对那些越是给自己带来遗憾的地方和痛苦的地方，越是要大加渲染，这样，上级才愿意以拯救苦难者的姿态伸出手来帮助你办事儿，让你终生对他感恩戴德。

因为大凡能激发人的公正之心、慈悲之心和仁爱之心的事情，都能引起人们的同情和帮助欲，都能使人在帮助之后产生一种伟大的济世之感。

要引起上级同情，必须了解上级的好恶，了解他平时爱好什么，赞扬什么，又愤慨什么，了解他的情感倾向和对事物善恶清浊的评判标准。上级的同情心有时是诱出来的，有时是忙出来的。

如果上级对某个朋友有成见认为他水平很差，他不得志和受排挤，是不足为怪的。那么，你要帮朋友解决常年在基层受压抑之苦；并想借此引起上级的同情，可能就是一件相当困难的事情了。只有没有成见的时候，才能产生同情心。

同情心可以促进领导对你的理解，但这并不等于说马上就会下定帮你办的决心，因为领导者要考虑多方面的情况，有时会处于犹豫之中，甚至会抱着多一事不如少一事的态度，不想过问。

这时，就需要努力激发领导的责任感，要使领导者知道，这是在他职责范围内的事，他有责任处理此事，而且能够办好此事。

所以，利用领导善良的同情心说低头话，如果运用方法恰当，即使上司铁石心肠，也能收到"以情感人"的奇效。

办公室常用的说话技巧

办公室作为工作的地方，经常出现一些意想不到的情况是正常的，一个人就是再聪明，面对七零八碎、纷繁复杂的职场"事故"，也很难都能作出恰当的反应，所以事先掌握一些办公室说话应变技巧就显得十分必要。

开玩笑却遭来怒骂时

开玩笑也是人际关系的交流方式，但必须得到对方的共鸣才能成立。自己觉得有趣对方却不以为然，这样的玩笑，充其量不过是自己在耍猴罢了！不理会对方的心情而一味地自我耍弄，是很容易激怒对方的。

如果一个职员能看清上司喝茶时那副不高兴的神情，就不至于再冒昧地和上司开玩笑了。其实，上司是早上开会时，因为科里所提出的企划方案做得不好而挨批，没心情出去吃中饭而在办公室生闷气。

当上司直接向部属板起脸时，大都是因为其部属的表现令他不满。这时受到斥责的部属不但要顺着他的意思，而且要赶快找出上司不愉快的原因，这样才能化不快为愉快。

所以，遭到上司这出乎意料的斥责时，应马上道歉：

"对不起，我竟然开了这种无聊的玩笑！"

同时，要赶快回想今天到底发生了什么事，让上司这么不高兴。

早上，有什么事呢？早上科长不是去开会了吗？——对了，一定是开会时挨批了吧！这么说，问题大概出在科里所提的企划方案上吧！

"我们科里所提的企划方案，怎么样了呢？"

一确定问题点，就大胆地提出。

"那个企划不行！早上开会时……"

憋了一早上的闷气，上司终于可以借着这个问话发泄出来，等事情讲完时，刚才所造成的尴尬气氛，也会云消雾散了。

说那个人，那个人就到时

午休时间就快要到了，科长又出去参加业界的聚会。大概就是这个缘故吧，办公室内一派闲散的样子，几位同事也闲在一起东家长西家短地扯淡，不知不觉间就开始说到科长身上了。

李君做事认真，个性又开朗，在办公室里人缘很好，只是有点冒冒失失，喜欢一高兴就恶作剧一番。

这次也不例外，当他听到大家都在说科长的坏话时，便趁机起哄："我也这样认为，科长实在是一位老古板，动不动就要拿伦理道德、礼仪规范来说事，他根本就不知道现在是流行新潮的时代……"

突然，大家都默不作声了。

当李君发觉情形不对时，科长已站在自己的后面。

"怎么，我又哪里不好了？"

科长当场就冲着李君丢下这么一句火药味极重的话，糟了，李君这下子万事休矣！

在会话礼节中，最忌讳的是背后说人坏话。可是大家大概都不否认，能肆无忌惮地批评别人，是最令人感到愉快的。人都有劣根性，明知说人坏话是最忌讳的事，可是却总忍不住要说上几句。

既然如此，明知偶尔免不了要对别人说长论短，那何不在说法上多注意点呢？至少要先弄清楚说话的场合和坏话的程度。

如果是充满个人憎恶情绪的坏话，听的人可能会有"这说得太过分了吧！"的感觉。

像这样就已超过限度，说者不但会不愉快，反而会因情绪过于激动而造成反效果。李君的情形不算是说得过分，问题在于说话的地点不对。

像上述的例子，尽管上司不在，但在办公室内议论上司总是不好。另外，像公司同事常去的餐馆或咖啡厅，也都不是谈论同事长短的好地方。

可是，李君也不见得这样就万事休矣。因为平时科长对他还很满意，至少他可以利用这一点来挽回面子。

在这种情况下，无理地强辩只会把气氛越弄越糟。最好的方法还是赶快低下头道歉！

通常一位通情达理的上司看到下属诚心认错时，应该都会既往不咎的，至少也不会让属下难堪或下不了台。

科长听到李君的道歉后，反而装蒜似的说："这又是怎么一回事呢？"

既然科长已经故意佯装不知了，李君这时就要心存感谢地在表面上唱和着说："还好刚才的话没有被科长听到，真是谢天谢地！"

换句话说，就是彼此都装糊涂，这样才能化解尴尬的气氛。

可是事后，必须谨记这个科长明明听到却放自己一马的恩惠，而在往后的工作上好好地表现以作回报。

别人叫不出自己的名字时

在外面邂逅以前认识的朋友或同事，待上前去打招呼时，却因对方记不起自己的名字，致使彼此尴尬而散。这种情况应该很多人都曾有过吧！

例如参加讨论会或公司集训时，碰到过去曾经在一起工作的老同事，于是自己便很兴奋地过去打招呼："赵老，好久不见了，您好吗？"

对方也像看到了熟面孔似的回答，可是寒暄问候的话一讲完，对方就显得很局促不安而想找理由离开。假如您碰到上述这种情形，您会如何应变呢？

尤其像演说家等之类经常需要和很多人接触，虽然别人对他了若指掌，可是他却经常无法一下就叫出别人的名字。

遇到这种情形时，他们通常都会很自然、直截了当地向对方请教，譬如说："请问您尊姓大名？"或"您是哪位呢？"

可是对一般人来说，这种开门见山式的问答，似乎令人很难启口。还有，就是叫不出对方姓名时，既不敢开口请教，又害怕被对方看穿真相，因此，心虚、不安，于是当然就想要尽早离去。

前面的例子中，那位姓赵的老同事，说不定就是心虚而想离去。这时，你就应该很巧妙地把自己的名字夹在谈话中。譬如：

"最近偶然也会碰到当时跟我们在一起的伙伴，他们还是老样子，仍然取笑地叫我小呆。想从前，真是多亏您的照顾……

这样对方可能就比较能安心，至少不会急着想要打退堂鼓。

人总难免会有忘记别人名字的时候，因此要将心比心，能体谅别人的处境，尽量避免让别人出洋相。

相反，要是自己想不起对方的名字时，怎么办才好呢？这时您可这样去应变："对不起，您可否给我一张名片？"

"嗯！名片吗？！"

"是的，拜托！拜托！"

或许，一开口就讨名片，别人会感到唐突，因此，您要非常不介意似的，等接过名片后，再说："以后有机会，我就可以很快地凭这张名片和您联系了……"

然后，你就可以依名片上的姓名来称呼对方了。

名字被叫错时

名字类似的同事在同一个集体内，经常会有张冠李戴的笑话发生。

像朱华先生就是这样。因为在同一公司内凑巧就有一位老同事叫"陈华"，因此，他就经常被误叫错名字。

今天一位新分配的女职员一时疏忽，又叫他"陈华先生"，他感到非常懊恼，因此就默不吭声不理睬对方。

这样做对吗？

首先要忍住一时的气愤。被当面叫错名字，不论是谁都会觉得不舒服。可是当事者在那一瞬间的对应，将会造成极端不同的结果。

中国字有很多同音异字的情形，譬如一个名字叫作

"健"的人，难免会有被错写成"建""贱"……这时候倒可以说："对不起，我的名字是健康的'健'呀！此'健'非彼'贱'哦！"

名字被弄错时，这种近乎诙谐的指正方法，反而会令大家皆大欢喜，更加融洽。一个经常跟自己碰面的人，却搞不清自己姓啥名谁，这是很令人不愉快的事。可是，这也不是什么不能忍受的事吧！既然对方记不清楚，自己干脆再报一次姓名就好了，譬如："我是朱华呀！这个名字也实在是太平淡了，不好记。"

其次，可以把自己的特征和名字连在一起。一时疏忽而弄错姓名的事，似乎屡见不鲜。其中有很多是没有把对方的姓名和外貌记清楚，所以才造成张冠李戴的错误。

无论如何，对被弄错姓名的人而言，如果不想办法叫对方记住自己，以后仍会经常有不愉快的事情发生。最好的应变的方法之一，就是把自己外表的特征和名字连在一起告诉对方。

第五章
当众说话的技巧练习

我们常会见到这样的情况，跟几个熟人说话时可以口若悬河，但一到稍微正式点的场合或是人多一点的地方就变得语无伦次，这种情况会让你的个人形象受到极大损害。在现代这个竞争激烈的时代，每个人都有可能随时走到台前当众说话，因此，要通过训练提高自己当众说话能力，以免到时出丑。

提高自己的"语商"

所谓语商，也就是指一个人的语言表达能力。一个人说话颠三倒四或词不达意是"语商"低下的表现，但还不至于造成大的危害，其另一种表现是总在不恰当的场合说出不恰当的话，就会对其个人以及他所做的事造成很坏的后果。

有一位专家型的部门经理，从他的业务能力来看可以干更大的事，但当他在评价和安排员工的工作时，却经常让人不知所云。他要么说一些无关紧要的事情，要么喋喋不休，因此失去了晋升机会。还有一类人是对自己所干的事和所说的话不敢承担责任，因而失去了上司和员工的信任。

还有一家制造公司的部门经理，当他把事情弄糟以后，老板批评道："这到底怎么回事？你把事情全弄糟了。"

这位中层经理听了老板的批评后非常生气，立即辩解道："一定是手下的员工误解了我的意图和要求，他们应该对这一后果承担主要责任。如果您对这一结果不大满意，也不应追究到我的头上。"

这一回答显然让他的上司难以容忍。他的老板说道："他承受不了责备，也不能保持冷静。不管是谁的错，他都应该去努力解决问题，但他的回答中丝毫看不出这一点。"因此这位经理后来被免除了职务。

显然这些人都是因为自己语商较低，在试图证明自己具有很强的思考、评价和解释能力时，自断前程。他们给自己的上司、下属、合作伙伴和同事都留下了不好的印象。

在谈话中显示自己成功的自信，这并不是什么不好的行为，而且你也必须如此。但良好的言辞智商同自吹自擂有很大区别，关键在于你是否能以恰当的方式和技巧来表现。

当你表露自己的成功时，你所希望表达的信息不过是让他人知道你有多棒。但是你一定要注意：在传递这种信息时，必须坦率简洁。

例如，如果你成功地为公司举办的一次新闻发布会写了一份报告，得到与会者的好评。你的喜悦与成功感也会溢于言表。这时，你大可不必说："瞧，我做了一件多么了不起的事情。"

相反，当上司称赞你时，你倒应显得更加沉稳："这是公司分配给我的工作，也是我应该完成的。"

一个人的"语商"与他的情商有很大的关系，情商高的人大半能说会道，或者至少能把话说到点子上，说的话能让人感觉舒服。所以"语商"的提高不是片面地学怎样说话，而是要从有意识地提高情商入手。

口才来自平时的积累

许多人以为口才只是口上之才，他们以为口才好的人，只是因为他们很会说话，而自己却是不会说话的。他们看见许多口才好的人什么都可以说，谈什么都很动听，只是因为他们的口齿伶俐，这种看法是片面的、肤浅的。

固然，口才的能力有赖于相当的训练，但口才的实际基础是建立在他们善于思考、善于观察、兴趣广泛、常识丰富，以及强烈的同情心和责任心之上的。没有上述所列举的基础，光是口齿伶俐，也不能成为一个口才好的人。俗话说：巧妇难为无米之炊。

追本溯源，一个口才好的人，必须经常地在观察和思考上面下功夫。他们不断地扩充他们的兴趣，积累他们的知识，培养他们的同情心和责任心。

他们谈话的题材源泉是非常充实的，那你呢？是不是每天看报纸？你看报纸的时候，是不是只看看副刊上的小说消遣而已？是不是同时也很注意重要的国际及本地的新闻呢？是不是很留心地去选择节目？是不是随便听听就算了呢？你是不是选择有意义的、精彩的电影和戏剧？是不是看戏时集中精神地去欣赏它们，而不是坐在戏院里打瞌睡？

著名剧作家曹禺曾说，哪一天我们对语言着了魔，那才算是进了大门，以后才有可能登堂入室，成为语言方面的富翁。那么，我们应该怎样来具体学习、锤炼语言呢？下面介绍几种可行、有效的方法。

深入生活

生活是语言最丰富的源泉。要使自己的语言丰富起来，一个闭门造车、与外面世界无接触的人，是很难如愿的。

老舍曾说："从生活中找语言，语言就有了根。"这话含有很深刻的道理。比如改革开放，神州巨变，即使是村姑野叟、市井平民，也能滔滔不绝地讲述一些自己耳闻目睹的新鲜事：别出心裁的广告、奇形怪状的楼房、五光十色的舞厅、色彩斑斓的服装、孔雀东南飞……我们就应该及时学习、了解这些方面的语言。

俄国伟大的批判现实主义作家托尔斯泰称赞人民是语言的"大家"。语言的天才，的确存在于人民群众之中。比如我们讲话常用程度副词——"特"，如"特棒""特靓""特正""特红""特香""特佳"……数不胜数。

通常，广大群众所使用的生活用语更是数量惊人，丰富多彩，活泼动人，这一切也都是我们平时要注意的。

扩大知识面

知识贫乏是造成语言贫乏，特别是词汇贫乏的一个重要原因。如果《红楼梦》的作者曹雪芹没有相应的词汇来描写贾府上上下下的规矩、内内外外的礼教，王熙凤的泼辣、干

练、狠毒性格就肯定难以惟妙惟肖;

如果《水浒》作者不懂得江湖勾当,不懂开茶坊的拉线、收小、说风情,及趁火打劫的种种口诀,他就不可能把那个成了精的王大娘刻画得绘声绘色。

词语是社会生活最敏感的反应器,新词爆炸反映了新生事物的层出不穷,反映了当今社会在改革大潮中的迅猛发展,反映了我们当今生活在开放洪流中的日新月异,我们对这些新的词语应及时掌握,学会运用。

阅读名著

"熟读唐诗三百首,不会作诗自会吟"的经验之谈,是大家所熟悉的,它告诉人们要学习口头语,提高说话的技巧,就应多读名著。"穷书万卷常暗诵",吟咏其中,则可心领神会,产生强烈的兴味。摸熟语言的精微之处,则会唤起灵敏的感觉;熟悉名篇佳作的精彩妙笔,则会获得丰富的词汇,自己演说和讲话时,优美的语言亦会不召自来,这并非天方夜谭之事。

只要我们潜心苦读,勤记善想,揣摩寻味,持之以恒,就能尝到醇香厚味,如果反复地用,不断地学,久而久之就可以像郭沫若所说的那样:"于无法之中求得法,有法之后求其他"了。

在遣词造句上下功夫

　　词语是人说话的基本元素，我们从小学时起就要学习用词造句，现实生活中无时无刻不在用词造句。一个人词汇量丰富并善于运用，自然可以使自己的表达更加顺畅和有效。

　　人们成年后往往忽视遣词造句方面的学习，就是因为看不到说话对一个人是何等重要。认为用词、造句都是学生们考试用的小把戏，从而造成这样一种现象：一方面努力想改变事情的结果，有的甚至也了解说话对于改变结果的意义，另一方面又不愿下功夫解决自己词汇贫乏的问题。

　　用对了字眼不仅能打动人心，同时更能带出行动，而行动的结果便是展现出另一种人生。马克·吐温说："恰当地用字极具威力，每当我们用对了字眼……我们的精神和肉体都会有很大的转变。"

　　历史上许多伟大人物就是因为善于运用字眼的力量，大大地激励了当时的人们。当帕特里克·亨利站在十三州代表之前慷慨激昂地说道："我不知道其他的人要怎么做，但就我而言，不自由毋宁死。"

　　这句话激发了几代美国人的决心，发誓推翻长久以来压在他们头上的苛政，结果造成燎原之火，美利坚合众国于此诞生。

美国一位伟人演讲道："当我们今天得以享受到充分的自由时，不要忘了独立宣言，虽然那没有几句话，却是二百多年来所给予我们每个人的保障。同样地，当我们这些年致力于种族平等时，不要忘了那也是因为某些字眼的组合而激发出来的行动所致，请问谁能忘记美国马丁·路德金博士打动人心的那一次演讲。他说道：'我有一个梦，期望有一天这个国家能真的站立起来，信守它立国的原则和精神……'"

当然，话语的影响力并不只限于美国。第二次世界大战期间，英国正处于风雨飘摇之际，有一个人的话激起了英国全民抵抗纳粹的决心，结果他们以无比的勇气挺过了最艰苦的时刻，打破了希特勒部队所向无敌的神话，这个人就是丘吉尔。

许多人都知道人类的历史就是由那些具有威力的话所写成的，然而却鲜有人知道那些伟人所拥有的语言力量却也能够在我们的身上找到。这能改变我们的情绪、振奋意志，乃至于有胆量敢于面对一切的挑战，使人生丰富多彩。

我们在跟别人说话时用词常常十分谨慎，然而却不留意自己习惯用的字眼，殊不知我们所用的字眼会深深影响我们的情绪，也会影响我们的感受。

因此，如果我们不能好好掌握怎样用词，如果我们随着以往的习惯继续不加选择地用词，很可能就会扭曲事实。譬如说当你要形容一件很了不起的成就时，用的字眼是"不错的成就"，那对你的情绪就很难造成兴奋的感觉，这全是因为你用了具有局限性的字眼所致。

一个人若是只拥有有限的词汇，那么他就只能体验有限的情绪。反之若是他拥有丰富的词汇，那就有如手中握着一个可以调出多种颜色的调色盘，可以尽情来挥洒你的人生经验，不仅为别人，更可以为自己。

通过练习提高当众说话能力

一个人的公共场所说话技巧也可以通过一些实践来得到提高。如果你对待自己的说话内容像学习课本知识一样用功努力的话，那你会从中得到很大的收获。

提高你的演说风格、声音的吸引力和自信是十分重要的。当你站起来与人交流，并试图说服他人时，有三件事是十分重要的：

首先当你站起来讲话时，你如何注视他人；其次，你如何说出自己必须说的东西；还有就是你说了些什么。

在这三者之中，正如我们经常看到的一样，后者往往是最重要的。不管你是一位送信员，还是一位领导者，你不用去上什么礼仪、化妆学校，不用去学什么表演，你就能够懂得在公共场合中与他人交往时，如何更好地提高自己的整体形象和令他人接受的程度。

如果你自己还不完全了解的话，你可以照一下镜子，人们对自己所亲眼看见的东西总是比听说的东西更加相信。在镜子中认真地审视一下自己，你看起来是否令人相信而充满自信？

几乎70%的高层管理者和决策者承认，他们最大的恐惧是在公共场合下讲话。有些人甚至在讲话前就感到身体不适，不知道这些人为何不事先多花点时间学会将话讲得更好一点。除非你喜欢辩论，否则你很少会花时间和精力去专门练习辩论。

一个与人会谈时笨嘴笨舌、不知所措者也可以转变成一位精于言谈、从容自如地应付困境的老手。只要我们努力地训练自己，我们终能克服紧张情绪，消除内心的恐惧，从而变成一位充满自信的言谈者。

公共演说是一种综合因素的效果，对其中的每个细节，我们都不可忽视。

敢于在大众面前演讲

我们的言谈，我们当众说出的每一句话随时会被别人当成评价我们的标准。我们的语言，显示了我们的修养程度，它能让听众知道我们的出身、教育程度和个人修养。

一位英国人，又穷又没工作。于是他就在费城的街道上找工作。

他走进了大商人保罗·吉波斯的办公室，要求和保罗先生见面。保罗先生用十分不信任的眼光盯着这位陌生人，只见他衣衫褴褛，衣袖底部全已磨光，浑身都透着寒酸气。保罗先生一半出于好奇，一半出于同情，答应接见他。

保罗原来只计划同他说几秒钟，但随即几秒变成了几分钟，几分钟又变成了一个小时，可是谈话依旧进行。谈完后，保罗先生又打电话邀请费城的大资本家狄龙出版公司的经理罗兰·泰勒先生，同自己一起和这位陌生人吃午餐。然后又为他安排了一个很好的工作。

这位外表贫困潦倒的陌生男子，怎么能在如此短的时间，影响了如此重要的两位人物？答案很简单，那就是他有很强的英语表达能力。

原来，这个人是牛津大学的毕业生，到美国从事一项商业任务活动。不幸这项商务活动没有成功，当时他既没有钱，也没有朋友。因此就被困在了美国，有家不能回。

英语是他的母语，所以他说得既标准又漂亮。他一张口，就使人们忘记了他那破旧的衣服、沾满泥土的皮鞋和没有刮净的脸。他的言谈立即成了他进入高级商界的通行证。

有许许多多的人稀里糊涂地过了一生，他们离开学校后，不知要努力增加自己的词汇，不去掌握各种字义，不能准确并肯定地说话。他已经习惯于使用那些街头和办公室使用的、意义虚幻的词句，这也就难怪他的讲话缺乏个性特点了。

在哈佛大学担任了30多年校长的爱罗特博士说："在绅士和淑女的教育中，我认为只有一课必修，那就是能准确、优美地使用他的母语。"

这句话意义深远，很值得我们深思。那么我们怎样才能准确、优美地使用本国语言呢？林肯就曾使用了这一公开的秘密方式，获得了惊人的成就。

林肯的父亲是一位懒惰又不识字的木匠，母亲是一个没有特殊学识与技能的平凡女子。这样的父母所生的林肯并没得到上苍的厚爱，天生就没有运用语言的天赋。那么他为何能把语言编织成如此美丽的形式，能说出如此无与伦比、富有音乐节奏的语句呢？

林肯当了国会议员后，他的官方记录中用一个形容词来描述他接受的教育："不完全"。其实，他一生所接受的教育时间还不到一年。那么，是不是有什么良师的教导，才有现在的林肯呢？

肯塔基森林内的瑟加林·帕尼和凯利帕·基哈思，印第安纳州鸽子河岸的耶基安·都瑟和特路·科洛弗，这些都是他的巡回小学的教师，他们从这个屯垦区搬迁到另一个屯垦区，只要当地的拓荒者愿意给他们面包和火腿，他们就留下来教导孩子们读、写、算。那时，林肯从他们那里得到的启蒙和帮助很少，而他的生活环境对他的帮助就更少了。

后来，他来到了伊利诺伊州第八司法区。在那里，他结识了一些农夫、商人和诉讼当事人，这些人也根本没有特殊或神奇的语言才能。但当时林肯没有把他的时间全部浪费在这些人身上。

他和一些头脑灵活的人成了好朋友，这些人包括各个时代最著名的歌手、诗人等。他能背诵伯安斯、拜伦、布朗宁的整本整本的诗集，写过评论伯安斯的演讲稿。他的家里和办公室内都各有一本拜伦的诗集。办公室中的那本，因为经常翻看，所以只要他一拿起来，就会自动翻到《唐璜》那一页。

他入主白宫后，内战的悲剧虽然消耗了他的大量精力，在他的脸上留下了深深的皱纹，但他仍然抓紧一切时间，阅读英国诗人胡特的诗集。有时深夜醒来，随手翻开诗集，如果看到让他高兴或很有启示的诗，他就会跑到他的秘书那里，一首一首地给他读。

有时他会抽时间复习他早已读得滚瓜烂熟的莎士比亚名著，也会给演莎剧的演员写信，提出自己独到的见解。他曾给莎剧的名演员荷基德写信，信中说："我已读过莎士比亚的剧本，并且读过多遍。哈姆雷特、李尔王、查理三世、亨利八世，特别是麦克白，我认为麦克白写得太棒了，没有一个剧本能比得上。"

林肯非常热爱诗歌。他不仅背诵诗、朗读诗，而且他还写诗。在妹妹的婚礼上，他就朗读了自己写的一首长诗。到中年时，他已经写满了整本笔记本。

鲁宾逊在《林肯的文学修养》一书中说："林肯是一位自学成才的人，他用真正的文化把自己的思想装饰起来，可以称之为天才。他的成长过程，和文艺复兴运动领导者之一的伊拉基默斯一样：虽然离开了学校，但他用永不停息地研究和练习来教育自己，直到成功。"

举止笨拙的拓荒者林肯，年轻时在印第安纳州鸽子河的农场里，靠杀猪和剥玉米叶子，一天赚取三角一分的微薄收入生活。后来在盖茨堡，却发表了人类有史以来最为精彩的演讲。

著名的盖茨堡大战中，有十万人参加，七千人阵亡，林肯曾就这次战役，发表了演讲。在林肯死后不久，著名的演讲家琴姆纳说："这次战争的记忆已从人们的头脑中消失之后，林肯的演讲却仍清晰地印在人们的脑海中。如果人们再度记起这次战争的话，那一定是因为林肯的演讲。"

著名的政治家爱卫莱特曾在盖茨堡一口气进行了两个多小时的演讲，但人们早已把他的演讲忘掉了。而林肯的演讲还不到两分钟，当时有一位摄影记者想拍下他演讲的情形，他还没来得及架好原始的摄像机，林肯的演讲就已经结束了。

林肯这次演讲的全文，曾被人雕刻在一块铜板上，陈列在牛津大学的图书馆里，成为英语文字的典范。下面就是那段被刻在铜板上的文字：

我们的祖先八十七年前，在这块神奇的大陆上，建立了一个新的国家，孕育了自由，并且决心献身于一种信仰，那就是人人平等。

现在，我们正在进行一次伟大的内战。我们在试验，想看一看，有这个信仰和主张的国家，究竟能否长久地存在。

今天，我们在这场战争发生的盖茨堡集会。我们为那些为了国家的利益而牺牲了生命的人，奉献出这个战场上的一部分土地，作为他们永远安息的地方。

我认为，我们这样做是非常合适和正当的。但是，从广泛的意义上来说，我们又不能奉献这片土地，因为它的神圣和尊严不是我们创造的，是那些曾经在这里奋斗的勇敢的人们——活着的和已经死去的人们，是他们使这块土地神圣，而不是我们。

全世界的人不会长久地记得我们在这里演讲，但他们却会永远记住那些英雄们在这里所做的事。

因此，现在还活着的我们，应该献身于曾在这里作战的人们曾经未完成的工作。他们已经牺牲了，我们更应坚定有力地完成他们未竟的事业。

我们一定要有坚定的信念，要让这个国家在上帝的保佑下，得到自由的新生，要让那民有、民治、民享的政府不至于从地球上消失；更让那些牺牲了的人们不能白白地死去。

许多听过这次演讲的人认为，这个不朽的结尾是林肯独创的。其实不然，林肯的律师朋友赫安德在几年前曾送给林肯一本巴科安的书，书中就有"民主就是直接自治，由全民管理，权利属于全体人民，由全体人民分享"这样的句子。

正是林肯从书本上获得的丰富知识和语言素养造就了他卓越的演讲才能和这篇不朽的演讲。

克服当众讲话的恐惧感

没有哪个人是天生的大众演讲家。想获得自信、勇气和面对公众发表演讲时冷静而清晰思考的能力，并不像大多数人所想象的那么困难——甚至可能不到其想象的十分之一的困难。

当众演讲不是一门封闭的艺术，因此你根本不用掌握修辞法和经过多年训练去美化声音。卡耐基先生从几十年的教学经验中得出这样一个结论：当众演讲很容易，你只要掌握一些简单而重要的原则就行了。

刚开始时，他也一样无知。那时人们所用的教学方法，就是他在大学中教授们教他的方法。但很快卡耐基就发现用这种方法教那些商界人士根本就行不通。即使用当时一些演讲名家，如韦伯斯特·伯克彼德、奥卡纳尔等人的一些方法也不行。

因为这些学生是一些商界人士，他们需要的只是有足够的勇气在商务会议上站起来，清晰连贯地表达自己的思想。所以在万般无奈之下，卡耐基只有抛开所有的教科书，用一些简单的概念，首先教他们克服当众讲话的恐惧感，终于取得了一定的效果。

有一位成功的企业家叫哥尔特。他曾经有许多在公众面前说话的机会，但在潜意识中却十分恐惧，他总是试图躲避与人正面交流。可现在他是大学的董事会主席，这个职务要求他必须经常地主持各种会议。哥尔特的年纪已经很大了，对能否学会演讲总是抱着怀疑的态度。

后来他掌握并逐步尝试了克服恐惧的方法，终于成功获得演讲的能力。他所负责的教区曾经邀请英国首相来做公开演讲，而负责向听众介绍这位杰出政治家的人就是哥尔特自己。

多年前，一位家庭医生克狄斯大夫，前往佛罗里达州度假。度假地离著名的巨人棒球队的训练场地不远，克狄斯大夫是一位铁杆球迷。他经常去看球队练习，渐渐地他就和球员们成了好朋友。一天，他被邀请参加一次球队的宴会。吃饭前，宴会的主持人请他就棒球运动员的健康情况谈一谈自己的想法。

克狄斯是专门研究卫生保健的，他行医也已三十多年。对主持人提出的这个问题，他根本不用任何准备，就可以侃侃而谈。可是，在这种场合下，他还是第一次。

当听到主持人提到自己的名字时，他的心跳立刻加快，简直不知所措。他努力想使自己镇静下来，可无济于事，他的心脏仿佛就要跳出胸膛。这时参加宴会的人都在鼓掌，全都注视着他。怎么办？再三思虑之后，他摇摇头，表示拒绝。但却引来了更热烈的掌声，听众也自发地呼喊起来。

克狄斯心里清楚，在这种极其沮丧的情绪支配下，自己一旦站起来演讲，肯定会失败，更有甚者可能连五六个完整的句子都讲不出来。他只好站起来，背对着朋友，默默地走了出去，心中充满了难堪和耻辱。

他迫切希望提高自己的公众演讲能力。正是这种迫切性，使他毫无怨言地通过刻苦学习来建立当众说话的自信心。慢慢地，他的紧张情绪消失了，他已成为班上的演讲名家，并开始接受邀请，到各地去演讲。

现在，克狄斯说他非常喜欢演讲时那种欣喜的感觉以及所获得的荣誉，更让他高兴的是，在演讲中结交到了更多的朋友。纽约市共和党竞选委员会的一名委员，在听过克狄斯大夫的演讲后，马上就邀请他到各地为共和党发表竞选演讲。

当众演讲的恐惧大多数人都有，这极大地抑制了人们自身具备的语言潜能的发挥，也使其公众形象一定程度上打了折扣。实际上，恐惧只是一层窗户纸，如果我们能像哥尔特和克狄斯先生那样勇敢地捅破它，当我们面对再多的人侃侃而谈时，也就无所畏惧了。

当众说话前要做好充分准备

林肯说："即使年纪一大把，经验一大堆，如果无话可说，也免不了要为此难为情。"只有准备充分的演讲者才有完全的自信。

数年前，一位非常显赫的政府官员要在纽约的一次午餐会上做主持人，几千名听众都在等着听他演讲，想听一听他部门里的工作情况。可他一上台，人们就发现他没有准备。刚开始他想即兴讲讲，结果呢，却无话可说。

于是他从上衣口袋里掏出一叠笔记来，想找一点演讲的东西，但笔记杂乱无章。他心里越紧张，说起话来就越发显得笨拙和尴尬。随着时间一分一秒地过去，他越发地绝望，也越来越不知该说什么才好。

他不停地说着对不起，挣扎着还想从笔记中理出一点头绪来，于是他用颤抖的手端起一杯水，凑到干燥的唇边。当时的情景真是惨不忍睹。最后，他只好坐了下来，而留给大家的是一个最丢脸的演讲家的形象。他的演讲方式正印证了卢梭说的书写情书的方式，那就是：始于不知何所云，止于不知己所云。

完全的准备，不是让你逐字逐句地将演讲稿背诵下来。如果犯了这种毛病，便会花费很多精力和时间去背诵，这样会毁掉整个演讲。

卡德伯恩是美国一位资深的新闻评论家。他还在哈佛上大学时，曾参加过一次演讲竞赛。当时他选了一则题为《先生们，国王》的短篇故事作为演讲内容。然后把它逐字逐句地背诵下来，并且作了数百次的预讲。

比赛那天，他刚说出题目"先生们，国王"这几个字，头脑中就变成了空白，他吓得差点跑下台去。绝望之中，他只好用自己的话来讲这个故事，结果他得了第一名。当评委给他颁奖时，他简直不敢相信这是真的。

也就是从那时起，卡德伯恩就不再去背诵任何一篇演讲稿了，他只是做些笔记，然后自然地对听众说话。这就是他在广播事业中成功的秘诀。

每个人都知道，说话是一件很自然的事。说话前的准备主要是准备好讲话的内容并理清思路，而不必去费力地推敲词句。我们通常是边说边想，因此言语便像我们呼吸的空气一样，不知不觉地自然流出。演讲前先写出演讲稿，再把它背下来，不但浪费精力、时间，而且很容易导致失败。

当众说的第一句话很重要

如果演讲者想引起听众的兴趣，有一点必须记住：开始便进入故事的核心。

经常有这种情况：本应获得听众兴趣的开头，往往成了演讲中最枯燥的部分。比如说这样一个演讲："要信赖上帝，并且相信自己的能力……"这样的开头就像开水煮白菜，说教意味太重。

接着他说："1981年我的母亲新寡，有三个孩子要养育，但却身无分文……"这第二句话就渐渐有意思了。演讲人为什么不在第一句就叙述寡母领着三个嗷嗷待哺的幼儿奋斗求生的事呢？

弗兰克·彼杰就是这样做的。他写了《我怎样在销售行业中奋起成功》一书。在美国商会的赞助下，他曾经在全美做巡回演讲，谈论有关销售的事情。

他总是能够在第一句话就制造悬念，简直堪称"悬念大师"。他演讲《热心》这个题材的开始方式，真是高妙无比，叫人佩服得五体投地。他一不讲道，二不训话，三不说教，四无概括的言论，一开口便进入核心。

"在我成为职业棒球选手后不久，我便遇到了一生中最使我感到震惊的一件事。"

现场听众听到这个开头后，立刻就来了兴趣。每个人都迫切地想听听：他遇到了什么事？他为什么会震惊？他是怎么办的？

罗素·凯威尔的著名演讲《怎样寻找机会》，进行了6000多次，收入多达百万美元。他的这篇著名的演讲是这样开头的：

"1870年，我们到格利斯河游历。途中我们在巴格达雇了一名向导，请他带领我们参观波斯波利斯·尼尼维和巴比伦的名胜古迹。"

他就是用了这么一段故事，来做他的开场白。这种方式最能吸引听众。这样的开场白几乎万无一失。它向前推进，听众紧随其后，想要知道即将发生的事情。

即使是缺乏经验的演讲者，只要运用这种讲故事的技巧，那么照样也能成功地制造出一个精彩的开场白，以引起听众的注意力。

当众说话要有根有据

统计数字是用来显示某种情况统计计算的结果的，因此，它们能给听众留下深刻的印象，并且极具说服力。尤其是它有证据的效应，这是孤立的事件所不可比拟的。

然而，数字本身是很让人厌烦的，所以使用时要明智而审慎。

一位主管，认为纽约人太懒。因为不立即去接听电话，造成大量的时间损失。为了证明自己的观点，他说：

"在6个月中，每100个通话中，有7个显示，要超过一分钟的耽搁，接话人才拿起话筒。在这方面，每天共有280000分钟的损失。在6个月中，纽约人耽搁的时间，差不多等于自哥伦布发现美洲以来的所有营业时间。"

在这个例子中，演讲者把统计数字和我们熟悉的事物放在一起，进行比较，收到了加强印象的效果。

如果只提起数字、数量本身，是不会给人留下深刻印象的，它们必须辅以实例。倘若可能，还必须加上我们自己的经验来讲述。

比如可以使用类比的技巧。

韦氏字典中，是这样解释类比的：类比是"两种事物之间相似的关系……不是存在于事物本身的相像，而在于两种或两种以上的事物，在性质、状况或效用等方面的相像。"

C·基拉特·戴卫森在任内政助理秘书时，曾发表了题目为《更强劲电力的需要》的演讲。在这个演讲中，他就利用了类比来支持论点的技巧。

"繁荣的经济必须不断向前迈进，否则就会陷入紊乱。这好比飞机在地面停息时，只是一堆无用的螺钉螺帽的组合。可是一旦飞入空中，它就如鱼得水，发挥它的有效功能了。飞机为了要停留在空中，就必须不断地前进。如果不前进，它不能后退，只能下沉。"

林肯在艰难的南北战争期间，为回答批评他的人，做了一次演讲。在演讲中也使用了类比的手法。这个类比，恐怕是演讲史上最杰出的类比了：

"各位先生，我想让各位来做一番假设。假设你所有的财产都是黄金，你把它交到著名的走索家帕罗丁手中，让他从绳索上带过尼亚拉加瀑布去。当他走在瀑布上时，你会不会摇动绳索，或是不断地对他喊：'再俯低些！帕罗丁，走快些！'相信谁都不会这样做。你肯定会屏住呼吸，肃立一边，直到他安全地过去。现在美国政府就是这种情况。它正背负着极大的重量，越过狂涛汹涌的海洋，他手中有数不尽的财宝，请不要打扰它，只有我们都保持安静，它才能安然渡过。"

我们都知道，支持演讲重点的方法，就是凭借故事，或是自己生活的经验来说明，使听众去做演讲人要他们去做的事。事件或意外是一般演讲者最常用的方法，但不是可以支持要点的唯一方法。演讲者还可以使用专家的证言，这样权威的力量会增强你的说服力。

但在使用前，你需要注意以下几个方面：

所使用的引述的准确性。

它是否来自专家的专门知识领域？

引述的对象是否为听众所熟知或尊敬？

引述的资料是否肯定是第一手资料？

有一篇关于专业必要性的演讲，是这样说的：

"我相信，无论哪一个行业，通往出人头地的成功之路，在于让你成为那一行业的专家。我不相信分散个人才智的策略，也就是在多方面分心，而仍能在赚钱方面成为人上人……我能确定，这样的人在制造业方面肯定没有，能成功的人，都是那些选定一行，便坚持执着的人"。

这位演讲者的选择是明智的，他引述的是安德鲁·卡内基的话。不仅因为他引用的内容准确，而且他所引述的对象，有资格谈论有关事业的成功之道，能够得到听众的尊敬。

自己演讲时要有激情

演讲者几乎都怀疑选择的题目是否会引起听众的兴趣。让听众对所演讲题目感兴趣的办法是：点燃自己对题目的狂热之情。

对自己的演讲题要有深刻的感觉，这极为重要，除非你对这个题目有特别的偏爱，否则就别想让听众相信你。二十几年前的一场讲演，因为热诚而形成的说服力，至今还呈现在人们的脑海中。

在纽约一家极具知名度的销售公司里，有个销售员提出反常的论调，说自己能使兰草在无种子、无草根的情形下生长，他将山胡桃木的灰烬撒在田地里，然后转眼间兰草就出现了，所以坚决相信山胡桃木灰是兰草生长的原因。

在对这件事情进行评论时，卡尔温和地指出，销售员这种非凡的发现，若是真的，可在一夜之间使他成为巨富，因为兰草的种子价格很昂贵，而且这还会使他成为人类历史上的一位杰出的科学家。但事实是根本不可能有这种奇迹发生。

这是个很明显的错误。没有人能从无机物里培植出生命。但那个人连想都没想，立即站起来反驳，大声说他自己没错，只是自己还没有引用论据只是陈述经验而已。

因此，他继续说下去，扩大了原先的论述，提出了至关重要的资料，举出了更多的证据，他的声音中透露出无限的真诚。有人再一次反驳他，说这是不可能的，他百分之百错误。他马上又站起来，提议可赌五块钱，让美国农业部来解决此事。

经过几次争论，情况发生了很大变化，现场一半以上的人支持销售员的观点。卡尔要问那些改变主张的人，是什么改变了自己最初的观点？他们都说是讲演者的热诚和确信让他们对自己的常识产生了怀疑。

毋庸置疑，销售员的结论肯定是错误的。但这件事可以给人很大的启示，那就是：演讲者如果真的确信某件事，并热切地谈论它，便能让人相信。即使是说自己能从尘土和灰烬中种植出兰草也无所谓。

既然这样，那么人们头脑中归纳、整理出来的信念，并且是正确的常识和真理，该会有怎样的力量让人们信服呢？

巴尔的摩的一个演讲者曾发出警示，说如果继续使用奇沙比克湾捕石鱼的方法，石鱼肯定会绝迹。因为这不是一件小事，所以他十分关注这件事，并且表现得热切之至。

在他讲话前，大概很少有人会知道奇沙比克湾里有什么石鱼，也就没有什么兴趣。可是，在这个演讲者还未讲完时，恐怕已有很多人都愿意联名向立法机关请求立法来保护石鱼了。

曾有人问前美国驻意大利大使理查德，他是如何成为一个意趣无穷的作家的？他成功的秘诀是什么？理查德说他非常热爱生命，所以不能静下来不动。他只觉得必须把内心涌动出的意念告诉人们。假如你遇上像理查德这样的作家或演讲者，不被他吸引才怪呢。

有一位叫夫林的先生，他从一家报社所发行的一本小册子里仓促而肤浅地搜集了一些关于美国首都的资料，然后演讲，虽然在华盛顿住了许多年，但他却不能举出一件亲自经历来证明自己喜欢这个地方，所以，他的演讲听起来枯燥、无序、生硬，他讲得很痛苦，大家听得也很难过。

两周后，发生了一件事。夫林先生的新车停放在街上，有人开车将它撞得粉碎，并且逃逸无踪，他当时非常生气。但这件事是他的亲身经历，当他说起这辆被撞得面目全非的汽车时，讲得真真切切，滔滔不绝，怒火冲天，就像苏维尔火山喷发一样。两周前，同学们听他的演讲时还觉得烦躁无聊，在椅子上坐立不安，现在却给了他以热烈的掌声。

沟通技巧

别输在不会表达上

胡元斌◎编著

民主与建设出版社

·北京·

图书在版编目（ＣＩＰ）数据

沟通技巧 / 胡元斌编著 . -- 北京：民主与建设出

版社，2020.4（2024.1重印）

（沟通技巧）

ISBN 978-7-5139-2945-5

Ⅰ.①沟… Ⅱ.①胡… Ⅲ.①心理交往－通俗读物

Ⅳ.① C912.11-49

中国版本图书馆 CIP 数据核字 (2020) 第 033538 号

沟通技巧

GOU TONG JI QIAO

编　　著	胡元斌
责任编辑	刘树民
封面设计	三石工作室
出版发行	民主与建设出版社有限责任公司
电　　话	（010）59417747　59419778
社　　址	北京市海淀区西三环中路 10 号望海楼 E 座 7 层
邮　　编	100142
印　　刷	三河市天润建兴印务有限公司
版　　次	2020 年 6 月第 1 版
印　　次	2024 年 1 月第 6 次印刷
开　　本	850 毫米 ×1168 毫米　　1/32
印　　张	25
字　　数	605 千字
书　　号	ISBN 978-7-5139-2945-5
定　　价	168.00 元（全五册）

注：如有印、装质量问题，请与出版社联系。

前　言

沟通是一门艺术，更是一门学问。善于沟通的人，让人如沐春风，听他说话是一种享受，而不善于沟通的人，出口说话就会被冷落。一个人的事业是否兴旺，与他的沟通能力和人际交往有很大关系。

著名政治家富兰克林说："说话和事业的进行有很大的关系，你出言不慎，跟别人争辩，那么，你将不可能获得别人的同情、别人的合作、别人的帮助。"这话说得一点不错。

人生的困扰，说到底，十之八九，问题都出在人际关系。而人际关系的困扰，说到底，都是因为沟通出了问题。

沟通是人们分享信息、思想和情感的各种过程。人生活在一个沟通的社会里，无时无刻不在交流思想和情感、理想与期望，欢乐和痛苦，交流着一切可以交流的东西。这种交流沟通让人的才能得以发挥，也使人际关系得到巩固。

语言是我们与人沟通的工具，是一种表达自己的技巧。一个人会说话就讨人喜欢，人际交往也不会有阻碍，事业上自然也能顺风顺水；反之，不会说话的人只会到处得罪人，四处树敌，导致人生路上坎坎坷坷，举步维艰。

在人际交往日益频繁和竞争日趋激烈的现代社会，怎样说话、说话能力如何显得极其重要。一个缺乏表达技巧和沟通艺术的人，无论在什么环境下都难以得到人们的赏识。这就要求我们提高说话能力，提升沟通技巧。

一个人的沟通能力是与知识存储和个人涵养成正比的。知识渊博的人，具有审时度势的能力，说起话来谈资丰富、妙言成趣，能够调动人们的情绪，成为人注目的焦点，这类人往往事业容易成功；而知识匮乏的人，一般都目光短浅，语言贫乏，说话少言寡味，很难引起人们的注意，做事的成功率也就大大降低了。

本书通过生动典型的事例和精练活泼的语言，详细叙述了沟通的技巧、回话的艺术以及在不同场合、不同情境该说什么话，不该说什么话等内容，帮助我们培养说话情商，避免表达失误，掌握高效说话的基本原则和方法，为我们成为职场达人，创造人生辉煌提供了丰富的研习教材和实战经验，适合不同层次的职场人士学习和收藏。如果你有志成为一个沟通高手，用心阅读本书，定会让你脱胎换骨，魅力无限。

目录

第一章
让你的语言精准恰当

表达是一个人的立身之本。要想把话说到位，把意思表达明确，让人不讨厌你，就必须要会说话，把语言表达到位。在当今时代，表达能力已经成为每一个成功者的必备条件。而表达能力强的人也必然是一个运用语言精准，在任何场合都知道什么该说、什么不该说，并能把语言文字说得优美，说得简明的人。

如何让自己精准表达

我们感知的大量语言都是由词汇构成的，我们表达的各种信息，也是由词汇构成的。因而，我们要增强语言的感应能力，首先就要多多积累语言的材料——词汇。

积累语言材料，多多益善

全部的汉字大约有五六万，但实际上现代汉语常用的单词只有3000多个。文学巨著《红楼梦》的词汇很丰富，所用的字也不过4200多个。我们掌握了3000多个字也就基本够用了。这个标准，对于具有高中以上文化程度的人来说是完全能够达到的。尽管词汇的数量要比字大得多，但只要平时注意积累，也是不难掌握的。

积累词汇要多读书看报、多与人交谈、多听课、多听广播、多看电视、多逛商场、多看展览，并要时时处处留心，以便从中会获得新鲜有用的词语。

尤其是阅读优秀的文学作品，更能获得大量丰富的词汇。积累词汇还需要认真，注意搞清每个新词的音、形、义，随时贮存在记忆里，选抄在笔记上，使用在表达中。这样持之以恒，形成习惯，就会有许多精词妙语可以供你随时随地选用了。

辨析词语特点，越细越好

词语的组合和运用，既有一定的语法规则，又有许多灵活微妙之处。现代语言要比古代的精确，因为人们有办法对世界上的事物进行更细致的区分。而汉语与其他语种相比，对任何事物的"说法"，都显得更丰富多彩、精细入微。许多意义相关或相近的词，主要的意思都差不多，至少有相同之处，但各自的内容、含义、格调、情味和适用的场合、对象与范围却有所不同，而且是不能相互代替的。

语感的敏锐意味着词汇积累丰富和语言编码既快又准，这就需要对每个词的词性、词义、程度轻重、感情色彩以及相互搭配的特点加以细致入微的辨别和分析。

我们在辨析和使用词语上，应当树立"推敲"意识。"推敲"的典故表明：一字之差，意味大不相同。"敲"与"推"的辨析和选择，不仅为了使意思表达确切，而且给人的感觉也不一样。我们对词语的辨析，只有做到细致入微，才能具备敏锐的语感，在表达与交流中避拙取巧，运用自如。

掌握词序和虚词

一个人对于语句构造与连接的感觉和习惯是否正确，是否敏锐，是十分重要的。

许多人早已基本上学会了组织语言，为什么在具体表达中又会常常出毛病呢？语句构造的毛病大多出在两个问题上：词序和虚词。这是汉语在构造上最要紧的两个问题。我们在多读、多听、多说、多写的过程中，一定特别注意弄清词序的基本规律和虚词的正确用法。

词序就是词或词组编排的次序。汉语的句子不论长短，不论简单还是复杂，其词序的格式基本是一致的。

虚词虽然没有实在而具体的意义，但它在语句的构造与接连当中却起着实在的作用，一点也不"虚"。

总之，思想感情的表达，一定要通过适合的词语；否则，思想感情仍然是不明晰、不准确的，仍然停顿在半混沌的状态。我们的思想感情是含苞待放的花蕾，恰当得体的语言才是盛开的花朵，而行动是之后的果实。

因而，我们要发展自己的语言能力，特别是要提高口语表达与交流的能力，一定要在"四多"中抓住"积累词汇""辨析词语"和"掌握词序与虚词"这3个重点，这样才会具备敏锐的语感。这是非常重要的基本功。

精心遣词，注意用字的魔力

说话需要注意遣词，恰当的用字，不仅可以准确地表达自己的意思，而且能够起到感染听者的效果。

马克·吐温说："恰当地用字极具威力，每当我们用对了字眼……我们的精神和肉体都会有很大的转变，就在电光石火之间。"

当我们所说的话用对了字眼就能叫人笑、治疗人的心病、带给人希望，然而若是用错了字眼就会使人哭、刺伤人的心、带给人失望。同样地，借着所用的"字眼"可以让别人了解我们崇高的心志和由衷的愿望。

历史上许多伟大人物就是因为善于运用字眼的力量，大大地激励了当时的人们，使他们决心跟随着这些伟大的人物，结果塑造出了今天的世界。的确，用对了字眼不仅能打动人心，同时更能带出行动，而行动的结果便展现出另一种人生。

当帕特里克·亨利站在十三州代表之前慷慨激昂地说道："我不知道其他的人要怎么做，但就我而言，不自由，毋宁死。"这句话激发了几代美国人的决心，誓要推翻长久以来"骑"在他们头上的苛政，结果造成燎原之火，美利坚合众国于是诞生了。

美国一位伟人演讲道：当我们今天得以享受到充分的自由时，不要忘了《独立宣言》，虽然那没有几句话，却是二百多年来所给予我们每个人的保障。同样地，当我们这些年致力于种族平等时，不要忘了那也是因为某些字眼的组合而激发出来的行动所致，请问谁能忘记美国金恩博士打动人心的那一次演讲，他说道："我有一个梦，期望有一天这个国家能真正站立起来，信守它立国的原则和精神……"

许多人都知道，人类的历史就是由那些具有威力的话所写成的，然而却鲜有人知道，那些伟人所拥有的语言力量也能够在我们的身上找到。倘若能意识到这一点，相信一定能改变我们的情绪、振奋意志，乃至于使我们有胆量敢于面对一切挑战，使人生过得丰富而精彩。

生活中时时选择使用积极性的字眼，能够振奋我们的情绪，反之，若是选择使用了消极的字眼，就必然很快地使我们自暴自弃，遗憾的是我们经常不留意所用的字眼，以致错失唾手可得的大好机会。因此我们务必要重视使用字眼的重要性，这做起来并不难，只要你能聪明而用心地选择便行了。

我们在跟别人说话时常常用字十分谨慎，然而却不留意自己习惯用的字眼，殊不知我们所用的字眼会深深影响我们的情绪，也会影响我们的感受。因此，如果我们不能好好掌握怎样用字，如果我们随着以往的习惯继续不加选择地用字，很可能就会扭曲所历经的事实。

譬如说当你要形容一件很了不起的成就时，用的字眼是"不错的成就"，那对你的情绪就很难造成兴奋的感觉。这全是因为你用了具有局限性的字眼所致。

一个人若是只拥有有限的词汇，那么他就只能体验有限的情绪；反之若是他拥有丰富的词汇，那就有如手中握着一个可以调出多种颜色的调色盘，可以尽情来挥洒你的人生经验。

言简意赅，语言简洁明了

语言简洁是以最经济的语言手段，输出最大的信息量。在社交活动中，简洁的语言常常能比繁杂冗长的话题更吸引人。

学会准确表达，做到简洁是必过的一关

它体现出说话人分析问题的快捷和深刻，是其认识能力和思维能力的高超表现；它能使听者在较短的时间内获得较多的有用信息，有助于博得对方的好感；它是说话人果敢、决断的性格表现。

简短明快的语言风格是时代风貌的反映，现代社会节奏快、时间观念强，说话简洁会给人一种生气勃勃的现代人的感觉，尤其为人推崇。所以我们要努力培养自己的简洁精练的语言风格。

不少演讲大师惜语如金，言简意赅，留下珍贵的篇章，成为"善辩者寡言"的典型。最短的总统就职演说，首推1793年华盛顿的演说，仅135个字。林肯著名的葛底斯堡演说只有十个句子，他的演讲重点突出，一气呵成。

1984年7月17日，37岁的法国新总理洛朗·法比尤斯发表的演说，更是短得出奇，演讲词只有两句："新政府的任务是国家现代化，团结法国人民。为此要求大家保持平静和表现出决心，谢谢大家。"

措辞委婉，内容精辟。上述这些演讲大师驾驭语言的功力都是非凡的。林肯的演讲词仅600字，从上台到下台还不到3分钟，却赢得了15000名听众经久不息的掌声，并轰动了全国。

当时报纸评论说："这篇短小精悍的演说是无价之宝，感情深厚，思想集中，措辞精练，字字句句都很朴实、优雅，行文完美无疵，完全出乎人们的意料。"

"言不在多，达意则灵"

无论在什么场合，讲话应该要语不烦，字字珠玑，简练有力，使人不减兴味。倘若冗词赘语，唠叨啰唆，不得要领，必令人生厌。由此可见，说话言简意赅，简洁明了，是多么的重要。

在社交活动中，要想收到良好的效果，社交的语言就要简洁、精练，使听者在较短的时间里获取较多有用的信息。反之，空话连篇，言之无物，必然误人时光。同时，语言还要力求通俗、易懂，如果不顾听者的接受能力，用文绉绉、艰涩难懂的语言，往往既不亲切，又使对方难以接受，结果事与愿违。

当前，公众对某些领导部门开长会的不良作风很有看法，还送其一个雅号为"马拉松会议"。开会前议题不明确，开会时中心不突出，议论问题不着边际，仿佛不长篇大论就显示不了水平似的。这样的会议效果往往极其差。

语言的表达要清晰准确

说话人要表达什么，含混模糊可不行，必须要清清楚楚、明明白白地说出来，让接受者一听就明，一听就懂。这样，表达才有作用，交际的目的才能实现。

语音清晰准确的要求有哪些

（1）与非本方言区的接受者交谈，最好不要用方言。我国地域辽阔，方言千差万别。如果都属北方方言区域，交流基本没有问题。而其他区域就有些麻烦。像长沙、南昌、上海、广州、福州、宁波等城市以及这些省份的人，与外区域的人交谈就大成问题。不仅语音完全不同，连用词也有很大差别，这叫外地人如何明白？

（2）遇到容易产生歧义的读音，应予以适当解释。比如贵阳人："雨"（yǔ）读为"yǐ"（以），"鱼"（yú）读为"yí"（仪）。贵阳人说"我上街买yí"，外地人真不知是买啥玩意儿。贵州思南人分不清"前"（qián）与"情"（qíng）、"建"（jiàn）与"进"（jìn）、"军"（jūn）与"娟"（juān）等等。

（3）对一些关键字词的发音要慢一些。尽量说得慢一些，说快了、急了，容易产生声音共振而使语音含混，让人听不清楚，或产生误听。

表达的语句要通畅顺达

语句通顺明了主要指用词前后协调准确、意思完整，不多余、不错乱等。说话时要做到语句通顺明了，以下两方面应该引起特别注意：

（1）不要生造词语。生造，是指按照自己的意愿杜撰、编造出谁也不懂的语词。虽然词语在人民群众的交际实践中不断丰富、发展，但它的产生应有一定的社会基础，必须经过一段时间的运用，为交际区域的群众所接受才行，绝不是任何人都可以随便生造的。

像这几年出现的"打的""打工""撮一顿""大款""倒爷"等等已被人们熟悉，用于言辞交际当然可以。但如有人说："我来迟了，实有抱惭。"其"抱惭"就是生造。何不用通俗的"抱歉"或"抱愧"呢?

（2）符合风俗习惯。习惯是人们在长期的社会生活中逐渐形成的规矩、风尚，有些虽然从逻辑或语法的角度看并不规范，但既然已经在长期的社会生活中形成，就应当按约定俗成的原则来处理。比如"打"，其词义一为用手或器具撞击物体——打人、打鼓；一为发生与人交涉的行为——打官司、打交道；一为制造——打毛衣、打镰刀等等。

但是"打的""打工""打瞌睡""打酱油""打折扣""打圆场"之"打"，就无上述意义。

使用这些词汇时，只能是约定俗成，大家都按习惯办。还有像"打扫卫生""救火""养病""恢复疲劳""晒太阳"之类，也属此种情况。

有一个美国人应邀参加一个中国人的婚礼。他感到新娘很漂亮，便按美国人的习惯，老老实实地向新郎赞美说："你妻子，真漂亮!"

新郎基于中国人好谦虚的习惯，连忙说："哪里，哪里。"美国人傻了眼，他想："怎么? 还非得具体指明是哪里漂亮吗？"于是，他认真地说：
"眼睛。"

见新郎不解地盯着自己，他赶紧补充说："还有鼻子、嘴唇、眉毛、头发……"双方都按自己的习惯表达，而忽视了接受者的习惯要求，当然要闹笑话了。

由于国别、民族、地域、信仰等差别，习惯要求也不是一致的。表达者需要入乡随俗，使自己的言辞合于接受对象的习惯，否则就要出差错、闹笑话。

表达的语意要明白易懂

说话的通俗性，是指说出的话不但要生动、巧妙，而且还要明白、易懂，使人乐于接受。具体来说，需要做好以下三点：

说明白话

所谓明白话，就是讲起来顺口，听起来顺耳，意思容易懂，道理好明白。

说大众话

大众语言来自人民大众，是人民群众发明创造的。它包括俗语、谚语、歇后语等。在说话中巧妙地运用,能够增强说话的感染力。

俗语是通俗而广泛流行的定型语句,简练形象。恰当地引用俗语,可以增强说话或演讲中的幽默感和说服力。

抗战胜利后的一天,上海一幢公寓内传出阵阵欢笑,原来,画家张大千要返回四川,他的学生们为他送行。梅兰芳等名流也到场作陪。宴会开始,张大千和梅兰芳敬酒,说:"梅先生,你是君子,我是小人,我先敬你一杯!"

众宾客都愣住了,梅兰芳也不解其意,笑着询问:"此话做何解释?"

张大千笑着朗声答道:"你是君子——动口;我是小人——动手!"满堂来宾,笑声不止。宴会气氛一下子活跃起来。张大千简单的几句话取得如此好的效果,原因就在于他灵活运用了"君子动口不动手"这一俗语。

谚语是劳动人民在长期的生产和生活实践中总结出来的语言,经历了千百年长期传诵,千锤百炼,凝结着劳动人民丰富的思想感情和智慧。谚语具有寓意深长、语言精练、朗朗上口、便于记忆等特点。谚语和俗语一样,也可以为语言增色。

1985年5月，美国总统里根到苏联访问，两国领导人举行会谈。在欢迎仪式上，苏联领导人戈尔巴乔夫说："总统先生，你很喜欢谚语，我想为你收集的谚语再补充一条，这就是'百闻不如一见'。"

戈尔巴乔夫之意，当然是宣称他们在削减战略武器上有行动了。里根也不示弱，彬彬有礼地回敬道："是足月分娩，不是匆忙催生。"

里根的谚语形象地说明了里根政府不急于和苏联达成削减战略武器等大宗交易的既定政策。

两国领导人经过紧张磋商，在某些问题上缩小了分歧，都表示要继续对话。戈尔巴乔夫担心美国言而无信，于是在说话中用谚语提醒："言必信，行必果。"

里根也送给戈尔巴乔夫一句谚语："三圣齐努力，森林就茂密。"两位领导人都是说话高手，巧妙地运用谚语进行磋商，收到了其他语言所难以达到的效果。

歇后语也是为广大人民群众所喜闻乐见的语言形式，在群众中也广为流传。歇后语一般由前后两半截组成，前半截是形象的比喻，像谜面，后半截解说，像谜底。在谈话中恰当运用歇后语，可以增强谈话的趣味性，增加语言的表现力。

例如，为说明某人工作开展缓慢，可说："他呀，大象屁股——推不动。"为了说明自己没有能力办这件事，可说："我是丫环带钥匙——当家不做主。"为了说明办了一件出力不讨好的事，可说："我办的这事真是公公背儿媳——费力不讨好。"等等，不一而足。

说实在话

说话要说符合实际的话，使听者能够接受的话，不要故弄玄虚，用虚话蒙蔽人。

国庆前，某菜场，一个女青年营业员小徐，接连气走了三个顾客，这三个顾客一气之下到办公室告状。菜场领导知道后并没有草率地对小徐进行批评，而是将心比心地同她谈话："小徐，最近身体不舒服？"

"没有。"

"看上去你瘦了些，脸色不好！"

"有点累，还有点操心。家里只有我和弟弟两人了，弟弟下班什么也不干，只知吃和玩，一切家务全压在我身上，累得我精疲力竭，可真气坏我了。"

这时小徐暴露了自己的思想：一肚子气没处发，结果在顾客身上发了。菜场领导听到这些就问小徐："顾客对你的态度有意见，你看怎么解决好呢？"

小徐讲："我这就去赔礼道歉，组织上如何处理我都成，以后再有什么毛病，请您老提个醒，我会听您的。”

这种处理方法就达到了最佳效果，既教育了职工，又树立了权威。可见，说实在话是容易被听者接受的。三人际沟通中，说话的语气很重要三、人际沟通中，说话的语气很重要。

语气是语言的化妆师，也是沟通的导游。巧用语气，能为语言增色，能给沟通增效，能给别人留下良好的第一印象。在与人沟通中，请求的语气往往比命令的语气更有说服力。

说话时多用请求少命令

我们在生活中随时都可以看到，用要求、命令和强制等等方式进行沟通时，是如何引起别人的抵触情绪的，而如果用请求而不用命令的方式，则就可以克服这种抵触情绪。

在相互尊重的基础上请求而不是命令，使交流的大门敞开，这样才有可能合作或者达成妥协。因为，人人都有选择的权利，你不允许别人有选择的权利，你自己实际上也没有选择的权利。但是自由的选择和选择的权利是无处不在的。当你请求别人做某事时，有思维能力的成年人有做与不做的自由，而当你命令他们做某事时，他们同样有做与不做的自由。

既然命令导致抵触，那么为什么不用请求呢？作为一个交流者，我们要做出抵触最小的选择，要用请求不要用命令的口吻，提出改善的意见，变抱怨为请求。请求他人时，要注意如下两点：

用第一人称来解释问题

用"请求"而非"命令"的另一种方式是用"我"来叙述。这是另一种肯定式的交流技巧。用"我"详尽地叙述个人行为，并且说明它将对你产生什么影响，或为什么是重要的。用"我"去沟通，往往比命令、威胁、抱怨、暗示或其他非肯定式的要求，能收到更好的效果。

用"我"叙述，能帮助你平静地表达自己的观点，而不是责备别人。要别人改变他们的行为方式的请求，用"我"开始，可以帮助你清晰地表达，而不会使别人警惕或防御，增加你想达到目标的机会。当你对某人感到气恼或想请求他们不要做某事时，就用"我"来叙述。

用"我"开头的陈述句

用"我"开头的陈述句可分为三步进行：第一步：你所听到的、看到的或你认为的事实是这样的，比如："当我……"

第二步：你的感觉是怎样的，比如："我觉得……"

第三步：事情为什么重要，起初为什么没有效果，你可以这样开始："因为……"这三步的次序可以变换出不同的结果，请确认什么是最重要的，然后运用这三步骤。

对于步骤1的运用，首先要以事实和行为来叙述，用具体的、非判断的中性词汇，确保你提到的行为是可以观察到的，而不用解释，并且这种陈述要简短。

对于步骤2，要谈论事情的效果，而不是你认为他怎样，应该陈述你的感觉，如果你能将"我认为"改为"我感觉"再叙述一遍，效果是不一样的。例如：用"我觉得你没有尽全力"替代"我认为你没有尽全力"，接下来，你觉得该怎样做呢？你可能很生气，希望她离开你的团队？

关于步骤3，要清晰地、礼貌地、符合实际地说明事情的后果，但并不是威胁，比如："如果你不停下来，你将……"而是给予一定的信息，比如"如果这次不能保质保量地做好，我不得不给你一次警告"或"我担心这样做会给顾客留下不好的印象，那样我们的事业将遭受损失"。这样的交流能够帮助一个人决定是否要改变他们的行为方式。

用"我"开始的三步骤陈述，可以使你说清你想要说的。在传递了你的感觉后，你可以直接进入听的活动，这将帮助你听清别人想说的。把用"我"的陈述和听的行为相结合，就形成了解决问题的方法。用"我"来陈述可以鼓励你需要的行为方式，从而有助于问题的解决。

使用和缓、委婉的语气

谈话时，如果语气、声调和节奏运用不当，就会影响到说话水平以及最终结果。谈话时，语气要和缓、委婉，不能声色俱厉，咄咄逼人。和缓委婉的语气能冲淡对方的敌对心理，能给对方一种信任感、诚实感，不至于造成双方心理上的压抑，不至于激化矛盾。

语气往往体现在说话的表述方式上，追问、反问、否定往往使语气显得生硬、激烈，易引起对方反感；而回顾、商榷、引导、模糊等往往能制造平淡和谐的谈话气氛，有利于减轻压力，阐明事实，表明观点。

求人帮助时的语气

特别是当我们要请求对方帮助时，语气更是要婉转一些，不能像命令似的，比如说："来，帮一下忙吧！"当你说出这句话之后，如果对方能帮忙，你肯定在心里很感激。

但是生硬的语气会让对方厌恶，也许最后也还是帮了忙，但对方心里却极不情愿。我们可以用问句的形式委婉地说，比如："这个箱子太重，你能帮我一下吗？""周末我有事不能上班，你能帮我代一天吗？""如果明天你能来参加宴会就好了，你能来吗？"同样的一个意思，用问句说出来，语气要委婉得多。

带有商量的语气，会让对方乐意接受，同时，也给对方留有回旋的余地。假如对方真的有事，不能帮忙，也能给对方一个脱身的机会。如果你直接说："周末我有事不能上班，你来帮我代一天吧！"这样的话，如果对方要脱身，就会觉得驳你的面子很为难。声调在谈话的效果上也有重要作用。当一个人心存怒气时，说话的声调无疑会上扬，形成一种尖刻的没有耐心的调子。这种尖刻的没有耐心的调子有很强的传染性，会使对方马上也像受传染一样针锋相对，厉声对厉声，尖刻对尖刻，只会使事态扩大，矛盾加深。

语言的节奏有舒有急，有快有慢。使用快节奏讲话往往会使你显得心急，情绪不稳，易激动发火，这不利于交谈对方的思考和应对，显得没有诚意。

节奏太迟太缓，显得缺乏生气，没有信心，影响谈话效果；节奏适度，方显自然、自信、有力，易于从心理上影响对方，产生良好的心理效应。

用低姿态的口气劝导他人

劝导，即为规劝和开导。我们在劝导别人时，不要因为自己有理便气高声扬，而要以委婉的口气低姿态地进行。

用委婉口气劝导他人要注意以下三点：

（1）以征询的口吻引导对方。比如，举出一个和对方有相同处境的人，然后说出自己的主意，征询对方这样做是否可行。也就是让被劝导者站在第三者的角度客观地看待自己的问题，共同找出最好的方法与出路，潜移默化地对其施加说服。这种劝导常会使对方心领神会并听从劝导。

（2）少用否定句，多用设问句。"这样做是完全错误的！""你不能这样说。"这些态度极鲜明、刺激性很强的否定句，不适宜于劝导。劝导者与被劝导者由于处境的不同，二者之间存在一定的心理距离，主要表现为被劝导者心理具有排他性。直陈其误的否定句只能加大距离，对劝导说服无益。

若多采用设问句，情况就会不同。如采用"这样做对吗？""这样说对事情的解决有用吗？"等话语，就易引发对方的思考，得出有利的结果。

（3）将心比心，好言相劝。将心比心，首先使自己认同对方，同情对方的困难、不幸，并说"换了我是你，也会觉得很难办，也许会像你一样"，在心理上赢得对方的信任，拉近距离话才入耳。

紧跟着"但是""不过"一转，再陈述各种利害，分析种种弊端，再提出解决方法，想必对方是会接受的。

将心比心，对方将会在心里暗暗地说："他说得对，他能那样处理，我为什么不能呢？"从而接受你的建议，被你说服。四恰当的提问有益于了解对方真实的想法四、恰当的提问有益于了解对方真实的想法。

要想在沟通中迅速了解对方真实的思想，最直截了当的方法便是提问。恰当的提问往往可以在不知不觉中巧妙地引出对方的真实意图。掌握提问的技巧，需要在沟通实践中学习和揣摩。

语言精练，受人欢迎

简洁精练的语言，无论在什么场合，都是十分受人欢迎的。因为简洁精练会使人的形象和风格更显得干净利落。

说话表现得通俗明白

说话，要用通俗的语言说，有时候，如果要说明的某件事，对方不明白，还须作形象贴切的比喻。

因为我们的说话对象是占多数的普通人，我们应该尽量选取那些让人一听就懂、一说就明白的事例去做比喻，这样，人们在欣赏时就不会因听不懂喻体而无法体悟其中更深的本体意思。

说话要幽默易懂

在纽约国际笔会第48届年会上，轮到陆文夫发言。面对来自世界40多个国家的600多位代表，他不慌不忙，侃侃而谈。

有人问："陆先生，您对性文学怎么看？"

陆文夫清了清嗓子说："西方朋友接受一盒礼品时，往往当着别人的面就打开来看。而中国人恰恰相反，一般都要等客人离开以后才打开盒子。"

听众席里发出会意的笑声，接着是全场响起热烈的掌声，反应之热烈、气氛之活跃为本届年会所罕见。

这是一个难以回答的问题。陆文夫别出心裁，用一个充满睿智和幽默感的生动比喻，把一个敏感棘手的难题解答得既简练通俗又圆满精辟。

陆文夫以中国人和西方人对待礼品盒的不同态度作比，表达出不同民族对待性文学的不同特点。用生活习俗来说明文学作品体现民族特性的理论话题，既把要说明的问题讲得清晰易懂，又给人留下深刻的印象。

第二章
善解人意的说话艺术

　　所谓善解人意就是能体谅人、体贴人，懂得换位思考。善解人意的说话艺术，就是在说话时能够站在对方的角度上考虑问题，能够设身处地为对方着想，说出的话像春风化雨，可以滋润对方的内心，使其如沐春风，心情畅快，并从心底相信你，认同你。

察言观色才能说好话

俗话说："出门观天色，进门看脸色。"一位心理学家曾讲过："在世界的知识中，最需要学习的就是如何洞察他人。"可以说，每一个拥有良好人际关系的人，每一个善于驾驭人的人都是善于察言观色、善于察觉别人体态语言并做出有效反应的。

察言观色是一切做人做事中的基本技术。不会察言观色，等于不知风向便去转动舵柄，世事圆通无从谈起了，开不好还会在小河沟中翻了船。

学会看脸色说话

直觉虽然敏感却容易受人蒙蔽，懂得如何推理和判断才是察言观色所追求的顶级技术。言辞能透露一个人的品格，表情眼神能让我们窥测他人内心，衣着、坐姿、手势也会在毫无知觉之中出卖他们的主人。

小李一天下班后乘公共汽车回家，不慎丢了一只钱包，内有刚领到的当月工资和奖金。他自知这"祸"无法隐瞒，必须向内人"坦白交代"，才能求得"特赦"。

小李诚惶诚恐地踏进家门，见爱妻正在灶间忙碌，便急不可耐地说："不好了！我今天闯了大祸了！"然后向妻子道明了原委。

　　他哪里知道，自己的夫人不巧下午在单位里与一位同事也刚为工作发生过一场"唇枪舌剑"，此时余怒未息，脸色"阴转多云"。小李未看"脸色"，这桩倒霉事恰巧撞在爱人的气头上，结果自然是可想而知……

　　由上面的例子，我们不难看出，小李的"遭遇"正是从反面启示我们，察言观色的技巧对于夫妻间的情感沟通而言是多么重要！倘若小李回府后并不急着向老婆"兜底"，而是待看清对方"脸色"，到妻子脸上"晴空万里"时再一五一十地"摊牌"，料理钱包遗失"后事"，效果岂不是好得多？

　　如果在婚姻生活中，一方能选择适当的时机和场合与对方交流，又可以使多少家庭矛盾消散于无形。

　　瞧！学会看脸色说话有多么的重要！他几乎贯穿着整个婚姻。有人说看"脸色"说话，是人们在生活中处理问题时的一种手段。不但对自己的家人一样，对他人也一样适用。

　　在交际中察言观色，随机应变，也是一种本领。就像去他人家里做客一样，常常会遇见一些意想不到的情况，这时，访问者应全神贯注地与主人交谈，与此同时，也应对一些意料之外的信息敏锐地感知，恰当地处理。

一种情况是，在交谈过程中突然响起门铃、电话铃，这时你应该主动中止交谈，请主人接待来人，接听电话，你不能听而不闻滔滔不绝地说下去，让主人左右为难。这样会给人造成一种你很不懂事的感觉，也让主人觉行不愉快。

另一种情况是，主人一面跟你说话，眼睛又不时地往别处看，这时房间里还有人在小声说话，这就表时你的到来打断了主人的一件重要的事。主人虽然也在接待你，但他的心里还没有放下另外一件事，所以在接待你的同时，却是心不在焉。

这时你最明智的方法是打住，丢下一个最重要的请求然后告辞："您一定很忙。我就不打扰了，过两天我再来听回音吧！"你走了，主人心里对你既有感激，也有内疚："因为自己的事，没好好接待人家。"这样，他会努力完成你的托付，以此来补报。

人际交往中，对他人的言语、表情、手势、动作以及看似不经意的行为有较为敏锐细致的观察，是掌握对方意图的先决条件，测得风向才能使舵。

王小姐刚开始工作不久，在大学学业优秀的她本以为自己在公司里会如鱼得水，可没想到结果却是处处碰壁，好像公司的每个人，同事、老板、客户，都在给她脸色看。

小刘满脸不快地从老板办公室里走出来，想必是挨骂了，王小姐立即走过去表示关心，"是不是又被老板骂了，别放在心上。"，结果却遭来小刘的冷眼相对，"哪有的事！"

国外的朋友来上海，王小姐想请半天假，话才说出口又被老板训了一顿："没看到公司这段时间的业绩在下滑嘛，还请假，不卖力工作业绩怎么升？"

碰了一鼻子灰的她从同事处得知，老板今天上午才被他的上司叫去谈过话……为什么自己总是说错话呢？到底怎么才能知道别人在想什么呢？

如果有人问你："你会察言观色吗？"你可能会很爽快的回答："当然会啊！"，同时将目光移开，眼珠飘浮不定，并且不自然地改变了坐姿，又用手摸了摸头发，揉了揉鼻子，那么，你觉得别人该如何解读你真正的心思呢？

沟通学者研究发现，人们在沟通时，有7%的效果来自说话的内容，38%取决于声音的音量、音调、韵脚等，而有55%取决于肢体语言，如面部表情、身体姿势等。例如和一些人打交道时，对其眼手的观察，能够让我们洞悉其内心：

领导从上往下看人。这是优越感的表现，表明他喜欢支配人、高傲自负。领导说话时不抬头，不看人。对员工来说，这是一种不良的征兆，表明他轻视别人，认为此人无能。

领导久久地盯住员工看。表明他在等待更多的信息，他对该员工的印象尚不完整。领导偶尔往上扫一眼，与员工的目光相遇后又往下看，如果多次这样做，可以肯定上司对这位员工还吃不准。

领导友好而坦率地看着员工，或有时对员工眨眨眼。这对员工是一种很好的预示，表明上司认为这位员工很有能力、讨他喜欢，甚至是错误也可以得到他的原谅。

领导向室内凝视着，不时微微点头。这是一个非常糟糕的信号，他表示上司要员工完全服从他，不管员工们说什么，想什么，他一概不理会。领导的目光锐利，表情不变，似利剑要把员工看穿。这是一种权力、冷漠无情和优越感的显示，同时也在向员工示意：你别想欺骗我，我能看透你的心思。

如果看不懂他人的"脸色"，就甭想读的出对方的心思。而在职场中人际互动过程中，这个懂得"看脸色"的能力就更为重要，不论是与同事搞好关系，还是跟上司要求加薪，或是与客户谈判价钱，你都需要敏锐的观察力来解读对方心意，才能知道进退，从而圆满完成任务。

其实一个人的言谈能告诉他或者是她的地位、性格、品质及至流露内心情绪，因此喜听弦外之音是"察言"的关键所在。如果说观色犹如察看天气，那么看一个人的脸色应如"看云识天气"般，有很深的学问，因为不是所有人在所有时间和场合都能喜怒于色，相反是"笑在脸上，哭在心里"。

不同人的不同说话方式

（1）说话语速的快慢：说话快慢是看破深层心理的关键。如果对于某人心怀不满，或者持有敌意态度时，许多人的说话速度都变得迟缓，而且稍有木讷的感觉。如果有愧于心或者说谎时，说话的速度自然就会快起来。

说谎者都有过这样的经历，说谎之前就会不停地重复想要说的话，结果说起来无形中就快了很多，如果没有说谎经验，或是说谎不老到的话，自然就会脸红或者耳朵红起来，心理就会变得莫名的紧张。

（2）由听话方式看破对方心理：谈话时大多数是两个人在场，这时可能就有了两种不同立场。在谈话的过程中，我们可以根据对方对自己说话所表现出来的各种反应，来打开对方心里的突破口，看懂他的心理。

（3）从声调的抑扬顿挫中看破对方心理：当两个人意见相左时，他的表现很可能就是提高说话的声调。如果立场一致，他就会对你点头或者微笑。所以如果你想成为一个交际高手的话，那就不妨学着做一个善于察言观色的人。也只有这样，才能让你无论在什么场合都会变得游刃有余。

学会满足对方虚荣心

犹太商人在谈生意时，总是习惯地逢迎对方的虚荣心去说一些奉承话。在他们看来，当人们听到他人对自己引以为荣的事情称赞时，往往会心情愉快，对所谈的话题感兴趣，愿意继续交谈，渐渐地放松戒备心和敌意，在自我陶醉中迷失自我。

称赞让人欢喜

下面是犹太商人如何让顾客满心欢喜而又不知不觉地促成生意成交的一个情景：

一位身材高挑的年轻女子在犹太人阿布巴卡的服装商店试衣服，试了几件衣服，不是这儿鼓起来，就是那儿紧巴巴的，都不合适。阿布巴卡凭经验觉得，问题出在她没有挺直身子。于是在一旁对她说："这些衣服看来不是有些大就是有些小，把您娇美的身材给遮住了。"

年轻女子一听，直起身来重新在试衣镜中打量自己。这时情形发生了变化：年轻女子发现自己挺立的身躯看起来那么令人赏心悦目，那些难看的鼓包和皱褶都不见了，线条和轮廓也显现出来了。

阿布巴卡看得出，她喜欢这件衣服。"真漂亮！"阿布巴卡赞许地说，"你喜欢这一件吗？"

"是的，他使我苗条多了，啊，真的，我好像减轻了两三公斤体重。"年轻女子惊奇地说。

聪明的犹太商人与人谈生意的诀窍就是谈论他人最引以为荣的事情，他们对人的心理揣摩得非常透彻：恭维话人人爱听，对人说奉承话，如果恰如其分，他一定十分高兴。

越是傲慢的人，越爱听奉承话，越喜欢受人奉承。说奉承话是商人的一门重要功课，艾特森就是凭着一张妙嘴赢得了一笔笔大生意。

美国大富翁伊斯特曼决定要在洛加斯达城捐造"伊斯特曼"音乐学校及"凯伯恩"剧院用以纪念他的母亲。纽约辛纳格座椅制造公司的老板，即后来成为著名犹太商人的艾特森，想谋取该剧院座椅的合同，于是他就和伊斯特曼约会见面。

见面自我介绍之后，艾特森便一脸真诚极其自然地说道："伊斯特曼先生，当我在外边等着见你的时候，我很羡慕你的办公室，假如我也有这样的办公室，一定会很高兴在里面工作，要知道我从来不曾见过这么漂亮的办公室。"

伊斯特曼高兴地说："你使我想起一件几乎忘记了的事。这房子很漂亮是不是？当初建好的时候我特别喜爱他，但是现在，因为有许多事忙得我甚至几个星期坐在这里也没空看他一眼。"

艾特森一边听着一边走过去用手摸摸壁板，说道："这是英国橡木做的，对吗？和意大利橡木稍微有些不同。"

伊斯特曼回答："是啊，那是从英国运来的橡木。我幸好也略懂一些木料的好坏，亲自挑选的。"

随后伊斯特曼领着艾特森参观他自己当初帮助

装饰公司设计的房间配置、油漆颜色及雕刻图案等等。当他们在室内夸奖木工的技术时，伊斯特曼走到窗前站住了脚，然后亲切地表明要捐助洛加斯达大学及市立医院等机关一些钱，用以表达自己的心意。

艾特森热诚的赞许他这种慈善义举的古道热肠，伊斯特曼随后又走过去打开一个玻璃匣，取出他从前买的第一架摄影机。他告诉艾特森，这是从一位英国发明人手中买来的。

艾特森从上午十点一刻走进伊斯特曼的办公室，时至中午他们还在滔滔不绝地谈着。

最后伊斯特曼对艾特森说："上次我去日本，在那里买了几张椅子回来，我把他们放在阳台上。日子一久阳光就把漆给晒褪了，我就到商店买了漆回家自己动手油漆那椅子，你想看我自己油漆的成绩吗？好极了，就同我到舍下去吃中饭吧，我给你看看。"

饭后，伊斯特曼把从日本带回来的椅子指给艾特森看。那椅子每把不过1.5美元，但是伊斯特曼虽然家财万贯，对那椅子却异常满意，因为那是他自己动手油漆的……结果不用说你也会想得到，艾特森拿到了10万美元的订单。

犹太商人艾特森从伊斯特曼最热心的话题切入，渐渐地说到对方引以为荣之处，尽管这些引以为荣之处有的不是伊斯特曼的一件什么大事，由于给予了恰如其分的赞美，同样收到了良好的效果。伊斯特曼心中一高兴，便在自我陶醉中迷失了自我，生意于是顺利成交。

奉承话需要把握分寸

"人人都有虚荣心，虚荣招致奉承。没有人不喜欢被人奉承，世界上最美妙动听的语言就是奉承话。说奉承话，别人听了舒服，自己也不降低身份。"艾特森说出了他屡试不爽的秘密武器。

世人都爱奉承，但说奉承话需要把握相当的分寸，既不流于谄媚，又不损伤人格，这才是讨人欢心的法宝。只要自己愿意，总是能够在别人身上找到某些值得称道的东西。

戈尔滋年轻时离开以色列移民到美国，不久便与亚特兰大市本地一位女子结婚。后来他们夫妇开始做生意，创建了变色龙油漆公司。

公司刚刚开发出一种新型油漆，具有色泽柔和、不易剥落、防水性能好、不褪色等等很多优点。虽然广告费花了不少钱，但收效甚微。戈尔滋决定以市内最大的英骄莱弗家具公司为突破口打开销路。

有一天，戈尔滋直接来到英骄莱弗家具公司，找到总经理斯坦纳："斯坦纳先生，我听说，贵公司的家具质量相当好，特地来拜访一下。久仰您的大名，您又是本市杰出企业家之一，您经过这么短的时间，就取得了这么辉煌的成就，真是让人羡慕！"

这么一说，斯坦纳自然非常高兴，就向他介绍本公司的产品、特点，并在交谈中谈到他怎么从一个贩卖家具的小贩走向生产家具的大公司的历程，还领戈尔滋参观了他的工厂。

在上漆车间里，斯坦纳拉出几件家具，向戈尔滋炫耀那是他亲自上的漆。戈尔滋顺手将喝的饮料倒了一点在家具上，又用一把螺丝刀轻轻敲打。斯坦纳很快制止了他的行为，还没等斯坦纳开口，戈尔滋发话了："这些家具造型、样式是一流的，但这漆的防水性不好，色泽不柔和，并且易剥落，影响了家具的质量，不知对不对？"

斯坦纳连连点头称是，并提到，听说变色龙油漆公司推出一种新型油漆，因为不了解而没有订购。戈尔滋从包里掏出了一块六面都刷了漆的木板，只见他泡在一个方形的瓶子里，还有另外几块上着各种颜色漆的木板。

戈尔滋声称，泡在水中的木板，已浸了一个小时，木板没有膨胀，说明漆的防水性好，用工具敲打，漆不脱落，放到火上烤，漆不褪色。于是英骄莱弗公司很快就成了变色龙公司的大客户，双方都有利益可图。

在这则事例中，戈尔滋一开始并没有直接称赞自己的油漆多好，而是从赞美英骄莱弗公司的产品入手，又赞美了斯坦纳的奋斗历程。受到赞美的斯坦纳心里乐滋滋的，戈尔滋在其心情愉快之后，点出了英骄莱弗家具公司产品的油漆性能差，直接影响到了家具的质量，而在此时，展示了本公司最好的产品。

相比之下，凸现了本公司的新型油漆。于是，斯坦纳很自然地接受了其建议，戈尔滋顺利地赢得了这家客户。

无论是谁，当他被人奉承时都是愉悦的。敬佩别人的话发自内心，对方埋藏于内心的虚荣心被人所承认，那他一定非常高兴。奉承必须"确有其事"，理由充分。毫无根据地奉承一个人，他不仅感到费解，还会莫名其妙，觉得你油嘴滑舌，有诡诈，进而引起他对你的防范。

说话时要看准时机

孙武有句名言："知己知彼，百战不殆。"都可以作为我们求人说话的指导原则。了解了对方的情况，即使发表一些大胆的言论，也不会对对方造成伤害，从而达到自己的目的。反之，说话不看对象，不仅达不到求人的目的，往往还会伤害对方。

谈话首先都是要寻找共同语言

宴会的成功有赖于主人的热诚好客、慷慨招待和细致周到的组织安排。从礼节上，主人的职责是使每一位来宾都感受到主人对自己的欢迎之意。客人到来时，与每一位来宾握手致意。主人还要努力使客人之间有机会相互认识和交谈。努力使谈话变得活泼有趣、气氛融洽，相机转换不恰当的话题。

从前，有个富翁生了三个女儿。大女、二女嫁给秀才，小女嫁给普通人。一天，富翁生日，女婿们都来祝寿。大女婿、二女婿说话斯文，唯独三女婿粗俗不堪，富翁心中不快。

他设宴款待女婿，告诫说："酒席上不许胡言乱语。"酒过三巡，富翁举筷夹菜给大女婿吃，大女婿站起身恭敬地说："君子谋道不谋食。"意识是只考虑道义不考虑饮食。富翁听后很高兴。

又请二女婿喝酒，二女婿站起恭敬地说："惟酒无量，不及乱。"意思是即使酒量无限，也不随便乱吃。富翁也很高兴。

岳母见丈夫冷落了三女婿，就擎着酒杯请三女婿喝酒。小女婿昂头站起对岳母说："我和你可说是酒逢知己千杯少啊。"

富翁大骂道："你这畜生真是嚣张，还假充什么斯文？！"小女婿摔酒杯，霍地站起来说道："我同你话不投机半句多！"

古人说得好："话不投机半句多"。尤其是第一句话说得是否得体，将直接影响着你与他的以后的往来。对方不懂，也没有兴趣，那么尊口就不要继续开了。滔滔不绝地介绍，对方会认为你很迂腐，是在卖弄，是有意地在使他难堪。

积极的情感往往会产生理解、接纳、合作的行为；而消极的情感则会带来排斥和拒绝。所以，想要取得别人相信，那就需要先投其所好。打动人心的最佳方式，是跟对方谈论最感兴趣的事物，投其所好是一种艺术、一种智能，更是一种沟通，为了寻求买卖双方的共同利益。

孔子说："陪君子说话容易有三种失误：还没轮到自己说话却抢先说了，这叫急躁；轮到自己说了却不说，这叫阴隐；不察言观色而说话，这叫瞎子。"

这里的君子指长官、前辈等，用朱熹的解释，指"有德位之通称。"其实，就是一般朋友。同学、同事之间说话，这里的几点也都是适用的。孔子所指出的三个毛病，的确也是我们一般人容易犯的，第一个毛病是急躁而爱出风头，没有耐心听人说话的涵养，对于一个领导者来说，这一点尤其致命，第二个毛病是阴隐，该说话的时候不说，给人以城府很深，人很阴的感觉，尤其容易失去朋友。

第三个毛病是不长眼睛，说话不看人家的反应，只顾自己说得痛快，得罪了人自己还不知道，这是炮筒子一类的人，尤其不能做与人交往、接待、洽谈等方面的工作。如何把握好说话的时机，这的确是非常重要的。

孔子周游列国，劝说君王，所以对如何与达官贵人们说话很有心得，很有体会。从一定意义上说，这里的一段话正好是他的经验之谈。对我们来说，当然不仅仅是对付达官贵人的问题，诸如商务谈判、公关工作、一般社交，都需要掌握谈话的艺术。孔子的经验之谈不是正好提供给我们借鉴吗？

一个具有高明说话技巧的人，能够及时抓住听众所感兴趣的话题，而且话说得适时适地，恰如十分，也就是说他能把听众想要听的事情，在他们想要听的时间之内，以适当的方式说出来，这才是一种无与伦比的才能。这种具备优越时机感的人，甚至在遭到突变，受到阻碍时，也能转危为安，转祸为福。

说话的时间要把握

把握好说话时机，是每个人都要学会做到的，也是每个人在说话时应该注意的。有时候，一句话可以挽救一个人的一生、一个人的命运甚至一个民族的生死存亡。在学会如何把握时机说话之后，还要在恰当的时候说好自己应该说的话。

桑迪是美国鼎鼎有名的大亨，资产超过10亿美元。某年，他准备在中国某大城市投资建厂，因此，中国某位领导的精明能干和通晓市场行情的本领令他颇为欣赏。而就在双方准备签约的时候，忽听这位领导又颇为自豪地侃侃而谈道："我们企业拥有2000多名职工，去年共创利税700多万元，实力是绝对的雄厚！"

这一下桑迪立刻呆滞了，他暗暗地掐指一算：700万元人民币折成美元才90余万，一个2000多人的企业一年才赚这么点儿钱；以后这个企业肯定会让桑迪非常失望，离自己预定的利润目标差距太大了。于是，桑迪决定立即终止合作谈判。

在现代这个商业社会，更是要懂得怎样说话，怎么样说好话，以上的这则故事就可以作为前车之鉴。好话并不是什么时候都适用，并不是什么时候都能给自己带来好处，而是要看时机。时机对了，那就是力量；时机不对，那就成了阻碍！

眼看马上就要到手的投资就这样飞了，原因仅仅是因为一句话，况且还是因为一句好话。试想如果那位领导当时能保持一下安静，那么这事也不至于搞得这么糟糕了吗？

因此只能说明这个领导说话还没找对时机，甚至说他在商场摸爬滚打几年还没有学会如何说话，还不知道在什么场合说什么样的话，最终也因为这个问题而失去了一笔很大的投资，造成了较大的经济损失！

由此可见，把握好说话时机，是一件非常重要的事情。而在把握好说话时机的同时，还要注意说话的场合，也就是说提醒你注意说话时所处的时间、地点和周围的情况，不要违背、超越具体时境对你的限制。

"在那种情况下我不该那么说。"这是自己因说话行为与说话时境失去统一、和谐而产生的懊悔。说话行为与说话时境必须保持统一，这是一条不可违背的规律。

不管你生性有多聪慧，接受过多么高深的教育，穿着多么华丽漂亮的衣服，如果没有把握好最好的说话时机，仍旧无法真正实现自己的人生价值。要想让别人认可你，要想让别人与你合作，就必须培养自己的谈话能力，只有这样，才能打开人与人之间沟通的大门，彼此的心灵才能碰撞，产生共鸣。

把话语说到点子上

语言是人类的传播工具，事实需要传播，没有传播就无法了解起码的事实。在现代西方哲学看来，事实的真相是人们永远无法了解的，人们只能通过各种传播手段和媒介来了解事实真相。这样，语言本身就对事实真相起到了决定性的作用。所以，话语是用来澄清事实的，而不是用来浪费时间的。

说话是一种技术，也是一门艺术

是在官场中左右逢源的"法宝"，也是打开上级心扉的"金钥匙"，更是获得下级拥戴的"如意棒"，关键看你会不会有效地恰到好处地运用他。

说话人人都会，但是把话说得好，掌握说话的技巧与艺术。就不是人人可以做到的。把话说到人的心窝里。会说话，才能会办事；会说话，才能会做人；会说话，才能会处事；会说话，才能会交际。

戴尔卡耐基说："假如你的品才好……可以使人家喜欢你，可以结交好的朋友，可以开辟前程，使你获得满意。譬如你是一个律师，他便吸引了一切诉讼的当事人；你是一个店主，他帮助你吸引顾客。""有许多人，因为他善于辞令，因此而擢升了职位……有许多人因此而获得荣誉，获得了厚利。你不要以为这是小节，你的一生，有一大半的影响，产生于说话艺术。"

语言的魅力是一个人综合魅力的重要组成部分，拥有了高超的口才艺术和说话的技巧，你的事业将会一帆风顺，人生将会更加丰富多彩。现在来教你拥有高超的口才艺术和说话的技巧。而说话艺术中最重要的一点就是要把话说在点子上。那些胡讲一通，不着边际的话语会让人不自觉间备感生厌。能否把话说到点子上，将对人际交往起着极为重要的作用。

话不在多，点到就行

魏国温城有一个人去东周，周人不准他入境，并且问他说："你是客人吗？"

温城人毫不迟疑地回答说："我是主人。"

可是周人问他的住处，他却毫无所知，于是官吏就把他拘留起来。这时周君派人来问："你既然不是周人，却又不承认自己是客人，这是什么道理呢？"

温城人回答说："臣自幼熟读《诗经》，书中有一段诗说：'普天之下，莫非王土；率土之滨，莫非王臣'。如今周王既然君临天下，那么我就是天子的臣民，又怎么能说我是客人呢？所以我才说是'主人'。"周君听了，便把这个人释放了。

话不在多，而在于准，在于精，必须是句句说到点子上，句句说到人的心坎里。一言既出，句句到位。把握人性的尺度，说出现理的关键。

"吹笛要按到眼儿，敲鼓要敲到点上"，话语要简单明了，对方自然会欣然接受。古人讲：山不在高，有仙则名，水不在深，有龙则灵。话语也如此，话不在多，点到就行。

在生活节奏紧张快速的现代社会中，没有人愿意花费大量的时间去听你的长篇大论。这就要求你在谈话时要做到言简意赅，一针见血。简洁的"语言"是力量的，他可以帮我们在处理问题的时候，一语中的，击中问题要害，快速高效地解决问题；作为一个领导，学会简洁明了地说话，可以避免冗长的会议，传达清晰指令，节省彼此的宝贵时间，更受人欢迎和爱戴。正如美国的著名管理专家罗伯逊所说的那样，"解决问题的命令愈多，结果愈糟。"

俗话说："祸从口出，覆水难收。"有的人出言不逊，信口雌黄，不经意间伤害他人还不明就里；有的人却能谈吐得体，深得人心，随时随地受人拥戴。原因何在？恰恰是因为会说话的人能把话说到点子上，能说得恰到好处。所以大家应该少说"正确的废话"，学会把话说到点子上，用最精当的语言实现完美沟通，做个受人欢迎的交际者。

把话说到点子上，社交左右逢源，说话滴水不漏。话说不到点子上，生活处处受限，办事也寸步难行。为何有些人口才极其高明，有些人说话却不达意？关键就在于能不能把话说到点子上。如果能把话说到点子上，也许就是你获得成功的要领。说话要切重要害，在生活中，我们时常会遇到劝说别人的时候。在劝说别人时，要注意语言技巧的运用，一定要把话说到点子上，说到对方的心坎上，这样，劝说才能收到事半功倍的效果。

说话需要技巧，做人需要智慧

不看你说什么，就看你怎么说。一言既出，句句到位。在关键处下功夫，在平常中做文章。把话说好，人生无往而不胜。在生活中，我们经常看到，有的人习惯于喋喋不休、滔滔不绝地高谈阔论，而又词不达意，语无伦次，让人听而生厌；还有的人喜欢夸大其词，侃侃而谈，说话不留余地，没有分寸。这样都容易造成画蛇添足的恶果。

因此我们在开口之前，应先让舌头在嘴里转十个圈。把多余的废话"转掉"。准备一些简明明了的话，一开口就往点子上说，千万不要东拉西扯，不知所云。

话不在多，而在于精

　　东周想种水稻，西周不放水，东周为此而忧虑，苏子就对东周君说："请让我去西周说服放水，可以吗？"

　　于是去拜见西周君，说："您的主意打错了！如果不放水，反而使东周有了致富的机会。现在东周的百姓都种麦子，没有种其他东西。您如果想坑害他们，不如突然一下子给他们放水，去破坏他们的庄稼。放下了水，东周一定又改种水稻；种上水稻就再给他们停水。如果这样，那么就可以使东周的百姓完全依赖于西周而听命于您了。"

　　西周君说："好。"于是就放水。苏子得到了两国赏金。

　　说话需要谋划，脱口而出的东西是最没有价值的。说话一定要说到点子上，一定要解决问题，否则宁可不说。这就要求我们在说话前要深思熟虑、谋局排篇。像苏子一样句句都迎合西周君的心思和利益，使西周君觉得"放水"最符合自己的利益，然而这恰恰落入了苏子的整体战略安排之中。

　　"人"字一撇一捺，但真正写好却非易事。所以这就要求我们在平时的说话过程中，一定要说好话，时刻记得把话说到点子上。人生存说话的意义是什么，有话就说吧，言多必失，说多了别人烦，不说又不对，这话要说到点子上，正到好处。

在信息不发达的古代，苏子巧妙地利用语言传播对事实真相起到的决定性作用，让他的受众完全听信他对事实的解释，可以说，他轻易地垄断了受众的"知情权"。现代社会中，只要我们明白事实与语言之间的关系，也会说服受众、左右他们的行动。

说获得对方好感的话

多提一些善意的建议

当他人关心自己时，只要这份关心不会伤到自己，一般人往往不会拒绝。尤其是能满足自尊心的关怀，往往立即转化为对关怀者的好感。满足他人自尊心最佳的方法就是善意的建议。对方是女性时，仅说："你的发型很美"，只不过是句单纯的赞美词；若是说："稍微剪短点，看起来会更可爱。"对方定能感受到言者对自己的关心。若是能不断地表示出此种关心，对方对你必然更加亲切信任。

偶尔暴露自己一两个小缺点

每当百货公司举办"瑕疵品贱卖会"，必然造成汹涌的盛况，甚至连大拍卖也比不上它的吸引力。为什么"瑕疵品"能如此地激起人们的购买欲呢？主要是因为百货公司敢于明示商品具有瑕疵的缘故。

之所以如此说，是因为坦率地暴露缺点，反而使一般民众对该公司正直、诚实的作风留下深刻的印象，而此种诚实、正直往往转变成民众对其商品的信赖，自然公司也就大受其益了。偶尔暴露一下自己的缺点并不是毫不保留地将所有的缺点都暴露出来。暴露的缺点只要一两个就可以了，可使他人难以将这一两个缺点和其他部分联想在一起，因而产生其他部分毫无缺点的感觉。"这个人有点小缺点，但是其他方面挑不出毛病来，是个相当不错的人！"类似上述的想法就能深深植入他人的心中。

要记住对方所说的话

某位心理学家应邀到地方上演讲时，不料主办者之一却问他："请问先生的专长是什么？"他颇为不高兴地回答："你请我来演讲，还问我的专长是什么？"

招待他人或是主动邀约他人见面，事先多少都应该先收集对方的资料，此乃一种礼貌。换句话说，表现自己相当关心对方，必然能赢得对方的好感。

记住对方说过的话，事后再提出来做话题，也是表示关心的做法之一。尤其是兴趣、嗜好、梦想等事，对对方来说，是最重要、最有趣的事情，一旦提出来作为话题，对方一定会觉得很愉快。在面试时，不妨引用主考官说过的话，定能使主考官对你另眼相看。

及时发觉对方微小变化

依我来说，一般做丈夫的都不擅长对妻子表现自己的关心。比方说，妻子上美容院改变发型时，丈夫明明觉得"看起来年轻多了"，却不说出口。因而使妻子心里不满，觉得丈夫不关心自己。

不论是谁，都渴求拥有他人的关心。而对于关心自己的人，一般都具有好感。因而，若想获得对方的好感，首先必须先积极地表示出自己的关心。只要一发现对方的服装或使用物品有些微小的改变，不要吝惜你的言辞，立即告诉对方。

例如：当看到同事打了条新领带时，马上做出反应："新领带吧！在哪儿买的？"像这样表示自己的关心，绝没有人会因此觉得不高兴。另外，指出对方与往日不同的变化时，愈是细微、不轻易发现的变化，使对方高兴的效果愈大。不仅使对方感受到你的细心，也感受到你的关怀，转瞬间，你们之间的关系就会远比以前更亲密可信。

呼叫对方名字

欧美人在说话时，常说："来杯咖啡好吗？史密斯先生"，"关于这一点，你的想法如何？史密斯先生"，频频将对方的名字挂在嘴边。很令人不可思议的是，此种作风往往使对方涌起一股亲密感，宛如彼此早已相交多年。其中一个原因就是，他感受到对方已经认可自己了。

在我们的社会里，晚辈直接呼叫长辈的名字，是种不礼貌的行为。但是，借着频频呼叫对方的名字，来增进彼此的亲密感，并不是百无一利的方法啊！

提供对方关心的"情报"

我的一位朋友有个奇怪的习惯，总是在他人名片的背面写上密密麻麻的记事。与其说他是为了整理人际资料或是不忘记对方，倒不如说是为了下一次见面做准备。也就是说，将对方感兴趣的事物记录下来，再度见面时，自己就可提供对方关心的情报作为礼物。

即使只是见过一次面的人，若能记住对方的兴趣，比方说是钓鱼吧！在第二次、第三次见面时，不断地提供这方面的知识或是趣事，借此显示自己对于对方的兴趣很关心，结果，必然使对方产生很大的好感。

或许有些人会认为此种做法太过于功利主义。事实绝非如此。此种做法的确出于对对方的关心，而去收集种种的"情报"。借着经常保持此种姿态，必然可将一般通用的话题化为自己控制的话题。换句话说，以长远的目标来衡量，此种做法能成为表现自我的有力武器，延续对方对自己的好感和信任。

善意的交谈带来友谊

每天在汽车上，在电梯内，在行走中，当我们开口与擦肩而过的人们谈话时，你是否意识到你们的友谊可能就在此时开始产生了呢？这种体验也许你也曾经有过吧。

毫无疑问，沟通的最好形式就是语言。通过语言可以表达我们的善意，可以激发对方的好感。当你说话时，如果能使对方谈他感兴趣的事情，就表示你已经很巧妙地吸引了对方。此时，我们再以问答的方式诱导对方谈论有关他个人的生活习惯、经验、愿望、兴趣等问题。

对方如果对你的问题有兴趣，自然乐意叙述自己的一切，而你不就成了他的听众了吗？对方会因为你那关怀备至的态度而开怀畅谈，甚至会因此对你表示出崇敬之意。

就拿你个人来说吧，如果有人肯接纳你，听你阐述你的人生观，或向你请教有关的专门问题，你就会对他表示好感，这就是所谓的人之常情。能善于利用这种人之常情的人，才算得上是一个聪明的人。

例如，你若想深入地了解某一个人，不妨以目前的政治情况、工业界的状况，或他所驾驶的汽车厂牌、现在的交通状况、高速公路的路况、目前的所得税率、食品价格等等问题来和他交谈。换言之，也就是让对方开口谈论他所关心的话题，而你的责任就是负责提出这一类的问题。

仅仅一面之交，就想与对方成为亲密朋友的最好方法，就是跟对方交谈。我们都知道，一个人最愿意谈论的，而且也是最关心的话题，莫过于他个人的一切事情。

只要你肯花一点时间，让对方畅所欲言地叙述他自己的事情，那么，他就有可能成为你的莫逆之交。

美国纽约市凤凰人际关系协会的专家学者哈利·赫歇尔先生曾说过：他在日常生活中，觉得最感兴趣，也是最有意义的一件事就是跟别人交谈。

为此，他细述道："常常有人来向我请教，问我如何与在吃午餐时所碰到的，或是在旅馆门口以及旅行车上遇到的人说话。我对他们说，在双方互通一些例行的客套话之后，可以客气地问对方：请恕冒昧，可以问你从事哪一种职业吗？如果对方乐意回答，便可以进一步地问他：可以告诉我，究竟是什么原因促使你从事那种职业呢？关于这个问题，十有八九的人都会回答：唉！说来话长……这么一来，我们不就很自然地成了他的听众了吗？而对方因为有人听他讲话，自然会侃侃而谈了。"

与长辈交谈的诀窍

老年人的一大特点是喜欢追怀往事，如果你能引起他回想起曾经某一段美好时光，他们会变得很快乐，喜欢同你说话，而一旦打开话匣子，他们就会有说不完的话。

同老年人说话的忌讳与方式

在同老年人说话时，还应避免过多地谈及他们的"老"，这样会使老人觉得自己行将就木，感叹人生短促，引发他的伤感情绪。如果是遇到一位"不服老"的人，他将会对你产生不满。因此，与长辈说话，不像与平辈说话那样无所顾忌。

与老人谈话，也不必过分表示你的恭敬有礼，或者勉强自己一定要听完老人的长谈。由于老人讲话缓慢，有时碰上一位融洽的闲聊者滔滔不绝，话无止境。

因此，听他讲多少时间应随自己的兴趣而定。不管他如何漫谈，可以让他讲完一个完整的故事，然后借机离开。离开时对他有趣的谈话表示热情的感谢，再礼貌地告别。

有些老年人，虽然年纪不小了，还能保持年轻人的心态，像个老顽童一样快乐。他们会以幽默克服自己的弱点，对于社会仍能事事关心，甚至完全不觉得老。

但也有不少老人，在单独而处时，会感到自己寂寞，有的还会因为老来多病痛而苦恼。对于他们，我们应该多给予关心，多讲一些安慰的话，尽可能帮助他们解决一些实际困难。想一想，总有一天我们也会像他们一样年老，我们更应该唤起同情之心。

当然，老年人也常常显出他的固执，习惯以过去的眼光来看今天的事情，而且特别不喜欢有人顶撞他，与他意见相悖。在这种情况下，你要特别留神，不要和他发生争论，而尽量保持一种欢愉的气氛。

要学会敬老和爱老

敬老，爱老，是中国人的传统美德，我们在同长辈相处，说话时应该多使用敬语。如"您老""长辈""前辈"等词，在态度上，也不要一副吊儿郎当，玩世不恭的样子。不要一边同老年人说话，一边晃荡着腿，这是极为不礼貌的。

年轻人和老年人之间，往往存在着许多差异，也就是人们常说的代沟。老年人在接受新生事物上，没有年轻人快，有些老年人压根儿就对某些新鲜玩意无法接受，这时你该怎么办？

最明智的做法是，不要强迫老年人非接受不可，也不要动不动就埋怨他们思想僵化，老古董，应该慢慢开导他们，即使最终他们也无法接受，也不要强加于他们，因为你们毕竟不是同一个时代的人，要他们日日更新观念是不可能的，强迫他们只会增加双方的不愉快。

与晚辈交流的秘诀

常言说："姜是老的辣"，老年人资深阅广，老年人在同晚辈交往时，有时候喜欢摆老资格，不能有效地交谈和沟通。

那么，与晚辈交往，应该采取怎样的说话方式呢？

不要以教育的语气说话

首先，经验这个东西绝非万能之物，如果老年人张口闭口就是"我当年如何如何……""你们年轻人该如何如何……"这样的话，相信没有哪个年轻人爱听。

长辈与晚辈相处，应多谈些年轻人感兴趣的话题，所谓的经验，有时是有局限性的。此一时，彼一时，此一地，彼一地，环境千差万别，不可能永远万能。

其次，经验本身也不是一成不变的。它一方面需要人们反复的实践验证完善，另一方面，它随时可能被新的尝试所取代。如同条条道路通罗马一样，你不能以为你所走过的路就是最好的。由于老年人与青年人所处的时代不完全一样，他们对经验的看法也不尽相同。老年人重视经验的作用，青年人乐于开辟未曾有人走过的道路。

所以，常常出现经验与做法的矛盾。老年人认为青年人的一些新尝试不符合经验准则，因而否定它；青年人则认为老年人的一些经验已经陈旧，只能成为束缚人们手脚的绳子，而不能成为人们行动的航标。

尽管这两种认识都失之偏颇，但有一点是明确的，这便是：随着社会的迅猛发展，人类拥有的信息量急剧增加，以至到了"爆炸"的程度。为了适应新的环境，人们需要学习许多新的知识和技术。老年人也要跑出经验的圈子，学些新知识，否则，同青年人的交往和交谈会变得越来越困难。

说话时要精神力集中

当你与别人谈话时，对方或闭上眼睛，或东张西望，表现出一副漫不经心的样子，你还会有谈兴吗？你会对对方满意吗？当然不会。可见，注意力不集中是与人交谈时的第一大忌。

社会学家们通过观察发现，这种情况在老人与年轻人交谈时发生的频率是比较高的。我们经常可见到一些老人在听青年人谈话时，表现出一副城府很深，心不在焉的样子。

　　客观地说，老人阅历深，经验丰富，学识广博，在与青年人谈话时，容易因对方所谈内容的浮浅而失去兴趣。但是从"谦受益、满招损""三人行，必有我师"等角度讲，经验丰富的老年人也是完全没有理由故步自封的。

　　甚至在青年人那里接受一些新思想、新见解，正是以积极的态度对待生活的老人所必需的。我们调换一下角度，从"假如我是青年人"的角度来看一看，那种漫不经心、左顾右盼、心不在焉的神情，将会使青年人产生怎样一种心理，它又会怎样影响两代人的关系。

　　从简单的分析来看，老人漫不经心，心不在焉地和青年人说话，至少会使青年人感到对方轻视自己。即使他面前的老人据其阅历、学识有足够的理由轻视他，他也很难愉快地接受这种轻视。这种情绪的影响，往往会堵住思想的闸门，使他们不愿意再同老人多说，甚至把已经准备好的心里话，把急需和老人商谈的问题"咽"回去。

第三章

不尴尬的说话艺术

在现实生活中，有些人说话不过脑子，常常说出的话，不仅使别人尴尬，也使自己难堪，事后感到后悔不已。要避免这种情况发生，说话时一定要先"动脑"再"动口"，在"心里话"滚出你的喉咙之前，稍微修饰一下它的棱角，仔细地把握好说话的分寸，再说出来。这样做总比"失言"之后再去"亡羊补牢"要好得多。

说话要顾及别人的面子

有位文化界人士，每年都会受邀参加某专业团体的杂志年终评鉴工作，这工作虽然报酬不多，但却是一项难得的荣誉，很多人想参加却找不到门路，也有人只参加一两次，就再也没有机会。问他为何年年有此殊荣，他在退了休，不再参加此项工作后才公开了其中秘诀。

他说，他的专业眼光并不是关键，他的职位也不是重点，他之所以能年年被邀请，是因为他很会给人留面子。他说，他在公开的评审会议上一定把握一个原则：多称赞、鼓励而少批评，但会议结束之后，他会找杂志的编辑人员，私底下告诉他们编辑上存在的问题。

因此，虽然杂志有先后名次，但每个人都保住了面子，而也就因为他顾虑到别人的面子，承办该项业务的人员和各杂志的编辑人员，都很尊敬他、喜欢他，当然也就每年找他当评审了。

其实，我们生活中的每一个人，都非常重视自己的面子，为了面子，小则翻脸，大则会闹出人命；如果你是个对面子敏感的人，那么你必定是个不受欢迎的人；如果你是个只顾自己面子，却不顾别人面子的人，那么你肯定有一天要吃暗亏。

明太祖朱元璋出身贫寒，做了皇帝后自然少不了有昔日的穷哥们儿到京城找他。这些人满以为朱元璋会念在昔日共同受罪的情分上，给他们封个一官半职，谁知朱元璋最忌讳别人揭他的老底，以为那样会有失面子，更损自己的威信，因此对来访者大都拒而不见。

有位朱元璋儿时一块光屁股长大的好友，千里迢迢从老家凤阳赶到南京，几经周折总算进了皇宫。

一见面，这位老兄便当着文武百官大叫大嚷起来："哎呀，朱重八，你当了皇帝可真威风呀！还认得我吗？当年咱俩可是一块儿光着屁股玩耍，你干了坏事总是让我替你挨打。记得有一次咱俩一块偷豆子吃，背着大人用破瓦罐煮，豆还没煮熟你就先抢起来，结果把瓦罐都打烂了。豆子撒了一地。你吃得太急，豆子卡在嗓子眼儿还是我帮你弄出来的。怎么，不记得啦？"

这位老兄还在那喋喋不休唠叨个没完，宝座上的朱元璋再也坐不住了，心想此人太不知趣，居然当着文武百官的面揭我的短处，让我这个当皇帝的脸往哪儿搁。盛怒之下，朱元璋下令把这个穷哥们儿杀了。

其实，这位老兄并没有做错任何事情，只是过于老实地说出了几句大实话，而没有注意要给当今的一国之君留点面子。皇上在恼羞成怒的情形之下，又哪顾得上什么兄弟情谊，所以在待人处世中，必须注意要给别人留足面子，这也就是很多待人处世高手不轻易在公开场合批评别人的原因.

宁可高帽子一顶顶地送，也不能戳到别人的痛处，让对方丢掉了自己的面子。而且，如果你照顾到了对方的面子，对方也会如法炮制，给你面子，人与人之间的关系也会因此而更加和谐。

那么，在待人处世中，怎样才能顾及别人的面子，处理好人与人之间的"面子问题"呢？

要善于择善弃恶

在待人处世中要多夸别人的长处，尽量回避对方的缺点和错误："好汉不提当年勇"，又有谁人愿意提及自己不光彩的一页呢？特别是如果有人拿这些不光彩的问题来做文章，就等于在伤口上撒盐，无论谁都是不能忍受的。

有一位年轻的姑娘长得很胖，吃了不少减肥药也不见效果，心里很苦恼，也最怕有人说她胖。有一天，她的同事小张对她说："你吃了什么呀，像气儿吹似的，才几天工夫，又胖了一圈儿。"

胖姑娘立马恼羞成怒，"我胖碍着你什么了？不吃你，不喝你，真是狗拿耗子，多管闲事！"小张不由闹了个大红脸。

在这里，小张明知对方的短处，却还要把话题往上赶，自然就犯了对方的忌讳，不找麻烦才怪哩。

批评人要顾及场合

指出对方的缺点和不足时，要顾及场合，别伤对方的面子。

巧给对方留面子

有时候，对方的缺点和错误无法回避，必须直接面对，这时就要采取委婉含蓄的说法，淡化矛盾，以免发生冲突。

古时候，吴国有个滑稽才子，名叫孙山。他与乡里某人的儿子一同参加科举考试。考完后，孙山先回到了家，那个同乡的父亲就向孙山打听自己的儿子是否考上了。

孙山笑着回答说："解名尽处是孙山，贤郎更在孙山外。"孙山的回答委婉而含蓄，既告诉了结果又没刺到对方的痛处。

如果孙山竹筒倒豆子，直告对方落榜，那么对方的反应就可想而知了。可惜的是，在现实待人处世中，我们周围许多人说话往往太直接，结果好心办了坏事。

此外，在与人交往的过程中，为了"面子上过得去"，还必须对对方有一个充分的了解，做到既了解对方的长处，也了解对方的不足。因为每个人都会有自己的个性和习惯，有自己的需求和忌讳，如果你对交际对象的优缺点一无所知，那么交际起来，就会"盲人骑瞎马"，难免踏进"雷区"，引起别人的不快。

俗话说得好，"打人不打脸，揭人不揭短"，要想与他人友好相处，就要尽量体谅他人，顾及别人的面子。

面对窘境的说话技巧

在人们交际的过程中，一定有各种各样的人。比如说文化层次的不同，有人是目不识丁的文盲，有人是博学多才的教授。知识水平不同的人，表达同样的意思，说出的话却大不相同。同样，他们对同样一句话的理解也不大相同。

我们常常听到"三句话不离本行"这样的话，如果能针对各种人的知识水平和知识结构而采取相应的应变方式与他们对话，自然会取得良好的效果。

古往今来，以口齿伶俐、铜嘴铁舌化险为夷的例子真不少。针锋相对需要敏捷的口才，如果处理得当，可以抓住机会，"以其人之道，还治其人之身"。不但保持了自己的人格尊严，还能使对方狼狈不堪而再也不能轻辱于你。

生活中，总会出现一些令人意想不到的事情。因为交际双方是一种积极参与，而非刻板、机械的迎合，所以交际情景也会不断地发生变化。面对变化着的情景，尤其是仓促而至的窘境，需要我们调动一切可以调动的语言表达手段，以达到自己想要达到的交际目的，明话暗说就是很有效的一种。

自嘲式的明话暗说

在交际中，有时会碰上因为自身的缺点或其他原因而出现的尴尬事，要是你懂得"自嘲"，巧妙地"揭自己的短"，反而会使自己从败中求胜，树立良好的交际形象。

麦克阿瑟一贯以傲慢著称。有一次，杜鲁门会见他时，他不慌不忙地取出烟斗，装好烟丝，取出火柴准备点燃的时候，才问杜鲁门："我抽烟你不介意吧？"

麦克阿瑟显然并不是真心征求杜鲁门的意见，这使杜鲁门十分难堪。因为如果现在表示很介意的话会显得有点霸道。

此时，杜鲁门看了看麦克阿瑟，说："抽吧！将军，别人喷到我脸上的烟雾，要比喷在任何美国人脸上的烟雾都多。"

杜鲁门的这番自嘲，不但自尊心得到保护，而且还向美国人显示了他的大度与宽容。还有，他把自己摆在"受害者"的地位上，可博得美国大众的同情与支持。

借物说事式的明话暗说

在交际中，常可以利用身边的实物来说明某种道理或者摆脱困境，或以某件能与话题搭上关系的物品来进行对比，达到一种形象化的效果。

在民间，有一则关于蒲松龄的传说：

有一次，蒲松龄到王大官人家去做客，被众人推到了上座，但独眼的管家却从下席开始斟酒，有意把他冷落在一旁不管。王大官人也想故意捉弄他，端起酒杯朝他说："蒲先生，喝呀！"

蒲松龄端坐不动，他笑着说："大家先别急着喝酒，我说个笑话给大家助助兴。我刚出门时，碰到内人正用针在缝衣服，就以针为题即兴作诗一首，现在念给大家听听：'一头尖尖一头扁，扁间只有一只眼。独眼只把衣裳认，听凭主人来使唤。'"

大家听了，一齐朝独眼管家看去，强忍笑意，大声叫好。这样一来，反而使王大官人及其管家狼狈不堪。

蒲松龄借用了针的形象，尖锐地讽刺了想为难自己的王大官人及其家人，不但保全了自己的尊严，也让捉弄自己的交际对象"搬起石头砸了自己的脚"。

生活与工作中，你也可以假身旁之物摆脱困境，让左右为难的自己找到台阶下。

如果某人在你的办公桌前滔滔不绝，而你却不能耽搁太多的时间。如喋喋不休的人是下属或是朋友那还好办，偏偏又是得罪不起的人物，你怎么办呢？

你可以写个纸条给同事小林："到隔壁的办公室打个电话给我。"

用不了几分钟，电话响了。你可以大声说："什么，马上去！这儿有位很重要的客人，什么？不去不行？那……好吧。"

一般来说，那位牢骚不已的来客会示意你，赶快去。如果他没这么说，你也可以假装满心歉意，送走来客且不会伤了他那可怜的自尊。

如果把这事看成电影中的某片段，那么，电话则是最理想的道具。这么做，既不损人又利己，实为最佳解决办法。

作为女性，经常有男士的邀请，如果想拒绝又不伤对方的心，办法有许多种，借物脱困无疑是其中的妙着之一。

例如，有位男士走到你面前，说了一句："欢迎你参加！"然后就把一张入场券递给你。这时你想拒绝他，又要让他下得了台阶。你可从皮包里拿出笔记本，打开一看，不论看到什么，都可说："哎呀？我和小王小张约好今天去购物，你只有和别人同去了，不过还是很谢谢你。"

使用笔记本，给人以上面记着你的时间安排的错觉，婉言拒绝了对方，达到了自己的交际目的。

还有拆词换字式的明话暗说。在说话时，如果把一些完整的词拆下来讲，可以表达出另外一种意义。

一次，一位大学教师在课堂上讲课时对现在的某些状况进行评论。突然，一位学生发问道："现在人们对'官倒'与'私倒'恨之入骨。但如何区别'官倒'与'私倒'？"

那位教师稍加思索，答道："'官倒'与'私倒'的区别在于：对于前者，国家国家，国即是家；对于后者，国家国家，家即是国。"

如此作答，妙不可言，赢得了满堂喝彩。

这位教师把"国家"二字拆开，把复杂的问题简单化，很好地阐释了那一组概念。

拆词换字常是对某词的拆解而重新组合或者对对方的话稍加改造，获得了与原意迥然不同的意思，从而掌握了对话中的主动权。

拒绝也要讲究技巧

任何人都有得到别人理解与帮助的需要，任何人也都常常会收到来自别人的请求和希望，可是，在现实生活中，谁也无法做到有求必应，所以，掌握好说"不"的分寸和技巧就显得很有必要。

人都是有自尊心的，一个人有求于别人时，往往都带着惴惴不安的心理，如果一开口就说"不行"，势必会伤害对方的自尊心，引起对方强烈的反感，而如果话语中让他感觉到"不"的意思，从而委婉地拒绝对方；就能够收到良好的效果。

要拒绝、制止或反对对方的某些要求、行为时，你可以利用那个人的原因作为借口，避免与对方直接对立。

比如，你的同事向你推销一套家具，而你却并不需要，这时候，你可以对对方说："这样的家具确实比较便宜，只是我也弄不清楚究竟怎样的家具更适合现代家庭，据说有些人对家具的要求是比较复杂的。我的信息也太缺乏了。"

在这种情况下，同事只好带着莫名其妙或似懂非懂的表情离去，因为他们听出了"不买"的意思，想要继续说服你什么，"更适合现代的家庭"，却是一个十分笼统而模糊的概念，这样，即使同事想组织"第二次进攻"，也因为找不到明确的目标而只好作罢。

当别人有求于你的时候，很可能是在万不得已的情况下才来请你帮忙的，其心情多半是既无奈而又感到不好意思。所以，先不要急着拒绝对方，而应该尊重对方的愿望，从头到尾认真听完对方的请求，先说一些关心、同情的话，然后再讲清实际情况，说明无法接受要求的理由。

由于先说了一些让人听了产生共鸣的话，对方才能相信你所陈述的情况是真实的，相信你的拒绝是出于无奈，因而也能够理解你的。

例如有个朋友想请长假外出经商，来找某医生想让对方出具一份假的肝炎病历和报告单。对此作假行为医院早已多次明令禁止，一经查实要严肃处理。于是该医生就婉转地把他的难处讲给朋友听，最后朋友说："我一时没想那么多，经你这么一说，我也觉得这个办法不行。"

这样的拒绝，既不会影响朋友间的感情，又能体现出你的善意和坦诚。

拒绝对方，你还可以幽默轻松、委婉含蓄地表明自己的立场，那样既可以达到拒绝的目的，又可以使双方摆脱尴尬处境，活跃融洽气氛。

美国总统富兰克林·罗斯福在就任总统之前，曾在海军部担任要职。有一次，他的一位好朋友向他打听在加勒比海一个小岛上建立潜艇基地的计划。

罗斯福神秘地向四周看了看，压低声音问道："你能保密吗？""当然能"。"那么"，罗斯福微笑地看着他，"我也能"。

富兰克林·罗斯福用轻松幽默的语言委婉含蓄地拒绝了对方，在朋友面前既坚持了不能泄露的原则立场，又没有使朋友陷入难堪，取得了极好的语言交际效果。以至于在罗斯福死后多年，这位朋友还能愉快地谈及这段总统轶事。相反，如果罗斯福表情严肃、义正词严地加以拒绝，甚至心怀疑虑，认真盘问对方为什么打听这个、有什么目的、受谁指使，岂不是小题大做、有煞风景，其结果必然是两人之间的友情出现裂痕甚至危机。

委婉的拒绝能让对方知难而退。例如，有人想让庄子去做官，庄子并未直接拒绝，而是打了一个比方，说："你看到太庙里被当作供品的牛马吗？当它尚未被宰杀时，披着华丽的布料，吃着最好的饲料，的确风光，但一到了太庙，被宰杀成为牺牲品，再想自由自在地生活着，可能吗？"庄子虽没有正面回答，但一个很贴切的比喻已经回答了，让他去做官是不可能的，对方自然也就不再坚持了。

其实，拒绝别人的方式有很多种，你可以给自己找个漂亮的借口，或者运用缓兵之计，当着对方的面暂时不做答复。或者用一种模糊笼统的方式让对方从中感受到你对他的请求不感兴趣，从而收到巧妙的拒绝效果。

话一定要想好了再说

阿花好不容易才找到了一份在咖啡馆做服务员的工作，却只上了一天班就被老板炒了鱿鱼。想想她的条件并不是很差，也没有做错什么事，只是不小心问了一句不该问的话。

那天，阿花刚一上班店里就立刻进来了三位客人，她随即拿着菜单，去让这三位客人点餐，第一位客人点的是冰红茶，第二位客人点的是冰咖啡，第三位客人也是点的冰咖啡，但是，他特别强调要用干净一点的杯子。

很快，阿花将这三位客人所点的饮料，用盘子端了出来，一边朝他们坐着的方向走来，一边还大声地向这三位客人问道："你们谁点的冰咖啡是要用干净一点的杯子……"

就凭阿花的这一句话，老板当然会毫不客气地炒她的鱿鱼，因为谁也不会去搬起石头砸自己的脚。

在工作中，要讲究说话的方式，同样，在与人交往的过程中，也要把握好说话的分寸，恰到好处地说好该说的话。

有一年全国高考结束不久，一名记者去采访一位外语成绩优秀的考生。原先设想好的问题中有："你父母是否具有辅导你学习英语的能力？"但是到了现场，看到考生的父母也陪伴在场，如果按照原先准备的提问方式来交谈，就显得唐突而不礼貌。

于是他将原来的提问改为"你们一家是不是常常在一起讨论学习英语方面的问题？"这样一来，既能有效地获得所要的信息，又显得相当自然。

说话不仅要根据条件的不同而采取不同的表达方式，也要根据前后话语相互联系而恰当地选择语言。

几位年轻的领导干部去慰问一位退休老工人，见面以后问道："您老身子真够硬朗，今年高寿？"

老工人回答说："七十九啦。"

"人生七十古来稀，厂里数您最长寿吧？"

"哪里，××活到了八十四呢！"

"那您老也称得上长寿将军啊。"

"不过，××去年归天了。"

"哟，这回可轮到您了。"谈兴正浓的老工人听到这句话，脸色陡变。

毛病就出在"这回可轮到您了"这句话上。前面老人刚说完"归天"的事，他们却接下去说"轮到您"，这不就使老人产生误会吗？如果这几位年轻干部能控制好前后话语，把话说成"这回长寿冠军可轮到您了"，也就不会出现不快了。

讲究说话的艺术对于迅速有效地传递信息，塑造良好的自我形象有着不可忽视的重要作用。如果只贪图自己一时的痛快而无所顾忌地说了不该说的话，则只会给自己制造出一些不必要的麻烦。

言多必失，祸从口出

随便说话的害处是非常多的。比如某君有不可告人的隐私，你说话时偏偏在无意中说到他的隐私，说者无心，听者有意，他会认为你是有意跟他过不去，从此对你恨之入骨；他做的事，别有用心，极力掩饰不使人知，如果被你知道了，必然对你非常不利。

如果你与对方非常熟悉，绝对不能向他表明，你绝不泄密，那将会自找麻烦。唯一可行的办法，只有假装不知，若无其事；他有阴谋诡计，你却参与其事，代为决策，帮他执行，从乐观的方面来说，你是他的心腹，而从悲观的方面来说，你是他的心腹之患。

你有得意的事，就该与得意的人谈；你有失意的事，应该和失意的人谈。说话时一定要掌握好时机和火候。不然的话，一定会碰一鼻子灰，不但目的达不到，而遭冷遇、受申斥也是意料中的事。有些奸佞小人，巧妙地利用了别人在说话时机、场合上的失误，拿他人当枪使，以达到损人利己的目的。

有句老话叫作"祸从口出"，为人处世一定要把好口风，什么话能说，什么话不能说，什么话可信，什么话不可信，都要在脑子里多绕几个弯子，心里有个小九九。害人之心不可有，防人之心不可无。一旦中了小人的圈套为其利用，后悔就来不及了！

每个人都有自己的秘密，都有一些压在心里不愿为人知的事情。同事之间，哪怕感情不错，也不要随便把你的事情，你的秘密告诉对方，这是一个不容忽视的问题。

你的秘密可能是私事，也可能与公司的事有关，如果你无意之中说给了同事，很快，这些秘密就不再是秘密了。它会成为公司上下人人皆知的故事。这样，对你极为不利，至少会让同事多多少少对你产生一点"疑问"，而对你的形象造成伤害。

还有，你的秘密，一旦告诉的是一个别有用心的人。他虽然不可能在公司进行传播，但在关键时刻，他会拿出你的秘密作为武器回击你，使你在竞争中失败。

因为一般说来，个人的秘密大多是一些不甚体面、不甚光彩甚至是有很大污点的事情。这个把柄若让人抓住，你的竞争力就会大大地削弱。

小窦是某唱片公司的业务员，他因工作认真、勤于思考，业绩良好，被公司确定为中层后备干部候选人。只因他无意间透露了一个属于自己的秘密而被竞争对手击败，终于没被重用。

小窦和同事李为私交甚好，常在一起喝酒聊天。一个周末，他备了一些酒菜约了李为在宿舍里共饮。俩人酒越喝越多，话越说越多。酒已微醉的小窦向李为说了一件他对任何人也没有说过的事。

"我高中毕业后没考上大学，有一段时间没事干，心情特别不好。有一次和几个哥们喝了些酒，回家时看见路边停着一辆摩托车，一见四周无人，一个朋友撬开锁，由我把车给开走了。后来，那朋友盗窃时被逮住，送到了派出所，供出了我。结果我被判了刑。刑满后我四处找工作，处处没人要。没办法，经朋友介绍我才来到厦门。不管咋说，现在咱得珍惜，得给公司好好干。"

小窦来公司三年后，公司根据他的表现和业绩，把他和李为确定为业务部副经理候选人。总经理找他谈话时，他表示一定加倍努力，不辜负领导的厚望。

谁知道，没过两天，公司人事部突然宣布李为为业务部副经理，小窦调出业务部另行安排工作。

事后，小窦才从人事部了解到，是李为从中捣的鬼。原来，在候选人名单确定后，李为便找到总经理办公室，向总经理谈了小窦曾被判刑坐牢的事。不难想象，一个曾经犯过法的人，老板怎么会重用呢？尽管你现在表现得不错，可历史上那个污点是怎么也不会擦洗干净的。

知道真相后，小窦又气又恨又无奈，只得接受调遣，去了别的不怎么重要的部门上班。

既然秘密是自己的，无论如何也不能对同事讲。你不讲，保住属于自己的隐私，没有什么坏处；如果你讲给了别人，情况就不一样了，说不定什么时候别人会以此为把柄攻击你，使你有口难言。

所以说，只有恰到好处地把握好说话的分寸，才会在与人交往的过程中做到游刃有余，而且也不会给自己招来祸端。

装聋作哑的应对术

在人际交往中，为了利益，为了生存，有时不妨运用"秀才遇到兵，有理说不清"的"老粗"策略。故意使用对方所无法理解的语言，同时也故意装作听不懂对方的语言，让对方在与你沟通时产生挫败感，并激发他的火气。

他若发火，则你已立于不败之地，因为发脾气给人的感觉总是理亏，如果他不发作而隐忍，也必定会搅乱他的思维，使其不知不觉地处于劣势。故意装傻充愣，误解他的意思，扭曲他的意思，他说他的阳关道，你说你的独木桥，这样来往几回合，他会认为你不可理喻，放弃与你交手。

某公司有一个女孩子，平日只是默默工作，并不多话，和人聊天总是面带微笑。有一年，公司里来了一个好斗的女孩子，很多同事在她主动发起攻击之下，不是辞职就是请调。最后，她的矛头终于指向了这个女孩。

某日，这位好斗的女孩子抓到了那位一贯沉默的女孩子的把柄，立刻点燃火药，噼里啪啦一阵，谁知那位女孩只是默默笑着，一句话也没说，只偶然问一句"啊？"最后，好斗的那个主动鸣金收兵，但也已气得满脸通红，一句话也说不出来。过了半年，这位好斗的女孩子也自请他调。

你一定会说，那个沉默的女孩子的"修养"实在太好了，其实事实不是这样，而是那位女孩子听力不大好，理解别人的话不是有困难，但总是要慢半拍，而当她仔细聆听你的话语并思索你话语的意思时，脸上又会出现"无辜""茫然"的表情。你对她发作那么久，那么卖力，她回应的却是这种表情和"啊"的不解声，难怪对方斗不下去，只好鸣金收兵了。

这个故事说明了一个事实：装聋作哑的力量是巨大的，面对"沉默"，所有的语言力量都消失了！

只要有人的地方，就会有斗争。这不是新鲜事，在人性丛林里，你要有面对不怀善意的力量的心理准备；你可以不去攻击对方，但保护自己的"防护网"一定要有，聪明人的举动是：不如装聋作哑！

聋哑之人是不会和人起纷争的，因为他听不到、说不出，别人也不会找这种人斗，因为斗了也是白斗。不过大部分人都不聋又不哑，一听到不顺耳的话就会回嘴，其实一回嘴就中了对方的计，不回嘴，他自然就觉得无趣了；如果他还一再挑衅，只会凸显他的好斗与无理取闹罢了。

因此，面对你的沉默，这种人多半会在几句话之后就仓皇地"且骂且退"，离开现场，如果你还装出一副听不懂的样子，并且发出"啊"的声音，那么更能让对方"败走"。

不过，要"作哑"不难，要"装聋"可不易，因此要培养自己对他人言语"入耳而不入心"的功夫，否则心中一起波澜，要不起来回他一两句是很难的。

学习装聋作哑，除了以不战而胜之外，也可避免自己成为别人的目标，而习惯装聋作哑，也可避免自己去找人麻烦，有时还可以变不利为有利，好处甚是不少。

在一辆列车上，一位身着便服的侦察员走进厕所。冷不防，一个艳装妙龄女郎一闪身也挤进了厕所，反手将门关上："先生，把你的手表和钱包给我。否则，我就喊你侮辱我！"

一切来得这么突然。侦察员深知，在厕所里没有其他人，辩解是毫无作用的。稍一迟缓，这个女郎立即会使自己身败名裂的。陷入困境的侦察员临机应变，突然张着嘴巴，不停地"啊，啊"，装成一个十足的哑巴，表示不懂女郎说些什么。

女郎为难了，赶忙打手势。侦察员仍然窘急地"啊啊"着。女郎失望了，真倒霉，偏偏碰上了个哑巴！她正想转身离去。此刻，"哑巴"一把抓住女郎，抽出钢笔递给她，打手势请她将刚才说的话写在手上。女郎不禁转忧为喜，接过钢笔就在侦察员的手上写道："把你的手表和钱给我。不给，我就喊你侮辱我！"

侦察员翻转手掌，抓住女郎说话了："我是便衣警察，你犯了抢劫罪，这就是铁的证据！"

女郎目瞪口呆……

这位便衣警察就是装聋作哑，靠机智和勇敢战胜了犯罪分子。

在人际交往中，有许多场合都可以使用"装聋作哑"的办法，躲开别人说话的锋芒，然后避实就虚、猛然出击。其技巧关键在于躲闪避让的机智，虽是"装作"，正如实施"苦肉计"一样，却一定要表演得自然。

"装作不知道"，就是指对别人的话装作没有听到或没有听清楚，以便避实就虚、猛然出击的方式。它的特点是，说辩的锋芒主要不在于传递何种信息，而是通过打击、转移对方说辩兴致使之无法继续设置窘迫局面，化干戈为玉帛，能够寓辩于无形，不战而屈人之兵。

在人际交往中，这种方式的使用场合很多。

可用于挽回"失语"所造成的尴尬局面

"马有失蹄，人有失言"，偶尔失语在语言交际中难免发生，但失语往往是许多矛盾发生和激化的根源。因此，挽回失语，在语言交际中是很有必要的。

例如：实习期间，一位实习生在黑板上刚写了几个字，学生中突然有人叫起来："老师的字比我们李老师的字好看！"

真是语惊四座，稚嫩的学生哪能想到，此时后座的班主任李老师是怎样的尴尬！对这位实习生来说，初上岗位，就碰到这般让人难堪的场面，的确使人头疼，以后怎样同这位班主任共度实习关呢？转过身来谦虚几句，行吗？不行！这位实习生灵机一动，装作没有听到，继续写了几个字，头也不回地说："不安安静静地看课文，是谁在下边大声喧哗！"

此语一出，使后座的李老师紧张尴尬的神情，顿时轻松多了，尴尬局面也随之消除。

这位实习生在这里就是巧妙地运用装作不知道，避实就虚，避开"称赞"这一实体，装作没有听清楚，而攻击"喧闹"这一现象。既巧妙地告诉那位班主任"我"根本没有听到；又打击了那位学生的称赞兴致，避免了他误认为老师没有听见的可能，再称赞几句从而再次造成尴尬局面。

处理、制止别人的中伤、调侃

朋友之间虽然很要好，有时也会因开玩笑过头，而大动肝火，伤了和气。对于这种情况，不妨巧妙地运用"装作不知道"，给他一个丈二和尚摸不着头脑的怪问。

吴军因身体肥胖，同班的李明、张峰"触景生情"，"冬瓜"长"冬瓜"短地做起买卖来，并时不时拿眼瞅吴军，扮鬼脸。面对拿别人的生理"缺陷"来开过火的玩笑，实在让吴军气愤。欲要制止，这是不打自招；如不管他，却又按捺不住心中的怒火。怎么办呢？

此时吴军稳了稳躁动的情绪，缓缓地走过去，拍着二人的肩膀，轻言细语地问："李明，听说你有1.8米高，恐怕没有吧。"接着又对张峰道："你今天早上吃饭没有？"

听到这般温柔怪诞的问话，兴奋中的二人愣在当头，大眼望小眼，如坠云里雾中。全班同学沉寂了几秒钟，随即迸发出哄堂大笑，二人方明白被愚弄了，刚才有声有色的"买卖"，再也没有兴致继续下去了。

追求最理想的说话效果

说话的角度不同，得到的结果也会不同，所以，动口之前一定要先想一想从哪个角度说才能达到理想的效果。

有两个年轻的修士同时进入一所修道院修道，两人过去都有抽烟的习惯。

为了能一解烟瘾，其中一位去问老院长："能不能在祷告的时候抽烟？"结果此人被臭骂一顿。

另一个修士问老院长："可不可以一边抽烟一边祷告？"这人居然被院长大大地夸奖一番，称赞他连抽烟都想到要祷告。

这两个修士，所做的事是一样的。只因说话的角度不同，而招来了两种截然不同的待遇。可见，我们在说话之前，得好好地打打草稿。

另有一个人为了庆祝自己的40岁生日，特别邀请了四个朋友在家中吃饭庆祝。

三个人准时到达了，只剩一人，不知何故，迟迟没有来。

这人有些着急，不禁脱口而出："急死人啦！该来的怎么还没来呢？"

其中有一人听了之后很不高兴，对主人说："你说该来的还没来，意思就是我们是不该来了，那我告辞了，再见。"说完，就气冲冲地走了。

一人没来，另一人又气走了，这人急得又冒出一句："真是的，不该走的却走了。"

剩下的两人，其中有一个生气地说："照你这么讲，该走的是我们啦！好，我走。"说完，掉头就走了。

又把一个人气走了，主人急得如热锅上的蚂蚁，不知所措。

最后剩下的这一个朋友交情较深，就劝这人说："朋友都被你气走了，你说话应该留意一下。"

这人很无奈地说："他们全都误会我了，我根本不是说他们。"

最后这位朋友听了，再也按捺不住，脸色大变道："什么？你不是说他们，那就是说我啦！莫名其妙，有什么了不起。"说完，铁青着脸走了。

言者无心，可听者有意。语言表述不慎，往往引发歧义。因此，我们在说话之前，一定要考虑周全，脱口而出的话，往往会得罪别人。

摆脱"两难"问题的困境

"两难"问题就是不论你回答"是"或"否"都可能给你带来麻烦的问题。面对这样的问题，先不要急于给出答案，一定要想好了再说。

一些让人难以回答的问题，经常会带有明显的挑衅色彩，这时候你可以采用同样的方式对它进行巧妙的回击。

　　　　乡间，一无赖站在十字路口拦住一位过路的姑娘："你说，我是要往东去，还是要往西去？猜中了就放你走。"

　　　　对此，姑娘怎么答都不会对，因为他的问话不排中，并非非此即彼，还有南和北。这时，姑娘掏出手绢揉成一团："女士优先。请让我先问你一个问题好吗？"无赖有恃无恐，便答应了。

　　　　姑娘便说："你猜猜，我这手绢是要丢向东边，还是丢向西边？"无赖当然同样不能答，只好让姑娘走了。

这位姑娘以其人之道还治其人之身，既维护了自己的利益，又有力地回击了对方的无理要求，可谓一举两得。

面对不同的对象，就要选择不同的回答方式，对待朋友的提问，你可以采用自嘲的方式，让问题偏向对自己有利的方面。

　　　　某先生酷爱下棋，但又好面子。一次与一高手对局，连输三局。别人问他胜败如何，他回答道：

"第一局，他没有输；第二局，我没有赢；第三局，本是和局，可他又不肯。"

乍一听来，似乎他一局也没有输；第一局他没输，不等于我输，因下棋还有个和局；第二局我没赢，也不等于我输，还有和局嘛；第三局也不等于我输，本是和局，可他争强好胜，我让他了。

这样的回答，就要比直接说："我输了三局"要高明得多。

在一些特殊情况下，面对一些复杂问语，也要三思而后作答，否则，很容易就会掉进别人的陷阱里。

一次邻居盗走了华盛顿的马。华盛顿和警察一道在邻居的农场里找到了马，可是邻居硬说马是自己的，不肯把马交出。

华盛顿想了一下，用双手将马的双眼捂住说："既然这马是你的，那么，你说出它的哪只眼睛是瞎的？"

"右眼。"邻居回答说。华盛顿把手从马的右眼离开，马的右眼光彩照人。

"啊，我弄错了，"邻居纠正说，"是左眼！"华盛顿把左手也移开，马的左眼也光亮亮的。

"糟糕！我又错了。"邻居为自己辩解说。

"够了够了！"警察说："这已经足以证明这马不属于你！华盛顿先生，我们把马牵走吧！"

邻居为什么被识破？因为华盛顿善于利用思维定式，先使邻居在心理上认定马的眼睛有一只是瞎的，这在心理学上被称作"沉锚效应"。

邻居受一句"它的哪只眼睛是瞎的"暗示，认定了"马有一只眼睛是瞎的"，所以，猜完了右眼猜左眼，就是想不到马的眼睛根本没瞎，华盛顿只不过是要让他当场现原形。

复杂问语就是这种利用"沉锚效应"，隐含着某种错误假定的问语。对这种问语，无论采取肯定还是否定的答复，结果都得承认问语中的错误假定，从而落入问者圈套。

如一个人被告偷窃了别人的东西，但又死不承认偷过。这时审问者便问："那么你以后还偷不偷别人的东西？"无论其回答"偷"还是"不偷"，都陷入审问者问语中隐含的"你是偷了别人的东西"这个错误假定中。

对这类问题，不能回答，只能反问对方，或假装糊涂，不明白对方问语的意思。

要想恰当地回答好别人提出的问题，就要多动动脑子，争取摆脱"两难"问题的困境，掌握谈话的主动权，如果不假思索，凡事脱口而出，通常只会给自己带来很多难于解决的问题和麻烦。

第四章
多用赞美去打动人心

　　每一个人都喜欢别人的赞美，一句赞美的话可以让成功人士百尺竿头更进一步，也可以让悲观失望的人恍然猛醒、奋起直追。确实，赞美的力量是不可小视的，它不仅能够给人送去温暖和喜悦，带来心灵的满足，还能激发人们内在的潜力，改变人的一生。

懂得真心的赞美他人

不论是国内还是国外，无论是昨天、今天，还是明天，如果谁学会了适时、适当、真诚地赞美别人，我们可以夸张一点地说，他就相当于具备了一定的领导艺术。

学会赞美，助你成功

众所周知，在我国古代著名文学家司马光所著的《资治通鉴》一书当中、赤壁之战篇里就讲了发生于公元208年的赤壁之战：

当时的吴主孙权面临江北大敌曹操，胜败胸中无数。可以说，只有大都督周瑜和鲁肃是替孙权设身处地考虑江山社稷危难的，也是有这份能力的。

朝堂之上，当孙权听了周瑜的敌我优劣形势分析之后，"因拔刀斫前奏案曰：诸将吏复有言当迎操者，与此案同"，由此而奠定了联刘抗曹的决心与增强了必胜的信心。当时孙权大喜，便立即赞美周瑜曰："君言当击，甚与孤合，此天以君授孤也。"

是夜，周瑜复见孙权，进一步分析敌我双方的力量与长短，提出应如何抗敌方为上策，孙权又赞美周瑜曰："公瑾，卿言至此，甚合孤心。独卿与子敬与孤同耳，此天以卿二人赞孤也。"

一曰授孤，二曰赞孤，可以试想一下，不论是谁听了心里都会热乎乎的。由此完全可以做出这样判断：正是因为孙权具有适时、适当、真诚地赞美别人的艺术魅力，从而才使得周、鲁二人的军事才能得到了充分的发挥，而吴国也自上而下地出现了"君臣团结、共治曹操"的大好局面。

周瑜要精兵五万请求争战，孙权说："船、粮、战具俱办，卿能办之者诚决，邂逅不如意，暂还就孤，孤当与孟德决之。"

在此处，孙权给予了周瑜足够的余地，并且还进明了如果打不胜仗的话，并不是你周瑜的过错，是孙权自己与曹孟德之间的事情，而且更为明确地表达了孙权自己的决心："孤与孟德决之。"这不能不使曹操对其儿子们深有感慨地说："生子当如孙仲谋。"

谦受益，满招损。你懂得去称赞别人，说明你是一个谦虚的人，是一个胸襟宽厚的人，是一个见多识广的人。

社会中的每一个人都喜欢被颂扬，因为那是对自己的肯定，每一个人都不喜欢遭贬诉，因为那是对自己的否定。

每一个人都不喜欢唱反腔的人，因为他会使你在前进的时候感到是一种障碍，你老是想清除他。可是称赞你的人就不一样了，他会使你产生自信，会使你感到自己是一个有用之才。

学会称赞别人，会让你拥有很多的朋友。别人会感到你是一个容易接近的人，是一个谦虚的人。谁喜欢狂妄的人呢？没有，谁都不会去喜欢那些狂妄的人。

学会称赞别人，得到利益的都是你自己。你会拥有更多的朋友，别人也心甘情愿的来靠近你，帮助你，给你出主意，想对策。这些人在你的成功道路上一定会助你一臂之力。

学会称赞别人，会让你逐渐地成为一个宽容的人，开朗的人，会使你越来越随和，会使你慢慢地成为一个个性完善的人。学会称赞别人，还会使紧张的关系很快的融洽起来，或许刚才还是你的对手或者是反对者，但是在下一时刻，或许他就会对你和颜悦色成为无话不谈的朋友。

称赞别人与奉承以及拍马屁完全是两码事。懂得去称赞别人的人是智者的行为，是迈向成功道路的关键。而奉承、拍马屁，这些都是小人的举动，是为了谋取私利，满足私欲，这样的人不可能去无私奉献社会，更不可能去乐于助人的。

那么，该如何去称赞他人呢？首先在当你表示赞同的时候，你一定要说出口，只用暗示是不够的。要说"我同意您的看法"或者是"您说得很对，我完全赞同"，再或者是"您的话很有见解"等等类型的话。

其次在当你对某人有意见不想去称赞他的时候，也不要当着很多人的面去指出来或者是责怪他，因为这样很容易得罪一个人，而这个人或许就是你以后前进中的一个帮手，假如你得罪他的话，就会成为你成功道路上的一个障碍。

赞美是人生的一大财富

成功的道路上往往是不平坦的，甚至是曲折、动荡的，在这个时候，你更应该学会做一个谦虚、谨慎、随和、宽容的人。学会去称赞别人吧！这样对你来说是一大财富！

赞美别人，对我们来说，有时或许是一种应酬、一种需要，但有时其实也是在赞美自己。赞美固然使他人心情愉悦，也能使自己从中获益，但是赞美人也是需要有技巧的。赞美是每一个人对美好事物和美好行为的褒扬性评价。

赞美可以激发出一个人的自豪感和成就感，营造完美的心境，增生进取的动力。而赞美者在赞美、鼓励别人的同时，也会将自己身旁的关系改善，增添自己的生存智慧。

美国著名心理学家威廉·詹姆斯曾经说过："人类本性上最深的企图之一是期望被赞美、钦佩、尊重。"渴望得到别人尊重和赞美，是每一个人心灵中的一个心愿。

懂得赞美别人，就好像用一支火把照亮了别人的生活，也同时照亮了自己的心灵，有助于发扬被赞美者的美德以及推动彼此友谊完美的路途，还能够消除人际间的龃龉和怨恨。赞美别人是一件好事，但是绝对不是一件容易的事情。赞美别人时如不审时度势，不掌握一定的赞美技巧，尽管你是出自内心的，是真诚的，也会将好事变为坏事。

赞美人的几个技巧

（1）看人而赞：茫茫人海，人的素质都有高有低，有年长年幼之别，因人而异，突出个性，有特点的赞美要比一般化的赞美获得更完美的效果。

年长的人总渴望他人不忘记他"想当年"的业绩和雄风，同其交流的时候，可多称赞他引为自豪的过去；对年轻人不妨语气稍为夸张地赞扬他的创造才能和开拓精神，并举出几点实例证明他的确能够前程似锦。

赞美经商的人，你可以赞美他头脑灵活，生财有道；赞美有地位的干部，你可以赞美他他为国为民，廉洁清正；赞美知识分子，你可以赞美他知识渊博、宁静淡泊……但是要记住一点，赞美不要虚夸，一定要有实据可依。

（2）心诚才赞：每一个人虽然都爱听赞美的话，但并不是每一句赞美的话都可以让对方开心。能引起对方好感的只能是那些基于事实、发自内心的赞美。恰恰相反，你如果无根无据、虚情假意地赞美别人，他不仅会感到你莫名其妙，更会觉得你油嘴滑舌、诡诈虚伪。

比如，当你看到一位其貌不扬的小姐，而你却对她说："你长得真漂亮。"对方马上就会认定你所说的是虚伪之至的违心之言。但如果你着眼于她的服饰、谈吐、举止，发现她这些方面的出众之处并真诚地赞美她，她肯定会很开心的就接受了。

真诚的赞美不仅仅会让被赞美者产生心理上的快乐，还能够让你经常发现别人身上的优点，从而让自己对人生持有乐观和欣赏的生活态度。

（3）翔实具体：在日常生活中，人们有非常好成绩的时候并不多见。所以，在交谈的过程中应该从具体的事件着手，善于发现别人，尽管是微小的长处，也要不失时机地予以赞美。赞美用语愈翔实具体，就可以体现出你对对方越了解，对他的长处和成绩越看重。让对方感觉到你的真挚、亲切和可信的，你们的距离也就会因此慢慢地靠近。

如果你只是含糊其词地赞美对方，说一些"你工作得非常好"或者是"你真是一位卓越的领导"等空泛飘浮的语句，不仅不能够勾连起对方的认同感，最可怕的后果是让他人对你产生不必要的误解或者是信任危机。

（4）合乎时宜：赞美的效果取决于时机行事、适可而止，真正做到"美酒饮到微醉后，好花看到半开时"。

当别人准备做一件有意义的事情的时候，开头的赞美能鼓励他下决心做出好成绩，中间的赞美有益于对方再接再厉，结尾的赞美则可以肯定成绩，指出进一步的努力方向，以此达到最佳时机赞美的效果。

（5）雪中送炭：俗话说："患难方可见真情。"需要赞美的人并不是那些早已功成名就的人，而是那些因被埋没而产生自卑感或身处困境的人。在他们的世界中听到一句赞美的话很难，一旦被人当众真诚地赞美，他们就有可能振作起来，大展宏图。所以，最有效果的赞美并不是"锦上添花"，则是"雪中送炭"。

（6）别致新颖：赞美不要跟在别人的后面赞美，鹦鹉学舌，那样做只会落入俗套，不会有新意。

巴尔扎克曾说过这样的话："第一个形容女人为花的人，是聪明人；第二个这样形容的人，就一般了；第三个再将女人比喻为花的人，纯粹是笨蛋。"

这句话说的就是要求我们要善于挖掘，善于从特殊的视角出发，察别人所未察，说别人没有说过的话。这样做才可以发觉新的亮点，才会有新的创意，才会给别人留下深刻的印象。

（7）兼顾多数：我们在赞美某一个人的时候，还要考虑和兼顾到其他在场人的心理感受。好比几个人在一起只赞美其中的一位，你可以找一些客观因素，这样做在场的其他人也不会感到很没面子。好比在两个人之间赞美其中一位，就要注意一下表达的技巧。

比如：甲做的没有乙做得好，不如说：乙做得是最好的。这两种表达方式对于乙来讲影响都是一样的，对于甲来讲那么就大不一样了。第一种表达方式会影响到甲的自尊心，而第二种表达方式会让甲的心理感受好上很多。

除了这些之外，赞美并不是一定要用那一些固定的语句，见什么人都说"好……"在有的时候，投以赞许的目光、做一个夸奖的手势、送一个友好的微笑，这些也可以获得意想不到的赞美效果。

我们生活在这个世间，就要学着去接受这个世界的一些规则，除了一些必须的物品之外，我们还需要一些精神物质上的东西来满足自己。那样我们的人生才会趋于完美。

比如一句简单的问候，一句无意的赞美，都会让我们从心里产生满足感，有时候幸福就是这么简单。生活中的每一个人，都有着被人肯定、被人赞美的心理，这是人的社会性所决定的，无知的孩童是这样，懵懂的少年是这样，沧桑的老者也是这样。

在与他别交流的过程中，适时地加入恰当的赞美的语句，会有"美言一句夏日爽"的效果，会让其成为传递友谊的信号。赞美他就是一门学问，他包含了无数的奇妙。

用你的口才去赞美敌人，你的敌人就会变成你的朋友，用你的口才去鼓励你的朋友，朋友会成为手足。好口才能够摧毁困住人们心灵的高墙，粉碎那充满怀疑和仇恨的围墙。你想要架一座通向人们心灵的桥梁，你想要所有人都喜欢你，那么你就要拥有一副一开口说道人心窝里的好口才。

一次开心的交流，能够产生很多好的结果，能够为你赢得尊重、信任、友谊、好感，可以缩短你与他人之间的距离，能够实现你心目中的目的。要想让交谈成功，除了有最基本的谈话内容之外，你还得学会交谈的艺术，让你的事业飞黄腾达。多为别人说一些赞美的话，你就自然会得到人们的喜欢，而你也会从中得到更加多的利益。

在赞美别人的时候要注意选择好时间，而不要时隔太久。及时地去赞美别人，往往能够取得最佳的效果。特别是当众及时的赞美别人，这样的效果会更好。但是当众赞美别人，一定要得体，而不要让被赞美者感到有任何尴尬。

赞美对方时切记要抓住对方的心理，千万不要无的放矢，胡乱的赞美只会让事情越来越糟。只有把握住对方的脉搏，才能知道他此时的心情和需要，才能够给予别出心裁的赞美。

总之，每个人的生活和工作之中都有他们各不相同的"成就"他们最为得意之处，我们只要及时发现他们，并加以诚恳的赞扬，定能大大加深双方的"知心度"。

赞美满足人的爱美之心

生活中我们需要赞美别人，真诚的赞美，于人于己都是一缕玫瑰的芳香。对于别人来说，他的过人之处，由于你的赞美而变得更加光彩；对于自己来说，你已经被他人的优点和长处所吸引。

19世纪时期，奥地利维也纳上流社会的美女流行一种遮颜的篷帽，这使人们难以区分老年妇女和中青年妇女，在一些宴会上常常出现尴尬的局面。

在一次晚宴上，主持人想出了一个妙招，他对女士们说："为了照顾中老年女士，请年轻的女士们脱下你们的帽子。"主持人刚说完，灯光下已经露出许多俊俏的脸。

这个主持人非常高明，他非常准确地把握住了"爱美之心，人皆有之"这条真理。中老年女士不愿脱帽，是因为怯于她们的年老颜衰被人看到，所以让她们脱帽即有伤大雅，而年轻女士风华正茂，应该极力展现美丽的外貌。

既然你们都爱美，那么就让你们去美吧！主持人用隐晦的方式满足了在场两个群落的爱美之心。

美国心理学家威廉·詹姆斯说："人类本性上最深的企图之一是期望得到称赞。"渴望赞美是深藏于人们心中的一种基本需要。人人都有闪光的地方，或许没有被发现，或许羞于启齿。中国人的骨子里头多多少少地遗留着儒家的谦恭之气，道家的不争之德。像维也纳的青年女士们把美罩在面纱帽中一样自我陶醉，孤芳自赏，其实心里总是希望别人合理地把自己的"美""揭发"，让风采普照周围。但是却无形中慑于世俗的礼节，囿于当下的风雅。

但不管怎样，在灯光下，当维也纳年轻女士在为自身美的解放心中暗喜时；老年的女士们也将自己的老丑罩在纱中时；主持人为自己的成功感到骄傲时，我们可以想象：这赞美给整个环境带来了多少的愉悦！

赞美的重要之处就在于我们都会从中得到一缕玫瑰的香味。如果你是像上面说的主持人一样的角色，那么你就满足了别人隐蔽的渴望，或许鄙人的喜悦会使你获得一点欣慰，但你更应该清楚：你塑造了一个成功者的形象于他人心中，已经足够了。赞美是沟通人类爱美天性的契机。你想通过发掘爱来使自己游刃有余获得成功吗？首先，学会赞美，你成功后使会实实在在地叹服于它的巨大威力。

用赞美表达你的敬意

赞美有直接赞美和间接赞美两种，直接赞美是生活中比较常见的赞美方式，即将自己的赞美之情直接说过对方听，而间接赞美则通过一定的中介，将自己的赞美之情表达出来，它比直接赞美更具有说服力。

假借别人之口来赞美一个人，可以避免因直接恭维对方而导致的吹捧之嫌，还可以让对方感觉到其所拥有的赞美者为数众多，从而心里获得极大的满足。在生活在中，要善于借用他人，特别是权威人士的言论来赞美对方，此达到间接赞美他人的目的。

权威人士的评价往往最具说服力，因此引用权威言论来赞美对方是最使对方感到骄傲与自豪的，如果没有权威人士的言论可以借用，借用他人的言论也会收到不错的效果。

1997年，金庸与日本文化名人池田大作展开了一次对谈，对谈的内容后来辑录成书出版。在对谈刚开始时，金庸表示了谦虚的态度，说："我虽然跟过去与会长对谈过的世界知名人士不是同一个水平，但我很高兴尽我所能与会长对话。"

　　池田大作听罢赶紧说："你太谦虚了。你的谦虚让我深感先生的'大人之风'。在您的七十二年的人生中，这种'大人之风'是一以贯之的，您的每一个脚印都值得我们铭记和追念。"

　　池田说着请金庸用茶，然后又接着说："正如大家所说'有中国人之处，必须金庸之作'，先生享有如此盛名，足见您当之无愧是中国文学的巨匠，是处于亚洲巅峰的文豪。而且您又是世界的'繁荣与和平'的香港舆论界的旗手，真是名副其实的'笔的战士'。

　　《春秋左传》有云：'太上有立德，其次有立功，其次有立言，是之谓三不朽。'在我看来，只有先生您所构建过的众多精神之价值才是真正属于'不朽'的。"

池田大作真不愧一位文化名人，在赞美他人时也独有高招，在这里他主要采用了借用他人之口进行间接赞美的赞美方式。这里的"有中国人之处，必有金庸之作"，此外还有"笔的战士""太上……三不朽"等，都是一些经典言论，借助这些言论来称赞金庸，既不失公允，也恰到好处地赞美了金庸一番。这比起直接赞美金庸的文学成就显然要胜出好几筹。

另外，还可以用具体的事实来表达赞美之意。用讲述事实的方式进行赞美，从实际生活中选取实例，以此来证明对方的价值，把赞美之意寓于生动朴实的实例之中。事实胜于雄辩这样的赞美方式显得亲切生动，感情真挚，具有很大的震撼力，也不会让人产生肉麻、吹捧的感觉，因此更容易打动对方。

赞美他人，也可以采用与之相关的人与事。例如，赞美一位女性，你可以赞美他的孩子能干，有出息，也可以赞美她的丈夫出色，婚姻美满。因为男人的成功更多地体现在事业上，而女人的成功则更多地体现在婚姻上，不过也有少数人例外。

以此类推，赞美一位男子，你也可以通过赞美他的太太漂亮，贤惠，而达到赞美他的目的。澳大利亚的心理学家贝维尔说曾说过："如果你想赞美一个人，而又找不出他有什么会得赞扬之处，那么，你大可赞美他的亲人或和他有关的一些事物。"

当然，如果有必要，还可以让他人替你转达赞美之意。在日常生活中，背着他人赞美他往往比当面赞美更让人觉得可信。因为你对着一个不相干的人赞美他人，一传十，十传百，你的赞美迟早会传到被赞美者的耳朵里。

这样，你赞美的目的也就达到了。众所周知的廉颇与蔺相如的故事就体现了这种赞美方式所产生的重大作用。

俗话说："雾里看花花更美"。间接赞美比直接赞美更能够体现我们的诚意。不过，间接赞美时应顾及现场，如有旁人在场，措辞一定要掌握好分寸，以免弄巧成拙，使旁人产生难堪和嫉妒的心理。

赞美他人要从细节入手

当有人对我们高度评价的时候，我们往往很难抵御自己心中对这个人的喜爱。人就是有这种心理。如果我们善于把握这种心理，那么，我们就会大大方方地夸奖别人，赞美别人。

在这种时候，我们的夸奖与赞美，会对我们有利。当然，夸奖与赞美的时候，一定要做得真实可信，不要让人觉得你在故意谄媚。否则效果可能适得其反。赞美他人，要从细节入手，要抓住他人的闪光点。

真情需要赞美，而细微之中更容易显现真情，所以，有经验的人常常抓住某人在某方面的行为细节，巧施赞美和感谢。这样很容易博得对方的好感。其实对方之所以在细节上投入那么多的心思与精力，一方面说明对方对此重视，另一方面说明对方渴望这一部分努力能够得到别人的关注与赏识，能够得到应有的报偿与肯定。

因此，我们在交际中应善于发现细微处的用意，不失时机地以赞美和感谢来回报对方，这不但会带给对方巨大的心理满足，而且会加深彼此情感沟通和心灵默契的程度。

法国总统戴高乐在1960年访问美国时，在一次尼克松为他举行的宴会上，尼克松夫人费了很大劲布置了一个美观的鲜花展台：在一张马蹄形的桌子中央，鲜艳夺目的热带鲜花衬托着一个精致的喷泉。

精明的戴高乐将军一眼就看出这是主人为了欢迎他而精心设计制作的，不禁脱口称赞道："女主人为举行一次正式的宴会要花很多时间来进行这么漂亮、雅致的计划与布置。"

尼克松夫人听了，十分高兴。事后，她说："大多数来访的大人物要么不加注意，要么不屑为此向女主人道谢，而他总是想到和讲到别人。"可见，一句简单的赞美他人的话，会带来多么好的反响。

戴高乐贵为元首。却能对他人的用意体察入微，这使他成了一位格外受尊敬的人。面对尼克松夫人精心布置的鲜花展台，戴高乐没有像其他大人物那样视而不见，而是即刻领悟到了对方在此投入的苦心，并及时地对这一片苦心表示了肯定与感谢。戴高乐赞美的言语虽然简短，但很明确，尼克松夫人深受感动。

赞美他人的美好前程

美好的前途是人人都向往的，婴儿呱呱坠地之日起，就背负起了父母的殷切希望；从刚走进校门起，就开始立志成才，长大后要当医生、科学家、文学家、警察……长大成人步入社会后，每个人都会为自己的将来设计蓝图，前途是一个既遥远又具体的东西，既不能确定它是什么样子，又会在现实中找到些许迹象。

每个人都很注意别人对自己的前途的预测和评价，也正因为如此，才产生了到现在兴旺依旧的算命先生，在现代社会，虽然我们以科学破除迷信，但赞美他人的前途和未来，仍是赢得别人的一大技巧。

在父母面前夸其子女有出息，将来准成大器，全家都会满心喜悦，甚至把话当真。

赞美一个人的前途会使他备受鼓舞，信心十足。同时你的权威形象也无形中塑造起来，将来他成功之日，他的大脑中第一个闪现的形象很可能就是你当年的样子。

这就是我们经常说的"一句好话三冬暖"。如果说赞美他人前途是暖及三冬之举，那么在一些特殊的场合抓住他人生活中的一些细枝末节加以粉饰就是更高一着的险奇之道了。日本著名心理学家多湖辉先生在一本书里举了这么一个例子：

> 有位杂志社的记者，有一次去采访一位地位很高的财经界人士。话匣一打开，就首先称赞对方的经济手段如何高明，继而想打听一些成功的奥秘。但由于这是初次采访，不能很快接触到问题的实质。
>
> 这时，那位记者灵机一动，将话题一转，说道："听说贵经理在业余时间很喜欢钓鱼，在钓鱼方面也是行家里手。在下偶尔也喜欢钓钓鱼，不知道你是否可以介绍一些这方面的经验？"
>
> 那位大人物一听此话，笑脸顿开，侃侃谈起钓鱼经来。结果不消说，宾主双方俱欢，尔后采访中自然方便不少。

从这位大人物的心态来看，因为所处的地位，有关经营方面的"高帽子颂歌"已经听得耳根生茧了。而这个记者想到人物的另一面，从该大人物的业余生活开始入手，最后完满地达到预期目的，其手段令人叹为观止。

在这个例子中，我们可以看到得体的赞美行为的确威力无穷，可以自然地减轻我们交际的阻力。

> 包拯就任开封知府后，要选一名师爷。经过笔

试，包拯从上千人中挑选了十个很有文才的人。第二个程序是面试，包拯把他们一个跟一个叫进去，随口出题，当面回答。

包拯面试题目出得也很别致，前面九个一一进去后，包拯指着自己的脸对他们说："你看我长得怎么样？"那九个人抬头一看包拯的脸庞，吓了一跳：头和脸都黑得如烟熏火燎一般，乍一看，简直就像一个黑坛子放在肩上；两只眼睛大而圆，瞪起来，白眼珠多，黑眼珠少。

他们想：如果把他的模样如实讲出来，那他一定会火冒三丈，那还能当师爷，说不定还会遭一顿打呢！不如循守常道，恭维一番，讨他个喜欢。于是一个个恭维他眼如明星，眉似弯月，面色白里透红，纯粹是一副清官相貌。气得包拯将他们一个个赶走了。

第十个应试者进来了，包拯也问相同的问题。那个向包拯打量了一番，说道："老爷的容貌嘛！……""怎么样啊？""脸如坛子，面色似锅底，不仅说不上俊美，实在该说是丑陋无比，特别是两眼一瞪，还有几分吓人呢？"

包拯一听，故意把脸一沉，喝道："放肆，你竟敢这样说起本官来了，难道就不怕本官怪罪于你吗？"

那人答道："老爷您别生气，小人深信只有诚实的人才可靠，老爷的脸本来就是黑的，难道别人说一声美就变美了吗？老爷虽然相貌丑陋，但心如明镜，忠君爱国，天下人皆知包青天的美名，难道老爷没有见过白脸奸臣吗？"

一席话说得包拯心中大喜，即日便任命他为师爷。

这个"应聘"者之所以成为十个顶呱呱的才子中的幸运者，是因为他的赞美更加有远见，足见其洞察力不一般，通过对他人真诚的赞美，由缺点推到优点，最终成为赞美他人的受益者。赞美就像武侠小说中描绘的无影手，隐身法，能在自然的程序中毫不矫揉造作地制胜，的确是大智若愚、高瞻远瞩之举。

赞美不能脱离实际情况

意大利剧作家哥尔多尼曾说过："过分的赞美会多成阿谀。"因此在赞美他人时一定要坚持适度的原则。夸奖或赞美一个人时，有时候稍微夸张一点更能充分地表达自己的赞美之情，别人也会乐意接受。但如果过分夸张，你的赞美就脱离了实际情况，让人感觉到缺乏真诚的东西在里面。因为直接的赞美是比较朴实的，发自内心的。只有恭维，讨好才是过分夸张和矫揉造作的。而这些又往往会引起人恶心。

人人都渴望得到他人的赞美，但却不是人人都喜欢夸张的恭维。而现实往往又是相互矛盾的。菲力普有一句名言是这样说的："很多人都知道怎样奉承，但很少有人知道怎样赞美。"在现实生活中，越是知识层次高、品位高、素质高的人、越不喜欢夸张的恭维。

赞美他人的正确态度应该是实事求是，朴素真诚的。因为大凡有涵养的人，都比较喜欢自然朴实的赞美。费孝通与夫人王同惠一段往事演绎了一个很生动的故事。

1933年，在燕京大学社会学系的同学聚会上，王同惠和费孝通就人口问题发生了一次争论。费孝通为了说服她，就把一本关于人口问题的书作为圣诞礼物送给了王同惠。

王同惠后来对费孝通说："是你的这件礼物打动了我这颗'凡心'，觉得你这个人不平常。"

费孝通听后很自豪，赞叹自己遇到了知己，他后来说："这个评价成了我们两个人的结合剂，也就是牵引了我们两人一生的这根线。一个赏识'不平常'的人，而以此定情的人，也不可能是一个平常的人。"

后来，费、王二人结为金兰之好。这两个人对于对方的评价都只有三个字"不平常"。没有华丽的辞藻，也没有夸张的言辞，但却深深地打动了彼此。

过分的夸张对于被赞美者来说，也是有百害而无一利的。高尔其曾经说过："过分的夸奖一个人，结果就会把人给毁了。"

因为过分的夸奖，往往会使被赞美者不思进取，误以为自己经已是完美无缺了。从而停止了前进的脚步。众所周知的方仲永，小时候因为天资聪慧，于是别人就称其为天才，其父则四处带他去走访宾客，结果至其长大以后，才能"泯然众人矣"。跟别的人没有什么两样了。

俗话说："金无足赤，人无完人。"没有一个人是十全十美的。在赞美他人时切忌夸张恭维，要做到这一点，首先必须端正态度，不要将赞美与溜须拍马混为一团；其次赞扬对方的同时，不要忽视了他的缺点和不足，最好能把鼓励与赞美结合起来，这样才能充分发挥赞美的积极作用。

第五章
谈判和辩论制胜艺术

　　人生是谈判的艺术，你整天都在谈判，不仅是为工作，还要与你遇到的各式人物进行谈判，如与你的老板、雇员等。辩论也是一样，它每天都会发生在我们的生活中。掌握谈判和辩论的制胜艺术，对于我们事业发展和成功都有重大帮助。

恰当地运用谈判技巧

在谈判的过程中，谈判的语言技巧运用得好，不仅能够赢得期望的谈判效果，还可以带来营业额的高增长。如："这份合约，你们今天实施还是明天实施？"这样，对方会被套入圈套中被迫产生选择意愿，并会给以明确答复。

门铃响了，有一个衣冠楚楚的人站在大门的台阶上，当主人把门打开时，这个人问道："您家里有高级的食品搅拌器吗？"男人怔住了。这突然的一问使主人不知怎样回答才好。

他转过脸来和夫人商量，夫人有点窘迫但又好奇地答道："我们家有一个食品搅拌器，不过不是特别高级的。"推销员回答说："我这里有一个高级的。"说着，他从提包里掏出一个高级食品搅拌器。

接着，不言而喻，这对夫妇接受了他的推销。

假如这个推销员改一下说话方式，一开口就说："我是×公司推销员，我来是想问一下，您是否愿意购买一个新型食品搅拌器。"这种说话的推销效果会如何呢？

在营销谈判中，谈判的语言技巧运用得好可带来营业额的高增长。某商场休息室里经营咖啡和牛奶，刚开始服务员总是问顾客："先生，喝咖啡吗？"或者是："先生，喝牛奶吗？"其销售额平平。

后来，老板要求服务员换一种问法，"先生，喝咖啡还是牛奶？"结果其销售额大增。原因在于第一种问法容易得到否定回答，而后一种是选择式，大多数情况下，顾客会选一种。

你想到一家公司担任某一职务，希望年薪2万元，而老板最多只能给你1.5万元。老板如果说"要不要随便你"这句话，就有攻击的意味，你可能扭头就走。

如果老板换句话对你说："给你的薪水，那是非常合理的。不管怎么说，在这个等级里，我只能付给你1万元到1.5万元，你想要多少？"很明显，你会说"1.5万元"，而老板又好像不同意地说："1.3万元如何？"你继续坚持1.5万元，其结果是老板投降。

从表面上来看，你好像占了上风，沾沾自喜，却不知道老板运用了选择式提问技巧，让你自己放弃了争取2万元年薪的机会。

谈判中，要用选择性问句让对方做决定，无论他选的是哪一个，都是你所期望的！

在谈判中，要善于察言观色。伯明翰大学的艾文·格兰特博士也说："要留心椭圆形的笑容。"这是因为这种笑不是发自内心的，即皮笑肉不笑。手势、动作等无声语言传递信息的这种方式，其信息的发出者有时是难以控制的。

因为语言本身是人们有目的、有意识地发出的，而姿态和动作虽然人们也可以有意识地去控制它，但它们更多的是处在人们无意识之中，或是下意识之中进行的。这种无声语言所传递出的信息，比用有声的语言传递出的信息更为敏感。

观色重要，察言也一样重要。不可轻视无声的语言，但更要重视有声语言。莫里斯说过："要做一个善于辞令的人，只有一种办法，就是学会听人家说话。"

谈判中的听是谈判家了解和把握对方的立场观点的主要手段和途径。只有在清楚地了解了对方立场和观点的真实含义之后，才能正确提出己方的方针和对策。

看和听并不是观察判断力的全部，关键在于对所见所闻的信息做出正确、迅速的判断。否则，视而不见、听而不闻，亦起不到什么效果。

比如说，在法庭上，一个法官对他面前的律师或原告人、被告人眨一眨眼睛，皱一皱眉头，都会使对方神经高度紧张。他们的大脑会立即高速运转，对法官用动作和姿态传递的信息做出分析、判断和解释。而实际上很可能是这位法官大人眨一眨眼睛、皱一皱眉，是因为风将一粒沙子吹进了眼睛，或者是他在审理案子时有这么个习惯，并不传递什么信息。

可见，在谈判时，对所见所闻的信息做出分析和判断，具有很重要的意义。

营造良好的谈判气氛

谈判开始，每个谈判者进入自己的角色，就步入谈判的第一阶段，即导入阶段，即谈判双方进入具体交易内容讨论之前，见面、介绍、寒暄以及就谈判内容以外的话题进行交谈的那段时间。

导入阶段虽然只占整个谈判过程的一个很小的部分，而且似乎与整个谈判的主题无关或关系不大，但事实上它却非常重要，一个真正的谈判高手能在这段短短的时间里为整个谈判奠定良好的基础。

由于谈判即将进行，双方都会感到有点紧张，因而，需要一段时间来调整与对方的关系。这段时间要持续多久呢？专家建议，应占整个谈判时间的5％。也就是说，如果洽谈准备1个小时，导入时间为3分钟；如果谈判准备持续几天，最好在开始谈生意前的某个晚上，一起吃一顿饭。

如果是以小组而不是个人为单位进行洽谈，那么，掌握好建立谈判气氛的时间，其意义更为重大。一般而言，在人数较少的时候，才能建立起较为积极的气氛。

例如分别由四个成员组成的两个小组，第一次会面时，大家首先忙于互做介绍和握手，此时可能显得十分混乱，不会有什么真正的言谈交流。

几秒钟之后，由于相互之间不熟悉，除了双方主谈者偶尔发出的声音以外，其他人一般都会选择沉默，结果是大家十分尴尬地站在那里无所事事。

在这种情况下，最好把八个人分为二到三个小组，每个小组都有双方的人。在比较小的范围内，人们可能也的确可能立刻开始小声交谈。这种友好的交谈声是这八个人共同发出的，因而会立即使人感觉到热烈的气氛。

建立一个良好的谈判气氛是导入阶段的根本目的。当然，谈判的气氛不仅受最初几秒钟内发生的事情所影响，而且还受到双方见面之前的交往情形，以及洽谈中彼此接触情绪的影响。但是，开始见面形成的印象，比相见前形成的印象强烈得多，甚至会很快地取代以前的印象。

在研究影响谈判气氛的方法之前，必须先确定到底需要建立怎样的一种谈判气氛。心理学告诉我们，气氛能够影响人的情绪，而情绪具有两极性，其中一种表现是激动或平静。当我们与人交流思想的时候，必须把上述问题作为一个前提来考虑。

在对方愤怒、反感、焦虑、狂热的时候，首要的任务是让他安静下来，即从激怒状态回复到安静的情绪状态中，那才可以使对方的理智能够持续地活动。所以，如果碰到对方心境不好时，决不能与他谈实质性的话题，而要改换一些能使对方心境恢复平静的话题。在此情形下，佯装不知对方心境，拉拉家常，说些赞美话，就是非常明智的策略了。

20世纪30年代，美国费城电气公司的威伯到一个州的乡村去推销用电，他到了一个富有的农家，开门的是个老夫人，一见是电气公司的代表，就一下把门关上。威伯再次叫门，门勉强开了一条缝。威伯说："很抱歉打扰了您，我也知道你们对用电不感兴趣。但我这次并不是来推销电，而是来买几个鸡蛋。"

老夫人消除了一些戒意，把门开大了一点，怀疑地探出头来望着威伯。威伯继续说："我看见你喂的道明尼克鸡种很漂亮，想买一打新鲜的鸡蛋回城。"

听到他这样说，老夫人把门开得更大一些，并问道："你为什么不用城里卖的鸡蛋？""因为"，威伯充满诚意地说，"城里卖的蛋是白色的，做起蛋糕不好看，我的太太希望我能买些棕色的蛋。"

老夫人走了门口，态度温和了许多，并和威伯聊起鸡蛋来。威伯指着农场里的牛栏说："夫人，我敢打赌，你丈夫养牛赚的钱一定比不上你养鸡赚的钱多。"

老夫人被说得心花怒放，她告诉威伯，长期以来，她丈夫总不承认这个事实。她立即把威伯视为知己，并带他到鸡舍参观。威伯边参观，边向老夫人请教养鸡的经验，然后不经意地说道，如果能用电灯照射，鸡产的蛋会更多。

老夫人似乎不那么反感了，反而问威伯，用电是否合算。当然，她得到了完满的解答。两个星期后，威伯收到了这位老夫人交来的用电申请书。

良好的导入、融洽的气氛是谈判顺利进行的基础。谈判气氛往往在双方开始会谈的一瞬间就形成了。形成谈判气氛的关键时间是短促的，甚至是极为短暂的，可能只有几秒钟，最多也不超过几分钟。实际上，当双方准备一起洽谈时，气氛就已经形成了，而且将会延续下去，以后便很难改变。

因为此时，热烈或冷漠、合作或猜疑、友好或防范等情绪已经出现了，所表现的行动不是轻松便是拘谨；谈判的形式也已经确定：谁发言、说多少，双方的策略已经明晰，甚至已逐渐达到知己知彼的程度。

有时，在谈判过程中，气氛会转换发展。但是，洽谈之初建立的气氛是最关键的，因为这种气氛奠定了谈判的基础，其后虽然会有变化，但不会明显地朝着积极的方向发展，当然这也是有可能的，不过你最好不要对此抱有太大希望。

开始时建立起来的良好谈判气氛可能在谈判过程中逐渐恶化，谈判者必须在整个洽谈过程中采取积极的措施，防止这种情况的发生。但是，建立良好的谈判气氛，关键还是在开始阶段。因此，谈判者要着重认真研究谈判开始阶段所发生的事情，研究应该采取怎样的行动，以建立一个良好的谈判气氛。

一般而言，大多的谈判，都希望能"达成和谐共识"。取得相互合作的洽谈气氛，需要有一定的时间。因此，不能在谈判开始不久就进入实质性谈判。首先要花足够的时间，使双方协调一致，即协调敌我的思想和行动。见面伊始，双方握手致意。握手应由主人、年长者、身份高者、妇女先伸手。握手时应双目注视对方，微笑致意，不要眼睛看着别的地方。

见面后，双方应互做介绍。介绍可由第三者介绍，也可自我介绍。介绍时，做法要自然，讲清姓名、身份、单位。为他人介绍时，还可说明与自己的关系，以便于对方了解。

介绍的先后次序是：先把身份低、年轻的介绍给身份高、年长的，把男子介绍给妇女。介绍时，除妇女和年长者外，一般应起立；但在宴席、会谈桌上不必起立，被介绍人微笑、点头以作表示。

谈判开始时的话题最好是轻松的。比如，双方可以随便聊聊这些内容：

一是会谈前各自的经历。曾到过的地方、接触过的人等。比较轻松的话题还有球赛、股市信息、高尔夫球等，甚至早上的新闻摘要。二是私人问题。表现出真正关心他人的情况，不带任何威胁的语调。例如，开始可以这样说"你好！"，然后谈一些仅限私人间的话题如"这个周末我钓鱼去了。我很喜欢钓鱼，你周末是怎么度过的？"三是对于彼此有过交往的，可以先叙谈一下以往经历和共同获得的成功。这样的开场白可以使双方找到共同的话题，为心理沟通预先做好准备。

你也可以从下面几个方面来选择开始时的话题：

一是由对方的名片中找话题。对方名片上的头衔、职位、地址等都可引出话题。二是从对方的房间、公司内部环境或公司外部环境下手，引出话题。三是从自己在报纸、刊物或电视、广播中听到或见到的关于对方或对方公司的有关消息展开话题。这些资料，在会客前一般是经过精心查找和准备的。四是以介绍人为话题。可以利用介绍人来和对方拉关系，使对方有"一见如故"的感觉。五是选择对方感兴趣的事或最近的新闻来加以评述，这也需要事前周密的准备。

另外，要善于互相交流。对方所说的话题，要善于承接，使其平安过渡到正题。尤其注意不要忽视对方的话题，不要自顾自地只说自己的，而不管对方如何。如果对方的话题被忽略，会令对方感到不快或不满。话题中有些禁忌不得不注意，不然会招致对方的不快、反感甚至勃然大怒，使谈判陷入僵局。

取信于人，争取主动

在谈判双方进行了告示阶段的沟通之后，谈判就步入了交锋阶段。交锋阶段是谈判过程中的最重要阶段。在这个阶段，谈判的双方从各自的利益出发，唇枪舌剑，左冲右突，竭力说服对手，使谈判朝着有利于自己的方向发展。

谈判的目的无非是为了获得自己想要的东西。在谈判桌上，各方谈判代表在每个问题上完全一致是不可能的，对立在所难免。谈判双方为了实现自己的利益，说服对手接受自己的意见，实力较量会在交锋阶段明显地表现出来。

交锋，对于谈判者而言，就好似两军对垒，是充分显示自己实力的时候。交锋的关键在于通过实力角逐说服对手接受己方的意见。"说服"一词，听上去似乎是这样一种方法：让别人去做他们不想做的事，或者让别人去相信他们不相信的事。

这是一种误解。因此有必要对此做些区别：说服不同于强迫，也不同于操纵。强迫意味着使用暴力或用武力改变其行为；操纵则是通过不老实或幕后指使的方式使别人的行为发生转化；而说服则是提出一些可以自由取舍的论据，以影响别人的信仰、价值观、态度或行为。

有一位先生打算给他的妻子买一辆汽车，但他没有急着去购买，他一直等待着，直到市场淡季的时候，他才开始在代理商中找寻着，看谁有多余的他所需要的型号的汽车存货。

他先后给三位汽车代理商打电话，询问他们最优惠的价格。大多数人都没有暴露自己，这是完全正常的，但是这位先生已感觉到在15万元的市场零售价下，他有可能压价4000元。然后，他打破了"如果要想得到的多，就要去找最上头"的原则，他随便走进一处只有一位店员负责的分店。

他向那位店员说道，他正要和一位给他非常特殊优惠的竞争者签约。他说，这竞争者有些多余的存货，急于把它们脱手。他还告诉售货员，随着利率上升，在库房中保留一辆汽车会付出很大代价。他说他相信不会找到比这更好的买卖了，并且准备转身就走。

谈话时，他尽力使得气氛轻松、愉快。这位店员问他究竟想便宜多少，他回答说8000元。店员请他暂时别做决定，等她请示一下她的经理。最后，这位先生如愿以偿地以比通常价格便宜7000元的价格买下了一辆汽车。

如果你想得到便宜的交易，你同样需要使卖方对你产生兴趣。如果你向对方要一本费用分类明细账，而他们竟然愚蠢地把它交到你的手上，你就可以采用以其之矛攻其之盾的对策了。

也许在哪个地方，也许由于某种原因，他们价格中会漏掉一点东西。你可以询问他们关于某些特殊功能所需要的费用，在对方没有告诉你之前，你必须耐心地等候。应该注意的是，在他们向你开价、给你费用分类账单的同时，你要拒绝提供任何东西。如果你不够谨慎，他们就会结束谈判。

假如对于对方的报价你一时难以立即做出适当的判断和回答，而对方又逼得比较紧的话，不妨采用拖延的技巧，为自己赢得时间来考虑。但是要注意不要把对方弄得太恼火，以至于他们认为你太难共事了。

因为，如果他们不再有兴趣与你打交道的话，你就不可能有好交易可做了。所以，一定要表现出个人的热情和温暖，保持一种良好的朋友关系，而千万不要让讨价还价把讨论弄得剑拔弩张。作为买方，一定不要将卖方敲打得太厉害了，否则卖方就会掘壕固守。

你应当巧妙地将对方在这一场交易中可能赢得的好处一份份地加到一起，并把这一点灌输到他们的意识之中。但是，如果通过对照发现双方所开条件和要求差距太大，我们仍可以拒绝对方的报价，也可以继续同对方谈判。

真情表述，打动人心

在商战中，有些事情仅仅依靠我们自己的力量去完成，是可望而不可即的，我们往往需要别人的帮助。要别人帮助你，就需要一套过硬的谈判功夫。人们常说："打鼓打在点子上"，谈判亦如此。只要你能说人家爱听的、喜欢听的话，即便是天大的难事，对方的心也会在瞬间化解而帮助你。

法国19世纪的作家左拉，其处女作《给妮侬的故事》的发表颇有一番波折。左拉捧着一叠书稿，先后光顾了三家出版商，向他们推销自己的作品，都吃了闭门羹。

于是，左拉又去找第四家出版商。左拉来到出版商拉克鲁瓦办公室的外面，他心里不禁打起退堂鼓来，担心再次遭拒绝。但是他一定要进去，维护自己的自尊，相信一定有人能赏识他的才华，于是他采取了果敢的行动。

左拉敲了拉克鲁瓦的办公室门，只听里边说："请进。"

左拉走进了拉克鲁瓦的办公室。拉克鲁瓦抬

起头看这个其貌不扬的青年人进来，手上捧着一叠书稿，于是他问："你是要出书吗？"左拉坦率地说："已经有三家出版商拒绝接受这部书稿，您是第四家出版商。"拉克鲁瓦愣住了，要知道从来没有一个作家会对出版商说自己的作品不受欢迎，如果这样，书稿肯定出版不了。可是，这个毛头小子居然一见面就坦率地说自己曾经碰过壁。

不过，左拉随后又补充了一句："但我相信我很有才华，您从这本书里完全可以看得出来。"拉克鲁瓦为左拉的坦率所感动，心想他不会是在吹牛吧？不妨先看看他写得怎样……

拉克鲁瓦发现左拉的确很有才华，又不自吹自擂，为人坦率，便决定为他出版《给妮侬的故事》这本书，并与左拉签订了长期的出版合同。

左拉很坦率地告诉拉克鲁瓦自己碰过壁，然后又强调自己很有才华，他的话打动了拉克鲁瓦，才成功地出版了《给妮侬的故事》。

谈判，最能验证一个人的语言表达能力和社交能力。口才出色的人，三言两语便能收到水到渠成之效；而言语木讷的人，吞吞吐吐半天，也难以打开公关之门。

在某种程度上说，谈判的成败，取决于一个人的语言能力。有了良好口才，就能打动人心，好口才是求人办事的法宝。谈判，说话是第一道关口。用委婉动听的话怡人之心，就会顺利打开对方的心理防线，使其心甘情愿地为你办事。

山不在高，有仙则灵；话不在多，贵在动心。语为情动，言为心声，口才是开启成功大门的钥匙，是现代人在竞争中立于不败的法宝。办事说话，滔滔不绝，不一定能把事办成，关键在于是否能把话说到点子上。在商业谈判中，怎么才能把话说到重点上呢？

一是善套近乎，沟通双方的情感。套近乎是交际中与陌生人、尊长、上司等沟通情感的有效方式。套近乎的技巧就是在谈判双方的经历、志趣、追求、爱好等方面寻找共同点，诱发共同语言，为交际创造一个良好的氛围，进而赢得对方的支持与合作。

二是说服力是谈判的利器。善于劝说，是一种极为可贵的能力。在谈判的过程中，若能掌握一些说服人的技巧，你的努力就会收到意想不到的效果。一个人的说服力并不是一个常数，它是可以用巧妙的表达技巧来增强的。

三是善于突破他人的心理防线。谈判就是要说服别人，而说服别人最大的一个障碍就是攻克对方的心理防线，消除对方由于对你的诚意表示怀疑而产生的戒备。否则，这道防线就像一堵墙，使你的话说不到他的心里去，甚至产生反感。

四是随机应变，巧转谈话的话题。随机应变是一种相当微妙的品质，很难精确地对其进行定义。但是毫无疑问，对那些渴望迅捷地在谈判中成就一番事业的人来说，这种品质是必不可少的。谈判毕竟是件难事，但如果掌握了技巧，善于随机应变，难事也就变得容易了。掌握了以上几条，相信你在谈判时，就一定会左右逢源。

投其所好，赞美长处

在谈判时，为了达成最后的目的，一定要运用谈判技巧，掌握谈判的主动权。尤其要注意的是，说话要顺着对方的心意，不可逆犯对方的忌讳和尊严。这就需要做到投其所好，多提些令对方得意的事情。否则不但达不到目的，反而会使自己处于非常尴尬的局面。

投其所好，真诚地赞美对方的长处，能使对方心情愉悦，拉近双方的距离，消除隔阂。然后再一步步地将自己的想法和盘托出，这样，就会用话语巧妙地引领对方一层层地听清你要说的话，对方也会心甘情愿答应你的谈判请求。

杰克是美国一家煤炭商店的推销员。这家商店生意虽然还算不错，但相邻的那家规模庞大的连锁商店，用煤却从来不在杰克的店中进货，宁愿跑远路到别的煤炭商店去购买。

这一情况，使杰克百思不得其解，每当他看到连锁商店的运输卡车，拉着从别家店中购买的煤炭从自己的店门口飞驰而过时，心中便泛起一种说不出的滋味和苦恼。"这样下去不行！连近邻的关系都打不通，我怎能算得一个推销人员！"于是，杰克下定决心，一定要说服或打通连锁商店经理从他们的店中购买煤炭。

有一天上午，杰克彬彬有礼地出现在连锁商店总经理的办公室里。"尊敬的总经理先生！"杰克说道，"今天来打搅您并不是为了向您推销我店的煤炭，而是有一件事想请您帮忙：最近我们准备就'连锁商店的普及化将对我国产生什么影响'为题，开一个讨论会，我将要在会上发言。你知道，在这一方面，我是个外行。因此，我想向您请教有关这方面的一些知识和情况，因为除了您，我再也想不出其他更加合适的、能给我以指点的人了。我想您不会拒绝我的请求吧？"

结果怎样呢？事后，杰克这样说道："原先，我和这位经理约定，只打搅他几分钟。这样，他才同意接待我。结果，我们谈了将近两个小时。这位经理不仅谈了他本人经营连锁商店的经过，对连锁商店在国家商业中的地位与作用的认识，而且还吩咐一位曾写过一本关于连锁商店的小册子的部下，送一本他写的书给我；他又亲自打电话给全美连锁商店工会，请他们给我寄一份有关这个问题的讨论记录稿副本。

谈话结束，我起身告辞，这位经理笑容满面地将我送到门口，他祝我在讨论会上的发言能赢得听众，又再三叮嘱我一定要将讨论会的详情告诉他。临别时，他对我说的最后一句话是'从春季开始，请你再来找我。我想本店的用煤由贵店来提供，不知行不行？'"

一个长时间没能解开的死结，被杰克用两小时的谈话就解开了。俗话说："酒逢知己千杯少，话不投机半句多。"谈判更是如此，要开动脑筋，注意观察，迅速找到共同点，以此作为一种契机，与谈判对象进行和谐投机的谈话。

有一位老记者去采访一位科学家，到了科学家那里，老记者看到墙上挂着几张风景照，心想科学家一定很喜欢摄影，于是就谈起了构图、色调。

原来这位科学家就爱好摄影，他兴致勃勃地拿出了他的相册，谈话气氛非常融洽。正是由于这种气氛，使后面的正题采访进行得非常顺利。

谈判，就得把握好对方的脾气爱好和心思，投其所好，让对方感到自然愉悦，深信不疑。如此利用情趣或利益把对方吸引住了，他所一直坚守的"原则"也就不叫原则了，你的谈判也会顺利成功。

所以，在谈判时，一定要停下所有的事情，去赞美对方。要投其所好，但不要呆板地正面去投其所好，要记住，侧面的投其所好更为有效。

有一位叫王刚的法律系毕业生，由于没有通过律师考试，只好在一家法律事务所当职员。按公司规定，试用期间，每一个人必须在一个月期间拉到一家新客户。

可是他刚离开学校不久，又没有任何背景，每次去拜访新客户，不是吃了闭门羹，就是要他回去等消息。眼看一个月的期限就快到了，他已经是心灰意冷，打算另谋出路。

没想到这个时候奇迹出现了，他不但开发出一个新客户，而且还借着这个客户的引荐，一连吸收了十几家新客户。他不但没有被炒鱿鱼，反而晋升成正式职员，薪水也连跳好几级，成了该事务所的"超级营业员"。

王刚到底是凭着什么本领，找到他生命中的"贵人"的呢？当天，王刚愁眉不展地踏进那家公司。到了门口的时候，他想到以前几次的闭门羹，就更加踌躇不安。忽然他看了公关主任桌上的名片，他想到了一个办法。

原来这位主任的名字非常少见，竟然叫作"万俟明"，而他平时正好又很喜欢看传统小说，曾经在看《说岳传》时，书中有个坏人的名字就叫"万俟卨"，因此他才知道"万俟"这两个字的读音是 mò qí，并了解到这个姓氏的渊源。

当时，王刚礼貌地向前称呼他："万俟先生，我是××法律事务所的职员，今天特别来拜访您。"

才说完这句话，万俟明就吃惊地站起来，嘴里结巴地说着："你……你…你怎么认识我的姓？一般人第一次都会念错，很多人都叫我万先生，害得我总是一次又一次解释，烦死了。"

王刚感觉这次拜访似乎有个好的开始，于是他决定装糊涂下去，说："这个姓是复姓，而且又很少见，想必有来源的吧！"

万俟明听到这里，更是显得神采飞扬，高兴地说道："这个姓可是有来由的，它原是古代鲜卑族的部落名称，后来变成姓氏，与北魏的皇族拓跋氏颇有渊源。"

王刚看到对方越来越高兴，于是接口道："那您就是帝王之后，系出名门了！"

万俟明听后，更加高兴地说下去："岂止是这样，这个姓氏一千多年来也出了不少名人。例如，宋代有个词学名家叫万俟永，自号词隐，精通音律，是掌管音律的大晟府中之制撰官，他写了一本书叫《大声集》，后人都尊称他万俟雅言。"

用这个少见的姓氏做话题，让王刚和那位公关主任聊了起来，尽管王刚并未说明来意，更没谈什么细节，但光凭这次愉快的交谈，就让王刚开发出一家财团做客户。而这家财团旗下所有的关系企业，全都与王刚的事务所签下了合约，聘他们做法律顾问，为其事务所增加了前所未有的业绩。

由此可见，两个陌生人初次见面，如果不能善用机会，投其所好，必然不能取得沟通的成功。谈判也是这样，如果不能进行良好的沟通，又怎能合作，生意自然谈不成。

王刚明知"万俟"这个字的读音，是来自《说岳传》中的那个奸臣万俟卨。可是为了能投对方所好，故意装糊涂，让对方去吹嘘他姓氏中那些光荣的历史，为未来的生意奠定了一个成功的基础。连陌生人初次交谈都必须想尽办法，投其所好去寻找话题，在谈判桌上，这件事不是更重要吗？不论如何，在谈判时，要学会投其所好，多提令对方得意的事情，这样你在谈判时就一定会顺利得多。

巧妙收尾，大功告成

商务谈判经过激烈的唇枪舌剑之后，进入最后阶段，总有一定的迹象表示。如果成交时机已经出现，但谈判者并未意识到这一点，反而继续长篇大论地说下去，致使对方兴致索然，他就可能导致谈判告吹。

把握谈判时机

优秀的谈判家是那些富于警觉和善于感知他人态度变化的人，他能从各种迹象中判定成交的势头。有些成交迹象是有意表示的，有些成交迹象是无意流露的。

如果你的谈判对手问你："你们多快能将货物运来？"这就是一种有意表现出来的真正感兴趣的迹象。它告诉你成交的时机已到，即使你的推荐活动还没搞完，也不需要再啰唆了。

谈判对手的另一些话也能提醒你成交的时间。当他询问价格时，就说明他兴趣极浓；当他询问条件时，就说明他实际上已经要成交了。

以上都是有意表示出来的成交迹象，而那些在无意中表现出来的成交迹象则更需要谈判者去及时发现。

谈判对手的兴趣是一盏指示灯。由于谈判者的精彩介绍和说服努力，谈判对手的兴趣被逐渐煽动起来，变作火焰般的成交欲望，他的冷漠态度渐渐隐去，取而代之的是越来越浓厚的兴趣。他坐在椅子上探过身来，眼睛里少了许多怀疑或敌对的神色。

对谈判者来说，谈判对手的双手也是一个信息的窗口，因为这双手是张开或是握起来可以代表他的思想状况。只要他还未被说服，不想成交，他的思想和双手都是闭合的。

当他的心扉已打开，紧张的思想松弛下来时，他那紧握的双手也会松开。此时，他的嘴角和眼角的肌肉同样会表示出思想和态度的转变。谈判对手不再紧张时，耸起的双肩可能会垂落下来。

判定成交迹象，特别需要有敏感的觉察力和掌握好时机。

有一个卖电冰箱的年轻售货员在这一点上有深刻的教训，他过于炫耀自己掌握的商品知识，想充分展示推荐技巧，结果错过了成交机会，丧失了一位潜在顾客。这位潜在顾客是和两个朋友一道走进商店的，他要给妻子买一台电冰箱作为结婚周年礼物。售货员介绍了没几分钟，一位朋友便对那位顾客讲："好极了，这台冰箱正适合你的需要。"

另一位朋友表示赞同，那位顾客也点了点头。可是这个蹩脚的售货员并不理会如此的成交迹象，而是继续地介绍商品。后来，买主又表示出好几个强有力的成交迹象，而那个所谓的售货员还在不住嘴地往下讲，直到那三个人离开商店去别处选购时，他仍在夸夸其谈。

由此可见，谈判者必须密切注视对手发出的各种成交信号，对方的语言、面部表情和一举一动都能告诉你他在想什么，你应当学会理解这些信号，然后选定成交时机。此时，对方兴趣正处于高峰。

当然，在商务谈判的过程中，随着谈判的每一细节的深入，对方的兴趣不会总是步步上升的。实际发生的情况是，对方的兴趣是像波浪一样有升有降。有时他会很有兴趣，但是如果此时成交会有所失的话，他可能会立即表示自己无意于此，并且提出一些新的反对意见。

用于成交的时机对方任何一个兴趣高峰点都可能存在。很难说某一时刻收局为时过早，但经常出现的问题是为时过晚。那么，如何开始进行谈判的收尾呢？

（1）任何时刻都可能鸣金收兵。假如你想为交易直接确定一个最好的期限，不妨使用这一手法。明确告诉对方，在某一期限以前对方是决定前进或退开？例如："您是否能在下星期日前告诉我，您是否真想有什么进展？到那时，我必须通知其他人是否可以来看货。"

（2）可以把它叫作平局吗？在那些熟练的人手中，这种手法可以成为一种毁灭性的计谋，应该格外小心。如果你不要或没有正确地衡量每一步让步的价值的数量，在处于筋疲力尽和犹豫不决的劣势时，你足以被这种额外的压力所击败，从而打破当时的平衡。

有一方观察了双方所做的让步次数，发现他一方所做的让步比对方要多，于是他宣布这是一种平局："我已经列出了你希望在买这所房子之前要我们做的15件事的全部清单。而你的回报是仅仅同意了我们要求的5件事情，这对我来说是有点不公平。我们就这样好吗？"

但如果对方已开始累计这些让步的价值，而使这种计谋未能奏效的话，那么还有一个更高级的策略去获得最后一次让步。后者可以被称为"最后还是您赢了。"对方的成功取决于出其不意，如果你能有所预见的话，就可以轻易地将其抵住。

（3）球一出手就算得分。这是一种高明的策略，因为它节省了大量的时间与花费。它的成功取决于：一是有一个好的名声作为开端；二是非常熟悉这场竞争，知道能很快压倒对方；三是对于自己的报价为什么不能重复准备了一个很好的借口，所以可以确定一个期限；四是要求相当强烈，报价非常合理。

当你做出最后一次出价之后，该利用每一种可能的姿态表示出你已经走到尽头了，不要让会谈拖得再长，否则就可能功亏一篑。谈判中的失败大多不能归罪于我们做错了什么，而更多地应归罪于我们没有做一些至关重要的事。失败是因为疏忽，而不是违反规则的罪过。

有很多这样的例子，即人们没有要求他们所希望的东西：顾客没有要求打折扣；商人没有要求订单；财政经理没有要求人家付账单；高级经理没有要求他的职员努力工作；职员们没有向他们的老板要求增加工资。

如果你最后商定交易的方法不正确，那么世界上所有的谈判技巧都于事无补。一次交易可能有若干个阶段需分别商定，当事的双方需恰当地选择时机。必须让你的收尾技巧看起来似乎是正常讨论的自然组成部分，对方根本没注意到你在做什么。

收尾技巧之所以必要，是因为总会有一方比另一方更渴求做成这一交易，虽然他并没有显露出来。

因此他必须设法促使消极的一方与他一起行动。最常用的策略是向对方提出二者必居其一的方案选择："您是愿意我们这样做，还是希望我们不这样做而那样做呢？"

这问话看起来非常自然，却是一种施加压力的手段。因为问题提出的方式没有给对方留出余地说他二者都不喜欢，或者根本不愿谈。但它又很平和，即使对方二者都不同意，讨论仍然可继续进行。如果不是那样问，而说："那么，您同意这件事吗？"只要对方说一声"不"，就会使你陷入一种尴尬的境地。

在收尾阶段，有时你可以试探出他们是否已准备做出决定。你把话题转到时间、发货问题、协议条款或信贷条款时，如果对方在仔细考虑着一种有利的决定的话，他会对这些小事感兴趣。

其实谈判在于达到一项对双方都有利的承诺或协议，不能用一副交易主宰者的口气说："要么接受，要么就算了"，或者说："这没有什么好谈的"。任何时候这种话都令人不大好受。

一个深思熟虑的谈判者，在使用语言方面既友善又果断，无懈可击。在提出要求时，要提得比预期的目标稍高一点，给自己留有余地。

另外，在收尾阶段，始终要采取一种平静的、信任的姿态。

起草备忘录

每次洽谈之后，重要的事情是写一份简短的报告或纪要，并向双方公布，这样才可以确保协议不致以后被撕毁。这种文件具有一定的法律效力，在以后的纠纷中尤为有用。

在一项长期而复杂，有时甚至延伸到若干次会谈的大型谈判中，每当一个问题谈妥之时，都需要通读双方的记录，查对一致，使不存在任何含混不清的地方。在激烈的谈判中就更有必要了。谈判都要争取己方做记录，谁保存着会谈记录，谁就握有一定的主动权。如果对方向你出示他的会议记录，那就必须认真查看。如果发现偏差，应立即给予指出和修正。

起草并签订协议

起草协议，特别是一揽子协议，是一件难度较大的事，应谨慎和全面。双方都必须对他们同意的条款有一致的认识，保证协议名副其实，防止某些部分因叙述不当而变得含混不清，造成漏洞，日后导致严重的后果。

（1）价格方面。首先，价格是否最后确定？或缔约者能否收回人工和原材料增加后的成本？其次，价格是否包括税收、关税或其他法定费用？如果包括，在合同有效期内，倘使这些税率增加，应由谁支付增加的税务费用？然后，价格的确定是否已考虑汇率变动因素？最后，对于合同价格并不包括的项目是否也已明确？

（2）合同完成。首先，对"完成"是否有明确的解释？它是否包括客户对设备的测试？其次，如果某些次要的零部件丢失，并不影响设备的性能运转，能否签发一张完成或接受的证明书？最后，合同的完成是否能分阶段进行？这点是否明确规定？

（3）规格方面。首先，买方取得执照、许可证和图纸的批准等的义务是否明确规定，并注明每件完成的时间？其次，如果有什么国家或国际机构的一般标准可参照，是否明确运用哪些标准，而那些标准又与合同的哪些部分有关？最后，对于工厂或现场的材料或设备的测试，以及它们的测试方法是否做了明确的规定？

（4）清点、卸货与仓储等问题。首先，是否明确谁来负责清点，谁来负责交货到现场，谁来负责卸货和仓储？其次，一些永久性或临时性工作由谁负责安排处理？

（5）索赔问题。首先，处理范围如何？其次，处理是否排除未来的法律诉讼？

协议或合同草案经双方同意后，就可以进行正式签订，安排签字仪式了。首先应做好文本的准备工作，有关单位应及早做好合同文本的定稿、翻译、校对、印刷、装订、盖章等项工作。同时，准备好签字用的文具、国旗等物品。

参加谈判签字仪式的，基本上是双方参加会谈的全体人员，双方人数应大致相等。不少国家为了表示对协议的重视，往往由更高或更多的领导人出席签字仪式。

双方签字人员进入签字厅。签字人员入座时，其他人员分主客各一方，按身份顺序排列于各自的签字人员座位之后。双方参加签字仪式的助签人员分别站在各自签字人员的外侧，协助翻揭协议文本，指明签字处。在双方保存文本上签字后，由双方助签人员互相传递文本，再在对方保存的文本上签字，然后由双方签字人员交换文本，相互握手。重大的签字仪式后，备有香槟酒，双方共同举杯庆贺。

谈判结束并非尾声

签下合同，并不意味着万事皆了，谈判者还有许多事情要做。具体还要注意如下事项：

首先，谈判结束，回到企业后，谈判者需要立即办的事是着手执行谈判合同。作为卖主，谈判者应通过验核定货确保合同的绝对执行和货品的发送安全，特别是对第一次购买其货物的买主更应当这样做。有时，他还必须亲自去工厂、仓库或商店进行实地查验。

美国堪萨斯市一家大百货公司家具部主任养成了这样一

种习惯：当顾客在零售货位的样品中选定几种家具后，他都要亲自去仓库为顾客提货，并且在仓库大批相同的货品中尽力为顾客挑选木质上乘和饰物纯正无瑕的制品。他与送货的司机建立了友谊，促使这些司机在装卸时能真正做到轻拿轻放。

很显然，如果买主对所购产品不知如何使用或操作，那他一定会很恼火，甚至会把东西给退回来。更糟的是，由于不知道商品的起码知识，买主还有可能造成新购物品的损坏，然后根据卖主的保修单要求修理或赔偿。

这种问题往往是由于卖主对自己销售的产品过于了解而产生的，因为他过于熟悉这一产品就容易认为稍加说明别人也能马上掌握使用方法。不幸的是，由于自尊心的作怪，一般买主同时也不愿意承认他们尚未完全理解卖主所说明的东西。

机智的卖主应当理解这一点，应尽量详细地教会买主使用方法，注意暗暗地测试买主，看他是否真正明了产品的操作方法。作为买主，谈判者要做的事情是积极筹集货款，及时支付，并组织好人马做好验货、接货准备。

当然，谈判结束后，由于所预期的各种履约条件的变化，并非所有的谈判合同都能顺利地执行，可能存在着合同的转让、变更、解除、终止等问题。遇到这些情况，谈判者应及时反应，力争以协商或调解的方式解决，必要时也可以采用仲裁或诉讼的方式。

其次，谈判者必须注重巩固与客户的友谊。

只要有可能，人们大都喜欢跟老客户做生意。事实上，每一个成绩卓著的谈判者背后，都有一个十分庞大的老关系网。对于谈判者而言，把时间用于发展与客户的友谊上，就像把钱投入了一笔年年可以获取固定收益的生意上，多少年之后还仍会继续得到回报。

做好善后工作是巩固友谊的一个重要方式，它促使客户继续与你保持业务联系，而不改弦更张去另寻交易伙伴。如果一个卖主在买主使用了新购产品一段时间之后，进一步去检查买主的满意度，自然会激发买主对自己的好感。因为购买了物品并使用了一段时间的买主可能会产生一些问题，你适时地帮他们解决问题，当然会获得他们的信任。

聪明的谈判者懂得用更真诚、更微妙的方法争取朋友。他们不断把如何赚取更多利润的新思路介绍给客户；他们帮助客户为下属机构的关键岗位物色合适人选；他们把客户值得纪念的日子记在心里，比如生日、厂庆及其他各种各样的周年纪念。

总而言之，他们对客户表现出真正的兴趣，在做生意赚钱的同时千方百计把双方的关系发展成实实在在的个人友谊。

满意的客户是公司最好的广告。如果一个客户对谈判者的辛勤劳动和公司的产品绝对满意，他的情不自禁地好话一定能带来更多的生意。所以，谈判者应牢记这一点：即使同一个客户可能今后会长期不与他生意往来，但也要赢得对方的好感。

最后，在每次谈判之后，谈判者应对此次谈判做一个总结。

对于谈判者而言，每一次谈判都是一个练兵的机会，它是以往谈判知识和经验的运用，也是今后谈判的借鉴。所以，谈判之后，应对谈判过程进行总结，得出经验和教训，以利于指导今后的工作。总结的内容主要包括以下几个方面：

（1）谈判目标实现程度，即已方谈判目标是否实现？在多大程度上实现？

（2）我方谈判实施情况，包括选择谈判对手、确定谈判小组成员及其内部分工、谈判准备工作及其进程安排以及己方对谈判程序的掌握与控制等。

（3）谈判对手的情况，包括对方谈判小组的工作效果、谈判人员的素质与工作效率以及对方成员颇为关注的问题等。

学学风趣诙谐的辩论艺术

幽默辩论术，是指辩论者在反驳对方时，有时不采用锋芒毕露、相互抨击的语言，而采用风趣含蓄、诙谐轻松的语言，使其论辩效果更好，更有说服力的辩论技巧。

在论辩中，幽默的语言可以使一些深刻的思想表达得更浅显、更形象，可以在妙趣横生、令人开怀大笑的氛围中，使对方认识到自己观点的错误，从而心悦诚服地接受你的意见。

例如，中国汉朝的一位皇帝汉武帝，他很希望自己能长寿。一天，他对侍臣说："相书上说，一个人鼻子下面的'人中'越长，寿命就越长；'人中'长一寸，能活百岁，不知是真是假？"

东方朔听了这话，知道皇上又在做长生不老之梦了。

见东方朔好像有些讥讽之意，皇上有些不高兴，说道："你怎么敢笑话我？"东方朔脱下帽子，恭恭敬敬地回答："我怎么敢笑话皇上呢？我是在笑彭祖的脸太难看了。"

汉武帝问："你为什么笑彭祖呢？"

东方朔答："据说彭祖活了八百岁，如果真像皇上刚才说的，'人中'就有八寸长，那么，他的脸不是有丈把长吗？"

汉武帝听了，也哈哈大笑起来。

在这个故事中，东方朔以幽默的语言，用笑彭祖的办法来讽刺汉武帝的荒唐，整个批驳机智含蓄，风趣诙谐，令正在发怒的皇上也不禁大笑起来，很愉快地就接受了这种批驳。

幽默，一方面既可以鲜明地表达观点，又可使别人在心情愉快中接受辩论者的观点；另一个方面可以营造辩论场上的气氛，获得优势；更重要的是给对方在心理上造成一定的压力，紧张起来，同时又鼓舞自己，使自己情绪高涨，从而取得最终的胜利。

幽默辩论术要求辩论者有临场的机智和应变能力，能在适当的时候用幽默的语言打动别人的心，并把锋芒隐藏在幽默中，从而在笑声中打击对方。

德国诗人海涅因为是犹太人，所以经常遭到一些人的无端攻击。在一次晚会上，有个旅行家对海涅讲他在环球旅行中发现了一个岛，说：

"你猜猜看，在这个小岛上有什么现象使我感到新奇？那就是在这个岛上竟没有犹太人和驴。"

旅行家的话明显带有恶意，将犹太人和驴相提并论。海涅不动声色地回答道："如果真是这样，那只要我和你一块到小岛上去一趟，就可弥补这个缺陷了。"

幽默辩论术是一种极为有效的辩论技巧。论辩中的幽默，能直接表现出辩论者的知识水平、思想素质、语言表达能力等。

在某些场合，恰当地使用幽默辩论术，借助轻松愉快的氛围，能使对方在忍俊不禁之中消除敌对情绪，从而取得论辩的胜利。

古时候一位身材矮小的郑进士，在鄱阳湖遇

到了强盗。他的财物已被抢劫一空，强盗还打算杀了他。

当强盗就要举起刀时，邢进士以风趣的口吻对强盗说：

"人们已经叫我郑矮子了，若是砍掉我的头，那不是更矮了吗？"

强盗不禁笑了起来，然后放下了刀。

面对凶恶的强盗，如与之锋芒毕露地进行争辩，只能让自己灭亡得更快，而郑进士巧用一句幽默话，却令强盗哑然失笑，放下了屠刀。

在论辩中，再高明的辩论者也难免说错话，幽默论辩术可以帮助我们既委婉地不失体面地承认自己的错误，又显示出自己的虚怀若谷、闻过则改的大将风度，以利继续进行辩论。

1912年，罗斯福作为总统候选人在新泽西州的一个小城市发表演说。他在讲到妇女选举权时振振有词，极力赞成妇女参政。

这时，听众中忽然有人狂呼："上校！你5年前不是反对过妇女参政吗？"

罗斯福坦然地回答说："是的，我五年前因为学识不足，所以有错误的思想，现在已有进步了！五年时间，地球绕太阳都转了五个圈了，难道我转变一个思想还不应该吗?"

罗斯福由于坦诚地承认错误,因而赢得了听众的信任。

当我们处于尴尬境地时,巧妙地使用自嘲式幽默,可以使我们顺利地摆脱窘境。

古希腊哲学家苏格拉底的妻子是一个著名的悍妇,动辄对丈夫大骂。有一次,正当苏格拉底与友人兴致勃勃地高谈阔论的时候,他的妻子突然闯进来大吵大闹,并把一盆水泼在苏格拉底的头上,使哲学家顿时像个落汤鸡。

朋友们看到这个场面,不禁惊呆了,都以为一场恶斗就要发生了,但是,苏格拉底面临这种困窘处境时反而风趣地说:"我早就料到,雷声过后必定是场倾盆大雨。"

朋友们听了,都哈哈大笑,顿时活跃了现场的气氛,苏格拉底的妻子听后也只好羞愧地退了出去。

环环相扣制胜术的妙用

客观事物之间都存在着一种复杂的、环环相扣的必然条件联系，甲现象必然引起乙现象，乙现象又可必然引起丙现象。根据这种环环相扣的必然条件联系进行论辩的方法，便是连锁辩论术。

据《韩非了·喻老》载：

有一次，纣王要人给他制了一双象牙筷子。箕子见后，感到忧愁恐惧。

他说："如果有象牙筷子，就不会再用土陶器，而用犀玉之杯；象牙筷子、犀玉之杯不会用来盛一般蔬菜，而必定是旄象豹胎；旄象豹胎这样的食物，必定不会穿着粗布短衣进食于茅屋之下，而必定会锦衣九重、广室高台；要供给这些物品，尽天下之力也办不到呀！这种后果不能不令人恐惧啊！"

五年之后，纣王果然设置酒池肉林、炮烙之刑，于是纣便灭亡了。

由于箕子正确地把握了事物之间环环相扣的条件联系，所以能高瞻远瞩，见微知著，见象著而知天下之祸。

善于运用连锁辩论术，往往能极大地表现出一个人的智慧。

连锁条件辩论术有下面两种形式：

连锁分离式。

连锁分离式是以一系列的环环相扣的条件命题为前提，通过肯定第一个条件命题的前件而得出肯定最后一个条件命题后件的结论的论辩形式。

连锁拒取式。

连锁拒取式是以一系列的环环相扣的条件命题为前提，通过否定最后一个条件命题后件而得出否定第一个条件命题前件的辩论方法。

前汉时，黄霸任颍川郡的郡守，他刚刚上任就有两个妇人为争夺一个小男孩而争吵着到官府告状来了。

黄霸派人抱了那个孩子放在坪院中间，对两个妇人说："你们抢吧，谁抢着了孩子就归谁。"

两个妇人都拼命地向孩子扑去，一个抱着孩子的腰，一个抱着孩子的腿，立刻抢了起来。那孩子哪受得了呢？于是就哇哇大哭起来。孩子一哭，其中一个妇人就松了手，也哭了起来。

黄霸指着夺得了孩子的妇女说："这孩子不是

你的，你怎么赖人家的孩子？"

她却分辩道："你刚才不是说谁抢到了孩子，孩子就是谁的，我抢到了孩子，怎么又说不是我的呢？"

黄霸厉声喝道："如果这孩子真是你的，你是孩子的母亲，你就会心疼孩子；如果你心疼孩子，你就会怕孩子受伤；如果你怕孩子受伤，你就不会使命地去抢孩子而不松手。现在你咬牙切齿地拖抢孩子，可见你不是孩子的母亲！"

黄霸在与这一妇女的论辩中，使用了连锁拒取式，通过否定最后一个条件命题的后件"你死命地抢抱孩子"，得出否定第一个条件命题的前件的结论："这孩子不是你的。"黄霸的辩论有着很强的说服力。

客观事物之间往往存在着一环扣一环的复杂的条件联系。在论辩中，利用这种连环条件联系，可以步步深入地揭示事物之间的必然联系，把前后论辩过程密切地串联在一起，使我们的论辩语言具有严密的逻辑性和雄辩的说服力。

巧用如法炮制回击法

如果对方采取鄙视和嘲弄人的态度，在论辩中，为了维护自己的人格和尊严，最好以其人之道还治其人之身，不给他以继续嘲笑的机会，这就是如法炮制辩论术。

有一回，但丁遇到一个亲王的弄臣。弄臣问他："你虽然聪明，但是贫穷，我虽然愚蠢，可却富有，你说这是为什么呢？"

但丁冷笑着回答："等我将来遇到像我这样的人，而不是像你那样的人时，我就富有了。"

但丁面对弄臣的嘲讽，不是竭力争辩，而是如法炮制，还以颜色，这就直接嘲讽了弄臣本人，使得他自讨没趣，自食其果。

如法炮制辩论术除了具有变守势为攻势，有力还击对方的作用外，有时还可以摆脱自己的窘境，是一种有效的遁身术。

有一家服装公司，为了招揽生意，一次给海明威送去一条领带，并附上短信说：

"奉上我公司出品的领带，并望寄回成本费两美元。"

几天之后，公司收到海明威的回信，外附小说一册。信里写道：

"我的小说深受读者欢迎，现附奉一册，请你们读一读。此书价值二美元八美分，也盼寄回倒欠我的八美分。"

服装公司巧妙地推销自己的商品，海明威如法炮制地推销自己的小说，还索要倒欠他的八美分。真可谓一山更比一山高啊！

1982上秋天，我国作家蒋子龙到美国洛杉矶参加一次中美作家会议。在宴会上美国诗人艾伦·金斯伯格请蒋子龙解个怪谜：

"把一只五公斤重的鸡装进一个只能装一斤水的瓶子里，您用什么办法把它拿出来？"

蒋子龙略加思索，答道："您怎么放进去，我就怎么拿出来。您显然是仅凭嘴一说就把鸡装进了瓶子，那么我就再用你的方法把鸡拿出来。"

金斯伯格说："您是第一个猜中这个谜的人。"

金斯伯格的话显然不符合常理，不合逻辑，但蒋子龙没有简单地指责其提问的荒谬性，而是如法炮制，从容地回答，从而赢得了金斯伯格的赞誉。

在对话中，还有可能遇到这种情形：有时说话人说的话是符合逻辑和事实的，但答话者为了使大家轻松轻松，运用如法炮制辩论术，故意作了不合事实和逻辑的回答，体现答话者特有的幽默气质，这也是交际场合所允许的。

1933年2月，英国戏剧大师萧伯纳来到我国上海时，鲁迅、蔡元培等人在宋庆龄的家中同他欢聚。

吃完饭，大家便到花园里散步。因为天气很好，柔和的阳光照在萧伯纳长长的银须上，使这位著名的老作家更加容光焕发，精神抖擞。

这时，蔡元培高兴地说："萧翁，你真有福气，在上海看见了太阳。"

萧伯纳说："不，这是太阳有福气，在上海看到了萧伯纳。"

一句话，惹得大家大笑起来。

巧妙发问，问倒对方

巧妙发问是一种不可小看的战胜论敌的语言技巧。在论辩中，我们如能认真分析论敌的观点，抓住论敌的矛盾，针对论敌的致命点发问，即可置论敌于死地，这就是巧问制敌术。

从语言学的角度来说，问句可以分为以下三种：

选择问式

选择问句就是把几种情况列举出来，要求对方做出选择的问句形式。在第二届亚洲大专辩论会关于"儒家思想可以抵御西方歪风"的论辩中，反方复旦大学有位队员向对方发问：

"我请问对方同学，如果有人持刀抢劫你的钱包时，你是对他念一段《论语》呢？还是让警察把他抓起来？"

复旦队为了反驳台湾大学队"儒家思想可以抵御西方歪风"的观点，这里列举了两种情况让对方选择，对方如果选择前者会显得迂腐可笑，选择后者却正好论述了我方的观点，这里使用的就是选择问式。

是非问式

是非问就是使用语气词"吗"的问句，提问者把一件事情完整的说出来，要求对方做出肯定或否定的回答。比如：欧洲中世纪的经院哲学家们宣扬说：上帝是全能的，我们这个世界就是由上帝创造出来的。对此，高尼罗问道："上帝能造出一块他自己举不起来的石头吗？"

对于这个问题，经院哲学家一时被问得哑口无言。因为，如果回答说上帝能造出一块他自己举不起来的石头，那么就有一块石头是上帝举不起来的，这样上帝就不是全能的；如果回答说上帝不能造出一块他自己举不起来的石头，那么就有一块石头上帝造不出来，因此上帝也不是全能的，不管怎样回答，上帝都不是全能的。

近千年来，这个问题如此尖刻地摆在神学家们面前，他们始终无法做出回答。

特指问式

特指问是用疑问代词提问的句式，句中的疑问代词就是要求对方回答的内容。

在一届国际华语大专辩论会上有则辩题是"艾滋病是医学问题，不是社会问题"，反方复旦队所要论证的则是"艾滋病是社会问题，不是医学问题"。

事实上艾滋病既是医学问题，又是社会问题，因而双方要论证自己的观点把对方驳倒都很困难。正当双方争论得难解难分时，反方复旦队二辩突然发问：

"我倒想请对方辩友回答我一个很简单的问

题，今年世界艾滋病日的口号是什么？"

正方四位辩手不知道这一问题，一时你看我，我看你，不知怎么回答。为不至于在场上失分太多，正方一辩站起来胡乱答道："今年的口号是'更要加强预防'，怎么预防呢？要用医学的方法去预防啊。"

反方二辩："不对！今年的口号是'时不我待，行动起来'，对方辩友连这个最基本的问题都不知道，难怪谈起艾滋病问题来还是不紧不慢的。"（掌声、笑声）

复旦队的问句"今年世界艾滋病日的口号是什么？"使用的是特指问式，其中的疑问代词"什么"就是要求对方回答的内容。由于这里巧妙发问，使得对方措手不及，从而赢得了最后的胜利。